高等院校法学专业系列教材

东南亚法律制度概论

主　编　张树兴
副主编　曾文革 万志红
撰稿人（以撰写章节先后为序）
张树兴 曾文革 付文轶 安树昆
李剑文 杨振发 潘　克 黄　颖
刘　敏 金　霞 万志红 李春光

中国人民大学出版社
·北　京·

序　言

本教材精要介绍了东南亚国家联盟及中国—东盟自由贸易区的建立与发展，并重点介绍了东盟十个成员国各国的法律制度的内容，包括宪法、刑事法律、民商法、经济法、国际贸易与投资法律、司法制度与诉讼制度。

本教材共12章，包括第一章东南亚国家概论、第二章中国—东盟自由贸易区的建立与发展、第三章泰国法律概论、第四章新加坡法律制度概论、第五章缅甸法律制度概论、第六章柬埔寨法律制度概论、第七章马来西亚法律概论、第八章文莱法律制度概论、第九章菲律宾法律制度概论、第十章印度尼西亚法律制度概论、第十一章越南法律制度概论、第十二章老挝法律制度概论等。

本教材在设计和撰写过程中进行了以下几方面的有益尝试：第一，以东盟十国各国的法律制度的内容为主线。第二，对东盟十国按其宗教信仰分类和安排顺序，而每一个国家的法律制度的内容以宪法、刑事法律、民商法、经济法、国际贸易与投资法律、司法制度与诉讼制度内容作为模块进行编写，结构合理，体系科学。第三，有一定的先进性。国内对东南亚各国法律制度进行介绍的教材至今仍少见，因此编写本教材本身就是一个具有开创性和有较重大意义的活动。第四，本教材有较广泛的适用性。本教材可以适用于本科院校及同类院校的本科学生的教学用书，也可作为硕士和博士研究生教学参考书，还可以作为从事东南亚涉外法律事务的法院、检察院、律师事务所律师及相关政府官员和其他人员的工作参考。第五，主、参编该书的人员均为多年来一直从事东南亚国家法律研究、教学和法律实务的人员，对编写的内容较为熟悉，能精确取舍，提供的信息量较大。

本教材由昆明理工大学张树兴教授主编，并负责撰写提纲和统稿等工作；由重庆大学法学院教授、博士生导师曾文革和昆明学院万志红教授担任本教材的副主编。该书在撰写过程中得到昆明理工大学津桥学院的大力帮助。

全书写作分工如下：

第一章：张树兴，昆明理工大学教授；

第二章：曾文革，重庆大学教授、博士生导师；

第三章：张树兴，昆明理工大学；

第四章：付文轶，昆明理工大学副教授、博士；

第五章：安树昆，云南省委党校教授；李剑文，云南省委党校副教授；

第六章：杨振发，昆明理工大学博士；潘克，云南潘克律师事务所律师；

第七章：黄颖，昆明理工大学副教授、博士；

第八章：安树昆、李剑文；

第九章：刘敏，昆明理工大学副教授；

第十章：金霞，昆明理工大学副教授；

第十一章：万志红，昆明学院教授；李春光，西南林业大学副教授；

第十二章：杨振发、潘克

鉴于资料有限，编写内容有疏漏之处在所难免，敬请谅解。

编者

2014年2月18日

目　录

第一章
东南亚国家概论

第一节　东南亚主要十国概览

一、泰国概况

泰国，全称泰王国，位于中南半岛中南部，东临老挝和柬埔寨，南面是泰国湾和马来西亚，西部和北部接缅甸和安达曼海。

全国共有三十多个民族，总计六千多万人口。泰族为主要民族，占人口总数的40%。大约有14%的泰国人口是华裔（即华族），其中相当一部分来自中国广东省潮汕地区。另外，马来族是另一个重要的少数民族（2.3%），其余的少数民族包括高棉、孟族等。除此之外尚有京族，以及一些住在山上的部落，例如巴通族、嘎良族（著名的长颈族）、拉祜族、苗族、傜族等；接近缅甸的山区有少数掸族人。以产业结构来分析，泰国的人口主要为农业人口，集中在稻米产地，即泰国的中部和东北、北方。

泰国的官方语言是泰语，用泰语字母，全国约五千万人视之为母语。少数民族有他们各自的方言。

泰国是世界上的佛教强国之一，大多数泰国人信奉作为国教的上座部佛教（部派佛教的一个分支），佛教徒占全国人口95%以上。佛教对日常生活产生强烈的影响，长老非常受人们尊敬，因此，无论在城市还是乡村，寺庙（wat）都是社会生活和宗教生活的中心。泰国南部的陶公府、北大年府和惹拉府以信奉伊斯兰教的穆斯林为主，占全国人口的4%。另外有信奉基督教和印度教的信徒，但较佛教徒的人口有很大的相差，其仅占总人口的1%左右。这些非佛教信仰者完全有信仰自由，得到一定的保障。

从地形上看泰国共划分为4个自然区域：北部山区丛林、中部平原的广阔稻田、东北部高原的半干旱农田，以及南部半岛的热带岛屿和较长的海岸线。国境大部分为低缓的山地和高原，地形多变。

泰国已有七百多年的历史和文化，原名暹罗。公元1238年建立了素可泰王朝，开始形成较为统一的国家。先后经历了素可泰王朝、大城王朝、吞武里王朝和曼谷王朝。从16世纪起，先后遭到葡萄牙、荷兰、英国和法国等殖民主义者的入侵。19世纪末，曼谷王朝五世王大量吸收西方经验进行社会改革。1896年，英、法签订条约，规定暹罗为英属缅甸和法属印度支那之间的缓冲国，从而使暹罗成为东南亚唯一没有沦为殖民地的国家。1932年6月，人民党发动政变，建立君主立宪政体。1938年，銮披汶执政，1939年6月更名为泰国，意为“自由之地”。1941年被日本占领，泰国宣布加入轴心国。1945年恢复暹罗国名。1949年5月又改称泰国。

泰国是君主立宪政体国家，国王是至高无上的。

泰国的现行宪法 于2007年8月24日经普密蓬国王御准生效，分为总章、国王、公民权利、自由与义务、基本国策、议会、内阁、法院、权力监督、地方行政等15章，共309个条款。

泰国国会是最高立法机构，实行上、下两院制。上议院议员150人，其中76人直选产生，任期6年；74人遴选产生，首届任期3年，此后任期6年。

泰国属大陆法系，以成文法作为法院判决的主要依据。司法系统由宪法法院、司法法院、行政法院和军事法院构成：宪法法院的主要职能是对议员或总理质疑违宪但已经国会审议的法案及政治家涉嫌隐瞒资产等案件进行终审裁定，以简单多数裁决；由1名院长及14名法官组成，院长和法官由上议长提名呈国王批准，任期9年。行政法院主要审理涉及国家机关、国有企业及地方政府间或公务员与私有企业间的诉讼纠纷；行政法院分为最高行政法院和初级行政法院两级，并设有由最高行政法院院长和9名专家组成的行政司法委员会；最高行政法院院长的任命须经行政司法委员会及上议院同意，由总理提名呈国王批准。军事法院主要审理军事犯罪和法律规定的其他案件。司法法院主要审理不属于宪法法院、行政法院和军事法院审理的所有案件，分最高法院（大理院）、上诉法院和地方法院三级，并设有专门的从政人员刑事厅；司法法院下设秘书处，负责处理日常行政事务。另设有司法委员会，由大理院院长和12名分别来自三级法院的法官代表组成，负责各级法官的任免、晋升、加薪和惩戒等事项。①

二、印度尼西亚概况

印度尼西亚共和国，简称印度尼西亚或印尼，为东南亚国家之一。印度尼西亚位于亚洲东南部，地跨赤道，与巴布亚新几内亚、东帝汶、马来西亚接壤，与泰国、新加坡、菲律宾、澳大利亚等国隔海相望。印度尼西亚是世界上最大的群岛国家，由太平洋和印度洋之间17 508个大小岛屿组成，其中约六千个有人居住。陆地面积为1 904 443平方公里，海洋面积为3 166 163平方公里（不包括专属经济区），素称千岛之国。北部的加里曼丹岛与马来西亚接壤，新几内亚岛与巴布亚新几内亚相连。东北部面临菲律宾，东南部是印度洋，西南与澳大利亚相望。海岸线总长54 716公里。

印度尼西亚人口超过2.38亿人，为世界上人口第四多的国家。有一百多个民族，包括爪哇族、巽他族、马都拉族、马来族等。印尼是全球华人最多的国家之一，有一千多万华人，占印尼总人口的约5%。大多数居民信奉伊斯兰教，其他居民信奉基督教新教、天主教以及其他宗教。印尼有两百多种民族语言，官方语言为印尼语。共有一级行政区30个，二级行政区（县/市）410个。国体属共和国，国会代表及总统皆由选举产生。印尼首都为雅加达。印度尼西亚为东盟创立国之一，且为“二十国集团”之成员国。②

公元3世纪～7世纪建立了一些分散的封建王国。13世纪末至14世纪初，在爪哇建立了印尼历史上最强大的麻喏巴歇封建帝国。15世纪，葡萄牙、西班牙和英国先后侵入。1596年荷兰侵入，1602年成立具有政府职权的“东印度公司”，1799年年底改设殖民政府。1942年日本占领印尼，1945年日本投降后，印尼爆发“八月革命”，8月17日宣布独立，成立印度尼

① 参见 http://baike.so.com/doc/2252374.html。

② 参见 http://news.xinhuanet.com/ziliao/2002-06/18/content_445743.htm。

西亚共和国。1947年后，荷兰与印尼经过多次战争和协商，于1949年11月签订印荷《圆桌会议协定》。根据此协定，印尼于同年12月27日成立联邦共和国，参加荷印联邦。1950年8月印尼联邦议院通过临时宪法，正式宣布成立印度尼西亚共和国。

现行宪法为“1945年宪法”，规定建国五基（又称“潘查希拉”，即信仰神道、人道主义、民族主义、民主和社会公正）为立国基础，人民协商会议为最高权力机构，总统为国家元首、政府首脑和武装部队最高统帅。从1999年10月至今，人民协商会议对宪法进行了3次修改，主要包括规定总统和副总统只能连选连任1次、每任5年，减少总统权力、强化议会职能等。

印度尼西亚实行总统内阁制。人民协商会议是国家最高权力机构，负责制定、修改与颁布宪法和国家总方针政策，选举总统、副总统（2004年后改由全民直选），监督和评价总统执行国家大政方针情况和在总统违背宪法时对其进行弹劾或罢免；只设中央一级；成员700名，任期5年。国会（全称人民代表会议）是国家立法机构，行使修宪和制定国家大政方针之外的一般立法权。国会无权解除总统职务，总统也不能宣布解散国会；但如总统违反宪法或人民协商会议决议，国会有权建议人民协商会议追究总统责任。国会共有议员500名，兼任人民协商会议成员，任期5年。总统是国家元首、政府行政首脑和武装部队最高统帅，直接领导内阁，有权单独颁布政令和宣布国家紧急状态法令；对外宣战或媾和等。自2004年起，总统和副总统不再由人民协商会议选举产生，改由全民直选；只能连选连任1次，每任5年。总统任命内阁，但需征得国会同意。

实行“三权分立”：最高法院和最高检察院独立于立法和行政机构。最高法院正、副院长由国会提名、总统任命。最高检察长由总统任免。

印尼是东盟最大的经济体，农业、工业和服务业均在国民经济中有着重要地位，其中，农业和油气产业为传统支柱产业。印尼有“热带宝岛”之称，有丰富的石油、天然气以及煤、锡、铝矾土、镍、铜、金、银等矿产。

印度尼西亚群岛自7世纪起即为重要贸易地区，古代王国三佛齐及之后的满者伯夷曾与中国及印度进行贸易。印度尼西亚当地统治者逐步吸收外国文化、宗教及政治形态，曾出现兴盛的佛教及印度教王国。外国势力因天然资源而进入印度尼西亚，穆斯林商人带入伊斯兰教，欧洲势力则带来了基督教，并于地理大发现后垄断香料群岛摩鹿加群岛的贸易。在长达350年的荷兰殖民统治时期后，印度尼西亚至第二次世界大战后始告独立，但独立后仍面临天灾、贪污、分离主义、民主化进程、经济上剧变等挑战。

由于岛屿遍布，印度尼西亚有上百个不同民族及语言，最大的族群为爪哇族，并在政治上居主导地位。国家语言、种族多样性、穆斯林占多数人口、殖民历史及反抗殖民为印度尼西亚人的共同身份。印度尼西亚国家格言“Bhinneka Tunggal Ika”（存异求同）阐明了多样性及国家的形态。虽然人口众多且稠密，印度尼西亚仍保有大量的原始森林，且生物多样性居世界第二位。虽天然资源丰富，但贫穷仍相当普遍。

三、马来西亚概况

马来西亚位于东南亚，地处太平洋和印度洋之间，全境被南中国海分成东马来西亚和西马来西亚两部分。西马来西亚为马来亚地区，位于马来半岛南部，北与泰国接壤，西濒马六甲海峡，东临南中国海；东马来西亚为沙捞越地区和沙巴地区的合称，位于加里曼丹岛北部。面积为33万平方公里。海岸线总长约4 192公里。

人口约2 970万，其中马来人占67.4%，华人占24.6%，印度人占7.3%，其他种族占

0.7%。马来语为国语，通用英语，华语使用较广泛。伊斯兰教为国教，其他宗教有佛教、印度教和基督教等。

全国分为13个州，包括西马的柔佛、吉打、吉兰丹、马六甲、森美兰、彭亨、槟榔屿、霹雳、玻璃市、雪兰莪、丁加奴以及东马的沙巴、沙捞越；另有三个联邦直辖区：首都吉隆坡、纳闽和普特拉贾亚（Putra Jaya，联邦政府行政中心）。

1957年颁布《马来亚宪法》，1963年马来西亚成立后继续沿用，改名为《马来西亚联邦宪法》，后多次修订。宪法规定：最高元首为国家首脑、伊斯兰教领袖兼武装部队统帅，由统治者会议选举产生，任期5年。最高元首拥有立法、司法和行政的最高权力，以及任命总理、拒绝解散国会等权力。1993年3月，议会通过宪法修正案，取消了各州苏丹的法律豁免权等特权。1994年5月修改宪法，规定最高元首必须接受并根据政府建议执行公务。2005年1月，议会再次通过修宪法案，决定将各州的水供事务管理权和文化遗产管理权移交中央政府。

统治者会议由柔佛、彭亨、雪兰莪、森美兰、霹雳、丁加奴、吉兰丹、吉打、玻璃市这9个州的世袭苏丹和马六甲、槟榔屿、沙捞越、沙巴这4个州的州元首组成。其职能是在9个世袭苏丹中轮流选举产生最高元首和副最高元首；审议并颁布国家法律、法规；对全国性的伊斯兰教问题有最终裁决权；审议涉及马来族和沙巴、沙捞越土著民族的特权地位等重大问题。未经该会议同意，不得通过有关统治者特权地位的任何法律。内阁总理和各州州务大臣、首席部长协助会议召开。

马来西亚最高元首为国家首脑、伊斯兰教领袖兼武装部队统帅，由统治者会议从马来西亚前述9个州的世袭苏丹中选举产生，拥有立法、司法和行政的最高权力，以及任命总理、拒绝解散国会等权力，任期5年。

国会是最高立法机构，由上议院和下议院组成。下议院共设议席222个，任期5年，可连任。2013年6月，新一届下议院中执政党联盟国民阵线占133席，反对党联盟人民联盟占89席。现任下议长丹·斯里·达图·班迪卡·阿敏（Tan Sri Datuk Pandikar amin bin Haji Mulia），2008年4月28日就任，2013年6月24日连任。上议院共70席，由全国13个州议会各选举产生2名，其余44名由最高元首根据内阁推荐委任，任期3年，可连任两届。目前共有上议员52名，空缺18名。现任上议长丹·斯里·阿布·扎哈（Tan Sri abu zahar bin Pawanteh），2010年4月26日就任，2013年5月21日连任。

最高法院于1985年1月1日成立，1994年6月改名为联邦法院。设有马来亚高级法院（负责西马来西亚）和婆罗洲高级法院（负责东马来西亚），各州设有地方法院和推事庭；另外还有特别军事法庭和伊斯兰教法庭。现任联邦法院首席大法官丹·斯里·阿里芬·宾·扎卡利亚（Tan Sri arifin bin zakaria），2011年9月12日就任。现任总检察长丹·斯里·阿卜杜尔·甘尼·帕泰尔（Tan Sri abdul agni patail），2002年1月1日就任。

公元初，马来半岛建立了羯荼、狼牙修等古国。15世纪初以马六甲为中心的满剌加王国统一了马来半岛的大部分，并发展成当时东南亚主要国际贸易中心。16世纪起先后遭到葡萄牙、荷兰和英国侵略。1911年沦为英国殖民地。沙捞越、沙巴历史上属文莱，1888年两地沦为英国保护国。第二次世界大战期间，马来亚、沙捞越、沙巴被日本占领，战后英国恢复其殖民统治。1957年8月31日马来亚联合邦在英联邦内独立。1963年9月16日，马来亚联合邦和新加坡、沙捞越、沙巴合并组成马来西亚（1965年8月9日新加坡宣布退出）。

马来西亚实行君主立宪联邦制。因历史原因，沙捞越州和沙巴州拥有较大自治权。以巫统为首的执政党联盟国民阵线（简称“国阵”）长期执政，政局总体稳定。2003年10月31日，马哈蒂尔辞去党政职务，巴达维接任马来西亚第五位总理及国阵、巫统主席。2004和2008年，巴达维两次蝉联总理。2009 年 3 月，巴达维辞去党政职务；4 月，纳吉布接任国阵、巫统主席，并担任马来西亚第六位总理。2013 年 5 月 5 日，马来西亚举行第 13 届全国大选，纳吉布领导的国阵赢得国会下议院 222 个议席中的 133 个席位，以简单多数继续执政。国阵同时赢得 12 个州中的 9 个州议会选举。

马来西亚自然资源丰富。橡胶、棕油和胡椒的产量和出口量居世界前列。锡矿丰富，曾为世界产锡大国，但近年来产量明显减少，2000 年锡产量估计为 6 100 吨。石油储藏量约 39 亿桶（1997 年探明）。天然气储量 2.27 万亿立方米（1998 年探明）。此外，还有铁、金、钨、煤、铝土、锰等矿产。盛产热带硬木。农业以经济作物为主，主要有橡胶、油棕、胡椒、可可和热带水果等。稻米自给率为 76%。20 世纪 70 年代以来不断调整产业结构，大力推行出口导向型经济，制造业、建筑业和服务业发展迅速。80 年代中期，因受世界经济衰退影响，经济出现困难，政府采取刺激外资和私人资本增长措施后，经济明显好转。1987 年以来经济持续高速发展，年均国民经济增长率一直保持在 8%以上，成为亚洲地区引人注目的新兴工业国之一。1991 年，马来西亚政府提出跨世纪发展战略，旨在于 2020 年将马来西亚建成发达国家。

马来西亚是一个美丽的热带国家，自然风光怡人，旅游资源丰富。白色的沙滩、蓝色的大海、魅力独特的珊瑚岛、种类多样的海洋生物、千姿百态的洞穴、多元化的人文景观、古老的民俗民风、众多历史文化遗迹以及现代化的都市，无不吸引着来自世界各地的游客。旅游业是该国家第三大经济支柱、第二大外汇收入来源，主要旅游点有槟城、马六甲、浮罗交怡岛、刁曼岛等。

马来西亚货币为林吉特。①

四、菲律宾概况

菲律宾位于亚洲东南部，西濒南中国海，东临太平洋，是一个群岛国家，共有大小岛屿 7 107个。这些岛屿像一颗颗闪烁的明珠，星罗棋布地镶嵌在西太平洋的万顷碧波之中，菲律宾也因此拥有“西太平洋明珠”的美誉。菲律宾陆地面积为 29.97 万平方公里，其中，吕宋岛、棉兰老岛、萨马岛等 11 个主要岛屿占全国面积的 96%。菲律宾海岸线长达 18 533 公里，多天然良港。菲律宾属季风型热带雨林气候，高温多雨，植物资源十分丰富，热带植物多达万种，素有“花园岛国”的美称。其森林面积为 1 585 万公顷，覆盖率达 53%，产有乌木、檀木等名贵木材。

菲律宾国土面积为 29.97 万平方公里，人口为 9 735 万（截至 2013 年年底）马来族占全国人口的 85%以上，包括他加禄人、伊洛戈人、邦班牙人、维萨亚人和比科尔人等；少数民族及外国后裔有华人、阿拉伯人、印度人、西班牙人和美国人；还有为数不多的原住民。有七十多种语言，国语是以他加禄语为基础的菲律宾语，英语为官方语言。国民中约 84%信奉天主教，4.9%信奉伊斯兰教，少数人信奉独立教和基督教新教，华人多信奉佛教，原住民多信奉原始宗教。②

菲律宾在很早以前，是以吕宋、麻逸、苏禄、胡洛等地的名称闻名的。1521 年葡萄牙航海者麦哲伦奉西班牙殖民主义者之命踏上这个群岛时，正好是天主教宗教节日，于是就为群岛起了一个有宗教意义的名称——圣拉哈鲁群岛。后来麦哲伦因为干涉岛上内争被当地人民杀

① 参见 http://news.xinhuanet.com/ziliao/2002－04/15/content_358691.htm。

② 参见 http://news.xinhuanet.com/ziliao/2002－06/18/content_445771.htm。

戮，这个名称也就被人们遗忘。1542年，西班牙航海家洛佩兹继麦哲伦之后第二个来到这个群岛，为了在亚洲炫耀西班牙帝国的“功绩”，便按照西班牙皇太子菲律普的名字，把群岛命名为菲律宾群岛。1898年6月，菲律宾人民推翻西班牙殖民者的统治，宣布独立，将国名改为菲律宾共和国。1946年7月，菲律宾摆脱美国的殖民统治，宣布独立，国名仍称为“菲律宾共和国”。

菲律宾现行宪法于1987年2月2日通过，同年2月11日由总统正式宣布生效。宪法规定：实行行政、立法、司法三权分立的政体。政府实行总统内阁制，总统是国家元首、政府首脑兼武装部队总司令，拥有行政权，由选民直接选举产生，任期6年，不得连任；总统无权实施戒严法，无权解散国会，不得任意拘捕反对派。禁止军人干预政治。保障人权，取缔个人独裁统治。进行土地改革。

国会是最高立法机构，由参、众两院组成。参议院由24名议员组成，由全国直接选举产生，任期6年，每三年改选1/2，可连任两届。众议院由250名议员组成，其中200名由各省、市按人口比例分配，从全国各选区选出；25名由参选获胜政党委派，另外25名由总统任命。众议员任期3年，可连任3届。

司法权属最高法院和各级法院。最高法院由1名首席法官和14名陪审法官组成，均由总统任命，拥有最高司法权；下设上诉法院、地方法院和市镇法院。

全国划分为吕宋、维萨亚和棉兰老三大部分，共设有首都地区、科迪勒拉行政区和棉兰老穆斯林自治区，以及伊罗戈区、卡加延谷区、中吕宋区、南塔加罗格区、比克尔区、西维萨亚区、中维萨亚区、东维萨亚区、西棉兰老区、北棉兰老区、南棉兰老区、中棉兰老区和卡拉加区13个地区，下设73个省、2个分省和60个市。

菲律宾主要矿产有铁、铬、锰、金和铜等。农业人口占总人口的三分之二以上。主要作物有椰子、甘蔗、蕉麻、烟草、香蕉、菠萝、芒果、稻、玉米等，稻田三分之一以上集中在吕宋中央平原。工业有食品、采矿、纺织、冶炼、汽车装配和化学等。刺绣工艺著名。椰干和椰油输出占世界首位，香蕉、芒果、木材、铁、铬等在世界市场上也较重要。进口粮食、石油制品、机器、纺织、金属制品等。

菲律宾森林面积为1 585万公顷，覆盖率达53%，有乌木、檀木等名贵木材。

菲律宾海岸线长18 533公里，多天然良港，水产资源丰富，鱼类品种达两千四百多种，金枪鱼资源居世界前列。已开发的海水、淡水渔场面积有2 080平方公里。

五、新加坡概况

新加坡共和国（英语：Republic of Singapore，马来语：Republik Singapura，泰米尔语：Cingkappūr Kudiyarasu）是东南亚的一个岛国，共有大小岛屿五十多个，地势起伏和缓，主岛新加坡的面积占到90%以上。新加坡很多地区都是填海产生，自1950年至今已经约有20%的国土面积由填海产生。该国位于马来半岛南端，毗邻马六甲海峡南口，其南面有新加坡海峡与印度尼西亚相隔，北面有柔佛海峡与马来西亚相隔，并有长堤相连于新马两岸之间。新加坡的国土除了本岛之外，还包括周围数岛。新加坡是一个城市国家，原意为狮城。

据马来西亚史籍记载，公元1150年左右，苏门答腊的室利佛逝王国王子槃那乘船到达此岛，看见一头黑兽，当地人告知为狮子，遂有“狮城”之称。新加坡是梵语“狮城”之谐音，由于当地居民受印度文化影响较深，喜欢用梵语作为地名。而狮子具有勇猛、雄健的特征，故以此作为地名是很自然的事。过去华侨多称其为“息辣”，即马来语“海峡”的意思；也有因其小而称为星洲、星岛的。

新加坡早期主要是马来人居住，其最早的文献记载源自公元3世纪的中国。公元14世纪，明朝把新加坡称作“淡马锡”（爪哇语：Temasek）。1819年1月29日英国不列颠东印度公司雇员斯坦福·莱佛士登陆新加坡，并开始管辖该地区。1824年新加坡正式成为英国殖民地，最初隶属于英属印度殖民当局，1867年升格为海峡殖民地，和槟榔屿、马六甲并列一个辖区，受英国直接统治。1941年太平洋战争时期，新加坡被日本占领达3年6个月，取“昭和年间所得之南地”改称“昭南特别市”（其中“昭南”一词亦可指作南方之光）。1945年8月，英国重新管辖新加坡，并恢复其名为“Singapore”。1959年，新加坡取得自治地位。1963年，新加坡连同当时的马来亚联邦、沙拉越以及北婆罗洲（现沙巴）共组成立马来西亚联邦，从而完全脱离英国统治。1965年8月9日，由于李光耀和当时马来西亚联邦政府在权力分配上意见不合，新加坡被马来西亚逐出联邦，被迫成为独立的主权国家。进入20世纪70年代以后，虽然新加坡在政治上的自由空间逐渐被压制，经济上却取得高速发展，很快成为东南亚重要的金融和转口贸易中心，成为当时的“亚洲四小龙”之一。与此同时，新加坡人民的生活水平也得到大幅度提高，住房、教育、交通等问题都得到解决。1990年，在李光耀宣布卸任总理职位时，新加坡已经成为中国—东盟自由贸易区内乃至整个亚洲经济发展的楷模。在其第二任总理吴作栋的带领下，这个东南亚小国又平稳地度过了于1997年爆发的亚洲金融危机。但到21世纪初第三任总理李显龙接任时，新加坡再度面临如何面对中国-东盟自由贸易区内其他经济体崛起的新难题。

目前新加坡常住人口已达531万（截至2012年6月），其中华人占75%，马来人占13.9%，印度人占7.9%，其他种族占1.5%。[①] 马来语为国语，英语、华语、马来语、泰米尔语为官方语言，英语为行政用语。主要宗教为佛教、道教、伊斯兰教、基督教和印度教。因此，新加坡不仅是除中国澳门和摩纳哥之外，世界上人口密度最高的国家或地区，也是全球华人人口占大多数的国家或地区。新加坡的华人基本来自中国福建、广东和海南等地，其中大部分是福建人，其次为潮州人、广府人、客家人和海南人等。加上近年来自中国的新移民数量日趋增长，华人文化构成也越来越复杂。新加坡华人中使用福建闽南语者超过半数，致使新加坡成为闽南语大宗使用区。

新加坡宪法中列明马来语为国语，但官方语言也包括了英语、华语以及泰米尔语。政府机构与社群之间通用的语言是英语，学校也以英语为主要的教学用语。早期的新加坡华人大多依其移民地来源使用不同的方言。20世纪80年代由新加坡政府主导的“讲华语运动”（类似于中国的“推广普通话”）后，新一代新加坡华人已经习惯使用“新马华语”。此外，新加坡政府对电视、电台的华语节目也有非常严格的限制，例如，许多从中国台湾地区进口的闽南语电视连续剧和从中国香港进口的粤语电视连续剧就必须用华语重新配音后才可播出，来自中国香港的电影也一律配音“华语”后才可上映。英语虽为新加坡通行的语言，但新加坡式英语（Singlish）情况十分普遍，因此，新加坡政府又发起了“讲正确英语运动”，鼓励国民学说、多说以英美两国英语为标准的规范英语。

新加坡是一个多元民族、多元文化的移民社会，也因此汇集了世界上多种宗教，86%的新加坡人有宗教信仰。（1）佛教：新加坡第一大宗教，信徒约占人口的42.5%，基本为华人。（2）伊斯兰教：具有马来或巴基斯坦血统的人民基本都是穆斯林，另外也有部分印度血统的回教徒。现全国共有穆斯林约34.8万人，并建有清真寺约80座，其中较为著名的有花蒂玛清真

① 参见 http://news.xinhuanet.com/ziliao/2002-04/15/content_358770.htm。

寺和苏丹清真寺。(3) 基督新教与天主教：10 岁以上的信徒有 36.4 万人（占 14.6%），有 186 座教堂。新加坡最早的教堂是禧街（Hill Street）的阿美利安教堂（Armenian Church）和圣安德烈路的圣安德烈教堂。(4) 道教：信徒占人口的 8.5%，基本上为华人。(5) 印度教：有教徒 8 万多人，基本上是印度裔；有印度庙 22 座。(6) 其他宗教人数较少，合计只有 1.1 万余人。锡克教是 19 世纪从印度传入的，教徒主要是锡克族警察、看守人，有 7 间锡克庙。如奎因街（Queen Street）的锡克庙（Central Sikh Temple）。犹太教在新加坡有两个会堂。拜火教没有庙宇。新加坡虽然施行宗教自由政策，但对少数宗系，仍有所禁制。

根据新加坡的宪法，新加坡实行的是议会制（内阁制）政府。国家机构三权分立：总统由直接民选产生，为国家元首。国会议员也是选举产生，总理从国会多数党中产生，其领导的内阁拥有行政权，并由独立的公共服务委员会管理公务员的聘用以及处分。总理从议员中选出内阁部长。

1965 年后新加坡经济成长迅速，是新兴的已发展国家，也是“亚洲四小龙”之一。重工业主要包括了中国-东盟自由贸易区内最大的炼油中心、化工、造船、电子和机械等，拥有著名的裕廊工业区（Jurong Industrial Park）。国际贸易和金融业在机场经济中扮演重要角色，是亚洲最重要的金融和贸易中心之一。此外，新加坡也是亚洲的区域教育枢纽，每年吸引不少来自中国和马来西亚等地的留学生，为国家带来丰厚的外汇，也吸纳了许多人才。旅游业也在总体经济结构中占重要比例，游客主要来自日本、大中华地区、欧美地区和东南亚其他国家。

六、文莱概况

文莱全称为文莱达鲁萨兰国，位于加里曼丹岛北部，北濒南中国海，东、南、西三面与马来西亚的沙捞越州接壤，并被沙捞越州的林梦分隔为不相连的东西两部分。国土面积为 5 765 平方公里，海岸线长约 161 公里，沿海为平原，内地多山地，有 33 个岛屿。东部地势较高，西部多沼泽地。属热带雨林气候，炎热多雨，年均气温 28℃。

文莱总人口约 40.6 万，其中马来人占 66.4%，华人占 11%，其他种族占 22.6%。马来语为国语，通用英语，华语使用较广泛。伊斯兰教为国教。首都斯里巴加湾市（Bandar Seri Begawan），位于文莱-穆阿拉区，面积为 16 平方公里，人口约 6 万；原称文莱市，从 17 世纪起即成为文莱首都，1970 年 10 月 4 日改为现名。

文莱行政区划分为区、乡和村三级，全国划分为 4 个区：文莱-穆阿拉（Brunei-Muara）、马来奕（Belait）、都东（Tutong）、淡布隆（Temburong）。区长和乡长由政府任命，村长由村民民主选举产生。文莱王朝从 1363 年开始传到现在已经有六百余年，是亚洲现存最长的王朝之一。①

文莱从 8 世纪开始有人定居，在元代史籍中称“渤泥”，明代史籍中称“文莱”。文莱长期受中国文化影响，13 世纪后伊斯兰化。其国王麻那惹加那乃曾于 1408 年访问中国，后逝世并安葬于南京。14 世纪，文莱伊斯兰教君主国从爪哇的控制下摆脱出来，在 14 世纪至 16 世纪非常强大，国土包括菲律宾南部以及沙捞越和沙巴。14 世纪伊斯兰教传入，建立苏丹国。16 世纪中叶，葡萄牙、西班牙、荷兰、英国等相继入侵这个国家。1888 年，文莱沦为英国的保护国。1941 年，文莱被日本占领。1946 年英国恢复对文莱的控制。1959 年，文莱与英国签订协

① 参见 http://news.xinhuanet.com/ziliao/2002-06/17/content_444337.htm。

定，规定国防、治安和外交事务由英国管理，其他事务由文莱苏丹政府管理。1971年，文莱与英国重新签约，规定除外交事务和部分国防事务外，文莱恢复行使其他所有内部自治权。1978年，文莱苏丹赴伦敦就主权独立问题同英国政府谈判，并缔结了友好合作条约。根据条约，英国于1984年1月1日放弃了其掌握的文莱外交和国防权力，文莱宣布完全独立。独立以后，苏丹政府大力推行“马来化、伊斯兰化和君主制”政策，巩固王室统治，重点扶持马来族等土著人的经济，在进行现代化建设的同时严格维护伊斯兰教义。文莱目前仍为英联邦成员国。

文莱是一个“主权、民主和独立的马来穆斯林君主国”。1956年9月29日颁布第一部宪法，独立后它的基本条款继续有效。1971年和1984年曾进行重要修改。宪法规定，苏丹为国家元首，拥有全部最高行政权力和颁布法律的权力，同时也是宗教领袖。设宗教、枢密、内阁、立法和世袭5个委员会（1984年独立后，立法委员会停止运作，内阁委员会改为内阁政府），协助苏丹理政。

文莱是东南亚第三大产油国和世界第四大液化天然气生产国。石油和天然气的生产和出口是文莱的经济支柱，占其国内生产总值的36%和出口总收入的95%。石油储量和产量仅次于印度尼西亚，年采原油1 200万吨，居东南亚第二；液化天然气的出口居世界第二位。人均国内生产总值5.1万美元（2007年数据），是世界最富有的国家之一。近年来，文莱政府大力推行经济多元化和私营化政策，力图改变过分依赖石油和天然气的单一经济结构。

七、越南概况

越南全称为越南社会主义共和国，位于中南半岛东部，北与中国接壤，西南与老挝、柬埔寨交界，东面和南面临南海，海岸线长3 260多公里。越南国土面积大约32.9万平方公里。地形包括丘陵和茂密的森林，平地面积不超过20%，山地面积占40%，丘陵占40%，森林占75%。北部地区由高原和红河三角洲组成。东部分割成沿海低地、长山山脉及高地，以及湄公河三角洲。

越南人口为90 388 000人（2012年），男性占50.2%，女性占49.8%。有54个民族，京族占总人口86%，大量聚集在冲积三角洲和沿海平原地区。京族作为一个最大的同系社会群体，控制国家的政治、经济，主导文化事业，对社会生活施加巨大影响。京族与居住在高地的少数民族少有共通之处，并在历史上敌视他们，认为他们是野蛮的民族。少数民族中华族（汉族）、岱依族、泰族、芒族、高棉族、侬族人口均超过50万。少数民族（除汉族之外）多居住在占越南国土面积2/3的高地。华族是越南最大的少数民族，总数约100万人（占全国的1.5%），其中半数集中在胡志明市（占全市的12%）。

主要语言为越南语（官方语言、通用语言、主要民族语言均为越南语）。

主要宗教为佛教、天主教、和好教与高台教。佛教是越南最大的宗教，最开始是从印度传入，大约在公元1世纪初，印度商人已经经由海路进入越南了，其中有许多佛教徒的商人，因此，佛教开始传入了越南。东汉末年，大乘佛教从中国传入越南，越南人称为“北宗”。10世纪后，被尊为国教。小乘佛教从泰国和柬埔寨传入，被称为“南宗”（目前全国佛教徒约五千万人，其中又以信大乘佛教者居多）。1533年罗马传教士曾到越南传教，但未成功。16世纪末葡萄牙、西班牙等国传教士再次来传教，并通过贿赂统治阶级的政策最终将天主教传入越南，尔后发展迅速，法国统治时期取得合法地位，目前有信徒三百多万，南方的同奈省是越南天主教教友最多的地区，教堂林立；位于胡志明市中心的哥特式圣母大教堂是该市的重要旅游景点，教堂前的“巴黎公社广场”上竖立手捧地球的巨大圣母像；海滨度假城市头顿的耶稣山上，矗立着32米高的巨型耶稣像（建于1974年）；前阮朝的南芳皇后和南越总统吴廷琰都笃信天主教。基督新教1893年传入西贡，但遭到法国殖民当局的禁止，直到1920年，宣道会才在越南打稳基础；基督新教现有不少信徒，主要分布在河内、海防、河西、承天、广南一岘港、波莱古、平顺等地。高台教是1926年吴文昭、黎文忠糅合佛教、基督教、道教、儒教创立的本土宗教，信奉孔子（人道）、姜太公（神道）、耶苏（圣道）、老子（仙道）、释迹（佛道）；越南南部的西宁、迪石等地的京族农民大部分信仰高台教，每日6点、12点、18点、24点要焚香诵经。和好教于1939年由黄富楚创立，该教为佛教的变体，但不建寺庙，用一块红布代替神像，供品为鲜花和清水；流行于越南南部的安江、同塔梅、河仙、东川等地。

据传说，越南第一个国家文朗国（后改名为瓯雒国）是在青铜器时代建立的，以东山文化（最早发现于清化省东山村遗址而得名）为代表，出土文物中最著名的是铜鼓。据传说，文朗国沿袭了几十个世纪，形成18代雄王当权的雄王时代。公元前3世纪，秦征服百越，自此，越南置于中国封建王朝统治长达十多个世纪。公元前113年，南越国公开反叛汉朝，汉武帝派兵征伐，于公元前111年击灭南越国，在其地设置9个郡县。自此，越南被纳入中国郡县版图，置于中国直接统治下长达一千多年。从此开始，有大量的中国中原人因逃避自然灾害和战乱移民越南。公元10世纪，五代十国时，越南叛乱，建立了国家，但一直作为中国的属国或藩属国，名为大越国、安南、越南。1010年迁都升龙（今河内），建立中央集权封建国家。其间间隔有中国直接郡县统治的北属时期。主要朝代为李朝（1010年—1225年）、陈朝（1225年—1400年）、黎朝（1428年—1527年）、西山朝（1778年—1802年）、阮朝（1802年—1945年）。1407年至1428年，中国明朝成祖趁越南皇朝内乱之际，出兵占领越南，并在升龙设立了交趾布政司（行省），进行直接统治。1802年，阮福映在法国支持下灭西山朝，建立阮朝，之后接受中国清朝嘉庆帝的更改册封为“越南国王”，正式建立新国号为“越南”，这也是越南名称的由来。

19世纪后期，法国对越南进行殖民侵略，清朝派兵抵抗。1885年，清政府与法国签订《中法新约》，被迫承认越南独立。从此，越南彻底从中国版图独立，并沦为法国殖民地。面对人民的苦难，爱国青年阮爱国（胡志明主席，1890年—1969年）于1911年6月5日离开祖国到海外寻求救国之道。他先后到法国、英国、美国和法属非洲殖民地国家，接受了马克思列宁主义思想。阮爱国得出一个真理：要解放全民族，使祖国独立，就要进行革命解放运动；要进行革命解放运动，必须具有革命理论和新型革命组织的领导。1930年2月3日，阮爱国在中国香港九龙召开会议，成立越南共产党，党的政治纲领提出的革命目标是，打倒法帝国主义和封建集团，使祖国完全独立。在越南共产党的领导下，越南人民掀起了反抗日本侵略者的革命高潮，最终取得了胜利。1945年9月2日，胡志明主席在河内十多万人聚集的巴亭广场上宣读《独立宣言》，向全世界庄严宣告成立越南民主共和国。1945年9月23日，法国殖民军尾随英国盟军卷土重来，侵占西贡；9月26日，胡志明主席号召南方同胞奋起抗战，号召全国支援南方。中越两国于1950年1月18日建交，还没从内战中恢复、经济严重困难的中国开始向越南无偿提供了累计达几千亿人民币的资金和几百万吨的物资，越南爆发战争后，更有大量物资无偿赠送给越南并派出大量科技人员帮助越南发展工业、支持越南作战，最终迫使美国签订停战协议。中国一直还以很低廉的价格把矿产品出售给越南。1954年3月13日下午，奠边府战役打响；5月7日，战役以辉煌的“奠边府大捷”结束了，捣毁了敌军据点。1954年7月21日，有关结束越南、老挝、柬埔寨战争的印度支那问题的《日内瓦协议》得以签署。《日内瓦协议》规定，越南以北纬17度为界，南北分治，北越由胡志明统治，南越由保大皇帝统治。1955年

7月17日，美国撕毁了《日内瓦协议》，取代法国在越南南方的地位，设定了所谓的越南共和国；吴庭艳发动政变，废黜保大皇帝，自己当了总统。自此，越南南方沦为美国新殖民主义的殖民地。1961年，越南战争爆发，美国与韩国、菲律宾、泰国、澳大利亚、新西兰等国家组成联军，介入了这场战争。1973年1月27日《巴黎协定》签订，美国承认越南民主共和国在国际上的法律地位，退出越南战争，从越南南方撤出全部军队及同盟者军队和军事人员。《巴黎协定》签订后至1975年4月30日，越南革命进入决定性阶段，解放南方，统一全国。1975年3月10日，邦美蜀战役作为关键性战役为1975年春季总进攻打响第一炮。1975年4月30日的胡志明战役解放了西贡，越南战争至此宣告结束，越南迈进自由、独立和统一的新纪元。1975年5月越南南方全部解放，1976年4月选出统一的国会，7月宣布全国统一，定国名为越南社会主义共和国。越南统一后，其军队历经越战锤炼，接受了中国的大量武器和军事物资无偿援助以及一些苏联援助的装备及缴获的美制武器。在苏联的强力支持下，越南共产党的扩张思想一度膨胀。1979年，越南趁柬埔寨红色高棉统治残暴、柬国内民怨沸腾之机大举入侵柬埔寨，将以波尔布特为首的红色高棉统治集团赶出了城市，扶植韩桑林政权，并派兵控制老挝；在越南南方发动了大规模“排华”暴乱，大肆驱赶在越华侨并不断侵占我国边境领土，还侵占了我国南沙群岛96%以上的岛屿，最终我国于1979年进行了对越自卫反击战。1986年越南共产党领导人黎笋死后，长征、阮文灵先后继任，实行革新开放，对外调整与中国及东盟邻国的关系，对内进行经济体制改革，使越南走上正确的发展道路。1989年，越南军队撤离柬埔寨。1991年，中、越实现关系正常化。2006年，越南通过加强党的建设、加大反腐力度、解决民生问题等举措，增强凝聚力，维护社会政治稳定；4月18日至25日，越南共产党“十大”在河内召开，通过《政治报告》《2006—2010年五年经济社会发展方向和目标的报告》《党建工作报告》和《补充和修改党章报告》等决议，选举产生十届中央领导机构；认为越南已初步形成革新、社会主义社会和走社会主义道路的理论体系；修改、补充后的党章明确提出越南共产党是工人阶级的先锋队，同时也是越南劳动人民和全民族的先锋队。2006年6月27日，越共中央政治局委员、胡志明市市委书记阮明哲在越南第十一届国会第九次会议选举中获得94%的赞成票，当选为越南国家主席。

越南现行宪法是第四部宪法，于1992年4月15日在第八届国会第十一次会议上通过，是1946年、1959年、1980年宪法的继承和发展，体现了越南共产党“七大”提出的社会主义目标与国家全面革新路线。宪法规定：越南社会主义共和国国家政权属于人民，越南共产党以马克思列宁主义和胡志明思想为指导思想。2001年第十届国会第十次会议对宪法部分条款作出修改，确定越南要发展“社会主义定向”的市场经济。

国会是国家最高权力机关，任期5年，通常每年举行两次例会。2007年5月，越南举行第十二届国会代表选举，共选出493名国会代表。

全国划分为58个省，司法机构由最高人民法院、最高人民检察院及地方法院、地方检察院和军事法院组成。越南共产党是唯一政党，1930年2月3日成立，同年10月改名为印度支那共产党，1951年更名为越南劳动党，1976年改用现名。现有党员约248万人、基层组织4万多个，同世界上一百八十多个政党建有党际关系。

越南属发展中国家。1986年开始实行革新开放。1996年越南共产党“八大”提出要大力推进国家工业化、现代化。2001年越南共产党“九大”确定建立“社会主义定向”的市场经济体制，并确定了三大经济战略重点，即以工业化和现代化为中心，发展多种经济成分、发挥国有经济主导地位，建立市场经济的配套管理体制。经过二十年的革新，越南经济保持较快增长，1990—2006年国内生产总值年均增长7.7%，经济总量不断扩大，三产结构趋向协调，对外开放水平不断提高，基本形成了以国有经济为主导、多种经济成分共同发展的格局。

越南矿产资源丰富、种类多样，主要有煤、铁、钛、锰、铬、铝、锡、磷等，其中，煤、铁、铝储量较大。有6 845种海洋生物，其中，鱼类2 000种，蟹300种，贝类300种，虾类75种。森林面积约1 000万公顷。

越南是传统农业国，农业人口约占总人口的75%。耕地及林地占总面积的60%。粮食作物包括稻米、玉米、马铃薯、番薯和木薯等，经济作物主要有咖啡、橡胶、腰果、茶叶、花生、蚕丝等。①

八、老挝概况

老挝是一个位于中南半岛北部的内陆国家，北邻中国，南接柬埔寨，东接越南，西北达缅甸，西南毗连泰国。老挝人民是最后信仰小乘佛教的东南亚国家，在1975年之前佛教是国教。公元1353年建立澜沧王国，为老挝历史鼎盛时期。1893年沦为法国保护国。1940年9月被日本占领。1945年10月12日宣布独立。1946年西萨旺冯统一老挝，建立老挝王国，这是首次老挝君主统治一个统一的老挝。当年法国再次入侵。1954年7月签署关于恢复印度支那和平的《日内瓦协议》，法国从老挝撤军，不久美国取而代之。1962年签订关于老挝问题的《日内瓦协议》。老挝成立以富马亲王为首相、苏发努冯亲王为副首相的联合政府。1964年，美国支持亲美势力破坏联合政府，进攻解放区。1973年2月，老挝各方签署了关于在老挝恢复和平与民族和睦的协定。1974年4月成立了以富马为首相的新联合政府和以苏发努冯为主席的政治联合委员会。1975年12月宣布废除君主制，成立老挝人民民主共和国，宣告老挝历史上六百余年君主制的终结。

老挝领土面积为236 800平方公里。人口为638万人（截至2011年），华侨、华人约3万人。共有49个民族，其中佬族占总人口的50.3%，其他各民族占49.7%。通用老挝语（寮语）。居民多信奉佛教。

老挝实行社会主义制度。老挝人民革命党是老挝唯一政党。1991年老挝人民革命党“五大”确定“有原则的全面改革新路线”，提出坚持党的领导和社会主义方向等六项基本原则，对外实行开放政策。2001年老挝人民革命党“七大”制定了至2010年基本消除贫困、至2020年摆脱不发达状态的奋斗目标。2006年老挝人民革命党“八大”强调坚持党的领导、社会主义方向和革新路线，继续贯彻落实“七大”制定的中长期经济社会发展目标。1991年8月，老挝最高人民议会二届六次会议通过了老挝人民民主共和国第一部宪法。宪法明确规定，老挝人民民主共和国是人民民主国家，全部权力归人民，各族人民在老挝人民革命党领导下行使当家做主的权力。

老挝国会是国家最高权力机构和立法机构，负责制定宪法和法律。国会每届任期5年，每年召开两次会议，特别会议由国会常委会决定或由三分之二以上的议员提议召开。国会议员由地方直接选举产生。内阁是国家最高行政机关，老挝最高人民法院为最高司法权力机关。

老挝大致上可以分为上寮、中寮和下寮三大区，16省、一个直辖市和一个行政特区。资源有锡、铅、钾、铜、铁、金、石膏、煤、盐等矿藏。迄今得到少量开采的有锡、石膏、钾、盐、煤等。老挝水力资源丰富。森林面积约900万公顷，全国森林覆盖率约42%，产柚木、紫檀等名贵木材。②

① 参见 http://baike.baidu.com/link? url。

② 参见 http://baike.baidu.com/link? ur。

九、柬埔寨概况

柬埔寨位于中南半岛南部。东部和东南部同越南接壤，北部与老挝交界，西部和西北部与泰国毗邻，西南濒临暹罗湾。海岸线长约460公里。

柬埔寨人口约1 480万人（截至2012年6月）。有二十多个民族，其中高棉族为主体民族，占总人口的80%，还有占族、普农族、老族、泰族和斯丁族等少数民族，华人、华侨约70万人。

公元1世纪下半叶建国，历经扶南、真腊、吴哥等时期。9世纪～14世纪吴哥王朝为鼎盛时期，国力强盛，文化发达，创造了举世闻名的吴哥文明。1863年沦为法国保护国。1940年被日本占领。1945年日本投降后被法国重新占领。1953年11月9日独立。1970年3月18日，朗诺集团发动政变，推翻西哈努克政权，改国名为“高棉共和国”；3月23日，西哈努克在北京宣布成立柬埔寨民族统一阵线，开展抗美救国斗争；5月5日，成立以宾努亲王为首相的柬埔寨王国民族团结政府。1975年4月17日柬埔寨抗美救国斗争取得胜利。1976年1月，柬埔寨颁布新宪法，改国名为“民主柬埔寨”。1978年12月，越南出兵侵略柬埔寨，成立“柬埔寨人民共和国”。1982年7月，西哈努克、宋双、乔森潘三方组成民主柬埔寨联合政府。1990年9月成立柬埔寨全国最高委员会，西哈努克出任主席；10月23日，柬埔寨问题国际会议在巴黎召开，签署了《柬埔寨冲突全面政治解决协定》，历时13年之久的柬埔寨问题最终实现政治解决。1993年5月，柬埔寨在联合国主持下举行首次全国大选；9月，颁布新宪法，改国名为柬埔寨王国，西哈努克重登王位；11月，柬埔寨王国政府成立，拉纳烈和洪森分别任第一、二首相。1994年柬埔寨国会通过立法宣布民主柬埔寨为非法组织。1997年7月，联合执政的人民党（以下简称人党）和奉辛比克党（以下简称奉党）爆发军事冲突，拉纳烈被废黜第一首相，流亡国外。1998年7月26日，柬埔寨举行第二次全国大选，人党获胜成为第一大党，11月30日成立以洪森为首相的第二届联合政府，奉党国会议席居次，拉纳烈出任国会主席；12月，前民主柬埔寨领导人乔森潘、农谢归顺政府，柬埔寨民族和解取得重大进展，进入和平与发展的新时期。2003年7月，柬埔寨举行第三届全国大选，人党获胜。人、奉、森郎西党（原名为高棉民族党）三党在权力分配上分歧严重，组阁陷入僵局。2004年7月15日，组阁僵局被打破，人党和奉党就联合执政达成协议，拉纳烈和洪森分别任国会主席和政府首相，第三届王国政府正式成立。2004年10月6日，西哈努克国王在北京宣布退位；14日，柬埔寨王位委员会9名成员一致推选西哈莫尼为新国王；29日，西哈莫尼在王宫登基即位；柬埔寨王位继承问题获得圆满解决。2006年柬埔寨国内政局总体保持稳定，人党与奉党联合执政，在重大问题上保持着良好的沟通与配合。人、奉两党均强调两党的团结合作于对于维护柬埔寨和平、稳定至关重要，并承诺2008年大选后，两党将继续组建联合政府。2006年3月，柬埔寨国会通过宪法修正案，将批准组阁的票数由绝对多数改为简单多数；拉纳烈旋即宣布辞去国会主席职务；人党推荐国会第一副主席韩桑林出任代主席；3月底，韩桑林正式当选国会主席；10月，奉党领导层改组，盖博拉斯美取代拉纳烈任该党主席；拉纳烈成立以其名字命名的反对党。

柬埔寨现行宪法系于1993年9月21日经柬埔寨制宪会议通过，由西哈努克国王于同年9月24日签署生效。1999年3月4日，第二届国会通过宪法修正案，新宪法由原来的14章、149条增至16章、158条。宪法规定，柬埔寨的国体是君主立宪制，实行自由民主制和自由市场经济，立法、行政、司法三权分立。国王是终身制国家元首、武装力量最高统帅、国家统一和永存的象征，有权宣布大赦，在首相建议并征得国会主席同意后有权解散国会。国王因故不能理政或不在国内期间由参议院主席代理国家元首职务。王位不能世袭，国王去世后由首相、佛教两派僧王、参议院和国会正副主席共9人组成的王位委员会在7日内从安东、诺罗敦和西索瓦三支王族后裔中遴选产生新国王。

国会是柬埔寨国家最高权力机构和立法机构，每届任期5年。

参议院是国家立法机关，有权审议国会通过的法案。柬埔寨宪法规定，法案须经国会、参议院、宪法理事会逐级审议通过后，最后呈国王签署生效。首届参议院成立于1999年3月25日，任期6年。

法院分初级法院、上诉法院和最高法院三级。最高法官理事会是司法系统的管理部门，负责监督法院工作，拥有遴选、任免法官的职权。最高法官理事会由国王、最高法院院长、总检察长、上诉法院院长和检察长、金边法院院长和检察长以及两位法官共9人组成。

柬埔寨是传统农业国，工业基础薄弱，属世界上最不发达国家之一，贫困人口的占总人口的28%。柬埔寨政府实行对外开放的自由市场经济，推行经济私有化和贸易自由化，把发展经济、消除贫困作为首要任务，把农业、加工业、旅游业、基础设施建设及人才培训作为优先发展领域，推进行政、财经、军队和司法等改革，提高政府工作效率，改善投资环境，取得一定成效。

矿藏主要有金、磷酸盐、宝石和石油，还有少量铁、煤。林业、渔业、果木资源丰富，盛产贵重的柚木、铁木、紫檀、黑檀、白卯等热带林木，并有多种竹类。森林覆盖率为61.4%，主要分布在东、北和西部山区。木材储量达11亿多立方米。洞里萨湖是东南亚最大的天然淡水渔场，素有“鱼湖”之称。西南沿海也是重要渔场，多产鱼虾。近年来，由于生态环境失衡和过度捕捞，水产资源减少。

工业基础薄弱，门类单调。1991年年底实行自由市场经济以来，国营企业普遍被国内外私商租赁经营。服装业是新兴工业，具有一定规模。农业是柬埔寨经济第一大支柱产业，农业人口占总人口的85%，占全国劳动力的78%；可耕地面积为630万公顷，其中可灌溉面积为37.4万公顷，占18%；主要农产品有稻谷、玉米、豆类、薯类等。①

十、缅甸概况

缅甸位于亚洲东南部、中南半岛西部，其北部和东北部同中国西藏自治区和云南省接界，中缅国境线长约2 185公里，其中滇缅段为1 997公里；东部与老挝和泰国毗邻，缅泰、缅老国境线长分别为1 799公里和238公里；西部与印度、孟加拉国接壤；南临安达曼海，西南濒孟加拉湾，海岸线总长为3 200公里。

缅甸的形状就像一块钻石，从南到北长约2 090公里，东西最宽处约925公里。缅甸面积约67.85万平方公里。地势北高南低。北、西、东为山脉环绕。北部为高山区，西部有那加丘陵和若开山脉，东部为掸邦高原。缅甸有约5 141.9万人（2014年人口普查），占68%的为缅族，主要的法定少数民族为掸族（9%）、克伦族（7%）、孟族（2%）、克钦族、克耶族（1%）、钦族（2%）、若开族以及华人（3%）、印度人、孟加拉人。

缅甸是一个历史悠久的文明古国，旧称洪沙瓦底。825—1757年，孟族国王统治南缅甸。1044年形成统一国家后，经历了蒲甘王朝、东吁王朝和贡榜王朝三个封建王朝。英国于1824年至1885年间先后发动了3次侵缅战争并占领了缅甸，1886年英国将缅甸划为英属印度的一

① 参见 http://baike.baidu.com/view/7501.htm。

个省。1937年缅脱离英属印度，直接受英国总督统治。1942年日军占领缅甸。1945年全国总起义，缅甸光复。后英国重新控制缅甸。1947年10月英国被迫公布缅甸独立法案。1948年1月4日缅甸脱离英联邦宣布独立，建立缅甸联邦。1974年1月改称缅甸联邦社会主义共和国。1988年7月，因经济形势恶化，缅甸全国爆发游行示威；9月18日，以国防部长苏貌将军为首的军人接管政权，成立"国家恢复法律和秩序委员会"（1997年改名为"缅甸国家和平与发展委员会"），宣布废除宪法，解散人民议会和国家权力机构；9月23日，国名由"缅甸联邦社会主义共和国"改名为"缅甸联邦"。2008年5月，缅甸联邦共和国新宪法获得通过，规定实行总统制。缅甸于2010年依据新宪法举行多党制全国大选。2011年2月4日，缅甸国会选出吴登盛为缅甸第一任总统。

全国分7个省和7个邦。省是缅族主要聚居区，邦多为各少数民族聚居地。联邦区是首都内比都。

权力机构为缅甸联邦议会，实行两院制（人民院和民族院）。

司法机关由法院和检察院组成，共分4级。设最高法院和最高检察院，下设省/邦、县及镇/区3级法院和检察院。最高法院为国家最高司法机关，最高检察院为国家最高检察机关。

农业是缅甸国民经济的基础，农作物主要有稻谷、小麦、玉米、棉花、甘蔗和黄麻等。缅甸森林资源丰富，全国拥有林地3 412万公顷，覆盖率为50%左右，是世界上柚木产量最大的国家。柚木质地坚韧、耐腐蚀，是人类用钢铁造船以前世界上最好的造船材料。缅甸将柚木视为国树，被称为"树木之王""缅甸之宝"。全球95%的翡翠、树化玉产自缅甸，在世界上享有盛誉。缅甸自然条件优越、资源丰富，但多年来工农业发展缓慢。

缅甸是一个多民族的国家，共有135个民族，主要有八大民族：缅族、克钦族、克耶族、克伦族、钦族、孟族、若开族、掸族。各个民族有其特色的民族服装，独显其民族文化。同处于缅甸区域文化内的八大民族，在文化上有着共同的特点，也有着自己特色的文化。①

第二节　东　盟

一、东盟概况

东盟是东南亚国家联盟的简称，其前身是马来西亚、菲律宾和泰国于1961年7月31日在曼谷成立的东南亚联盟。1967年8月7日～8日，印度尼西亚、泰国、新加坡、菲律宾四国外长和马来西亚副总理在曼谷举行会议，发表了《曼谷宣言》，正式宣告东南亚国家联盟成立。

1976年8月28日～29日，马、泰、菲三国在吉隆坡举行部长级会议，决定由东南亚国家联盟取代东南亚联盟。

文莱于1984年1月8日加入，越南于1995年7月28日加入，老挝和缅甸于1997年7月23日加入，柬埔寨于1999年4月30日加入。至此，东南亚十国均成为东盟成员国。②

东盟是一个不断发展不断扩大的区域合作组织，凡同意其目标、原则和宗旨的东南亚、南亚国家均可以参加。

---

① 参见 http://baike.baidu.com/view/7227.htm。

② 参见 http://www.caffnn.com/about.aspx? id=1。

《东南亚国家联盟成立宣言》确定的宗旨和目标是：(1) 以平等与协作精神，共同努力促进本地区的经济增长、社会进步和文化发展；(2) 遵循正义、国家关系准则和《联合国宪章》，促进本地区的和平与稳定；(3) 促进经济、社会、文化、技术和科学等问题的合作与相互支援；(4) 在教育、职业和技术及行政训练和研究设施方面互相支援；(5) 在充分利用农业和工业、扩大贸易、改善交通运输、提高人民生活水平方面进行更有效的合作；(6) 促进对东南亚问题的研究；(7) 同具有相似宗旨和目标的国际和地区组织保持紧密、互利的合作，探寻与其更紧密的合作途径。

二、东盟发展

1992 年 1 月在新加坡举行的第四次首脑会议中，签署了《1992 年新加坡宣言》《东盟经济合作框架协定》和《有效普惠关税协定》三个文件，并决定今后每三年召开一次正式首脑会议；采纳强化经济合作关系架构协议，通过消除关税和非关税障碍，于 2003 年建立东盟自由贸易区（简称 AFTA)，关税从 0 到 5%，以加强成员国之间的经济效益、生产力和竞争力。

中国与东盟各国既是友好近邻，又互为重要经贸伙伴。中国-东盟自由贸易区已于 2010 年 1 月建成，中国与东盟十国相互开放货物贸易市场、服务贸易市场、投资市场，这使得双方经济关系日趋密切，经济政策的关联度日益提高，经济利益的相关性日益增多。2012 年是《中国-东盟全面经济合作框架协议》签署十周年。这十年间，双方共同组建了世界上拥有消费者最多的自由贸易区——中国-东盟自由贸易区（CAFTA)。中国与东盟的经贸关系历史上从来没有像今天这么密切、这么活跃，而这一关系的发展已经证明它是双方共同需要的体现，它惠及自由贸易区内各国经济、东亚经济乃至世界经济的增长。近十年来，随着中国-东盟自由贸易区建设逐步深入，双方贸易规模迅速扩大，双向投资不断增加，经济合作持续深化，经贸合作成效显著。

1. 双边贸易额快速增加。2002 年中国—东盟贸易额为 548 亿美元，2011 年达到创纪录的 3 628 亿美元，是 2002 年的 6.6 倍，年均增长 23.4%。其中，中方出口 1 701 亿美元，是 2002 年的 7.2 倍，年均增长 24.5%；进口 1 928 亿美元，是 2002 年的 6.2 倍，年均增长 22.5%；中方逆差 227 亿美元。2012 年 1 月～11 月，中国-东盟贸易额为 3 600 亿美元，同比增长 9.3%，高于同期中国对外贸易增幅（5.8%)。中国已连续 3 年成为东盟第一大贸易伙伴，东盟成为中国第三大贸易伙伴。

2. 双向投资不断扩大。截至 2012 年 9 月，中国和东盟双向投资累计 940 亿美元。东盟对中国的投资规模不断扩大，截至 2012 年 6 月底，东盟对中国的直接投资累计达 738 亿美元，占中国吸引外资总额的 6%，是中国的第三大外资来源地。令人关注的是，中国企业对东盟各国投资势头方兴未艾，东盟已成为中国企业国外投资的第一大市场，中国是东盟的第四大外资来源地。据统计，目前中国在东盟累计投资 229.4 亿美元，年均增速达 68%。

3. 互利合作不断深化。双方在基础设施、农业、制造业等领域正在商谈或建设一批大型合作项目，中方金融机构也为此提供了多种形式的融资便利。2009 年 4 月，中方宣布今后 3 年至 5 年内将向东盟国家提供 150 亿美元的信贷，并决定设立总规模 100 亿美元的“中国-东盟投资合作基金”；2011 年 11 月又宣布追加 100 亿美元信贷支持，其中包括 40 亿美元优惠性质贷款。目前，上述信贷落实进展顺利，为东盟国家建设大型基础设施项目、发展工业、救灾救援和人员培训等方面提供了有力支持，取得了良好效果。

4. 领域合作全面展开，双方确定了农业、信息产业、人力资源开发、相互投资、湄公河流域开发、交通、能源、文化、旅游、公共卫生和环保十一大重点合作领域。中国与东盟签署了农业、信息通信、大湄公河次区域信息高速公路、交通、卫生与植物卫生、知识产权、技术法规、标准和合格评定程序、东盟东部增长区等合作谅解备忘录和合作框架。东盟十国均已成为中国公民出国旅游目的地，双方互为主要旅游客源对象。

5. 服务贸易进一步开放。2011 年 11 月，双方签署了《关于实施中国—东盟自贸区〈服务贸易协议〉第二批具体承诺的议定书》，议定书于 2012 年 1 月 1 日起生效。2007 年 1 月，中国与东盟签署了中国—东盟自贸区《服务贸易协议》。相比第一批具体承诺，中国的第二批具体承诺根据加入世界贸易组织（WTO）的承诺，对商业服务、电信、建筑、分销、金融、旅游、交通等部门的承诺内容进行了更新和调整；同时，第二批具体承诺还进一步开放了公路客运、职业培训、娱乐文化和体育服务等服务部门。东盟各国的第二批具体承诺涵盖的部门也明显增加，不仅在其 WTO 承诺基础上作出更高水平的开放，而且许多国家的承诺还超出了 WTO 新一轮谈判出价水平。近年来，中国与东盟服务贸易迅猛发展。①

三、东盟宪章

2007 年 11 月 20 日，参加第 13 届东盟首脑会议的东盟成员国领导人签署了对东盟而言具有划时代意义的《东盟宪章》。

《东盟宪章》是东盟成立以来第一份对所有成员国具有普遍法律约束力的文件。这一文件的签署是东盟在机制化和法制化建设上的重要举措，是建立东盟共同体的重要法律保障，是东盟的一个重要里程碑。

2007 年恰逢东盟成立 40 周年。随着时代变迁，东盟面临的任务在发生变化，但东盟各国渴望团结、呼吁和平和力图发展的愿望没有改变。《东盟宪章》的签署是东盟在发展历程中迈出的重要一步，将把东盟一体化建设推向更高水平。宪章首次明确写入了建立东盟共同体的战略目标，就东盟发展的目标、原则、地位以及框架等作出了明确规定。

在当天举行的签字仪式上，东盟十国领导人还签署了《东盟经济共同体蓝图宣言》《东盟环境可持续性宣言》以及《东盟关于气候变化宣言》等重要文件，为东盟加快一体化建设、迎接未来挑战奠定了基础。

1. 东盟发展的目标

（1）维护并加强本地区和平、安全与稳定；（2）保持本地区无核武化，支持民主、法制和宪政，为东盟居民提供公正、民主与和谐的和平环境；（3）致力于经济一体化建设，构建稳定、繁荣和统一的东盟市场和生产基地，实现商品、服务和投资自由流动，促进商界人士、技术人才和劳动力的自由往来；（4）增强合作互助，在本地区消除贫困、缩小贫富差距；（5）加强开发人力资源，鼓励社会各部门参与，增强东盟大家庭意识。

2. 东盟发展的原则

（1）继续坚持不干涉内政的基本原则；（2）尊重各成员国的独立、主权、平等、领土完整和民族特性；（3）坚持以和平手段解决纷争；（4）不干涉成员国内政；（5）就涉及关系东盟共同利益事宜加强磋商机制，依照东盟条约和国际惯例解决纷争，棘手问题将交由东盟首脑会议协商决定。

---

① 参见中国与东盟经贸合作 2012 年—2013 年度报告，http://news.hexun.com/2012－12－28/149611086.html。

3. 东盟的地位、架构

（1）地位：《东盟宪章》对各成员国具有约束力，赋予东盟法人地位。

（2）架构：东盟首脑会议为东盟最高决策机构，每年举行两次会议。东盟成员国领导人在峰会上决定有关东盟一体化的关键问题，决定发生紧急事态时东盟应采取的措施，任命东盟秘书长。设立4个理事会，其中一个由外长组成，负责协调东盟重要事务，另外3个分别负责政治安全、经济一体化和社会文化事务；每个理事会各由一名副秘书长负责。成立一个人权机构，致力于改进本地区人权状况。

4. 其他

宪章将英文定为东盟的工作语言，并规定每年8月8日为“东盟日”，并对东盟旗帜、徽章作出相关规定。

2008年10月21日印度尼西亚国会当天批准了《东盟宪章》，至此，东盟10个成员国已经全部通过了该宪章。《东盟宪章》于2008年年底开始生效。

第二章 中国—东盟自由贸易区的建立与发展

第一节 中国与东盟各国的关系

一、中国与东盟各国交往的历史沿革

展开世界地图，除了泰国和柬埔寨，东盟八国或者与中国直接边境相邻，或者隔海相望。也是因为这相邻的地理位置，早在两千多年以前，中国与东盟各国就开始了很多方面的往来和交流，包括经济、文化上的。著名的“海上丝绸之路”从秦代就开始了西探的征途。据记载，中国与马来半岛的交往自汉朝就开始，在唐代之时，来往的程度可以称为密切了。可见，中国与东盟国家之间的来往源远流长，这也为后来的合作和发展奠定了深厚的基础。

因为世界政治局势的影响，中国与东盟国家之间友好合作关系在较长时期内断断续续，甚至一度紧张，发展至今呈现这么一种友好交往的景象，是双方长时间共同努力的结果。早在20世纪50年代，在当时美苏对抗的大背景下，因为社会制度和意识形态的差异，东南亚地区被分割为截然敌对的阵营。在“冷战”期间，东盟的构建范围也限定在东南亚地区具有同种政治制度的国家，这样的同盟或者合作机制，仅仅局限在具有共同的战略利益的国家之内。而当时创建的东盟组织，也是没有将社会主义国家纳入的。[①] 中国作为社会主义国家之一，也便成为美国联盟“遏制政策”的对象，成为处于美国“遏制政策”控制下的一些东盟国家的排斥对象，以实现美国“遏制共产主义在东南亚的扩张”的目的。在这个时期内，中国与东盟的绝大多数国家没有正式的外交关系，只有印度尼西亚在1950年4月30日与中国建立了正式的外交关系。一些国家如泰国、马来西亚、新加坡等，同中国只有为数不多的贸易，与中国的关系处于不接触的状态。

到了20世纪70年代末，“冷战”结束之后，东亚国家的关系才开始逐渐缓和，有了发展合作的转机，也为本地区内开展多边合作提供了良机，中国与东盟国家逐渐开始有了交流与对话。其原因是多方面的，从外在因素来看：首先，美国改变了对华政策，企图利用中国遏制苏联在亚洲地区的扩张，1972年尼克松访华便是重要表现之一。其次，中国和苏联的关系也一度紧张：1959年8月的中印边界冲突中苏联对印度采取了事实上的支持态度；1960年《红旗》和《人民日报》发表了具有风向标性质的文章，中苏两党展开了口诛笔伐；1960年中苏边界发生冲突；1962年新疆伊犁暴乱中有67 000人逃往苏联等。这一系列的事件，表面上看是思想意识分歧，实际上是我国国家安全利益同苏联大国沙文主义之间的对撞。而中国与苏联的

① 参见程又中：《地区主义视野下的中国—东盟合作研究》，16页，北京，世界知识出版社，2006。

决裂，使中国不再视苏联为唯一的学习参照对象，开始探索自己的国家发展道路。从内在因素来看，中国和东盟国家受外在因素的影响逐渐减小，内部政治也逐渐稳定，因此，双方都开始寻求一个稳定、和平的国际环境，并致力于自身经济的发展。因此在这一时期，中国与缅甸在1961年签订《中缅边界议定书》解决了边界问题后，在和平共处五项原则的基础上正式建立外交关系。随后，在此基本原则的指导下，中国相继与东盟其他所有国家建立了正式的外交关系。中国与东盟国家相互之间频繁的出访，也使得中国与东盟国家增加了对彼此的了解和信任，不断深入的交流也为解决合作中存在的一些问题提供了机会和可能性。双方政府通过努力，创建一系列的机制、对话、论坛，保障双方政治上的稳定、团结，比如越南、老挝、缅甸和柬埔寨等相继加入东盟，东盟组织开始壮大；1994年东亚地区全区域性政府间多边安全对话机制——东盟地区论坛正式创建等。政治的友好是经济发展的保障，正如建立之初的东盟组织其宗旨是致力于成员国之间的安全关系，东盟地区论坛也是专门讨论安全事务的泛区域性制度安排，并在朝核危机等问题上发挥了不可替代的作用。可见，中国与东盟国家的关系已经渐入佳境，为政治的安全稳定不断地增加制度、机制、法律等保障，为经济发展创造契机。

二、中国与东盟经贸合作的发展进程

中国与东盟国家之间经济贸易的合作进程是随着双方政治关系的不断改善进而深入和发展的。鉴于双方邻国的地理亲缘，中国和东盟国家之间的商贸关系很早便生根发芽。自中国与东南亚国家纷纷被西方殖民主义国家入侵，以及后来因双方意识形态和政治因素的影响，双方的经济合作一度停滞。

20世纪70年代之后，和平与发展成为世界发展的主题，中国与东盟各国纷纷恢复外交关系，开始立足本区域，实现双方经济的合作与发展。中国与东盟开始对话进程始于1991年中国国务委员钱其琛出席第24届东盟外交部长会议；1994年，中国被吸收纳入东盟地区论坛，同时成为该论坛的创始会员之一；1996年7月，中国成为东盟的正式对话伙伴；1997年2月，在双方的共同努力下，协商建成五个平等对话机制，包括中国—东盟经贸联委会、中国—东盟高官磋商、中国—东盟科技联委会、中国—东盟联合合作委员会以及东盟北京委员会。随着双方平等对话框架的确定，东盟与中国建立了“面向21世纪的睦邻互信伙伴关系”，签署一系列新世纪双边合作的框架性文件。中国和东盟国家积极谈判，最终签署这些文件，表现了它们在未来的时间内加强经济上合作的积极姿态和诚意，所签署的文件展现了未来双边合作的宏伟蓝图，明确了双边合作的初衷和最终目标，规范了合作的行动准则，规划了合作领域。自2004年启动降税计划，中国与东盟双边贸易突破了千亿美元，直至2007年贸易额达到了2 000亿美元，而东盟这一整体也一跃成为中国的第四大贸易合作伙伴。[①] 1997年和2008年金融危机的爆发，一次又一次地凸显了中国和东盟之间紧密合作的必要性；金融危机的爆发，揭示了中国和东盟对欧、美、日市场以及对美元的依赖症，中国在金融危机中负责任的表现，给东盟国家打了一针定心剂，让它们看到了中国为了实现与之合作所表示出的诚意和所作出的积极努力。中国在金融危机中的所作所为，呈现了一个负责任的大国风范，也表现出了中国对双方合作的诚意。从某种程度上，我们可以说，1997年金融危机是中国和东盟之间实现合作的开端，而2008年金融危机则实现了中国和东盟之间合作的更

① 参见刘仁伍：《东南亚经济运行报告（2009）》，259页，北京，社会科学文献出版社，2009。

紧密。

中国和东盟的经贸合作，从开始的双方怀有疑虑、封闭发展到后面的互信双赢、对话交流，一直到最终建立战略伙伴关系，是一个艰辛且漫长的过程。2002 年 11 月，中国与东盟国家在经历多年努力、多次谈判之后，缔结、签署《中国与东盟全面经济合作框架协议》。根据该协议的约定内容，中国—东盟自由贸易区将以合作共赢的新理念、平等协商的新机制、互谅互让的新模式构建自由贸易区。该框架协议的签署，使得两年前第四次“10+1”会议上创建自由贸易区的想法终于实现，标志着自由贸易区的正式启动。它的顺利建成，不仅能够促进双方合作的不断深入和发展，为中国和东盟国家创造双赢局面，而且对亚洲地区政治上的稳定和经济上的发展，乃至世界的稳定与繁荣，都起着不可忽视的作用。

三、中国与东盟各国经贸合作现状及特征

（一）中国与东盟各国经贸合作现状

1. 货物贸易合作

在货物贸易方面，双方的经济合作首先表现在贸易额的逐年增长上。从商务部的相关统计数据看，自 1995 年起，双方之间的贸易额，其增长速度均保持在 15%以上，比如中国与东盟国家的贸易额，1992 年才是 91 亿美元，而 2011 年仅印尼一国与中国的贸易额已经超过 1 000 亿美元。双边贸易的发展速度较快，相互的货物贸易额都在逐年攀升，互为重要的贸易伙伴的地位也在不断地提升，并且居于重要地位，目前东盟成为中国的第三大贸易伙伴。根据商务部 2011 年统计数据，2011 年 1 月，中国和新加坡双边贸易总额为 68.1 亿美元，同比增长 11.4%，其中，新加坡对中国出口 36.9 亿美元，同比增长 18.1%，从中国进口 31.2 亿美元，增长 4.4%。2011 年 1 月，中国超越马来西亚暂列新加坡第一大贸易伙伴，在新加坡对外贸易总额中的比重为 11.1%。2010 年 1 月～5 月，印尼同中国的货物进出口额为 1 113.7 亿美元，比上年同期增长 50.2%，其中，出口 601.9 亿美元，增长 47.9%；进口 511.8 亿美元，增长 53%；贸易顺差 90.1 亿美元，增长 24.3%。2010 年 1 月～9 月，泰国同中国的货物进出口额为 2 786.8 亿美元，比上年同期增长 37.5%；其中，出口 1 431.4 亿美元，增长 31.7%；进口 1 355.4 亿美元，增长 44.2%；贸易顺差 76.1 亿美元，下降 48.2%。截至 2010 年 9 月，中国是泰国的第二大贸易伙伴，仅次于日本，而中国也是泰国的第一大出口市场和第二大进口来源地。①

2. 服务贸易合作

根据商务部《中国服务贸易统计》的数据，中国与东盟服务贸易的规模也处于不断扩大的趋势。中国与东盟的服务贸易合作遍及诸多行业，包括运输、旅游、通信服务、建筑服务、金融服务、计算机和信息服务等。尤其是在旅游方面，东盟国家是中国旅游服务出口市场的集中地之一，共计占中国旅游服务出口市场总额的 60%以上。对相关产业具有极大带动性的旅游业，是各国对外合作的一大方面。基于中国和东盟国家一直存续的良好合作基础，中国和东盟旅游服务贸易在亚太地区占有较大的比重，旅游服务贸易成为双方服务贸易合作的一大重要内容。在建筑服务方面，东盟国家也是中国建筑服务的主要出口地，位居第四。此外，在计算机和信息服务方面，中国计算机和信息服务第三大出口市场是东盟，东盟所占的份额超过了 80%。

① 资料来源：中华人民共和国商务部网站，http://www.mofcom.gov.cn/static/column/tongjiziliao/fuwzn/ckqita.html/1，访问时间：2011-03-24。

从东盟国家的服务贸易看，也保持着较高的增长速度，而且其出口速度的增长要略高于进口速度。在东盟国家对外出口服务贸易方面，其中占比重最大的无疑是旅游服务业，占东盟服务贸易总出口量的30%，其次是其他商业服务和运输服务行业。在进口服务贸易中，运输业占39.33%，位居第一，其次是旅游业及其他商业服务业。①

3. 投资贸易合作

2009年8月15日，《中华人民共和国政府与东南亚国家联盟成员国政府全面经济合作框架协议投资协议》的签署，旨在创造透明、自由和便利的投资体制，建立合作性法律机制。温家宝总理在第13次中国—东盟峰会中提出，为了推动区域合作，将中国向亚洲区域合作的专项资金增加至1 700万美元，实现持续、健康、快速发展，努力推动双边贸易额的不断增长，在2015年力争突破5 000亿美元的大关。② 从《2009年度中国对外直接投资统计公报》记载的相关数据可以看出，2009年年末，中国在亚洲地区的投资存量为1 855.4亿美元，占中国对外投资的75.5%，但是对东盟十国的投资流量仅为26.98亿美元，仅占对亚洲投资流量的6.7%。③在投资领域方面，中国在东盟的投资涉及多个行业，主要是制造业、批发和零售业、租赁和商务服务业，等等。虽然中国对东盟的投资在持续地增长，但是中国接受的东盟的投资远远超过了中国对东盟的投资。根据商务部的数据统计，2010年期间，新加坡越居对中国投资前10位，位列第三名。④

4. 其他合作关系

中国与东盟国家是近邻，在过去的两千多年，中国与东盟国家无论在政治、经济上还是文化交流上，都一直保持着密切的交往。随着自由贸易区的顺利构建，文化交流也将逐渐成为双方合作的一个重要领域，双方的文化交流涉及领域广泛、内涵丰富。2008年，《同饮一江水》大型纪录片由中国中央电视台与湄公河次区域五国的国家电视台联合摄制。该纪录片记录了湄公河次区域的自然、经济、文化等各领域的内容，展现了湄公河沿河各国追求“和平、友谊、合作、发展”的美好愿望。2008年12月，越南国家历史博物馆、广西壮族自治区博物馆等联合举办了为期3个月的“海上丝路遗珍——越南出水陶瓷精品展”，在广西共展出224件陶瓷器物。2010年11月中国南宁开办以“中国—东盟文化产业的互动与发展”为主题的论坛。2010年11月，“中国—东盟文化交流培训中心”在广西壮族自治区民族博物馆正式揭牌成立，广西将充分利用这一舞台，通过互访交流、文体活动、学术研讨等形式开展工作，推动彼此在文化方面的全面交流与合作。

（二）中国与东盟各国经贸合作的特征

1. 贸易总量稳步增长

随着自由贸易区的建立，以及双方潜在市场的逐步开放，双方经贸合作还有待深入和发展。从上述数据，我们亦可以看出，中国与东盟各国之间的贸易量保持着一个较高且较稳定的速度，稳步地增长，且互为重要的贸易伙伴。双方贸易量的增长趋势，在货物和服务贸易上均

① 参见尹忠明、陈秀莲：《中国—东盟服务贸易现状和影响因素的分析——基于1980—2007年的样本》，载《国际贸易问题》，2009（9）。

② 资料来源：中华人民共和国商务部网站，http://www.mofcom.gov.cn/static/column/tongjiziliao/fuwzn/ckqita.html/1，访问时间：2011-03-24。

③ 资料来源：《2009年度中国对外直接投资统计公报》，载 http://www.gov.cn/gzdt/2010-09/06/content_1696397.htm，访问时间：2011-03-24。

④ 资料来源：中华人民共和国商务部网站，http://www.mofcom.gov.cn/aarticle/tongjiziliao/v/201102/20110207404995.html，访问时间：2011-03-24。

有所体现。

2. 双方经济上的互补性

经济合作潜力的大小取决于双方在经济上互补性的强弱。经济优势的分散分布，产业结构的低雷同，都使经济互补性增强。中国和东盟国家之间在经济上存在着较大的互补性，因为中国和东盟国家首先在经济发展水平上存在较大差异、经济优势不一，比如，新加坡的物质资源、人力资源较为富裕且科学技术水平较高，中国的劳动力和土地资源相对更丰富，也有着丰富的人力资源，而泰国和马来西亚的资本和土地资源较为丰富。这样的互补性使得双方的经济合作呈现巨大的潜力市场，在双方均作出一定的努力后，双方的相互贸易额还会不断地攀升，实现经济的互利双赢局面，这更是各国自身发展的一个需要。

3. 投资呈良好趋势

中国与东盟国家的相互投资保持着良好的趋势，但投资总量还有待提升，而且双方相互投资在总量上还存在较大差距，东盟国家对华投资要远远多于中国对其所进行的投资。虽然在经济上，中国的经济实力相较于东盟的发达国家，还是存在一定的距离，而且中国与东盟国家的相互投资在法律上没有完备的制度和政策，从而阻碍了双方的相互投资的发展。但是中国对外直接投资还未步入成熟阶段，随着自由贸易区的顺利建成以及法律制度的完善，中国越来越多的企业会认识到走出国门的重要意义，从而选择跨国投资进行生产经营。而在中国与东盟的相互投资中，东盟在地理和资源方面有着其特有的优势，必然能优于其他国家成为中国“走出去”的首选投资目标。

4. 实现全方位合作

随着政治上互信伙伴关系的增强，双方开始不断地谋求经济上的共同发展，在自由贸易区大框架下，双方也开始致力于合作领域的扩展和深化。《中国—东盟全国经济合作框架协议》在第 7 条中对双方的合作领域进行约定，明确了双方在五个方面的优先合作领域，分别是农业、信息及通信技术、人力资源开发、投资以及湄公河盆地的开发，并应致力于扩展合作领域，包括但不限于银行、金融、旅游、工业合作、交通、电信、知识产权、中小企业、环境、生物技术、渔业、林业产品、矿业、能源及次区域开发等。贸易、投资、金融等方面的合作随着双方合作的深入显得日益活跃，增加了双方的贸易依存度与经济、政治友好合作的密切度，并推动了文化、科技的交流。从当前的局势看，作为东南亚地区的重要成员，无论是中国还是东盟国家，推动东南亚经济一体化的构建都是最佳选择。

第二节　中国—东盟自由贸易区的建立及内容

一、中国—东盟自由贸易区建立背景

当前世界的主流是和平与发展，世界经济全球化和区域经济一体化的进程逐步加快，这两股势力已成为不可抗拒的历史潮流，并对各国经济发展起着极大的影响作用。各国置身其中，也均致力于实现本国的对外开放，试图能融入这一前行的世界经济大河，并得益于此。但是鉴于各国在诸多方面的差异，世界经济全球化的美好愿望不能在短期内得以实现，“一体化”只能在特定区域内得以实现。然而，这一困难从某种程度上，为“地区化”的发展提供了可能性。从某种意义上讲，地区化是全球化的必经阶段，它为全球化准备条件，但两者又存在某种内在的矛盾：地区化的发展在一定程度上排斥着全球化，而全球化的进程中又或多或少地夹杂

着地区化。[①] 地区化的存在有其自身的合理性和科学性，而且这也是当前各国不断努力的一个方向，比如通过减免关税、经济合作、技术交流等为内容开展双边的、多边以及地区的合作，包括自由贸易区的构建。加入多边经济合作组织，又积极参与地区或双边自由贸易协定，已成为当前世界上绝大多数国家参与经济合作的方针和实践。“冷战”期间的东亚地区，在政治上，由于当时意识形态的差异和“冷战”格局的影响，呈现出一种紧张、敏感的局势；在经济上，一些国家还处于落后、封闭的状态，或者对区外的大国存在依赖，而使得相互之间的经济疏远。随着“冷战”的结束、经济的复苏以及各国之间经济往来的增多，东亚合作的思想开始出现萌芽。在马来西亚、印度尼西亚、菲律宾、泰国和新加坡五个国家的共同推动下，于1967年建立“东南亚国家联盟”，“东盟方式”便是对东南亚国家相互合作方式的一个科学总结。[②]

对于东盟国家来讲，自由贸易区的构建是其自身发展的需要。1997年亚洲金融危机，给东盟一些国家造成了非常严重的损失，但是最重要的是，让东盟国家意识到了经济的发展并非国家单独地致力于本国经济实力的增强，只有依托东亚这个大经济圈、推动区域合作组织的构建，才能最大化本地区的发展潜力。此外，由于在过去长期的发展过程中，东盟国家在经济上对区外国家有着较大的依赖性，比如在市场结构上，以日本为主要进口市场，以美国、西欧为主要出口市场，这使得它们不能独立地实现经济发展，而经济发展能力也略差。而中国在1997年亚洲金融危机中也充分展现了作为一个发展中国家中的大国应有的坚持、态度和行为，深得东盟各国的信任。中国自1979年开始实行改革开放政策之后，经济上实现了飞速的发展，随着中国“入世”以及为适应WTO规则而进行的经济结构和体制的调整，东盟国家看到了与中国的合作和发展的机遇。自由贸易区的建立更是中国自身发展的需求，为了实现我国扩大和深化开放程度，必须积极推动自由贸易区的建成。中国在近几年的经济发展中，逐步注意到了发展区域贸易的重要性，尤其是在加入WTO之后。中国的“入世”，意味着我们在对外开放方面是朝着更深层次和更宽领域拓展，为了适应经济全球化和WTO规则，我国在经济结构和经济体制上不断进行完善和升级。在这一过程中，中国也积极参与多边贸易体系，推动贸易的自由化进程，而立足本区域，实现贸易自由化显得尤为重要。“东盟合作方式”是中国和东盟国家在充分认识了当前世界背景基础上所进行的选择，无论对于东盟国家还是中国来讲，都是当前发展进程中必须选择的发展模式，也是势在必行的。

二、中国—东盟自由贸易区建立进程

东盟自由贸易区，究其渊源，最先是由东盟发展过来的。东盟，即东南亚国家联盟，成立于1967年，最先是由6个东南亚国家成立，分别是印度尼西亚、泰国、马来西亚、新加坡和菲律宾，该6个国家通称为“东盟六国”。越南、老挝、缅甸和柬埔寨相继加人，而这4个国家，为区别于“东盟六国”，通称为“东盟新成员国”。

1967年8月，印尼、马来西亚、菲律宾、新加坡和泰国五国外长在曼谷开会，发表《东南亚国家联盟成立宣言》，正式宣布了东南亚国家联盟成立。该宣言倡导的精神是在平等协商的基础上，以共同努力的方式实现成员国各方面的发展；相互合作与互相支援，扩大贸易，提高人民生活水平。1976年在东盟第一次首脑会议上，又签署了《东南亚友好合作条约》，该条约

① 参见宋永新、宋海鹰：《国际经济组织法导读》，12页，杭州，浙江大学出版社，2000。

② 参见王正毅：《国际政治经济学通论》，477页，北京，北京大学出版社，2010。

规定："条约旨在促进地区各国人民之间永久和平、友好和合作，以加强他们的实力、团结和密切关系。同时各方在处理相互间关系时应遵循以下基本原则，即相互尊重独立、主权、平等、领土完整和各国的民族特性；任何国家都有免受外来干涉、颠覆和制裁，保持其民族生存的权利；互不干涉内政；和平解决分歧或争端；反对诉诸武力或以武力相威胁；缔约各国间进行有效合作。"从上述两个条约的内容可以看出，对于当时的东盟来说，经济上的合作并不是其需要努力的核心，政治上的目的要远胜于经济合作：在20世纪80年代，世界政治局势发生了巨大的改变，世界各国的关注重心也渐渐地从政治的争斗转移到了经济的发展。然而从当时的经济现状看，虽然一些东盟国家，比如新加坡、马来西亚等，在经济上都取得了较大的发展，进出口增长率也在很大程度上提高了，但是这些国家发达的制造业，需要一定的自然资源和劳动力资源等基础的支撑，中国、印度等发展中国家在这些方面具有较大的优势，尤其是这些发展中国家高速发展的经济在一定程度上威胁到了东盟的经济地位。于是，东盟领导人开始意识到了发展的重要性，以及立足本区域实现经济合作的重要性，建立自由贸易区也成了刻不容缓的任务。1992年1月，东盟各国签署了《加强东盟经济合作框架协议》，开始了构建东盟自由贸易区（AFTA）的进程。

随着东盟自由贸易区的建成和运行，中国与东盟国家之间在经济领域、投资领域等的合作也不断地加强：一方面，中国希望融入这一区域经济合作集团，推动"西部大开发"的同时，也符合我国对外开放的战略选择；另一方面，东盟国家希望中国能够在这一合作机制中发挥作用并更大范围地实现贸易自由化。于是构建中国—东盟自由贸易区的美好愿望开始浮出水面。1997年中国与东盟的最高领导人在马来西亚首都吉隆坡首次会晤，会上江泽民主席发表了题为"携手合作，共创未来"的重要讲话，确立了双方建立面向21世纪睦邻互信的合作伙伴关系。

1998年12月，东盟及中、日、韩召开了第二次领导人会议，针对金融危机的应对、维护和平与稳定等问题交流了意见，中方也提出了自己的建议。在本次应对金融危机的战争中，中国为了帮助东盟国家渡过金融危机，毅然坚持着不对人民币贬值的承诺，并通过国际机构和双边援助来支持东南亚国家的经济，中国用自己的实际行动表现了一个发展中大国的风范。1997年的亚洲金融危机不仅仅让东盟各国认识到必须加快实现经济一体化的步伐，也深刻地认识到了中国是一个值得信赖的合作伙伴。2002年11月4日，东盟—中国"10+1"第五次领导人会议召开，共同签署《中国-东盟全面经济合作框架协议》（以下简称《框架协议》），标志着构建自由贸易区建立进程迈出了第一步。作为未来自由贸易区的法律基础，《框架协议》较为全面地确定了其基本框架结构，包括合作宗旨、合作领域、方式和时间进程，等等。根据《框架协议》照顾发展中国家的精神，与东盟老成员国和新成员国关于实现自由贸易区建成的时间还表现出了一定的差异。协议第8条规定："在货物贸易方面，本协议所列的关税削减或取消和其他问题的协议的谈判应于2003年年初开始，2004年6月30日之前结束，以建立涵盖货物贸易的中国—东盟自由贸易区，对于文莱、中国、印度尼西亚、马来西亚、菲律宾、新加坡和泰国，建成自由贸易区的时间是2010年，东盟新成员建成自由贸易区的时间是2015年。"至2010年1月1日，拥有11个国家、19亿人口、6万亿美元GDP，占全球13%贸易份额的世界第三大自由贸易区全面建成，继欧盟和北美自由贸易区之后，中国-东盟自由贸易区将成为世界上第三大共同市场，其建成对中国和东盟国家来讲，均是利大于弊的选择，能给本国的经济发展带来极大的推动，对亚洲地区经济的稳定也呈现一种良好的影响和作用，甚至将由此改变全球经济版图。

三、中国—东盟自由贸易区建立的法律依据内容

自由贸易区的顺利构建，在一定程度上是立足于一系列经签署、生效的法律文件的。到目前为止，这些法律文件主要有：《框架协议》《原产地规则》《中国—东盟货物贸易协议》《服务贸易协议》《争端解决机制协议》，而有关相互投资的协议正在谈判过程中。下面我们对其中的主要条约进行介绍。

（一）在 WTO 法律框架下运行

中国和东盟大部分成员国均是 WTO 成员方，因此，自由贸易区首先应该是在 WTO 的法律框架下运行，充分利用 WTO 规则，在 WTO 的法律框架下进行自由贸易区相关协定的谈判及其构建。虽然从本质来看，自由贸易区具有一定的排他性和歧视性，而 WTO 规则在很大程度上是建立在最惠国待遇原则之上的，从这点上看，两者存在一定的违背。但是鉴于区域经济一体化对贸易自由化有着较强的推动作用，WTO 通过协定将其列为例外。首先 GATT 1947 年关税与贸易总协定（以下简称 1947）第 24 条是关于“适用领土—边境贸易—关税同盟和自由贸易区”的内容。[①] 该条对自由贸易区存在的合法性进行了认可，认为其对于贸易自由化有着巨大的推动作用。该条第 4 款规定：“各缔约方认识到，宜通过自愿签署协定，以此发展协定签署国之间更紧密的经济一体化，以增加贸易。”此外，该条对自由贸易区的界定、建立和运行等作了约定，并对其实施设置了一定的限制，比如自由贸易区设立的宗旨应在于推动贸易自由化的实现，因此不允许增加其与非成员国之间的贸易障碍。但是因为 GATT 1947 中还存在一些不足，一些条约内容中存在措词含糊、难以确定准确含义等缺陷，因此在 1986 年乌拉圭回合谈判中，形成了《关于解释 1994 年关税与贸易总协定第 24 条的谅解》。该谅解在序言中表示：“重申此类协定的目的应为便利成员领土之间的贸易，而非提高其他成员与此类领土之间的贸易壁垒；在此类协定形成或扩大时，参加方应在最大限度内避免对其他成员的贸易造成不利影响。”[②] 此外，该谅解还对临时协议过渡到自由贸易区的“合理期限问题”、货物贸易理事会对自由贸易区的管理权力、WTO 争端解决机制的援引等作出了详细的补充。

（二）《框架协议》

《框架协议》是中国—东盟自由贸易区建立的基本法律文件，其内容包含 3 个部分 16 项条款和 4 个附件。根据《框架协议》，应在各缔约方之间相互对等和互利的基础上采用灵活的合作方式。因为从经济发展进程来看，中国与东盟国家之间、东盟国家与国家之间均存在或大或小的差异，要同步地实现自由贸易，不太现实，也会产生一系列的问题。比如《框架协议》明确地约定，中国与东盟老成员国和新成员国之间建立自由贸易区的时间有所区别，分别是 2010 和 2015 年。《框架协议》第 1 条规定：“本协议的目标在于加强和增进各缔约方之间的经济、贸易和投资合作，逐步实现货物和服务贸易的自由化，并创造透明、自由和便利的投资机制，为双方之间的经济合作开辟新的领域，促进经济一体化的进程，缩小各缔约方发展水平的差距。”[③] 第 2 条约定了全面经济合作的 8 种措施，表示各缔约方应通过这 8 种措施加强和增进

---

① 资料来源：GATT1947，http://wenku.baidu.com/view/721e93325a8102d276a22f7c.html，访问时间：2011-05-05。

② 资料来源：《关于解释 1994 年关税与贸易总协定第 24 条的谅解》，http://www.ndcnc.gov.cn/datalib/2003/ItemLib/DL/DL-52668/，访问时间：2011-05-05。

③ 资料来源：《中国—东盟全面经济合作框架协议》，http://wenku.baidu.com/view/e6fe8bb665ce050876 32138d.html，访问时间：2011-05-07。

合作，实现自由贸易区的顺利构建。协议将主要内容分为三个部分：第一部分包括对货物、服务贸易以及投资三个方面的内容进行细致的约定，第6条“早起收获计划”中在实现关税削减和取消方面通过灵活的方式对不同的产品和发展程度不一的东盟国家作了有差别的约定。第二部分主要包括其他经济合作领域的约定，确定了5个优先领域，分别是农业、信息及通信技术、人力资源开发、投资以及湄公河盆地的开发，并罗列了双方合作其他可能的领域。第三部分，首先约定了时间框架，对货物贸易、服务贸易和投资约定了不同的时间期限，对发展程度较低的东盟新成员国作出了有差别的对待；同时约定了最惠国待遇、一般例外、争端解决机制以及杂项条款等内容。《框架协议》涵盖内容广泛、全面，对自由贸易区顺利构建的各项内容均有所涉及，它为自由贸易区的建立描绘了一幅宏伟的蓝图，是自由贸易区未来谈判的路线图，是其建立的法律基础、灵魂性协议，发挥着指导性的作用。

（三）《中国—东盟货物贸易协议》

《中国—东盟货物贸易协议》由23个条款、3个附件组成，主要就货物贸易的相关问题对《框架协议》作了更为细致的补充约定。该协议涵盖内容丰富，其中较为关键的是包括关税的削减和取消，该协议第3条以及附件1、附件2对关税的削减和取消进行了规定。关税的削减和取消也是自由贸易区的主要目的之一。除了《框架协议》“早期收获计划”税目，该协议将之外的所有税目进行了分类：其一是正常类，由缔约方自愿纳入，纳入正常类的税目按照协议附件1约定的模式逐步削减和取消，达到模式中的降税门槛。降税模式针对不同的缔约国有不同的时间表。其二是敏感类，由缔约方自愿纳入，纳入敏感类的税目按照协议附件2约定的模式逐步削减和取消。缔约方可以将认为重要的产品置于“敏感类产品”的项下，敏感类产品可以逐步削减和取消关税。这一设置的目的是避免国内的敏感类产品因为市场逐步地开放在短时间内遭受严重冲击，影响国内经济。但是敏感类产品的数量有最大限度，而且考虑到各国经济发展程度的差异，有必要给一些发展程度较低的国家一定的缓冲时间。此外，该协议就原产地规则、数量限制和非关税壁垒、保障措施、一般例外、安全例外、机构安排等作了具体规定。而且协议还设专条承认了中国的市场经济地位，即第14条的规定：“东盟十国中的每一个成员国同意承认中国是一个完全市场经济体。”

从其内容来看，该协议在关税减让方面有一定程度的提高，与已有的东盟自由贸易区所实施的货物贸易规则进行比较，关税减让的范围和速度均有提升。此外，该协议还援引了WTO的一些内容，其中第7条“WTO规则”、第8条“数量限制和非关税壁垒”、第9条“保障措施”等，均是以WTO的一些协定内容作为蓝本，这使得该协议及中国-东盟自由贸易区呈现出跟随WTO《多边货物贸易协议》的意愿。该协议立足《框架协议》，是对《框架协议》的一种补充和延伸、一种解释和扩展。

（四）《服务贸易协议》

《服务贸易协议》于2007年1月14日签署，于同年7月1日开始实施。它为中国和东盟国家之间服务贸易的合作奠定了法律基石，是服务贸易自由化发展的必然结果。该协议是中国与东盟国家在实现逐步开放服务贸易市场之后，处理与服务贸易相关问题时的准则和规范。从内容看来[①]：首先是定义、管辖范围等的界定，比如对“商业存在”“直接税”“法人”“措施”等名词进行了含义的界定。第2条表明该协议适用于各缔约方影响服务贸易的措施。其次是有关义务和纪律的内容，包括透明度、机密信息的披露、国内规制、承认、垄断和专营服务提供者

① 资料来源：《中国与东盟各国全面经济合作框架协议》《服务贸易协议》，http://wenku.baidu.com/view/b2507bc608a1284ac850438c.html，访问时间：2011-05-05。

等，主要规制了各缔约方在进行服务贸易时所享有和承担的权利与义务，以及一些需要遵循的行为准则。再次是有关具体承诺的部分，涉及市场准入、国民待遇、具体承诺减让表、具体承诺减让表的修改等内容。协议第23条规定："涵盖每一缔约方具体承诺减让表的第一批具体承诺附在本协议之后；各缔约方在本协议生效之日起一年内完成第二批具体承诺的谈判，以实质性改善第一批具体承诺；各缔约方按照审议，在随后的审议中，通过连续的谈判回合，就该部分项下的进一步具体承诺展开谈判，以实现各缔约方的服务贸易逐步自由化。"最后一部分内容主要包括联络点、审议、修正、争端解决、利益的拒绝给予、生效等杂项条款。

该协议的签署为中国和东盟国家之间开展服务贸易提供了制度上的保障，对于自由贸易区的建立有着无可替代的意义。该协议从内容上讲，沿用WTO《服务贸易总协定》(GATS)和《东盟服务贸易协议》的精神，并将最惠国待遇、国民待遇、透明度原则等纳入协议。它是《框架协议》的一个补充和扩展，《框架协议》对服务贸易的内容所作的约定局限在对缔约方就服务贸易的内容进行谈判的方向和宗旨。该协议是对《框架协议》的精神和宗旨的继承，是根据该宗旨进行谈判后取得的成果，同时结合特殊和差别灵活性，旨在逐步地实现中国和东盟区域内服务贸易的自由化。

上述这些相继签署的协议，以及正在谈判过程中的有关投资的协议，向世界展现了自由贸易区逐渐构建的进程。正是这些签署的条约，共同构造了自由贸易区的法律框架，为其提供了法律上的文本和依据。在当前的世界经济背景下，自由贸易区的建立无论对东盟国家，还是对中国，都是必然作出的战略选择，有助于深化双方睦邻互信的伙伴关系。东盟国家和中国都能从此合作中获取巨大的经济利益，对于创造一个和平、稳定的东亚地区有着至关重要的意义。

第三节　中国—东盟自由贸易区贸易争端的解决

一、国际经济争端解决机制

国际经济争端是指国际经济法主体之间在国际经济交往中产生的法律争端。而争端的解决是指通过政治或者司法、协商或者法律的方式解决争端。当前国际上处理经济争端的方式主要有司法解决方式、调解解决方式和仲裁解决方式。①

司法解决方式主要是将争端提交相关法院予以调查判决，包括提交国际法院和提交国内法院两种。国际法院是联合国的主要的法定组织之一，有关国际法院的诉讼管辖权受到了一定的限制，包括诉讼当事人和管辖案件的限定。而且作为一个司法机关，国际法院并非凌驾于国家之上，因此提交其解决还存在一个前提，便是当事人的自愿，这也使得国际法院在职能上有着一定的局限性。而国内法院一般处理的是具有不同国籍的私人之间所产生的经济争端。纠纷当事人通过合同中的约定、协商或者纠纷后协商的方式，根据法律关系涉及的连接点选择相应的准据法，提交相应的法院适用。

调解的方式是实践中发展起来的，是指争端当事人在中立的第三人（即调解人）协助下解决争端的程序。其形式类似于仲裁，都是通过第三人的协助来实现争端的解决。但是在方式和

① 参见陈安：《国际经济法学》，497页，北京，北京大学出版社，2001。

程序上相较于仲裁程序，更为简易，能较为快速地解决争端。但是调解方式作出的裁决不具有法律约束力，调节方的职能仅仅是促使双方和解，就争端达成协议。

仲裁是非诉讼方式中最为制度化、最普遍采用的争端解决方式，是指双方当事人自愿将争端提交第三者审理，由其作出裁决。这一争端解决方式相较于上述两种方式，有其无可比拟的优点。首先表现为在程序上较为简易、效率更高、费用也较省，其次表现为实质性层面上因为仲裁员的专业性，也能使当事人获得公正的裁决。仲裁作出的裁决是具有法律约束力的，意味着如果一方不自觉执行裁决，另一方便可申请法院进行强制执行。仲裁机关的设置也分为两种，分别是特设和常设仲裁机构。所谓的特设仲裁庭是指根据当事人的合意，按照一定的程序设立，处理特定案件，待这一案件处理完毕，仲裁庭即解散。而常设的仲裁机构是基于相应的国际条约或者国内法律设立的。相比较而言，常设仲裁机构是争端解决的主要机构，它能提供仲裁进行过程中所必需的条件，包括场所、仲裁人员、工作人员等。国际上历史较为悠久的常设仲裁机构主要有国际商会国际仲裁院、瑞典斯德哥尔摩商会仲裁院：前者创建于1923年，总部设于巴黎，其日常职责由秘书处协助，秘书处包括80位来自至少20个国家的工作人员，因此，它能以超过20种不同语言提供协助与服务。后者成立于1917年，是瑞典最重要的常设机构，它之所以成为国际经济争端的解决场所，是因为瑞典在仲裁方面悠久的历史、完善的机制以及瑞典中立国的身份。此外常设国内仲裁机构也被赋予一定的涉外案件管辖权，如中国国际经济贸易仲裁委员会、香港国际仲裁中心。

二、中国—东盟自由贸易区争端解决机制

中国—东盟自由贸易区运行进程中，双方不断地扩展经济合作领域，不断丰富合作方式。随着合作的逐渐深入和扩大，经济争端的产生也是不可避免的。自由贸易区内成员国虽然大部分是发展中国家，但是国家之间在经济实力、社会经济制度、政治、文化等方面都存在一定的差异，因此在经济合作的进程中，一个完善的争端解决机制显得尤为重要，是自由贸易区建立必不可少的部分。如果缺乏这一机制，《框架协议》在实施过程中产生的经济争端便无法得到妥善的处理，这最终会对双方的经贸往来造成不利影响。中国—东盟自由贸易区成员国中还包括越南和老挝这两个非WTO成员方，不能直接适用WTO争端解决机制。再加上中国-东盟自由贸易区是一个国家和一个区域经济组织组成的，有其自身独有的特殊性，也影响了解决经济争端时WTO争端解决机制规则的适用。有的专家也指出，WTO的争端解决机制虽然有着较高的公平性，但是其周期长、成本高的缺点，使其不能成为发展中国家最理想的争端解决机制，《中国与东盟全面经济合作框架协议争端解决机制协议》（以下简称《争端解决机制协议》）便是在此背景下签署的，协议所创建的机制立足现实基础，明确了其为自由贸易区构建和运行保驾护航的宗旨，作为一个安全卫士为自由贸易区守护。中国—东盟自由贸易区大多数成员国属于发展中国家，该协议照顾区内多数成员国的利益，因此它是一个倾向于发展中国家的争端解决机制。

三、中国—东盟自由贸易区争端解决机制的内容[①]

（一）适用范围

《争端解决机制协议》第2条规定："本协议的适用范围包括适用于《框架协议》项下发生

① 资料来源：《中国-东盟关于争端解决机制的协议》，http://www.docin.com/p-89200162.html，访问时间：2011-04-08。

的争端，其附件及其内容项下发生的争端；各缔约方间就其《框架协议》项下权利和义务所涉及的争端；缔约方境内的中央、地区、地方政府或者权力机构采取的影响《框架协议》得到遵守的措施时产生的争端。”该条还对争端解决机制选择的自愿性作了以下几点说明。协议第2条第5款规定：“本协定不妨碍缔约方依据其均是缔约方的其他条约，诉诸该条约项下争端解决程序的权利”；第2条第6款规定：“涉及本协议项下或者争端当事方均是缔约方的其他条约项下具体权利或义务的争端，如果本协议项下或其他条约项下的争端解决程序已经启动的，则排除其他争端解决机构对该争端的管辖。”可见，该协议对适用本争端解决机制遵循的是自愿原则，与其他国际争端解决机制所奉行的基本原则一致。

（二）磋商

磋商是指两个或者两个以上的成员国，为了使相互之间的争议得到解决或者达成谅解而进行交涉的一种方法。《争端解决机制协议》第4条规定：“只要缔约方在《框架协议》项下直接或者间接获得的利益正在被丧失或减损，或者《框架协议》任何目标的实现正受到阻碍，起诉方可以就影响《框架协议》的执行或适用任何事项提出磋商请求，被诉方则应当给予应有的考虑和充分的磋商机会。”

关于磋商的形式，协议规定了须以书面的方式进行提交，而提交的内容包括双方存在争议的内容、措施，争议所指向的事实以及法律依据。磋商的请求也要求送至被诉方及其他的缔约方，收到磋商请求之后被诉方应向起诉方作出收到的表示。协议第4条第3款规定：“被诉方应该在收到该请求之日起7日内作出答复，并应在收到该请求之日起不超过30天的期限内真诚地进行磋商，通过磋商以达成双方均满意的解决办法。而对于被诉方未在上述限定的7日内作出答复的，或30日内未进行磋商的，则起诉方可以直接请求设立仲裁庭。”此外，协议第5条第7款还对紧急案件的期间进行了规定：“涉及易腐货物的案件，其时间期限便相应地缩短了，当事方被要求在收到请求之日起不超过10天进行磋商，如果被诉方收到请求之日起20日内未能解决争端的，起诉方则可以请求设立仲裁庭。而且争端当事方及仲裁庭应尽一切努力尽最大的可能使诉讼程序早日结束。”

磋商是一种和缓、和平的方式，要求当事方提供争端相关的信息，经过双方的协商、沟通，全面地审查之后，以一种双方均满意的解决方式来解决产生的争端。协议第4条中还涉及有关保密的事项，即当事方应该对磋商过程中被指定为保密的信息进行保密，而且，在整个磋商的过程中，均要求对相关的信息进行保密。磋商并非争端解决的必经程序，因此，即使选择磋商程序，当事方仍可以援用其他条约的诉讼程序权利，这一权利不因磋商程序的选择而丧失。在磋商过程中，非案件当事方认为即将进行的磋商会涉及其利益的，也可以在被诉方收到磋商请求之日起10日内，将其参加磋商的请求告知争端当事方。

（三）调解或调停

调解或调停，类似于磋商程序，都是较为和缓的方式，但调解或调停程序的随意性、选择的自愿性更强。《争端解决机制协议》第5条规定：“调解或调停可由争端当事方随时同意进行，随时开始，随时终止。即使争端解决程序已经进入仲裁程序，争端当事方仍可以在双方同意的前提下，在任何人士和组织的主持下继续进行调解或调停。”这一规定使得这一程序具有极大的自主性和灵活性，这样，一方面提高了争端解决的效率，使其有可能在较短的时间内得到解决，从而减少了诉讼成本，对经济合作的继续提供了保障；但是另一方面，调解或调停程序没有相应机构的支持，而是赋予了任何人士和组织充当调解或者调停人的权利，有时也使得调解或调停呈现一种停滞不前的状态，从另一个角度看，这样也给少数当事方拖延争端的解决创造了法律上的漏洞。因此在追求效率和自主的同时，还要在机构设置上作一定的努力，使这一程序能在相应的机构中获取引导和支持，健康地运行和发展。此外，还要求对有关调解或调停程序以及争端当事方在这些程序中的立场进行保密，不得损害任何一方进一步或其他诉讼中的权利。保密性也是调解或调停程序自主性、灵活性的一种体现。

（四）仲裁庭

1. 关于仲裁庭的设立，《争端解决机制协议》第6条第1款规定：“在收到磋商请求之日起60天内，或在包括涉及易腐货物案件在内的紧急情况下，在收到磋商请求之日起20天内，起诉方便可书面通知被诉方依据本条设立仲裁庭。”第2款规定：“设立仲裁庭的请求应说明请求的理由，包括争论中的具体措施、足以明确陈述问题的起诉的事实和法律依据。”此外，还包括对仲裁庭合并的规定：“一个以上起诉方就同一事项请求设立仲裁庭，有关当事方在可行的情况下，可以设立单一仲裁庭来审理该事项，但应保证争端当事方在若干仲裁庭分开审查起诉时本可享受的权利不受减损。”

2. 关于仲裁庭的组成，根据《争端解决机制协议》的规定，仲裁庭的组成人员应包括3名成员。协议第7条第2、3款对组成人员的指定进行了规定：“由起诉方在被诉方收到设立仲裁庭请求之日起20日内指定一名仲裁员，由被诉方在收到设立仲裁庭请求之日起30日内指定一名仲裁员，第三名则由双方当事人在协商的基础上共同指定。”为了避免当事方无理由拖延争端的解决，该条第2款还规定了惩罚性内容：“如果争端当事方，无论是起诉方还是被诉方，未在指定的期间内指定相应仲裁员的，则另一方指定的仲裁员作为仲裁庭的独任仲裁员。”在形成三个人的仲裁小组之后，需要由双方在协商的基础上指定一名仲裁主席人，在未能达成一致的情况下，请求WTO总干事进行指定。在仲裁过程中，履行职责的仲裁员若是因为辞职或者其他原因导致不能履行职责，则按照上述方式，再行指定仲裁员，该继任的仲裁员享有之前初任仲裁员的所有权利和义务，继续履行其职责。《争端解决机制协议》第7条规定：“被指定的仲裁庭成员被要求公正公平地履行仲裁职能，应在法律、国际贸易、《框架协议》涵盖的其他事项或者其他国际贸易协议争端的解决方面具有专门知识或经验，并且要在客观、可靠、公正和独立前提下进行选任，而不是任意地选任、任意认识和组织。”对仲裁庭主席人的选任还设定了一个禁止性条件，即不能选任争端当事方的国民，包括不能在争端当事方的境内有经常居住地或者雇佣工作。

3. 关于仲裁庭的职能，《争端解决机制协议》第8条第1款进行了规定：“其职能是对审议的争端作出客观的评价，包括对案件事实及《框架协议》的适用性和与《框架协议》的一致性的审查。”仲裁庭的职能是在公平公正的前提下对提交仲裁庭的事项进行审查。协议第8条第3款规定：“经过严密的审查之后，根据《框架协议》和对争端当事各方适用的国际法规则作出裁决，而且还得在裁定中说明争端的事实和法律的调查结果，并说明理由。”在仲裁过程中，要充分地促成争端当事方定期地磋商，旨在促使当事方在磋商的基础上形成双方均满意的解决方案。

4. 有关仲裁裁决，根据《争端解决机制协议》的相关内容，仲裁庭所作出的裁决是终局裁决，即作出的裁决对争端各当事方均有约束力。仲裁庭应基于一致作出裁决，但是在特殊的情况下，可以以多数意见为裁决的依据，比如在仲裁庭不能取得一致的情况下。但是，这“一裁终局”的做法，在没有对相应的违反行为作出纠正或补救的条件下，有时也会导致不公正结果的产生。因为从协议的内容来看，如果出现违法组成仲裁庭或越权仲裁，仲裁严重违背协议规定的基本程序规则，仲裁员渎职、对案件有偏见或者属于利益相关人等情况，协议并未对设立相应的纠正和补救措施。这是终局裁决存在的一个弊端，尚待完善。

5. 有关仲裁庭的程序。其一，仲裁庭的会议是保密的，只有在仲裁庭对争端当事方发出邀请时，当事方才能应邀出席仲裁会议。仲裁庭的审议过程必须保密，同时还包括提交仲裁庭的相关文件也应保密。如果任何一争端当事方向公众披露其自身的立场，这一行为不能被阻碍，是允许的。但是，为了使使申请保密的另一当事方对争端事实知情，使仲裁争端当事方能对争端有个较为全面和清晰的了解，如果争端的一当事方向仲裁庭提交了书面陈述的保密版本，另一方可以经过请求要求对方提供一份可对外公布的非机密摘要，摘要内容应该涵盖其书面陈述所含的争议信息。《争端解决机制协议》第 9 条规定："仲裁庭的报告也应该在争端各方均不在场的情况下，按照提供的信息和所作的陈述起草，审议过程应该保密，仲裁庭报告中仲裁员个人发表的意见也需要匿名。在考虑书面陈述、口头辩论及其他提交的信息之后，仲裁庭应向争端方提交一份报告草案，然后在仲裁庭组成 120 天内向争端方散发最终报告，最终报告在散发争端方的 10 天之后，便自动成为公开文件。"其二，关于仲裁庭地点的选择，协议第 9 条第 2 款作了一般性的规定："实质性会议的地点应由争端方协商一致来确定，如果不能取得一致，则按照第一次实质性会议在被诉方首都举行、第二次实质性会议在起诉方首都举行的规定进行。"

6. 有关仲裁程序的期限问题。首先，仲裁庭在与争端各当事方磋商后，应当在仲裁庭组成后 15 日内，确定仲裁程序的时间表。其次，有关仲裁庭散发最终报告的期间，《争端解决机制协议》第 9 条第 8 款规定："仲裁庭应在其组成的 120 天内向争端方散发最终报告，即使是紧急案件中，比如涉及易腐货物的案件，仲裁庭应力求在组成后 60 天内将其报告散发给各争端当事方。如果仲裁庭认为不能在 120 天内散发最终报告，或在紧急案件中不能在 60 天内散发报告，则应用书面的方式通知争端方延迟的原因和散发报告的估计期限。从仲裁庭组成到报告散发至争端方的期限，不得超过 180 天。"

7. 有关第三方的问题，《争端解决机制协议》第 10 条对"第三人"问题进行了较为细致的规定："在仲裁过程中，认为仲裁庭审议的争端对其有实质性利益的影响，将对其的利益影响书面通知争端当事方和其他缔约方，可享有向仲裁庭提交书面陈述的机会。如果第三方认为仲裁庭程序所涉及的措施造成其根据《框架协议》所拥有的利益丧失或减损的，便可援引本协议项下的正常的争端解决程序，即该第三方可以就争端请求磋商、调解或调停、仲裁等程序以实现争端的解决。"

8. 有关程序的中止和终止。诉讼程序的中止和终止是借鉴国内诉讼程序中的相关程序，因此在诉讼程序的进行过程中，会不可避免地出现一个人因难以避免和解决的原因导致程序无法继续进行。《争端解决机制协议》第 11 条对此问题作了规范："在争端各方同意的情况下，仲裁庭可在任何时间中止其工作，期限不超过 12 个月。如果时间在 12 个月以上的，则设立仲裁庭的授权告终，仲裁庭即行解散，但是当事方自由约定的除外。中止后仲裁程序的启动可以由争端任何一方请求即可。此外，在争端各方同意的情况下，还可以在最终报告散发之前，终止仲裁庭程序，而在仲裁庭程序作出裁决的任何阶段，仲裁庭也可建议当事方友好地解决争端。"

（五）执行

因为磋商、调解或调停所达成的协议不具有执行力，对当事方不具有约束力，所以这里所说的执行，只要指的是对仲裁报告的执行。《争端解决机制协议》第 12 条规定："在收到最终报告之日起，被诉方应通知起诉方关于其执行仲裁庭建议和裁决的意向，如果不能立即遵守仲裁庭建议和裁决，便可由双方协议对合理的执行期限作一个约定。一般要求在最终报告散发后的 30 日内协商确定合理期间，如果未能达成协议的，则争端的任何一方便可将此事项提交原仲裁庭审查，由原仲裁庭在与各争端当事方磋商的基础上，确定一个合理的期限。"此外，还值得一提的是补偿和中止减让或利益，它是在仲裁庭建议和裁决未在合理期限内执行时采取的一种临时性措施，这一措施的制定是为了弥补仲裁庭"一裁终局"可能会造成的不利后果。

四、中国—东盟自由贸易区争端解决机制的特点

（一）争端解决机制的完备性

无论是全球性的经济组织还是区域性经济合作组织，它们一般都会立足本组织的特点创设适用于本区域组织的争端解决机制。《争端解决机制协议》的签署，为中国—东盟自由贸易区设立了屏障，为自由贸易区内实现及时、有效地解决争端提供了制度上的保障。协议内容一共有18条，对适用范围、解决方式、执行等问题均作了全面、具体、详细的规定，使《框架协议》项下所有权利、义务的争端得以在该争端解决机制下寻求解决。自由贸易区的构建以及顺利建成之后，不可避免地会出现这样那样的经济争端，因此，一个完备的争端解决机制也是自由贸易区不可或缺的一个部分，是自由贸易区的支柱。它可以为自由贸易区的顺利运行树立一个保护的屏障，实现为协议下缔约方定纷止争。

（二）申诉主体的明确性

中国—东盟自由贸易区争端解决机制是自由贸易区自身包含的内容之一，《争端解决机制协议》对争端解决机制的申诉主体进行了明确规定，只有一国政府才能作为争端解决机制的主体提起申诉，而不包括个人。这一有别于WTO争端解决机制的规定，是出于政治安全的考虑：虽然经贸领域的合作可以为双方创造巨大的经济利益、挖掘市场潜力，但是双方在政治领域上还存在一定的敏感、不安定因素。协议将申诉主体限定在国家这一主体上，主要是为了避免因个人申诉的原因导致一些政治上的问题，不然，政治上的不安定，最终会影响双方经济上的长期合作。

（三）争端解决方式的多样性

争端解决机制规定了多种争端解决方式，非司法解决方式包括磋商、调解或调停，这些方式主要以双方的合意协商为主，是较为缓和、平和的争端解决机制；司法解决方式有诉讼仲裁，仲裁庭所作的裁决有约束力、执行力，相比上述方式，呈现出一种刚性的特点；此外还包括一种临时性措施，即补偿和中止减让或利益，它是非正式的解决方式。不同的方式有助于争端方通过协商选择合适的、高效率的、低成本的方式解决争端。争端解决方式多样性的设置，其最终目的也在于更妥善地处理各当事方之间的争端。比如磋商、调解或调停更强调方式的和缓，适用这些方式解决争端，更有利于合作关系的继续保持和推进，而“一裁终局”的仲裁程序，更有利于有效率地解决争端，并具有一定的执行力，这两者实现了原则性和灵活性的结合。

（四）争端解决方式的和平性

多种多样的争端解决方式中，磋商、调解或调停均是更偏重和平解决的方式。虽然并未规定这些方式为必经程序，但是从协议的相关规定可以看出，整个争端解决机制更倾向于促使当事方采纳和平的方式解决争端，比如当事双方可以在同意的条件下，在最终报告散发前，任意地终止仲裁程序，甚至在仲裁裁决作出之前的任何阶段，仲裁庭应作出一定的努力促使争端当事方友好解决争端，有义务建议双方对友好方式的采纳和适用。

（五）争端解决当事方的平等性

争端解决机制的申诉主体限于国家，各当事方在地位上是平等的，该机制平等地照顾自由贸易区内各成员国的要求。此外，还规定了第三方介入程序的权利，从而使得缔约方享有充分、合理的机会争取和维护自己的利益；并赋予缔约方提供证据并在仲裁庭为自己辩护的权利。所有的这些均是基于平等性考虑作出的约定，这些规定是《争端解决机制协议》所创设的

争端解决机制对当事方平等性地尊重和保护的一种体现。例如，《争端解决机制协议》第 6 条第 4 款便作了这样的规定："每一争端当事方的书面陈述应可使其他争端当事方获得，且每一争端当事方有权在争端的其他当事方向仲裁庭陈述意见时在场。"第 9 条第 4 款规定："如一争端方向仲裁庭提交其书面陈述的保密版本，则应任意争端方的请求，该争端方应提供一份其书面陈述所含信息的可对外公布的非机密摘要。"《争端解决机制协议》的平等性是中国—东盟自由贸易区的性质所决定的：自由贸易区在本质上是一种多边合作体制，意味着 11 个国家之间的合作，而且各缔约方签署《争端解决机制协议》、创建争端解决机制目的在于通过这一机制实现争议及时有效地解决，平等性无论是对中国—东盟自由贸易区还是对争端解决机制而言，均是本质上的需求、一种基本需要。而且中国—东盟自由贸易区内成员国的具体国情还存在一定的差异和差距，彼此间的信任也还在探索和发展中，因此平等性便显得尤为重要，必须立足区内各成员国的不同需求，在实质平等的基本原则下，努力构建合作国之间真正的合作伙伴关系。

（六）向发展中国家的偏向性

这里所说的"向发展中国家偏向"并不是对平等性的违背，而且鉴于中国和东盟国家的实际情况，要通过这一方式在现阶段达成实质上的平等。因为这 11 国大部分是发展中国家，虽然其中一些国家在世界经济局势的改变大潮中抓住了机遇，在短期内实现了经济飞跃，一举步入发达国家的行列，但是不能从根本上改变双方南南合作的性质。基于这一现状特点，在创设争端解决机制的时候便会从大多数成员国的利益出发，于是创设出来的机制向这类国家有所倾斜，为自由贸易区内公平公正解决争端提供了良好的条件。

《争端解决机制协议》与《框架协议》实质上就是程序法与实体法的关系。①《争端解决机制协议》为中国—东盟自由贸易区创设了争端解决机制，从其内容上看它带有较大的自主性和灵活性，它的存在为自由贸易区实践中产生的争议提供了解决的必要条件，并通过一系列的程序和措施，促使自由贸易区内各方的权利得到行使，义务得到履行，使自由贸易区内呈现一种有序的景象，最终促进自由贸易区的顺利构建和健康发展。虽然争端解决机制还是存在一些尚待完善的地方，但是不能否定这一机制在实践中无可替代的重要意义。相信在不久的将来，该机制在各方的努力下，得到不断的完善，与中国—东盟自由贸易区迈着一个步伐共同前进。

第四节　中国—东盟自由贸易区的发展前景

建立中国—东盟自由贸易区想法的提出，是双方在经济利益的驱动下产生的，经历一段时期的酝酿和努力之后，终于付诸实践，顺利呈现在人们眼前。虽然双方在过去很长的一段时间内，均保持着经济上和政治上的友好合作，双方具有较深的经济基础，但是在中国—东盟自由贸易区的构建进程中，不可避免地存在一定的障碍和困难，在自由贸易区顺利构建之后，这些问题包括政治上和经济上的，也还会或多或少地存在着并影响着自由贸易区的运行。如何正确处理这些问题，在当前显得尤为重要。

一、中国—东盟自由贸易区建立中有待突破的问题

（一）"中国威胁论"思想的影响

中国在进入 20 世纪 90 年代之后，将工作重心逐渐转移至经济上，随着改革开放，开始了

① 参见李珊：《中国-东盟争端解决机制研究》，湖南师范大学 2006 年硕士学位论文。

经济上的高速发展，综合国力上不断增强，在国际上的地位逐渐提升。这些发展使得世界上一些国家包括东盟国家在内开始对中国有所顾虑，“中国威胁论”开始出现。“中国威胁论”有诸多版本：19世纪末，有德国威廉二世的“黄祸论”；20世纪50年代有美国的“中国威胁论”；甚至与中国交好的苏联，在关系紧张之际，也有过“中国威胁论”的炒作。后来，随着中国经济、军事方面的逐渐强大，这一思想又开始在美国、日本、菲律宾等国家泛滥，而且它的内容随着时代的发展也日益“丰富”。进入21世纪之后，“中国威胁论”已经历多番波折，内容涉及了人们的日常生活，如中国计算机黑客威胁论、食品安全威胁论、环境威胁论等。这些国家担心中国日益强大的国力使其有能力扩充军队，从而产生一些不安定的因素；或者中国在日益富强之后，在经济上称霸，从而剥夺其他国家在合作中应有的利益。与此同时，中国丰富的自然资源、充沛的劳动力资源以及日益成熟的技术水平和管理理念，使得中国在吸引投资方面的能力逐年上升，这使得东盟一些国家开始觉得恐慌，认为本该投放他们国家的资金被中国占有。这些思想的泛滥，从一定程度上显示了中国的经济发展进程，但是又使得一些国家，包括东盟国家，开始对中国有所警觉，他们对于中国将来是否会因为追求政治和经济上的霸权地位而给整个亚洲地区制造不安定因素而感到有所顾虑。而且从经济发展的现状来看，大多数的东盟国家在经济实力上均比不上中国，这就使得东盟国家潜意识里寻求一种经济实力上的平衡，以求保全主导地位。而且随着经济的不断发展、局势的发展，在未来的日子里，主导权的争夺始终是一个大问题，而且有可能会出现争夺日益激烈的局面。因此，这一思想的存在及泛滥，始终会是中国和东盟国家之间合作的一个敏感问题。

（二）经济发展的不平衡

《框架协议》的相关约定，对东盟国家之间的合作采取的是一种有差别的措施，其原因便是东盟国家在经济上发展不平衡。首先在经济实力方面，“东盟六国”相较于东盟新成员国，其经济发展程度显得较高，“东盟六国”内，又属新加坡为最发达国家。此外，马来西亚也实现了工业化，其经济水平较为发达。但是东盟国家内还有一些不发达的发展中国家，在经济实力上远远地落后于上述发达国家，比如越南、缅甸、柬埔寨等。而这种经济上的差异、发展程度上的不平衡，给东盟成员国之间协调经济合作政策设置了一大难题，大大地增加了实现经济互补的难度。其次从产业结构看，相邻的地理位置、相似的气候，长久以来的生活习惯、经济发展进程，以及自然资源的优劣分布，使得东盟内部成员国的经济结构存在一定的相似性。除了新加坡、马来西亚实现了工业化外，其他的东盟国家，仍是农业国，而鉴于气候、地形等相似，农业的优势均存在一定的重合，因此，存在较多的农产品竞争。在工业方面也是如此：多数国家均侧重轻工业和电子工业、装配业，而且出口商品以橡胶、石油、电子产品为主。相似的经济结构使得相互间产业关系显得较为松散，有时双方之间的经济竞争和利益冲突呈现一种尖锐的态势，在一定程度上阻碍了合作进程，甚至影响相互的友好交往。

（三）政治体制、文化领域上的差异

欧盟之所以实现区域经济整合，创造了巨大的区域经济一体化贸易创造效应，还有一个原因便是欧盟国家在政治体制上的一致性：均是资本主义国家。这种政治上的一致性，使得欧盟国家在政治上容易达成一致的认识，为经济上的合作提供政治保障。但是综观东盟国家的政治体制，因为历史的缘故，在国体、政体方面形态各异。比如，马来西亚实行的是君主立宪制，新加坡是议会民主制国家。故中国—东盟自由贸易区成员国里面，情况刚好与欧盟相反，既有资本主义国家，又有社会主义国家；既有民主政体，又有军政；既有人民代表制度，又有君主制。而这种政治体制上的差异，容易引起在政治上的不一致，最终会阻碍一体化进程。

此外，在文化领域也存在一定的差异。还是以欧盟为例：欧洲各国属于基督教文化圈，共同的宗教信仰所产生的信念和皈依，会引起共同的价值观的产生。共同的宗教信仰，在精神层面表现为认同感，这样的认同感，会为在经济领域的合作奠定良好的基础。但是中国-东盟自由贸易区成员国中不存在这种共同的宗教信仰，在文化层面有着较大的差异，世界上的三大宗教凌乱地分布在中国-东盟自由贸易区内各个国家。文化上的差异在各国之间的交流过程中和在经济合作的过程中设置了一些障碍。

（四）核心领导力量的缺乏

追究历史渊源，中国与东盟国家在历史上不时地出现过摩擦，政治上缺乏一种凝聚力；东盟各国发展的重心还是本国经济的发展，而不是东盟这一集团的发展。再加上一些历史事件的影响，其中的不稳定因素不时地影响中国和东盟国家的友好伙伴关系，也影响了相互之间经济上的合作。另外，从当前经济现状看，无论是中国还是东盟国家，都还没有拥有领导东盟的经济实力。

因此，中国—东盟自由贸易区建成后的运行并不是，也必然不会一帆风顺，在构建过程中存在的一些障碍也许在较短的时间还不能解决，需要的是各成员国不断地努力，正确地认识和处理，增进互信，推动自由贸易区的不断完善、健康运行。

二、中国—东盟自由贸易区建设的完善

自由贸易区的构建是中国和东盟国家发展历史进程中必然的选择，是顺应历史潮流所要完成的一项刻不容缓的任务。无论是对于中国还是对于东盟国家而言，自由贸易区的顺利建成都是有其无可替代的意义的，而且其发展前景是美好的，是一项需要继续努力下去的重大使命。良好的前景也必然地促使中国和东盟国家不断改善合作方针和政策，力争排除一切不利因素，推动自由贸易区的健康运行，为亚洲一体化奠定基础。

（一）通过谈判达成各种合作协议

《框架协议》的内容涵盖了货物贸易、服务贸易、投资和争端解决机制等问题，其内容较为全面。但是，《框架协议》本质上更多的是一个框架性质的文件，涉及的具体事项和问题，还需要通过进一步的谈判达成各项协议来予以调整。中国和东盟国家根据《框架协议》的基本精神和内容，积极谈判，在共同的努力下相继签署了《货物贸易协议》《服务贸易协议》《争端解决机制协议》等单行协议。《框架协议》勾勒出了自由贸易区法律制度的基本框架，而相继签署的这些条约所约定的具体内容对基本框架进行了填充，不断地完善了自由贸易区的相关法律制度。鉴于相互投资在贸易中的重要位置，有关投资的协议尚待积极谈判以达成共识。投资单行协议一旦达成，届时，自由贸易区法律制度便真正形成了严格意义上的制度框架。东盟本身便是业已建立的自由贸易区，《东盟自由贸易区投资协定》就该自由贸易区的主要问题进行了约定和规范。可见，对于建成的中国—东盟自由贸易区的建立，运行中的东盟自由贸易区有很多值得借鉴和沿用的资源，包括上述投资协定。

（二）强调合作的灵活性

针对经济发展不平、政治体制以及文化领域上有差异的特点，中国与东盟国家的合作在方式上要体现一定的灵活性，这也是《框架协议》所持的态度。首先要处理好发达国家与发展中国家之间的关系。在与发展中国家合作的时候，要更多地照顾，充分利用其丰富的资源，在实现自身经济发展的同时，也帮助发展中国家实现经济上的腾飞。《框架协议》对于实现贸易自由化的时间作了有差别的对待，这便是处理发达国家与发展中国家关系灵活性的一种体现。除

了在经济实力方面，照顾还包括合作方式、产业结构、产业分布等方面。比如在与发展中国家的合作中，倾向于资金扶持；在产业分布上，东盟国家属于中国西南部邻国，而中国西南部在中国属于欠发达地区，重点扶持中国西南部地区与东盟国家的经济，既充分利用了两者地理位置相邻的优势，又能推动中国西南较为落后地区经济的发展，是一种双赢的局面。在与发达国家合作时，重点应该侧重于投资和技术上的合作，中国作为一个自然资源和劳动力资源丰富的发展中国家，要充分利用发达国家充裕的资金和先进的技术，这对于我国产业水平的提升有一定的推动作用。其次，在合作取向上，要充分利用资源优势发展经济。正如上述内容所说，对待发展中国家和发达国家要分别采取不同的策略和方式，这样，不仅能正确处理发展中国家和发达国家的关系，同时还能实现经济潜力的挖掘，最大限度地创造贸易效应。无论是中国还是东盟国家，都要采取灵活的合作方式，充分利用资源优势，包括自然资源优势和资金资源优势，在发展自身经济的同时，带动合作伙伴的经济发展。这也是自由贸易区构建的最终目的。

(三) 建立相应的组织机构

制度化是现代国际经济组织的一个重要的特征，表现为设置完整的结构与职能。国际经济组织内部机构一般包括权力机构、执行机构、行政机构和附属机构，每个机构都有自己独有的职权、职责，分别处理不同的事务。其中，权力机构是最高权力机构，由全体成员组成，其性质基本上是建议性、监督性的机构；执行机构一般只能由全体作为主权国家的成员组成，其职责主要是执行最高权力机构或决策机构的决议，拟制工作计划和方案并加以实施，在会员大会型和理事会型的最高权力机构闭会期间，一般被授权行使其大部分职权；行政机构是国际经济组织的日常工作机构，又称为秘书处；附属机构主要是为处理一些专项事务而设立的。[①] 比如WTO、北美自由贸易区等国际组织，均有较为完备的组织机构。当前中国—东盟自由贸易区业已存在的机构仅包括中国—东盟贸易谈判委员会。而《框架协议》第12条规定："已建立的中国—东盟贸易谈判委员会应继续负责执行本协议中所列的谈判计划；各缔约国在必要时可以建立其他机构来协调和实施依照本协议开展的任何经济合作活动。"中国—东盟自由贸易区暂时并未构建完备的组织机构，而一整套完整、高效的组织机构是必不可少的，各机构各司其职，为自由贸易区的顺利运行、高效运作，起到一个强大的保障作用。而其机构结构的具体设置，可以参照国际经济组织机构设置来进行，设立权力机构、执行机构和行政机构，分别负责上述机构职能介绍中所涵盖的内容。

(四) 争端解决机制的完善

1. 设立常设机构

从《争端解决机制协议》的内容来看，争端解决机制并未设立一个常设的机构。仲裁庭一般是临时设立的，根据协议规定的程序进行创设，一旦争端解决便自行解散。常设争端解决机制相比这样临时性的机构，有其无可替代的优点，比如因为仲裁人员的非流动性和确定性以及机制累积的经验，可以确保争端解决的高质高效。常设争端机制可以有一套科学的运作流程，并不断地累积经验，使得一些经常性的投资、贸易纠纷得以及时有效地解决。因此有必要创设常设机构，编制统一的仲裁专家名册。

2. 扩大主体范围

自由贸易区争端解决机制的主体范围仅限于国家，个人、企业等均不享有向争端解决机制提出请求的权利。这样规定是基于政治上的安全考虑：中国和东盟国家之间还存在一定的不稳

---

① 参见宋永新、宋海鹰：《国际经济组织法导读》，32页，杭州，浙江大学出版社，2000。

定因素，如果允许私人作为起诉方，则会出现一些有可能引发地区政治敏感的问题，一旦导致政治上的不安定，也必然会影响经济上的友好合作。① 但是，个人利益之间、个人利益与国家利益之间不可避免地会产生一定的冲突，不能以逃避的态度置之不顾，留待其他争端解决机制予以解决。鉴于争端解决机制相互间宗旨、精神、模式等的差异，其他机制未必能合理、有效地解决争端，更不能实现对各当事方权利的全面维护。因此，有必要考虑将个人、企业纳入主体范围，但是必须通过一系列制度、程序上的法律安排。

3. 完善仲裁庭人员的组成

《争端解决机制协议》第 7 条第 3 款规定：“有关当事方应尽力就将作为仲裁庭主席的另外一名仲裁员达成一致，如未能达成一致的，则应请求世界贸易组织总干事来指定仲裁庭主席，且争端当事方应接受此种指定。若总干事是一争端当事方国民时，则由副总干事或者其他非任何争端当事方国民的次级别官员进行指定。如果一争端当事方并非世界贸易组织成员时，则争端当事方应请求国际法院院长指定仲裁庭主席，争端当事方应接受此种指定。”但是从 WTO 或者国际法院的相关规则中，并未找到这一权利的法律依据，也就是说，无论是 WTO 总干事还是国际法院的院长，均没有这一权限为该仲裁庭指定主席。因此，有必要对这一规定作一定的修正：这一权利应该由自由贸易区内部机构行使，可以由秘书处在仲裁专家名单中抽签。这一不足之处，从另一侧面也体现了设立常设机构的必要性。此外，协议第 7 条规定仲裁主席不能属于争端当事方国民或者在争端当事方常住或在当事方从业，也存在一定的缺陷。因为这一禁止性条件不应只限于仲裁主席，而未对其他争端仲裁员作此限定。再加上仲裁员是由争端当事方分别指定一位，这样难免会出现这样的局面：自己指定的仲裁员只从自己的立场出发争取自己的利益，使得仲裁庭难以公平公正地裁决，成员国对仲裁的信任度也会逐渐降低，最终会导致整个争端解决机制的威信降低。因此，这一禁止性条件，可以考虑同样适用于其他仲裁员。

4. 完善惩罚机制

惩罚机制的缺失首先表现在仲裁程序中各当事方不遵守期间限制或者不履行相关义务时缺乏惩罚机制，这对于程序的顺利进行创造了钻空子的可能，一些当事方会一味地拖延，造成仲裁程序的实质瘫痪。因此有必要对一些义务设置一定的惩罚条款，以督促当事方配合争端的解决。其次表现在执行层面上的惩罚机制。协议中的惩罚机制采用的一种是在同一领域或交叉领域交互使用的模式，它为建议或裁决的执行起了很大的保障作用。② 但是相关的赔偿、减让或利益的中止，都未在惩罚水平上作出较为清晰的规定。鉴于 WTO 及北美自由贸易区等的相关措施，对这一惩罚机制有必要进行完善，在限度、水平上作更加科学、明确的规定。

5. 完善上诉机制

综观《争端解决机制协议》的内容，仲裁是“一裁终局”的，不能予以上诉。上诉机制的缺失意味着在仲裁过程中一旦出现程序上或实体上的不当，比如在诉讼过程中，出现仲裁庭组成不当、明显超越权限等情况，当事方便失去了维护自己权益的程序和可能性。虽然制度设计时未纳入上诉机制，是旨在提升机制的运行效率，促使当事方采纳相应的磋商、调解或调停等方式解决争端，但是上诉机制的缺失最终会导致某些当事方的合法权益因没有合法的程序而得不到维护。

---

① 参见石现明：《中国—东盟自由贸易区争端解决机制之仲裁制度研究》，载《云南大学学报（法学版）》，2010(2)。

② 参见李珊：《中国-东盟争端解决机制研究》，湖南师范大学 2006 年硕士学位论文。

三、中国—东盟自由贸易区的前景展望

（一）实现贸易自由化

中国—东盟自由贸易区协议的达成，将推动贸易创造效应的最大化发挥，实现区域内的资源优化配置。自由贸易区的建成，其影响主要表现在以下三个方面：首先，促进货物贸易的稳步发展，实现货物贸易的自由化。近几年来，中国与东盟的货物贸易额不断地攀升，随着《框架协议》和相关协议的相继签署，以及自由贸易区的顺利建成，关税和非关税壁垒都将逐渐被减少或取消，这对于货物贸易的进一步开放起着积极的作用。而且，在接下来的谈判中，还会致力于国内相应制度和政策的简化及调整，所有的这些努力，都将对货物贸易自由化的实现推波助澜。其次，逐步开放服务贸易，实现服务贸易的自由化。服务贸易具有敏感性、牵连性的特点，在服务贸易的吸引外资方面，中国和东盟国家或多或少地存在着一定的竞争。《框架协议》第4条第1款便指出，“为了加速服务贸易的发展，各缔约方同意进行谈判，逐步实现涵盖众多部门的服务贸易自由化”。鉴于中国服务贸易发展大国的地位，以及本身蕴藏的巨大的服务贸易市场，中国和东盟国家在服务贸易自由化上的期盼值提升，双方还需要通过不断地扩大开放，逐步扩大开放领域，实现服务贸易的自由化。再次，不断扩大相互投资，实现投资自由化。中国和东盟国家之间的相互投资是自由贸易区建设的一个重要内容。有关投资自由化的协议正处于谈判过程，尽快达成有关投资自由化的协议，是当前必须积极努力完成的重大任务，双方的投资会随着投资协议的签署展现一个新的景象。在“引进来”方面，新加坡、马来西亚等国对华的投资处于一个上升的趋势；在“走出去”方面，中国也不断地增大对东盟国家的投资，双方也均致力于投资环境的改善。

（二）立足中国-东盟自由贸易区，推进“10＋3”区域经济合作

“10＋3”是东亚国家之间区域经济合作的主要机制，即东盟10国和中、日、韩3国领导人非正式会议。中国—东盟自由贸易区，作为“10＋3”模式的先行者，它既是东亚经济一体化的推进器，又是其重要组成部分。而且自由贸易区的构建在一定意义上可以被看成东亚经济一体化的前期试验，自由贸易区的成功与否会对东亚经济合作产生直接的影响——是积极地推动还是消极地阻碍。因此自由贸易区的顺利建成，对于推进“10＋3”区域经济合作能起到良好的示范作用，而且其业已形成的机制、建立的机构、签署的条约，均能为东亚经济集团的构建提供重大的借鉴意义。东亚的经济发展极具潜力，是当今世界经济发展中最具潜力的经济体，区域内国家应在经济发展上相互扶持、帮助，挖掘经济结构互补潜力，不断开放市场，在区域内逐渐形成一个较为完整的经济体，在区域经济合作中呈现出巨大的潜力和空间。东亚合作是亚洲经济一体化中最具活力，也是前景最被看好的组成部分。但是与欧盟、北美自由贸易区的经济实力相比较，中国—东盟自由贸易区还略显弱势，不仅仅是因为其建成时间较短，还因为缺乏地区内经济大国的积极推动，因此，东亚发达国家日本、韩国的加入，推动“10＋3”区域经济合作，其意义显得尤为明显。推进东亚经济一体化，对于东亚各国而言，都意味着市场的扩大、资本的增长、经济的发展和合作的深入。从某种意义上说，自由贸易区的建立，是东亚自由贸易区最终建立的一个环节、一个不可或缺的组成部分，其顺利建成，对“10＋3”区域经济合作有着巨大的推进作用。

（三）坚持“睦邻、安邻、富邻”，推进我国自由贸易协定（FTA）战略的深入实施

当前世界的主题是和平与发展，而中国也在努力抓住这一和平环境的机遇，实现自身更快更好地发展。2003年10月，温家宝总理在首次东盟商业与投资峰会上，提出“睦邻、安邻、

富邻”的政策，表示了中国在维和平促发展方面坚定的决心。这一政策提出，与我国FTA战略的实施也紧紧地结合在一起。“睦邻、安邻、富邻”是中国自身实现发展的重要内容，“睦邻、安邻、富邻”不是单纯地使邻国和睦、安定，使其富裕，而是通过将一定的利益让与邻国，创造一个和睦、友好的环境，实现双方的共同发展，推进实现亚洲地区的和平、安全、合作和繁荣。“睦邻、安邻、富邻”与我国FTA战略又是彼此关联、相辅相成的：“睦邻、安邻、富邻”是FTA战略的原则与核心；FTA战略是“睦邻、安邻、富邻”的具体贯彻和集中体现。[①] 合作是实现共同发展、互利共赢的必由之路，而构建自由贸易区是实现区域经济合作的最好方式。自由贸易区的顺利构建，不仅仅使中国“睦邻、安邻、富邻”的美好愿望向前迈进了一步，也是我国FTA战略实施进程中一个重要的里程碑。

自第二次世界大战结束之后，世界的经济格式发生了天翻地覆的变化，而经济全球化和区域经济一体化也在这时成为了不可逆转的两大历史潮流。正是认识到了经济全球化过程中无论国家还是地区均不能置身其外，2001年，朱镕基总理审时度势提出了建立中国—东盟自由贸易区的倡议，与东盟国家领导人的想法不谋而合，得到了他们的积极响应。自由贸易区的构建，是基于区域内每个成员国的利益考虑，在近几年的努力之后，也明显地看到了这一战略选择的重要意义：它不仅对双方的政治安全和稳定起了积极的作用，而且在经济上双方携手寻求发展空间，致力于开创东亚地区经济繁荣的新景象。

① 参见尤安山：《中国-东盟自由贸易区建设——理论、实践、前景》，253页，上海，上海社会科学院出版社，2008。

第三章 泰国法律制度概论

第一节 宪 法

一、泰国法律的起源和发展

1. 近代以前泰国法的发展

泰国，古称暹罗。有文献记录的泰国法是在公元3世纪至13世纪末、泰国早期的国家组织——孟人国家时期形成。《芒莱法典》是泰族先王所实施的习惯法的汇编，有两百多个条文，是这一时期泰国法的代表。公元1238年，帮克朗刀带领泰族人民起来争取民族独立并驱逐了柬埔寨统治者，建立了以泰族为主体的素可泰王朝，结束了当时地区割据分立的局面，泰国法律自此走上了独立发展的道路。阿瑜陀耶王朝时期，泰国历史上一个伟大的君主拉玛铁菩提颁布了泰国有史以来第一套法律：1350年《证据法》、1351年《叛逆法》、1356年《取缔拐带法》、1357年《侵犯人民法》、1359年《杂事法》《夫妻法》和1366年《强盗法》，等等。这些法律是印度《摩奴法典》与泰族习惯法相结合的产物，确定了泰国法律的基本原则并成为后世国王立法的蓝本。阿瑜陀耶王朝前期，还制定了《皇朝法典》。曼谷王朝初期，拉玛一世重订了有名的《三印法典》，它包括了民事、刑事、道德、宗教、家庭等各方面内容，共计123卷。

泰国古代法律文化的特征主要体现在以下几个方面：其一，泰国古代法律文化深受印度影响，其法律的内容及司法诉讼制度均是印度古代法律的翻版。其二，素可泰王朝的蓝摩甘亨王将小乘佛教确定为泰国的国教后，佛教成为泰国的精神支柱，泰国古代法律中的许多内容带有浓厚的宗教色彩。其三，泰国古代法律维护严格的封建等级制度。阿瑜陀耶王朝的戴莱洛迦纳王时的法律就明确把泰国居民分4个阶层，不同的等级有着不同的权利、义务。

2. 泰国法律的近代化

泰国近代法律深受法国法律的影响，属于大陆法系。其发展历程可以划分为以下三个时期。

第一，蒙固王改革。蒙固王（1851—1868）即拉玛四世，是泰国第一位吸收西方文明的君主。蒙固王自登基时开始，便在宫中推行西方的教育，宣扬朴素的民主思想。他主张在法律面前人人平等、天子与庶民同罪。他在位期间，颁布的法律有几十卷，涉及各种问题，如变革宗法制度，从而使个人享有某些权利，限制奴隶制并对等级制进行初步改革，等等。他力图建立一个与变革时代相协调的法律环境，为泰国法律迈向近代化铺平了道路。

第二，朱拉隆功改革。1世纪中叶，英、法两国不断加强对泰国的政治、经济的渗透，迫使其进入资本主义经济体系，也加速了泰国早已孕育着的资本主义萌芽。而泰国当时的自然经济结构及封建的人身依附关系和奴隶制度显然无法适应社会政治、经济生活中出现的种种变化。朱拉隆功国王自幼就接受西方文明熏陶，在这种社会背景下更是决心推行社会改革：在立法方面，以西方法律为蓝本，制定了各种法律。先后颁布了暂行司法机关组织法、搜集及宣判罪证法、暂行民事诉讼法、办理清算破产企业和股份公司的破产程序法和贷款银行营业法。1908年颁布了刑法典，也开始了民法典的制定工作。在司法制度方面，使司法与行政分离，设立了独立的司法机关。1907年，建立了单一的法庭制度，划定案件审级制，规定各省的法庭、大区法庭的审判权限。1897年，创办司法学校，并派人到外国学习司法教育。从1874年至1899年，历经二十多年，朱拉隆功国王利用自己的权力颁布一道道法令，使得奴隶制和封建依附关系逐步在泰国消失，完成了从蒙固王开始的废奴运动。

朱拉隆功的改革在泰国法律发展史上意义深远。朱拉隆功的立法、司法改革，为泰国法朝着近代化方向发展奠定了基础。但这场自上而下的改革运动，在本质上也只是在君主专制政体上的一种改良，其指导思想仍是“民族本位，泰体西用”，即坚持君主专制政体和传统的小乘佛教，对近代西方先进思想精华和核心——自由、平等和民主的理论，对议会政治和宪政的理论，仍是排斥的。所以，朱拉隆功改革之后，泰国法律走向近代化之路仍然充满艰难、曲折。

第三，1932年革命。1929年—1933年爆发的世界性资本主义经济危机，也沉重地打击了已纳入资本主义经济体系的泰国国民经济，导致各种矛盾不断激化，君主专制政体出现了深刻的政治危机。1932年6月24日，披耶帕风等中下级军官发动了一场“世界上最和平的不流血的革命”，结束了泰国700年历史的君主专制制度，开始了君主立宪制的新时代。

1932年后，泰国近代资产阶级法律制度逐步建立和发展起来。1932年6月27日，拉玛七世签署了临时宪法，宪法规定泰国实行君主立宪制，国王的权力受到议会的限制。1932年12月，拉玛七世颁布永久宪法《暹罗国宪法》，临时宪法对国王的限制几乎全部取消。1933年4月1日，国王颁布诏令，宣布封闭国会，君主专制政体再度复辟。1933年6月20日，以披耶帕风为首的军官再次政变；6月25日，组成以披耶帕风为首的新的立宪政府。至此，泰国资产阶级革命已完全取得胜利，君主立宪政体得以确立。在这一时期，各部门法以宪法为基础，得以创建并定型。1935年，主要仿效法国法典，制定了《民事诉讼法典》《刑事诉讼法典》《法院组织法》和《民事和商事法典》。至此，泰国近代法律制度基本上建立起来。

泰国近代法律制度的发展有其自身的特点：

（1）泰国近代法律文化是一种东方文化与西方文化相碰撞的产物。其家庭法部分仍坚守传统法律和习惯，而商法部分则吸收了大量西方先进法律制度，并且主要受到法国法律的影响，其法律应属大陆法系。

（2）在泰国法律近代化的过程中，相对来说政治性极强的法律如宪法迅速出现，而其他一些具体法律制度和程序等出现得较晚。尤其突出的是，军人专制与法律秩序竟合二为一，有着极端民族主义倾向，如在通告中提倡泰民族讲泰语、用泰语；将国家名称由过去的暹罗改为泰国，确立了国家、君主和宗教三位一体的国家意识形态。

3. 泰国法律的渊源

泰国的法律和法规在生效前都必须在《政府公报》上公布。与其他大陆法系国家一样，判例不是泰国法律的渊源，习惯、权利和正义的一般原则也不是法律渊源。泰国法律的渊源有：

（1）宪法，是由议会审议，上奏国王陛下，根据敕令发布御赐的具有最高法律地位的法律。（2）法律，指由国会建议和批准、国王颁布的法律规范。（3）紧急法令，指内阁建议国王颁布的法律规范。（4）王室命令，指国王在取得国会授权并有相应机构部署后颁布的法律规范。（5）王室法令，指国王在内阁提出议案后颁布的法律规范。（6）国家行政院或革命党发布的通告。(7) 内阁规章和通告。(8) 市政条例，指市政府在其管辖权限内发布的规范。(9) 卫生特区规章。(10) 地方自治条例，指除曼谷市政府和卫生特区外的省行政机关在其管辖权限内颁布的地方性规范。(11) 特区（郊区）条例。

4. 泰国的法律教育

泰国的法律教育模式与其他大陆法系国家的模式相一致，大学法律系是法律教育的主体。最早在1897年，朱拉隆功国王就创办了司法学校，负责培训司法和检察方面的人才；并选派突出人才到西方国家学习法律制度。1916年，拉玛六世创办了泰国第一所大学——朱拉隆功大学。随后，司法部的法律学校与朱拉隆功大学的政治系合并为政治与法律系。1934年，该系脱离朱拉隆功大学，建立了法政大学（后来朱拉隆功大学又重新建立政治系和立法系）。法政大学是泰国第二所大学，其中法学系学生占了1/4，泰国政法界的高级官员几乎全部出自该校。

朱拉隆功大学和法政大学的学士学制都是四年，硕士学制为两年。泰国法学院的学制则为一年（其学生从各大法律系的毕业生中考试录取）。泰国法学院是专门培养法官、检察官和律师的学府，其院长由大理院院长兼任，学院设委员20人，均选自全国的法官、检察官、律师和已退休的老资格的法官。法学院的经费除由司法部每年提供5万泰铢外，大部分来自历届毕业生的捐资（每人每年600泰铢）。

泰国法学院系的课程，除研究泰国法律外，也注意研究外国法律。如朱拉隆功大学立法系设有民法和商法、刑法、犯罪学、诉讼学、法院规章、行政法、普通法、国际法等课程。

在泰国，从事法官、检察官和律师职业，都必须要有法律教育的背景并经过相应的职业培训，考试合格后方能录用。

二、宪法的历史发展

泰国是东南亚国家中政治发展问题最为突出的国家，其政府更迭之频繁及军事政变频率之高令人惊异。1932年至1992年，泰国共发生了19次政变，共通过了15部宪法。每次政变的领导者，并不想把推翻“王制”作为目标，而是在王制之下确立其“民主政治”。所以政府的变更、宪法的修改是按照国王的意图进行的。宪法仍是由议会审议，经国王发布御令生效，因此，泰国宪政从本质上讲还是君主立宪制政体。

1932年12月10日，泰国的第一部正式宪法颁布，全文由总则和7章、68条构成，恢复了国王的许多特权。

1933年4月至6月短短两个多月时间内，泰国经历了国王“复辟”和军人政变的波折。6月24日，暹罗王国改名为泰王国，暹罗王国宪法改名为泰王国宪法。

1946年4月，比里政府改定新宪法，对旧的国民议会制度作了修改，成立了两院制的议会；废除了立法机构的半数人员，规定所有议员都由选举产生；扩大了公民权利并允许成立政党。

1947年7月8日部分军人发动政变，改拥乃宽执政，废止了1932年的宪法并另颁《临时宪法》，该宪法的最大特点是强化了国王的权力。

1948年4月7日，銮披汶策动政变而执掌政权，宣布废除《临时宪法》，于1949年3月23日颁布新宪法，即《恒久宪法》。这部宪法由1章、188条构成，其特点是人民有较大的自由权，可以自由组织政党；军队属于国家，不能作为政治斗争的工具。

1958年，政变上台的沙立·他纳叻元帅抛出以泰国传统集权统治思想为核心的“泰式民主”建国理念，并通过1959年临时宪法，临时宪法第17条赋予了总理凌驾于法律之上的绝对权力，泰国由此开始实行军人独裁专政。

1968年，正式颁布了新宪法即《恒久宪法》。

1972年年底，以青年学生为先导的规模空前的民主运动最终迫使沙立的继任者他侬·吉滴卡宗元帅下台，军人独裁时期结束。此后十余年间，军人与职业政客交替掌权，民主政治的发展虽举步维艰但仍在不断发展。泰国宪法也经历了1972年临时宪法、1974年临时宪法、1977年临时宪法、1978年《恒久宪法》、1991年12月宪法等多种版本。

1992年，不甘退出历史舞台的军人势力发动了自1932年以来的第十九次军事政变，试图扭转民主化潮流，但这一举动引发了以中产阶级知识分子为中坚的1992年大规模民主运动。在强大的民意面前，军人势力黯然退出泰国政坛。1992年6月7日，国会通过了4项宪法修正案。

此后，以往在军人派系势力的夹缝中勉强生存的、代表地方传统势力的职业政客一跃成为了泰国政坛的主导力量。地方传统势力固有的分散性、自利性和短视性特点决定了其对民主政治发展的阻碍多于推动。由地方传统势力拼合而成的政府的频繁变动，使其在民主政治制度建设方面难有寸进，而各级官员的贪污舞弊之风盛行更对民众已有的民主政治权利侵蚀严重。以中产阶级知识分子为首的城市市民阶层对此强烈不满，进行民主政治改革的呼声日盛，1997年新宪法就在这一背景下应运而生。

三、现行宪法的主要内容

现行宪法于1997年9月27日获立法议会通过，共12章、336条，同年10月11日颁布、实施，是泰国第十六部宪法。与以往的民主宪法相比，其最大的特点就是体现了现代民主政治理念，它摒弃了传统的单一代议制民主政治框架，转而采用现代的代议制和参与制民主相结合的民主政治框架，为泰国民主政治的发展绘制了一幅合乎时代潮流的建设蓝图。

新宪法规定泰国实行以国王为元首的民主政治制度；国王为军队统帅，神圣不可冒犯，任何人不得指责或控告国王。

议会制度和政党政治是民主政治的核心内容和有力保障，故1997年宪法对此分别进行了有针对性的改革。议会除立法权和财政权外，还拥有监督权，即监督政府，防止其滥用行政权危害民主政治的重要职权。1997年宪法对参议院进行改革时着重强调其独立性和国民参与性，摒弃了以往由总理推荐、国王任命的参议员产生办法。宪法规定，国会上、下议院议员均直接来自民选。政府总理来自下议员，由国会主席兼下议院议长提名，经下议院表决并获半数以上票数通过，由国会主席呈国王任命。总理在解散议会前需得到内阁批准并报国王审批；在不信任案期间不得解散议会。内阁成员共36人，下议员担任内阁职务须辞去议员资格，阁员上任、卸任须申报并公布个人财产。上议员不得隶属任何政党，不得担任阁员。

小党纷争的政党格局在整个20世纪90年代一直困扰着泰国政治，所以，建立稳定的政党格局就成为1997年宪法对众议院改革的首要目标。修改后的众议院选举法采用了多数代表制与比例代表制相结合的选举模式。宪法规定，众议院拥有500名议员，其中400名通过单数选区制从全国大选中直接产生，其余100名则通过政党名单制产生。设立政党名单制议员的目的，除了使政党内部有专业能力却不出名的党员也能出任议员外，更重要的在于增加大党的议会席位而削减小党的议会席位，从而达到稳定泰国政局的最终目的。因为按规定只有在全国大选中获得超过5%的选票的政党才能根据各自票数比例从政党名单制的100席中获取相应比例的席位，这就使得大党得到的席位陡然增加，而小党根本得不到政党名单制中的席位。

为了充分保障民主政治的实现，尤其是有效限制政府行政权的滥用，泰国根据1997年宪法特别成立了一系列独立的民主监督机构，主要包括宪法法院、国家反贪委员会、选举委员会、国家人权委员会、国家审计委员会等。为确保这些独立机构成员的独立性，其候选人按规定由社会推荐，名单在经过复杂的独立性资格审查程序后提交参议院投票，得票最多者才能成为机构正式成员。这些机构中影响最大的当数宪法法院和国家反贪委员会：(1) 宪法法院拥有解释宪法和确认政府行政行为是否违宪的权力，是“三权分立”体制中立法权地位的最终保障。过去的宪法法院完全为行政权力所控制，根本起不到监督的作用。而目前的宪法法院则是独立的法律部门，拥有经社会推荐、参议院遴选、国王任命的专职工作人员，至少已在制度上保证了监督功能的有效性。(2) 国家反贪委员会的功能则是反腐倡廉，确保政治清明。它有独立于政府部门的地位，有经严格挑选产生的保持独立性的专职工作人员，有依职权主动行使的调查权，有独立审查对象是否舞弊的裁定权，甚至拥有了一般只有检察院才有权行使的刑事公诉权。

同时，1997年宪法还扩大了公民的民主权利和新闻自由，除言论、写作、出版与发行、和平静坐及集会的自由外，还增加了5万选民联名可提出涉及权利、自由和国家基本正常的法律议案以及要求罢免有贪污行为的总理、阁员或上、下议员等；禁止关闭印刷厂、电台、电视台；赋予新闻工作或者发表言论和新闻自由的权利等条款。原则上规定了民众拥有的对中央政府行政决策的直接参与监督权，包括对公共政策的知情权、建议权（主要指中央政府在实施对地方环境、资源有重大影响的建设项目之前，必须要听取当地群众意见）、复决权等，充分体现了参与制民主政治的特点。新宪法还要求国家为公民提供12年免费教育，要求国家提供覆盖全国的远程通信基础设施，使人民得以获取所需的信息。

第二节 刑事法律

一、刑法概说

泰国的第一部刑法典颁布于公元1908年，该法大量吸收了法国、比利时的刑法原则。

泰国现行刑法典于1956年11月15日公布，自1957年1月1日起施行。1956年《泰国刑法典》分总则、具体犯罪、轻罪3编，共14章、398条。具体内容如下：

第一编 总则

第一章 适用于一般犯罪的规定

第一节 定义

第二节 刑法的适用

第三节 刑罚与保安处分

第四节 刑事责任

第五节 未遂犯

第六节 正犯与从犯

第七节 犯罪的竞合

第八节 累犯

第九节 时效

第二章 适用于轻罪的规定

第二编 具体犯罪

第一章 关于国家安全的犯罪

第一节 侵犯国王、皇后、王位继承人和摄政的犯罪

第二节 内乱罪

第三节 外患罪

第四节　妨害国交罪

第二章　关于公共管理的犯罪

第一节　妨害公务罪　　第二节　渎职罪

第三章　关于司法的犯罪

第一节　妨害司法罪　　第二节　司法渎职罪

第四章　关于宗教的犯罪

第五章　关于公共秩序的犯罪

第六章　关于公共安全的犯罪

第七章　关于伪造变造的犯罪

第一节　伪造货币罪　　第三节　伪造文书罪

第二节　伪造印章票证罪

第八章　关于贸易的犯罪

第九章　关于风化的犯罪

第十章　侵犯生命和身体的犯罪

第一节　杀人罪　　第三节　堕胎罪

第二节　伤害罪　　第四节　遗弃罪

第十一章　妨害自由和名誉的犯罪

第一节　妨害自由罪　　第三节　妨害名誉罪

第二节　泄露秘密罪

第十二章　侵犯财产的犯罪

第一节　盗窃和抢夺罪　　第五节　侵占罪

第二节　恐吓勒索和抢劫罪　　第六节　赃物罪

第三节　诈欺罪　　第七节　毁损罪

第四节　妨害债权罪　　第八节　非法侵入罪

第三编　轻罪

附录

《泰国刑法典》具有以下特色：

第一，第1条开宗明义对有关术语如欺骗、公共场所、凶器、暴力、文书等的含义进行了明确界定，避免了司法实践中的歧义，有利于准确理解立法原意，统一司法。

第二，第2条规定了刑法的时间效力，并对刑法的属人原则和保护原则作出明确、具体的规定，特别关于何为泰国领域内犯罪的规定完善、具体，体现了罪刑法定原则的要求，有利于解决管辖问题。还特别强调对侵犯国家安全罪的管辖，即涉及泰国国家安全的域外犯罪，不论犯罪人是否已经外国法院判决无罪或是否已经外国法院判决有罪并已执行完毕，泰国始终保留对该类犯罪的无条件追诉权和刑罚权。

第三，明确规定了保安处分的种类、适用条件和要求，有利于预防犯罪和保障人权。

第四，规定了罚金易服拘役制度、刑法加减与停止制度，有利于罚金的执行和准确量刑。

第五，根据责任主义的要求，专辟一节规定了刑事责任，尤其对故意、过失、责任能力、认识错误、可以减轻处罚的具体情况等作出具体规定，为认定是否承担刑事责任、正确适用刑罚提供了立法保障。

第六，对司法实践中常见多发的杀人、伤害、盗窃、抢劫、伪造、变造犯罪等，根据犯罪情节和结果，分别作出了具体、详细的规定，有利于罚当其罪。

第七，第四章规定了关于宗教的犯罪，用刑罚手段保障宗教的合法活动，维护宗教的国教地位。对因迷信行为所致的不能犯和未果犯免予处罚。

二、犯罪总论

《泰国刑法典》将犯罪分为一般犯罪和轻罪两类。轻罪是指犯1个月以下有期徒刑或并科1 000泰铢以下罚金的犯罪。轻罪所涉行为大多为社会危害性较为轻微的行为，如扰乱公共场所秩序、无正当理由携带武器、污染公共用水、破坏交通工具、见死不救、超越合理限度使用牲畜，等等。该法对一般犯罪未有明确的定义，而是直接在第一编和第二编中使用了这一概念。

（一）犯罪构成

与法国有关刑法理论相似，泰国刑法认为法律要件、客观要件和主观要件这三要件是犯罪构成的基本要件。所谓法律要件，即任何行为构成犯罪须以法律规定为准则。客观要件则是指表明行为人罪过的外部行为（包括不作为）。主观要件即罪过形式。一般情况下，只有主观上存在故意才具有可罚性，过失构成犯罪须法律有明文规定。

在泰国刑法中，除了以上犯罪构成的三要件外，要追究行为人的刑事责任，还需考虑是否可以把犯罪行为归责于行为人，即可归责性，是指一个人理解和认知客观事物与自己行为的能力。

1. 刑事责任能力

（1）泰国刑法将刑事责任年龄分为7周岁以下、7～14周岁、14～17周岁、17周岁以上4档。14周岁以下为绝对无刑事责任时期，但法院可以对7～14周岁的犯罪人采取一定的措施，使其得到相应的管教。14～17周岁为相对无刑事能力时期，法院有权根据具体情况决定是否给予刑罚，即使处以刑罚，也应按法定刑的1/2论处。

（2）因精神障碍而致的无责任能力。

（3）减轻责任能力。包括三种情况：其一，对于17～20周岁的未成年犯罪人，法院在认为适当时，可以减轻应处刑罚的1/3或1/2；其二，行为人由于精神障碍而使自己认识、控制的行为能力显著削弱的，可在法定刑以下减轻处罚；其三，行为人因为不知或违反其意志而醉酒，致使行为时不能辨识其行为的性质或违法性或不能自我控制的，免予处罚；能部分辨识或自我控制的，可减轻其法定刑。

2. 特殊身份

这是泰国刑法颇具特色的规定：夫或妻对对方犯有该法分则第十二章“侵犯财产的犯罪”中除恐吓勒索及抢劫罪之外的任何行为，不罚。尊亲属或卑亲属相互间或同父母之兄弟姐妹相互犯上诉罪行的，告诉才处理，并可减轻法定刑。

3. 错误

包括事实性错误、禁止性错误。事实性错误有两种：一是对于某属于法定构成要件的事实缺乏认识的，应排除故意犯罪的可能性，至多只能构成过失犯罪（犯罪对象错误并不属于事实性错误）。二是行为时误以为有足以阻却犯罪、免除或减轻刑罚之事实存在，而该事实实际上并不存在的，应按案件的情形，宣告行为人无罪，免除或减轻其刑罚。禁止性错误是指其刑法典第64条规定：原则上不得因为不知法律而免除刑事责任。但如果法院认为依其情状行为人不知其行为为法律所规定的犯罪时，法院可以要求行为人举证，确实者，必须减轻其法定之刑。

4. 受胁迫

其构成要件包括：一是强迫或暴力必须是不可抗拒的；二是受强迫或暴力不能是受强迫或暴力者事前的过错所造成的。值得注意的是，内在的精神受胁迫不符合受胁迫作为排除刑事责任的条件。

5. 正当事由（排除社会危害的行为）

（1）正当防卫，是指为防卫自己或他人之权利，而逃避违法之强暴行为所致紧急危险之行为，依当时情况属必要的，无须承担刑事责任。如行为人的行为因激动或恐惧而导致防卫过当，也免其刑罚。此外，还特别规定了对于处在严重不当虐待之下者对施虐者的犯罪，可减轻其法定刑。这与泰国文化传统中的男权、夫权、父权中心主义有很大的关联，对于保护这一传统下的弱小者具有一定的意义。

（2）紧急避险。其条件是：其一，必须有现实的明显的危险存在；其二，非以犯罪手段不能排除；其三，所避之险不能是由避险人本人的过错造成的。紧急避险过当者，也免于处罚。

（3）公务员之命令。泰国刑法典第 70 条规定：依公务员命令的行为不受处罚，即使命令违法，除行为人明知其违法外，有服从的职责或善意地认为自己有服从的职责的，不受处罚。

（二）犯罪未完成形态

1. 犯罪预备

泰国刑法一般不把犯罪预备作为追究刑事责任的起始阶段，但在“侵犯国王、皇后、王位继承人及摄政之罪”“内乱罪”和“外患罪”中规定了对犯意的严厉处罚。

2. 犯罪未遂

犯罪未遂是指着手犯罪行为而未完成或完成而未达其目的的情形。对未遂犯，依其所犯罪的刑罚的 2/3 论处。

3. 不能犯、未果犯与迷信行为

不能犯和未果犯均被视为未遂犯，比一般未遂犯的处罚还要轻，依行为人所犯之罪之刑的 1/2 处罚。另外，因迷信行为而致的不能犯或未果犯可免于处罚。

4. 犯罪中止

其构成要件是：行为人已着手实施犯罪；自行中止犯罪行为或变更犯罪意思并防止犯罪结果的发生；犯罪行为未完成。

（三）共同犯罪

共同犯罪人分为正犯（主犯）和从犯。正犯（主犯）就是亲身实施犯罪行为的人。泰国刑法规定，教唆犯按正犯处罚，即使教唆未遂的，也处以该罪法定刑的 1/3 刑罚。帮助犯，是指在他人犯罪前或犯罪时，以任何方法帮助或提供便利的人。帮助犯是从犯，依其所帮助之罪的法定刑的 2/3 处罚。

（四）刑事责任

1. 刑罚种类

泰国的刑罚无主刑、附加刑之分，其刑法典中规定了死刑、徒刑、拘役、罚金、没收共 5 种刑罚，罚金和没收可以与其他刑种并处。

2. 量刑情节、累犯

泰国刑法规定的量刑情节只有 3 类——加重、减轻和免刑，并无从重和从轻，而且加重、减轻都有明确的标准。

累犯分两种：其一是在被判决有罪的执行期中或自判决之日起 5 年内再次犯应科以有期徒

刑以上的犯罪人；其二是指曾因犯该法典第93条规定的罪行被判6个月以上有期徒刑期间或自判决之日起3年内再犯上述罪行并应科以有期徒刑以上的犯罪人。对前一种累犯，加重其刑的1/3；对后一种累犯，则加重其刑的1/2。但是，过失犯、轻罪犯及未满17周岁的未成年人所犯之罪，无论是前罪还是后罪，均不构成累犯。

3. 缓刑、刑罚保留的警告

缓刑的适用对象是应被判处2年以下有期徒刑的被告人，适用条件是被告人没有有期徒刑的前科，或有期徒刑的前科是因轻罪或过失犯罪，并由法院考虑被告人的具体情况，在认为适当时，判决宣告其刑罚，但停止刑罚的执行，并附加或不附加管束条件而予以释放。缓刑的考验期为自法院判决之日起5年。如被告人在考验期再犯故意的一般犯罪，则撤销缓刑，两罪并罚。如在考验期并无违反管束的规定，无故意犯一般犯罪的，则免除原判刑罚的执行。

刑罚保留的警告，是指宣告被告人有罪，但暂缓确定刑罚。其适用与缓刑几乎完全相同。

4. 保安处分

保安处分是泰国刑法中颇具现代刑法特色的内容。它是一种处罚，更是对犯罪人的矫正教育，其实质是对人身危险和社会危害的预防措施。适用保安处分的基本原则是：必须与行为人的以往表现、以后期望以及其人身危险性的程度相联系。具体包括以下5种措施：管训、禁止进入特定地区、提供附加担保物之安全保证书、医院限居、禁止执业。

三、刑罚各论

泰国刑法典第二编“一般犯罪”和第三编“轻罪”构成了泰国刑法的分则部分。“轻罪”部分不设章节，共计32条。“一般犯罪”部分共计12章，分别规定了以下12大类犯罪：关于国家安全的犯罪；关于公共管理的犯罪、关于司法的犯罪、关于宗教的犯罪、关于公共秩序的犯罪、关于公共安全的犯罪、关于伪造变造的犯罪、关于贸易的犯罪、关于风化的犯罪、侵犯生命和身体的犯罪、妨害自由和名誉的犯罪、侵犯财产的犯罪。在每一大类犯罪中又分为若干具体罪名。

四、泰国刑法的修改与完善

随着泰国政治、经济、文化和社会生活的发展、变化，泰国立法机关以刑法修正案或法令的形式，对刑法典进行了多次修改，涉及条款达77处，主要表现在以下几个方面：

1. 刑罚的适用范围上，1997年刑法修正案第3条增加了“在泰国领域外犯第282条和第283条关于风化的犯罪应当受国内处罚”的规定。

2. 在刑罚与保安处分上，1987年刑法修正案第3条对罚金易服拘役的，提高了罚金折算数额，由原来的5泰铢折算一日改为70泰铢折算一日，对易服拘役1年以上122年以下的罚金由1万泰铢以上改为4万泰铢以上。1971年国家行政委员会法令第1条和1983年刑法修正案第3条，对刑罚的加重、死刑和无期徒刑的减轻进行了修改。1989年刑法修正案第3条充实了保安处分的内容，关于对被告行为的管束事项，增加了“安排被告做社会服务或者公共利益的工作；在法院指定的期间和场所，接受对毒瘾药物有害习惯、身心缺陷或者其他疾病的矫正和治疗”以及法院决定的其他事项。

3. 在数罪并罚上，1983年刑法修正案第4条明确规定了在数罪合并处罚的前提下，对犯罪的总和刑期，依最重犯罪最高法定刑的轻重进行了10年、20年、50年等期限程度不同的限定。

4. 适应惩治犯罪的需要，对刑法分则一些条文进行了修改，提高了法定刑。除1959年刑法修正案调整了渎职罪、司法渎职罪法定刑的适用顺序，把死刑、无期徒刑放在有期徒刑之后外，其他修改多提高了法定刑。如1971年国家行政委员会第11号法令对危害公共安全的放火、爆炸行为加强了处罚；1992年刑法修正案第3条提高了伪造经济性文书的罚金数额；1979年刑法修正案第3条提高了以欺诈手段出售货物行为的法定刑，并取消了“告诉才处理”的规定；1982年、1987年刑法修正案提高了强奸妇女/幼女、猥亵他人、绑架他人、拐骗未成年人、盗窃、抢劫犯罪的法定刑，加大了对卖淫、淫秽物品等妨害风化犯罪的打击力度；1992年刑法修正案提高了妨害名誉罪的法定刑；1969年刑法修正案增加了对收受加重情节的盗抢劫、结伙抢劫的赃物以及毁损属于国家财产的宗教器物的处罚。

第三节　民商法

一、民事和商事法典

泰国属于大陆法系国家，其现行法律制度受法国的影响最大。在泰国，民商法与经济法是不分的，都包括在《民事和商事法典》及相关的特别法规之中。

泰国《民事和商事法典》是在1925年—1935年10年间陆续颁布、施行的，该法典主要是仿效英国、法国、德国、日本及瑞士法而定，是泰国法律由印度化迈向西化的重要标志。

泰国《民事和商事法典》共分为6编。第一编为总则，包括人法和法律行为；第二编为债，包括合同法；第三编为特别合同，包括销售法、捐赠法、合伙与公司法、票据法；第四编为财产法；第五编为家庭法；第六编为继承法。

第一编　总则

1. 人法——主要规定民商权利能力和行为能力。

(1) 自然人的民商权利能力始于出生、终于死亡。

(2) 规定自然人的民商行为能力始于成年（20周岁）或结婚。未成年人在作出法律行为时必须得到法定代理人的同意。未成年人欲经营业务，须征求法定代理人同意。如法定代理人拒绝同意，法院经未成年人申请后，如认为对未成年人有利，可发出命令，授权未成年人经营上述业务。

法院可宣告精神不健全人为无行为能力人，但须依与其有关人员的申请。该人的行为，除经监护人同意者外，都可被取消。由于生理上或心理上的缺陷或者由于惯常性挥霍、浪费或酗酒而不能处理自己事务的人，也可以被宣告为准无行为能力人，由监护人监管。

(3) 法人只能按照《民事和商事法典》和其他有关法律的规定成立，其民商权利能力和行为能力自成立时产生，于终止时消失。

2. 法律行为——就是自愿作出的合法的行为，其直接目的是在当事人之间建立有关设定、限制、变更、保持或消灭权利的法律关系。

有效的法律行为必须具备的条件是：行为人的行为能力；意思表示是自愿的；符合法律行为的格式（如土地抵押合同必须为书面形式且经有关部门登记）。无效的行为自始无效且不得予以承认。

第二编　合同法

合同是基于双方或多方当事人的意思表示以确定其权利、义务的法律关系。签订合同必须遵循意思自治原则，且符合下列条件：合同标的不为法律所禁止或者不为公共秩序或道德所反对；合同符合法定形式；当事人具有相应的行为能力。

合同必须包括以下事项：当事人；双方意思表示一致；合同标的。

合同法还规定了定金与违约金制度。定金是合同所约定事项的证明，也是合同得以履行的保证；违约金则是债务人向债权人承诺的，如不能或不正确履行义务时向债权人支付的罚金。

关于合同的解释规则，分为两个期间：一是对合同是否订立的解释。任何重要的事项如未取得合意，即视为未订立。二是对已订立合同的解释。必须遵循真实意图规则且须考虑善意、惯例的规则。

关于合同的解除，可以根据合同本身的约定，也可以根据法律的规定。法律规定的解除合同的原因包括：合同当事人一方没有履行义务的；如果履行必须要求在特定期间进行，而另一方当事人没有在特定期间履行的；如果由于债务人的原因而导致履行全部或部分不能的，债权人可以解除合同。

除合同外，“承诺”也可以建立类似于合同的法律关系，如报偿承诺、销售承诺或赠予承诺。

第三编　特别合同

1. 销售法

任何有价值并可占有的财产及权利均可销售。当然，公共财产、法律规定不可转移的权利（如继承权），寺院、王室财产，领取津贴的权利等禁止销售。有些财产的销售须具备一定的形式，如不动产和某些动产。

所有权转移的一般规则是，合同缔结时，财产所有权即转移给买方，除非是附条件的销售，或财产权不明确的销售，或者须确定其价格的特殊财产。

2. 捐赠法

通常，捐赠合同须在交付财物后才生效，但下列情形除外：以书面形式授予代理权，且对债务人负有告知义务；法律规定对不动产或某些动产，要求用书面形式或经合法委任登记后，才能销售的财产，捐赠时必须符合同样的要求。用书面形式并经合法委任登记的捐赠或捐赠承诺，受赠人享有交付该物的请求权。

3. 合伙与公司法

在泰国有三种类型的公司组织：独资公司、合伙公司和有限公司。

独资公司是一个人拥有并承担无限责任的公司。

合伙公司包括以下三种形式：(1) 未注册普通合伙，所有合伙人一起承担无限责任。(2) 注册的普通合伙，所有合伙人一起承担无限责任，注册后成为与合伙人有区分的法律实体。(3) 有限合伙，其中有1名或1名以上的合伙人仅在自己出资额的范围内承担有限责任，另有1名或1名以上的合伙人对合伙的全部债务承担无限连带责任。这种合伙必须注册有限合伙公司。

有限公司必须经过注册，包括以下三种形式：(1) 公共有限公司，最少有15个发起人，邀请公众参股需符合证券交易法有关的规定。(2) 私人的有限公司，至少有7个发起人和7个股东，同时建立一个代表处，从事有限的“非贸易”行为，如为总部提供资源货物或在泰国的服务，或者检查和控制公司销往泰国的货物的数量和质量。可建立跨国公司的地区办事处，按照总部的指示协助和直接负责这一地区的分支运作，但不能有营业的收入，无权与泰国的个人和合法实体洽谈生意。申请建立代表处或地区办事处需向商业部的公司注册处递交申请表。(3) 有限合伙公司，即上述合伙类型中的第三类。

组建一个公司需按下列程序办理：

(1) 起草联合备忘录。准备一份备忘录，并递交给商业部的公司注册处。备忘录应包括公司的名称、地址、营业范围和总资本。资本方面应包括股本数和每股的价格。另外，需要发起人不少于7人的详细资料和所持的股份数。无最低资金额的要求，资金的数量按企业的发展而定。

(2) 召集法定的会议。一旦股东结构已确定，需召集一个法定的会议。最少25%的股份需到位。

(3) 注册。在召集完法定会议后的3个月内，负责人必须递交成立公司的申请。

(4) 税收登记。公司应缴纳收入税，需在公司成立后60天内或公司开业时到税收部领取公司收入税识别卡和号码。

4. 票据法

(1) 票据的种类。泰国票据法规定的票据分为3种：汇票、本票和支票。

(2) 签票人的责任。在票据上签名的人对票据的内容承担责任。如果未声明是代表他人而在票据上签名的，那么该人将不得拒绝对票据的内容承担责任。

(3) 持票人。拥有票据的受款人或被背书人或持票者是该票据持有人。所以，拥有的票据仅能通过流通进行转让；如果票据未明确表示是根据约定开票，则可以通过背书和流通进行转让。

(4) 票据承兑。一旦承兑，付款人将对承兑的款项负有支付责任。法律要求必须在票面上承兑，即付款人将“已承兑”或类似词语写在“票面”上，包括付款人的签名。

(5) 担保人。担保人可以是第三人，也可以是票据的任何一方。担保人与被担保人负同样的票据责任，即持票人可以对其直接主张付款。

(6) 票据付款。持票人必须在到期日前提示付款，否则，他就会因承兑人的异议而丧失对被背书人、出票人或其前手的追索权。

(7) 付款人免责。付款人在没有欺诈重大过失的情况下，在到期日可免除对该票据的付款责任。如持票人延长了对付款的提示时间，则丧失了对没有同意延长时间的前手的追索权。

(8) 追索权。如付款人未对票据作出承兑，持票人可对背书人、出票人和其他在票据下承担责任者行使追索权。但在行使追索权之前，持票人必须将该票据送至有关行政办公室负责人或其副手或一名律师，以备其作成“拒付证书”，然后将该证书送达所追索的人。

(9) 本票出票人的责任。本票无须提示承兑，本票出票人负有与票据承兑人相同的责任。

(10) 支票。与支票有关的当事人包括出票人、付款人（银行）和受款人。支票限于见票即付。如果银行与受款人处于同一城市，受款人必须于出票后1月内向银行提示付款；如果银行与受款人处于不同城市，受款人则应当在出票日后3个月内提示付款，否则，受款人就丧失对背书人或出票人的追索权。

(11) 法定限制。通常法院不赞成票据的承兑人或本票的出票人在票据到期日后超过3年仍受票据的约束。

第四编　财产法

(略)

第五编　家庭法

泰国家庭法的主要内容有：

确立了男女平等的原则，男女双方必须互相照顾和抚养，男女双方在财产方面享有平等权利。丈夫是婚姻结合体中的主要人物，但妻子有自行管理家务的绝对权利。

为使订婚或结婚有效，男方须满17周岁，女方须满15周岁。如男方或女方无完全行为能力，订婚或结婚时必须由男方或女方的双亲或活着的父亲或母亲表示同意。

离婚可以通过夫妻协议或法院判决两种途径。

第六编　继承法

继承法的主要内容有：继承分遗嘱继承和法定继承两种。遗嘱继承下，任何人可按照自己意愿以遗嘱处分他去世后的财产。法定继承的原则是：近亲优于远亲。配偶和子女属于第一顺序继承人，享有同等继承权。在没有配偶、子女时，其他近亲属才有继承权。

二、民商法和经济法的发展

泰国《民事和商事法典》颁布后，其民商事与经济法的发展主要是通过对法典以外的特别法的制定来实现的。

泰国是世界知识产权组织的成员国，其保护知识产权的主要法律包括《商标法》《专利法》《文学艺术作品保护法》。

1. 商标法

现行《商标法》是1991年颁布的。根据商标法的规定，商标的定义包括：图案设计、商品牌子、标头题字、标记、标签、商品名、签字字样、单词、字母和数目字，以及商标所有人（业主）为销售商品在从事制造加工、挑选、检定、经营等环节中使用的某些有关联的组合标记等。商标必须是唯一的；不能与已注册的商标相同或相似。服务标志、证书标志和集体标志也在商标法各款所列的商标之列，受到法律的保护。

在泰国注册的商标中，禁止使用王室或政府部门使用的军械、盔饰、旗标、旗帜、称号、交织花押字、肖像、纹章图案、勋章、奖章、奖状、证书，以及任何与国家政策、公共道德相违背的标记，禁止使用红十字会、瑞士联邦等符号或红十字会、红十字称号。未经同意的活人肖像、未征得有关先辈子孙或配偶许可的死者肖像等也禁止使用。

按照规定，申请办理商标注册时，要具备下述条件中的一条：(1) 所采用的商标须有商标注册申请人或该商标持有人的签署；(2) 注册公司名称、个人姓名或商行字号须以特殊方法、形态或描绘图案表示；(3) 所用商标用创新性质的单字或语词表示；(4) 所有商标须与商品性质无直接关系，忌用地名或人名词语表示；(5) 要注册的商品须有独特的易区别的符号或标记。

如果申请注册的商品商标不具备上述条件，这类商标须在当地经过长时间的广泛使用后方可取得注册权，有的需要经过长达8年的时间。

申请商标注册应由商标持有人（业主）或其代理人办理。一般情况下，申请注册多由商标持有人指定的代理者承办，因为根据泰国法律的要求，商标注册申请人必须在泰国有固定的办公地点，委托代理人承办商标注册，需要有商标持有人根据其居住国法律提供的具有合法资格的公证人对其委托代理权的认证。有关委托代理权证件应与申请书一起提交备查。申请注册必须用正式的规定的格式填写，并经商标持有人或代理人正式签署。注册申请被批准后，即在泰国商业部贸易情报处编印的《商标杂志》上公布，如各方面不提出反对意见，或虽有反对意见，但申请人提出申辩后胜诉的，商标持有人即获得使用该商标的权利。商标注册10年有效，商标所有人必须在过期日90天前申请延长商标注册期限。

注册商标的所有人是唯一有权使用商标的人。在泰国，凡侵犯知识产权的行为均应承担刑事责任。所以，非法使用注册商标的行为，包括任何伪造他人注册商标的行为，或任何买卖伪造商标的行为，任何模仿他人注册商标以误导公众相信模仿商标为注册人所拥有的行为，或买卖模仿商标的行为，均可被依法起诉，处以监禁或罚款，甚至两者并施。

2. 专利法

泰国1979年颁布了第一部《专利法》，1992年进行了较大的修订。1996年泰国加入WTO后，为了与其有关规定一致，又一次进行了修订。该法保护发明、产品设计及药剂。泰国与许多国家签订了双边协议，在这些国家获得专利适用于泰国。

申请专利的发明必须具备以下三条：创新性、发明性、实用性。下列行为不具备发明专利的特性：在申请专利前已被大家熟悉的、广为使用的发明；在申请专利前，所设计的事项已在国内外的文件、出版物或以其他形式公开的发明（在国际或正式的发明展览会上的展示不在前面定义的公开之列，可在12个月内申请专利）；在申请之前，此发明已在国内外注册了专利；一个发明有许多申请者（本规定不影响不申请统一专利的联合发明人在其他国家已申请超过12个月的发明）。

《专利法》规定下列专业不具备申请专利的权利：病菌和其他自然存在的元素、动植物和动植物的提炼物；科学和数学规则、计算机程序、诊断、疗法、治疗人类和动物的疾病的方法；违背公共秩序和道德、公共健康和福利的发明。

申请产品设计的专利必须具有创新性。属于下列情况的，不具备专利产品的性质：申请前已被广泛应用或使用的设计；申请前所有的图案已在国内外的文件或出版物中公开；与前两者中所述的设计相似的仿造物；不具备专利性质的产品设计；违背公共秩序和道德的产品设计；由皇家颁布命令授权的产品设计。

《专利法》明确规定：在受雇期间，雇员和合同人的发明及产品设计，其专利权属雇主，除非双方另有协议。此外，专利申请人必须是泰国籍或允许泰国人在其国家申请专利的国家的公民。

发明专利从申请日起有效期为20年，产品设计专利从申请日起有效期为10年。

为防止垄断，防止专利技能被其他人用来制造或生产已具有专利的发明或产品设计，《专利法》第46条规定："在专利获准后超过3年或申请后4年，如果专利权所有人无正当理由不行使其合法的权利，则任何人均可向专利局申请此专利的强制许可证。"

还没有在泰国获准专利的国外专利，不受专利法的保护。但国外专利的持有者或发明、设计权的享有者可与泰国机构合作进行商业注册，同时通过在特许协议上的契约义务得到相同的保护。

3. 版权法

1994年颁布的《泰国版权法》保护文学、艺术作品，节目创作权。版权法定义的作品是指：文学、戏剧、艺术和音乐作品，视听作品，电影和任何其他文学、科学或精品艺术领域的作品。版权法保护计算机软件的设计，禁止盗版或改编、公开、出租这些软件，但计算法不在保护范围内。

该法对"版权"的定义为："创作者独有的对作品的支配权"。版权属于创作者，需具有下列条件：（1）在作品发表前作者必须是泰国公民，或在泰国有居住权，或是与泰国签订知识产权保护协议的国家的公民。在作品的创作阶段，也可提出申请。（2）在作品已出版、作者不属于上述情况时，作品第一版需在泰国或与泰国签订知识产权保护协议的国家发表。

其中，作者可以是泰国公民或法人。法人是指按照泰国的市政商业法所规定的法人。侵权行为包括盗版侵权、改版侵权、未经允许出版侵权。但用于下列目的的行为不在侵权之列：调查或教育所用；个人所需或家庭所用；用于新闻发布并注明版权的所属；作为法庭证据时的复制、改编或呈现。另外，引用、复制或模仿作品的某些部分，并注明版权所属，也不被视为侵权。图书馆可以复制有版权的作品，但不能用于商业目的。无版权的著作不受版权法的保护。

下列项目不在版权法保护之列：每日新闻、新闻类的事实、宪法和法律，政府、部委或其他国家及地方机构的声明命令和决定，法庭的判决、命令、决议或正式报告，上述由政府或地方规定的事项的翻译件和文件汇编。

版权所有者是泰国为其成员的版权保护协议国的公民，或版权属于泰国为其成员国的国际组织的，其版权受版权法的保护。

文学、艺术和音乐作品的版权有效期至作者去世后50年，如作者是法人，版权有效期至作品创作后的50年。使用艺术作品有效期至创作后的20年。

凡未经版权所有人允许复制其作品的侵权行为者可被处以20 000到200 000泰铢的罚款。如为商业目的的侵权，被告将被处以6个月到4年的入狱，或100 000到800 000泰铢的罚款，或者两者并施。

第四节　经济法

一、劳动法

1998年8月，泰国《劳动保护法》开始实施。该法适用于所有至少拥有1名雇员（无论全时工还是半时工、季节工，偶然性的、暂时性的或合同工）的企业。根据法律，忽视该法的雇主将受到5 000到20 000泰铢的罚款和长达1年的监禁。其重要内容有：

● **工作时间及节假日**：于非危险性的工作，最长工作时间是每天8小时或每周总共48小时。于危险性的工作，每天工作时间不能超过7小时或每周工作时间共计不能超过42小时。雇员有权享受每年不少于13天的全国性的节假日，连续工作满1年的，还可以享受至少6天的年休假。雇员有权决定自己是否超时工作或在节假日工作。

所有雇员每天连续工作5小时均应有至少1小时的休息时间。在每周6天工作日的情况下，雇主每周必须留出至少1天的时间作为雇员的休息日。

对于超过法定或特殊法规确定的工作量或工作时间的工作，雇主必须依法支付超时工作补偿金。最大的超时工作量限于每周不多于36小时。

● **雇员年龄**：允许雇用的雇员最低年龄是15周岁，低于18周岁的禁止从事带有危险性的工作，而且禁止超时工作，或者在节假日或在晚上10点到早上6点之间工作。

● **解雇费**：工作超过120天以上的雇员有权领取法定的解雇费。

● **终止雇佣**：终止雇佣的条件在《劳动保护法》中也有规定，《劳动保护法》中有一章对于未能遵守正确的法律程序的不正当做法和不正当解雇作了相应的规定。如果雇佣合同未明确规定雇佣期限，合同的任何一方在任何一次支付工资时或之前都可以通知另一方终止合同，并在下一次发薪时开始生效。有一个劳资争议法庭专门处理、解决雇佣纠纷。

● **工人赔偿金**：雇主必须按照法律所规定的幅度为那些因工作或在工作期间受伤、患病或死亡的雇员提供必要的抚恤（救济）金。抚恤金分为4项：赔偿数额、医疗费、工作恢复就业费和安葬费。

● **最低工资**：最低工资标准在很大程度上取决于不同的工作地点。

● **社会保障**：社会保障法要求所有雇有10名或10名以上雇员的企业从每个雇员的月薪中

为政府代扣社会保障金，作为社会保障金捐助比例基数的最低月工资不能超过15 000泰铢。要求雇主也要捐助和雇员相当的社会保障金。已进行社会保障登记的雇员，一旦出现不适或由于进行工作而受伤、患病、残疾或死亡的情况以及在生小孩、儿童福利、老年津贴和失业时，可申请领取救济金。

二、工厂法

1969年颁布的《工厂法》（分别于1972年、1975年、1979年、1992年修订）对工厂的建立、运作、工厂扩建、安全要求作出规定，最近一次修订特别对工业污染作出严格的规定。此法由工业部的工业厅管理。

工厂是指任何使用5马力以上的机器，或雇佣7名以上的工人来从事制造、生产、安装、包装、修理、维护、测试、改进、加工、运输、储存等工作的场所。该法把工厂的设立分为三类：第一类是不需要许可证的工厂。第二类是在开工前只需事先申请许可证的工厂。许可证有效期从开工起15年，工厂迁移、租出、出售或停产除外。此类情况下，许可证视为作废，使用时可申请新的许可证。在许可证到期前，可办理延续手续。工业部有权规定下列事项：泰国境内禁止建立或扩建的工厂的大小、数量、类型、质量、原材料、粗加工的比例、工厂的产品质量或类型、所用的能源的种类。

工业部还规定了用于某类工业或部分或全部出口的产品。如工厂属二或三类且运作1年以上的，工厂必须在满1年后7天之内书面通知该部，在重新开工前需事先通知该部。如属第三类，必须得到该部的书面许可，才可开工。

如发生引起工人死亡、受伤、丧失工作能力的事故，或出现了超过72小时的流行疾病，该工厂必须在死亡事故发生后3天内或事故发生后72小时内通知委员会。引起工厂停产7天以上的事故需在事故发生后10天内通知该部。

工厂必须获准后才可将设备暂时从原来的位置移开或迁移工厂。工厂的转让、出租、购买、售出都需要获得工业部的许可。原来的许可证视为作废，需在7天内申请新的许可证；如许可证的法人代表死亡，其继承人或管理者需在其死亡后90天内，递交许可证的转换申请。如需扩建工厂，也须申请扩建许可证；该法详细规定了工厂扩建须具备的条件。

此外，任何对公众利益有害的工厂都要限期关闭或限期改进。工业部有权勒令工厂部分或全部搬移到对公众无害的地区。工业部的官员有权检查并提出书面通知要求工厂关闭、整改或作出其他补救措施。

生产或销售食物或药品的企业需同时向卫生部申请许可证。违反某些条例的业主将被处罚款或入狱不超过4年。案情调查委员会是由三个工业部任命的专家组成的机构，负责执行违法行为的处罚。

三、破产法

泰国早在1940年就制定了《破产法》，随后在1968年、1983年颁布了第二号、第三号《破产法》。但在1997年金融危机中，原有的破产法仍暴露出严重僵化和不完善的特点。于是，1998年4月10日出台了第四号《破产法》，该法最大的特点就是吸收了美国、英国、新加坡有关规定，增加了“债务人重组程序”一章，允许以重组代替清算债务人财产，并提供财政援助，这样就使得陷入困境但有复苏可能的企业有获得再生的机会。1999年4月21日又立法通过了修正案，允许个人申请其负债上限从5万泰铢提高到100万泰铢，允许企业的负债上限从50万泰铢提高到200万泰铢，并提供新的债权者分类法，以及将破产期限从10年降低为3年。《破产法》修正之目的在于使负债上限与目前经济发展相符，并鼓励破产者快速恢复其经济情况。

四、税法

《税法典》是泰国税收的主要适用法律，该法对个人所得税、公司所得税、增值税、特别行业税以及印花税作了法律上的规定。《石油收入法》则对石油和天然气特许经营所取得的收入作了规定。《海关法》则适用于进出口关税的征收。

泰国的税收主要分为两大类：直接税和间接税。直接税包括个人所得税、公司所得税、石油所得税。间接税则包括增值税、特别行业税、关税、消费税、印花税以及财产税。税款由财政部分别通过负责进出口关税的海关厅，负责征收所得税、增值税、特种行业税以及印花税的税务厅，以及征收特定商品消费税的消费厅来征收。地方政府则负责财产税以及地方税的征收。泰国与包括中国在内的39个国家有双边的避免双重征税协议。

（一）税种介绍

1. 所得税

在泰国具有法人资格的公司都须依法纳税，纳税比例则为净利润的30%。国际运输公司和航空业的纳税比例则为净收入的3%。

未注册的外国公司或未在泰国注册的公司只需按在泰国的收入纳税。正常的业务开销和贬值补贴，按5%～100%的不等比例从净利润中扣除。

公司内部合作所得的红利免征50%的税。对于拥有其他公司的股权和在泰国证券交易所上市的公司，所得红利全部免税，但要求持股人在接受红利之前或之后至少持股3个月以上。

2. 增值税、特别行业税

（1）增值税：产品生产加工的每一阶段的增值税税率为7%。需缴纳此项税款的有生产厂家、服务行业、批发商、零售商以及进出口公司。出口为零税率，还有一些法定情况也可享受零税率。

（2）特别行业税：对商业银行、金融机构、证券公司及信用社、生命保险、财产保险、固定资产的销售、当铺等业务加征一定比例（2.5%～3%）的特别商业税来代替增值税。交纳特别商业税时，还另需交纳该税款的10%作为地方政府税。

3. 收入汇出税

在泰国的分公司往其国外的总公司汇回利润，需征收额外的所得税，税率为汇款额的10%，但是用于购买货物、商务费用、贷款本金、投资资本的返还等不用纳税。另外，泰国合作公司向外汇出红利或支付利息时也不用缴纳10%的额外税款。

在泰国取得收入但是未在泰国经营的外国公司，其适用税率如下：红利为10%，版税、利息收入、租金、服务费用、资本所得及其他合法收入为15%。

4. 个人所得税

泰国居民或非居民在泰国取得的合法收入或在泰国的资产，均须缴纳个人所得税。根据国际惯例及双边协定，某些人员可免缴个人所得税。根据泰国《税法典》第40条的有关规定，一些个人所得税可以得到减免，除此之外，个人所得税分档次按5%至37%的比例缴纳，年收入5万泰铢以下免征。

5. 印花税

印花税税率依事务的性质而定，对未贴印花的文件罚款高达600%。

6. 消费税

在一些类别的商品销售中征收，包括石油产品、烟草、酒、饮料、水泥、电器和汽车。

7. 财产税

土地或规定地区建筑的拥有者需每年向当地政府纳税，每单位税率根据土地的价值来确定；但用于个人居住、动物养殖、土地耕作除外。

（二）修正法律

1997年金融危机的惨痛经验促使泰国政府开始正视其法律、法规之不完善及脆弱性的问题。痛定思痛后，泰国政府提出诸多经济结构改革措施，其中，最重要的举措就是掀起立法新浪潮，使法律制度与其经济日益国际化的潮流合拍。在民商事和经济法律方面，其立法的主导思想是体现国家更多的干预，强调法律关系的社会化倾向，以维护经济安全并更加关注人民的整体利益。除了在前述几部法律的制定或修改中体现这些意图外，还体现在对以下法律的制定或修改中：

1. 修正《民事和商事法典》及制定单行的民商事法律

1998年8月内阁批准了《民事和商事法典》修正案：一是扩展了不占有担保利益的类型，如存货、原材料、应收到的设备和商用汽车，其目的是实施合适的法律程序来强制执行新采用的担保权利并促使从财产占有到财产分配的适当法律程序的进行。二是将不动产的租赁期从30年延长至50年，可续展50年；并认定租赁权可被视为具有所有权转换功能的资产权。这旨在让投资者有较长的损益期间，以吸引大量需要长期的投资者。

1998年5月，《显失公平合同条款法》生效。该法补充了《民事和商事法典》的规定，将法院的职能范围扩大到认定一个合同条款是否为“公平的”“合理的”或按法律认定此种条款无效；还允许法院审查诚信、交易力、经济地位和双方的交易经历，以确定一个合同条款是否能在其公正、合理的范围内适用。并且，在特定案件中，可以请专家帮助法院解释条款是否合理。

1997年7月，泰国制定了《担保法》，规定了对很多《民事和商法典》难以解释的问题的处理办法。它主要适用于财产转让的凭证和对投资者发行的证券的担保。

2. 制定、修正经济法律，应对金融危机后出现的新问题

1997年金融危机后，泰国政府首先着手对银行法的修正。新的银行法旨在对贷款和金融财政机构重整作出规定。为改善投资环境，更多地吸引外资，1998年8月内阁批准了《土地法典》和《共有法令》修正案，允许投资额在4 000万泰铢以上的外国投资者拥有0.25英亩的居住土地。除了前述的1998年生效的《劳动保护法》保护劳动者权益外，1999年3月还通过了《社会保障法》修订案，将失业救济期间从6个月延长为12个月，以减轻经济危机之冲击。

此外，还制定《公营事业民营化法案》，旨在加速公营事业民营化的进程，并建立监督机制，从而减轻政府的负担，以民营化提升各项事业的管理效率和透明度。

第五节　国际贸易与投资法律

一、进出口贸易有关的法律制度

1997年泰国经历了严重的经济危机，但是在贸易和投资方面，政府的开放政策基本维持不变。在贸易政策方面，取消了一些进出口商品的许可证，简化和加快了通关程序，对许多进

口的工业产品接受了国际标准和试验程序。但是泰国的对外贸易政策仍然有很多的不确定因素，如进出口商品的海关税和国内税经常以内阁批准的皇家法令或部委法令及通告的形式进行临时变动。

（一）进口管制措施

根据泰国开放贸易的政策，大部分产品可以自由进口到泰国。对一些商品实行进口限制主要是为了保护幼稚工业。近年来，随着经济的发展，泰国进一步减少了对一些商品的数量限制，也逐步取消了一些商品的进口许可，如摩托车、高速柴油机、发动机用汽油和其他燃料、柴油、石油液化天然气、任何形态的乙烯基单体氯以及发往或来自欧洲的所有商品。不过，非自动进口许可继续对丝绸商品、公共汽车、机动车、建筑用石块以及 23 种农产品及农业食品的行业实行保护。政府实行的专门进口管制措施如下：

泰国目前根据 WTO 提供了禁止进口的法律基础。根据投资促进法，如果投资委员会（BOI）认为其他形式的保护不足以支持某工业，则有权要求商业部禁止该工业所生产商品的进口。但是根据政府的有关资料，BOI 尚未行使过这一职权。另外，不同的立法也规定一些商品可能因健康和安全原因而禁止从国外进口。根据进出口法令，商业部在得到内阁的批准后可能因经济稳定、公共利益、公共健康、国家安全、和平、道德或其他国家利益而限制进口。进口可能是“完全”或“有条件”地加以禁止，在后一种情况下，如果特别要求的条件得以满足，则可以进口。

泰国的进口法令规定，进口许可必须在得到商业部外贸厅的同意后才能到港。对进口许可管制的商品品种及申请条件的改变都通过政府公告通知，并在泰国银行季度公报中公布；进口管理的有关规定若有任何变化，则通过政府公告或报纸以及国家广播公布。

（二）出口管制和保障措施

1. 出口管制措施

在过去的几年里，政府取消了对一些出口商品的配额管理，而增加了从融资方面给予企业的支持力度。主要的出口管制措施如下：

（1）出口登记

为了保证出口质量、进行价格调整、保证食品安全、防止出口商品机构之间的削价竞争，一些商品如大米的出口要求实行出口登记制。

（2）出口配额和出口许可

实行出口许可主要是为了管理配额的发放、实行有条件的出口限制以及完全限制。受出口配额管理的商品主要是根据双边协议而自愿实行的，如对欧盟出口的木薯。另外，受出口配额管理的商品还有纺织和服装。

除出口配额外，还有出口许可，如黄金、沙、煤、圣像和佛像及其部件等。

（3）出口税

出口税占泰国政府财政收入的部分几乎可以忽略不计。目前对出口征收关税的商品只有大米（10%）、铁块（50%）、牛皮、木材等。

（4）出口支持

政府对出口的支持手段是为出口融资提供便利和保障措施，与贸易保护和管制相关的措施有反倾销、反补贴以及保障措施，还有国内税的征收、进口附加税、技术性贸易壁垒等。

2. 保障措施

根据 WTO 秘书处的有关资料，截至 1999 年年底，泰国尚未采用过保障措施，也没有启用过有关的调查程序。

(1) 反倾销和反补贴

1999年，泰国对从4个WTO成员方进口的3个商品以及从WTO非成员方进口的2个商品征收了反倾销税。税率根据进口价值从14%至46%不等，主要是从印度、俄罗斯、乌克兰、波兰、印尼和韩国进口的过氧化氢、热轧钢板、浮化玻璃等。此外泰国政府尚未对任何产品的进口征收过反补贴税。

1999年7月《反倾销和反补贴法》出台，代替了1996年的商业部通告，但是商业部外贸厅对其中许多条款的具体解释仍未出台。政府认为该法与WTO关于执行GATT 1994第6条的协议精神完全一致。

(2) 进口附加税和特别税

在1997年的金融危机后，政府为了增加财政收入，减少进口，进而增加外汇储备，对所有进口关税在5%以上的商品的进口征收10%的进口附加税。但是这项措施在1999年取消。

另外，根据泰国的投资促进法，为了保护鼓励投资的行业免受可能的倾销或不合适的关税结构（如原料的关税高于该原料所生产的制成品的关税）的影响，投资委员会有权征收进口附加税。该项税不能超过该项进口商品价格的50%，征收一般不超过一年，但是有可能延长。

除了海关关税外，泰国政府还对进口商品能够根据其CIF的进口价格，征收3种间接税，分别是消费税、政府税以及增值税。对进口商品的这种征税与对国内商品所征收的税率和条件一样。

(3) 技术性贸易壁垒

1) 泰国工业标准机构（TISI）规定的产品标准。

泰国工业标准机构积极参与WTO关于技术性贸易壁垒委员会的工作，1997年以来，泰国的工业标准主要依照国际标准来订立，以实现与主要贸易伙伴在工业标准上的相互承认。政府还规定，在政府采购的项目中，若公司达到了泰国的工业标准，则可以享受5%的价格优惠。政府还修改了对当地产品和进口产品进行认证的统一评估程序的标准。这个新的系统包括强制性标准和自愿标准，已经得到ISO 9001认证且该厂的产品已由泰国与他国签署的相互承认协议所认可的机构进行了产品测试的外国工厂可以不用再进行产品认证系统所要求进行的产品测试，也不用进行抽样检查，费用由进口商承担。进行强制性标准检查的产品的国内生产或进口需从泰国工业标准机构获得许可。

2) 泰国食品医药委员会规定的产品标准。

泰国卫生部下属的食品医药委员会（TFDA）负责监控和规定食品和烟叶产品、化妆品、药品和麻醉剂、动物饲料、化肥、危险物品、活动物、植物、种子、医疗器械、治疗精神病的和易挥发的物品的生产、销售和进口。泰国有关食品医药进口的程序复杂，费用也高。

进口TFDA规定的产品必须申请进口许可证，生产上述产品也需要申请生产许可证。许可证有效期一般为3年。此外，进口商在申请许可的时候需列明所进口商品的详细成分以及生产程序介绍，这个要求已经被视为进口障碍。

对于许多特别管理的加工食品和包装食品以及药品、化妆品和其他受管制的产品，泰国有着严格的登记管理要求。产品登记申请必须由生产商或有权代表外国生产商的公司来提出。注册进口产品必须提供生产国有关卫生机构的分析证明。外国生产厂商必须得到产品原产国对生产销售该产品的许可，而且许可必须由泰国驻该国的外交机构认证。这种规定实际上形成了独家进口的局面。

一些活动物和活动物产品的进口还需要卫生认证，大部分的植物和植物原料进口需要取得植物卫生认证。动植物检疫由农业合作部畜牲厅负责，农业厅则负责对食用和非食用植物的检疫。

二、投资泰国的政策和法律

（一）《外商企业经营法》

泰国政府于1972年颁布了《革命团第281号公告》，也称《外国人经营法》，1978年进行了两次修改。现行法规是泰国政府于1999年11月24日重新颁布（2000年3月4日起施行）的《外商企业经营法》，该法列出了鼓励、限制和禁止外籍人士经营的项目。

新法与旧法相比，主要的不同在于：(1) 对证券代理服务、批发和零售、建筑、非丝质的纺织品、服装、鞋、酒类生产和拍卖作了进一步的放开。(2) 对只能由泰国人经营的行业作了重新规定，这些行业包括：A. 因特殊原因只能由泰国人经营的行业；B. 因国家安全、文化、传统、民间手工艺、环境而对外国人进行限制的行业；C. 泰国人缺乏竞争力的行业。今后政府和私有部门代表将组成指导委员会，审议禁止和限制外国人经营的行业分类，以适应经济发展的不同阶段。实际上，一些重要的行业已经放开，允许外国资本更大的参与，尤其是允许外商在10年内拥有银行、金融、证券公司的控股权。但是政府又同时规定，10年以后新注入的资本必须来自泰方，除非外方拥有的股份低于49%。

这里的外商指：非泰国籍的自然人；至少资产一半为外国人拥有或该资产的股东、合伙人及成员的一半及以上为外国人的法人；有限或注册普通合伙公司中管理伙伴或经理为外国人。

（二）《外国人就业法》

该法于1973年公布、实施，1978年进行了修改。该法规定了外国人申办工作许可证的程序、可以从事的职业等，列出了只有泰国本国人才能从事的职业，其中包括如会计、建筑、法律、工程、泰国传统手工艺品制造与手工操作生产等专业性劳务工作。同时该法还阐明，根据劳动社会福利部的决议，所有在泰国工作的外国人（除少数例外）必须持有工作许可证。到泰国从事商业活动的外籍人士，首先必须得到劳动社会福利部外侨工作管理部门的批准；工作期间，还必须得到移民局的居留延期签证，才可以工作，否则被视为非法入境或非法劳工。为申请工作许可证，外国人在入境时必须持有泰国大使馆及领事馆签发的非移民签证，签证的期限为3个月；对于有明确工作或企业规划的外国人，签证的期限为1年。持有一年期的签证且在泰国已连续居住了3年以上的外国人，如果能达到有关投资或专业技术的严格标准，则可以申请在泰国永久居住。

（三）《签证移民法》

该法于1979年公布、实施，1980年进行了修改。该法规定有4种类型的签证，分别是：旅游签证、旅游过境签证、移民签证、非移民签证。在泰国工作以及经商的外国人除了签证外，还需获得工作许可。

1. 旅游签证

到泰国旅游的游客可以申请60天的旅游签证，并且可以在移民局续签。一般续签一次可延期30天。

2. 旅游过境签证

取得旅游过境签证的外国人可以在泰国停留30天。签证延期一般为7～10天。

3. 非限额移民签证

包括失去了居住证但申请恢复居住权以及有令人信服的理由证明取得这类签证的人员。

根据移民法的规定，外交官，或经泰国政府许可在泰国执行公务的外国人、政府和他国政府双边协议下执行公务的外国人，在泰国的国际机构官员以及上述人员的家眷，包括外交官员的私人服务人员，不受移民法规定的签证要求约束。

4. 非移民签证

延长在泰国的居留期，以及要到泰国来工作的外国人，应该在进入泰国以前为他们自己以及其家属取得非移民签证。非移民签证包括商务签证（B）、家属签证（O）、投资委员会审批的投资项目（BOI，IB类）、外交领事签证（D）、大众传媒公务签证（M）、学习签证（ED）等。

外国人须严格遵守各类签证的有关规定，居住地址如有变更，应在24小时内向当地警察机构报告。另外，在泰国持续居住超过30天的外国人需每90天向移民局登记他们的住址。这项规定对于工作许可证的持有者以及长期签证的持有者同样适用。违反者将给予处罚。

（四）泰国吸引外资的政策

泰国投资委员会，由总理任主席、工业部长任副主席，各经济部长及政府高级官员、民间重要机构的代表、学者、专家任委员或顾问。其主要职责是促进泰国的投资事业、制定优惠政策、向投资者提供奖励并为投资者提供相关的服务。促进投资署是投资委员会的办事机构，隶属国务院事务部，秘书长为最高行政长官。该署内设秘书局、计划发展部、投资服务中心、国际业务部、区域促进投资部、泰国内地事务所、海外事务所、促进投资1至7部等部门。

1997年泰国发生金融危机以来，为适应世界经济及投资形势的变化，更多地吸引外资，投资委员会先后多次公布新的鼓励政策和措施，最新奖励投资的政策及条例是于2000年8月1日公布的。修改优惠政策的重点放在放宽对投资领域的限制、重点扶持产业政策、进一步减免设备和原材料进口关税、进一步减免企业所得税、放宽对外国人持股比例的限制、准许外国人购买房地产和鼓励出口措施等方面。

泰国鼓励外商投资的优惠政策主要分为区域政策和产业政策两大类。

1. 区域政策

区域政策就是根据目前的经济因素，按各区的人均收入和基础设施情况，把泰国划分为三个区：第一区共6个府，位于中部，分别是：曼谷及邻近的北榄、龙仔厝、巴吞他尼、暖武里和佛统府5个府。第二区包括：第一区周边的夜功、叻丕、北碧、素攀、大城、红统、北标、坤西育、北柳、春武里、罗勇和普吉共12府。除第一区、第二区的其余58府为第三区。区域优惠政策是以曼谷为中心向外扩展，越向外围投资政策越优惠。区域优惠政策主要体现在税收优惠，即投资企业享有如下税收优惠：

（1）免缴或减半征收进口税：进口税率不低于10％的机器，第一区、第二区减半征收进口税，第三区完全免缴。用于生产出口产品所必需的进口原料，三个区均免缴一年进口税。

（2）免缴法人所得税：设在第一区的外国投资企业（项目），不享受任何免缴所得税待遇；但如设在第一区的工业区（工业园）内，则可免缴3年法人所得税。设在第二区的外国投资企业（项目），免缴3年法人所得税，如设在第二区的工业区（工业园）内，则可免缴5年法人所得税；设在第三区的，免缴8年法人所得税，如设在第三区的工业区（工业园）内，除享受免缴8年法人所得税外，还可再获5年减半缴纳法人所得税的优惠。

2. 产业政策

新的促进投资条例将行业优惠重点从过去的制造业转向了农业和农产品加工业、科技及人才开发领域、公共事业和基础服务业以及环保和预防污染项目。这些类企业（项目）属特别重视的项目，无论设在哪一个区，均可获免缴机器进口税和免缴8年法人所得税的优惠。此外，设在第三区的外国投资企业（项目）还可享受补贴优惠，即从获利之日起，允许将水、电费的两倍作为成本从利润中扣除，为期10年；同时允许将基础设施的安装和建设费的25%作为成本从利润中扣除，规定期限为：从获利之日起10年内，任选一年扣除上述费用。

从2002年9月19日起，泰国作出了新的规定，取消了对投资项目指定区域的规定，获奖励投资的企业（项目）可在全国各区设厂，免税优惠按工厂所在区的规定获得。对环境有影响等项目另作特别规定。

（五）《外汇管理法》

泰国进行外汇管理的法律基础来自《外汇管理法》（1942年）以及根据该法发布的部委法令第13号（1954年）。这些法律构成了外汇管理的基础原则，并根据这些原则发布通告和通知。自1990年5月22日起，外汇管制得到放宽。目前泰铢或其他外币的一些交易可以不受任何限制地进行，只有少数交易要求得到泰国银行的批准。其主要内容包括：

1. 资金的进入、汇回

无论是本国居民、非本国居民还是投资者，对于其携带的外汇和可流通票据的数量都没有限制。在所有适用税务清算之后，投资基金、分红和利润以及贷款的偿还和支付利息，可以自由汇出。同样，本票和汇票也可以自由汇出境外。

2. 商业交易中的外汇汇兑

（1）泰国居民的外汇账户

在以下情况，允许泰国个人和法人保留外汇款：1）在泰国授权银行开立的账户，并存上了从国外或从曼谷离岸业务机构借来的外汇；2）存款人必须提交证据，证明自存款日起3个月内，要向国外的个人、授权银行、泰国进出口银行或泰国工业金融公司偿付外汇，但是存款人的存款不能超过上述偿付数额；3）外汇存款票据和硬币不能超过2 000美元/天；4）每一位法人的所有账户的日到期余款不得超过500万美金，个人不得超过50万美金。

（2）非泰国居民的外汇账户

非本国居民可以在泰国任意一家授权银行开立账户。存款必须来自海外资金。上述账户的余款可以不受限制地转移。

（3）非本国居民的银行账户

非本国居民可以在泰国任意一家授权银行开立账户。他们可以自由提取：出售境外外汇所得的收入或非本国居民外汇账户上的外汇；其他非本国居民泰铢账户上转移过来的数额；本国居民与非本国居民间偿付债务的款项。

（4）进口

进口商可为进口的支付而自由购买或从他们自己的外汇账户上提取外汇。

（5）出口

出口可不受任何外汇管制，但是出口收入或交易超过50万泰铢以上时，必须自出口日起120天内收到外汇并交一家授权银行，或在收到外汇后7天内将其存入授权银行的外汇账户。

（6）无形交易

在提交非支持性文件给授权银行后，非本国居民的汇款被允许用于非资本项目，如服务费、利息、红利、利润和税费。居民的旅行支出或教育费用也可自由使用外汇。无形交易的收入必须交授权银行或在收到收入后7天内存入一家授权银行的外汇账户。

（7）黄金

居民可以在国内持有或交易黄金珠宝、金币和金条。

三、国际私法

现行的《泰国国际私法》是1938年制定的，内容包括6章、42条。除总则之外，涉及人的身份、行为能力、债权、物、亲属、继承等方面。

（一）总则

1. 法源：如该法及其他泰国法对某一有关法律冲突的案件无任何可适用的条款时，适用国际私法的一般规则。

2. 反致：反致不适用泰国本国冲突法规则。

3. 公共秩序保留：适用外国法时不得违背泰国的公共秩序。

4. 外国法：如适用的外国法无法查明，则适用泰国法。

5. 国籍冲突：如应适用当事人的本国法而该当事人相继取得两种国籍，则适用其最后取得国籍的国家本国法。如当事人同时取得几个国籍，则适用其住所地法，如无住所，则适用其居住地法。如当事人的这些国籍中有一国籍为泰国国籍，则适用泰国法。无国籍人适用住所地法，无住所时，适用居住地法。法人国籍冲突时，以总店或主要营业地国法为本国法。

6. 法律行为方式：以行为地法为原则，但对于不动产契约、证书或在效力上有所要求的其他法律行为的方式，依不动产所在地法。

（二）行为能力

以本国法为原则，但外国人在泰国所为之法律行为，虽依其本国法为无行为能力，但依泰国法有行为能力，则视为有行为能力（该例外不适用于亲属法及继承法上的法律行为）。对于不动产的法律行为的能力，依不动产所在地法。

（三）债权

于契约之债，以当事人意思自治为原则；当事人意思不明的，依其共同的本国法；国籍不同的，依契约缔结地法；于异地成立的契约，以承诺通知到达地为契约成立地；承诺通知不明的，依契约履行地法。

（四）物权

以物之所在地法为原则。但将动产运出国外时，依起运时所有人本国法。动产所在地因诉讼的进行而变更时，仍依诉讼开始时物之所在地法。

第六节　司法制度与诉讼制度

一、审判制度

（一）法院设置

根据1933年宪法修正案的规定，泰国普通法院分为三个级别：地方法院、上诉法院、大理院（最高法院）。

1. 地方法院

地方法院：是最先接受审理案件的法院。除设在曼谷以外，在全国其他72府都有1～3个府法院。这些法院的权限很大，民事案件不受最高标的额的限制，刑事案件可审理直至判处死刑的案件。所有的案件必须由2名法官进行合议。经地方法院判决后，如属于民事、刑事案件，符合有关诉讼的规定，可以向上诉法院上诉。

宽庭：即简易法庭，也属于地方法院一级，由法官独任审判。主要负责处理较简单的纠纷：民事案件限于纠纷金额不超过1万泰铢的，刑事案件限于按照法律规定监禁不超过3年的，或罚款不超过6万泰铢的，或两者并科的。

2. 上诉法院（或称高等法院）

泰国共有4个上诉法院，均设在曼谷，分四个区域对全国各地的初级法院的上诉案件进行审理。上诉案件的审理实行合议庭制，合议庭由1名庭长和2名法官组成。上诉法院还有权复核初级法院判处死刑和无期徒刑的案件，不论上诉与否，地方法院必须上报上诉法院复核。如对上诉法院的判决不服，民事案件可在1个月内、刑事案件可在15天内，上诉至大理院。

3. 大理院

大理院：即最高法院，全国只有一个，设在曼谷。负责审理全国各初级法院判决后，逐级上诉到大理院的案件，包括民事案、刑事案、税务案、劳工案及其他的条例明确规定可以直接上诉到大理院的案件。大理院具有案件的终审权，但在判处死刑的案件中，被告人如对判决不服，可在接到判决书后15天内上书泰国王请求免除死刑。宪法赋予法官在审理案件的过程中充分的自由权。宪法明文规定，大理院院长是司法机构的最高领导者，其有权制定立法的规章制度，以指导和协调地方行政官员与法院之间在审理案件时的关系。同时，大理院院长有权在终审判决书上签字。

此外，泰国设有若干专门法院，如儿童法院（曼谷）、儿童法庭（内地大的府），接受审理儿童及少年所触犯的刑事案及有关维护儿童权利及利益的民事案件；中央劳工法院、中央税务法院，专门接受劳工纠纷案件、税务案件。1997年成立了中央知识产权和国际贸易法院，它负责审理全国知识产权和国际贸易方面的刑事和民事一审案件。1999年成立了破产法院，其目的在于使破产案件能加快审判速度，以减少双方当事人的负担。这些专门法院审理的案件实行两审终审制，直接上诉到大理院。

（二）法官

1. 法官的分类

泰国的法官分为4类：职业法官、资深法官、非职业法官和“喀迪”法官。

职业法官由最高司法委员会选拔，由国王任命。资深法官一般是超过60周岁的法官，在身体允许的情况下，可以工作到70周岁，但他们必须通过能力评估，并不得担任行政职务。

非职业法官，是单独招收进来的在青少年和家庭法院、中央劳工法院或中央知识产权和国际贸易法院从事审判活动的某领域的专家、学者。

“喀迪”法官主要负责审理涉及穆斯林家庭和继承问题的民事案件。

泰国为了确保审判机关的独立和完整，设立了最高司法委员会，由8名委员组成。大理院（最高法院）院长为主任委员，其他委员分别为司法部次长、上诉法院院长、大理院第一副院长及4名全国法官选举出的代表。全国所有的法官均由最高司法委员会负责有关录取、培训、任命、调职、加薪、处罚、开除等事务。

2. 法官的任职资格

在泰国，法官为职业公务员。要当法官首先要有法学院的文凭，并通过律师资格考试，再从事法律工作两年以上，才能参加由最高司法委员会组织的法官资格考试。通过法官资格考试之后，还须到国家法官培训学院接受一年零四个月的培训。泰国法官的遴选十分严格，2003年有3 000人参加了法官考试，仅通过44人。

二、检察制度

（一）检察院设置

泰国检察机关隶属内务部，分为三级：最高检察院、区域级检察院和府级检察院。

泰国检察机关的主要的任务是对警察机关移送的刑事案件进行审查，待事实全部查清后，决定起诉或免予起诉；担当政府的律师，受理政府和政府机构的有关案件，并作为政府的代言人，为政府及政府的工作人员担任辩护律师；此外还要监督法院的判决是否公正，如果不同意法院的判决可以抗诉到上述法院，不服上述法院判决还可以再抗诉，直到大理院的判决才是终审判决。

泰国检察机关人员由检察官、政府工作人员和勤杂人员三部分组成。办理案件由检察官负责。泰国检察官人数不多，全国仅有两千多人，但工作效率较高。泰国的检察官实行异地轮岗制度，一般2年至3年轮一次，一个地方任职不能超过4年。

（二）检察官的任职资格

泰国检察官的资格条件是：必须是法律专业毕业，从事法律工作满2年，年龄25周岁以上，经过选拔、培训一年。检察官的等级分为8级。工资稍低于法官，但高于政府工作人员。

三、律师制度

1. 律师的任职资格

根据泰国律师法的规定，取得律师资格必须具备以下条件：具有泰国国籍；年龄在20周岁以上；取得法学学士学位或有相当于学士的学历；没有流氓行为或不道德行为；没有受过监禁处罚；没有受到过法院破产宣告；没有影响执行律师职务的精神疾病；不是中央或地方政府中长期拿工资的公务员（政务官即部长除外）；没有被注销过律师资格。

2. 律师的管理

在泰国律师分为两级：二级律师，必须毕业于大学法学院，并经法律协会二级律师考试合格方可获得；一级律师，必须在法律协会的司法研修所进修1年，并通过该协会组织的律师考试。律师院是律师的行业管理组织。

四、诉讼制度

（一）民商事诉讼程序

泰国的民事和商事案件的诉讼程序适用1935年颁布的《民事诉讼法典》，其主要原则有：

1. 不告不理，即以当事人的起诉为诉讼程序的开始。

2. 书面审理原则，即审理案件以书面文件为依据，起诉、应诉和传唤都须以书面进行。

3. 法院必须按照双方当事人的申诉解决纠纷，任何判决和裁定都不能有任何超出原告要求的内容。

4. 不服初审法院的有关法律问题的判决或裁定，当事人均可上诉；不服初审法院有关事实问题的判决或裁定，如果纠纷的金额不超过2万泰铢，没有得到初审法官的准许，就不能再上诉。

5. 大理院的判决是终审的。

（二）刑事诉讼程序

泰国的刑事诉讼程序适用1935年颁布的《刑事诉讼法典》，其主要内容有：

1. 刑事诉讼的启动

(1) 如属于危害社会公共利益的犯罪，受害人可以直接向法院投诉犯罪嫌疑人或向警方及政府官员提交诉状，但警方及政府官员有权依其职权主动开始诉讼程序。

(2) 如属于仅危害个人利益的犯罪，除非有受害人的起诉书，否则，警方和政府官员不能采取行动。另外，受害人必须在他明知犯罪情况后的3个月内提交起诉书或直接控告，否则，此案将视为已过诉讼时效。

2. 调查及初审

警方或政府官员决定立案后，须通过调查核实，初步判定嫌疑人是不是真正的罪犯。作出判定之后，案件被移送公诉人审阅，由公诉人决定是否起诉。

如果是受害人直接向法院起诉，法院就必须进行预审，审查起诉人是否有充分证据，如证据充分，则法官将被告提交审判。

3. 传讯

在进行正式审理之前，法庭须传唤被告到庭，询问其是否需要律师协助。如被告声称有罪，法庭可以不经进一步听证就依法判决。如果法律规定该罪的最低刑期在5年以上，则即便被告承认有罪，法庭也必须听取自诉人、公诉人的证词。

4. 正式审理

在正式审理中，公诉人或自诉人负有举证责任，被告有权为自己辩护。

5. 判决

宽庭（简易法庭）实行独审制，但如果要判处监禁超过6个月或者罚款超过1万泰铢的案件，必须请另一名法官检阅案卷并署名为合议庭。

法院审理的案件，必须由2名法官进行合议，可以审理直至判处死刑的案件。

6. 上诉

如果上诉是有关法律问题的，每个案件都可以上诉，直至大理院。但如果依据法律监禁不超过3年的，罚款不超过6万泰铢的，经初级法院判决，如果法院驳回原诉，没得到审判该案的法官的准许，原告不能上诉。但被告方面，如果被判处徒刑或缓刑或罚款超过1 000泰铢的，都可以上诉。

(三) 仲裁制度

泰国是东南亚重要的商业中心，经常进行着大量的国际商业活动。由于许多商事交易的国际性，在某种程度上，仲裁是一种在泰国得到频繁使用的争议解决工具。2002年泰国通过了新的仲裁法，废止了1987年仲裁法。新法遵循着联合国国际商事仲裁示范法，总则部分包括以下内容：(1) 当事人可以在主合同中约定仲裁条款，或者在争议发生时订立仲裁协议；(2) 当事人可以自行决定仲裁地点、仲裁员的人数、仲裁员的资格、仲裁程序和仲裁语言；(3) 一旦当事人同意仲裁，除非另有协议，争议将不能被提交法院解决；(4) 其他国家作出的仲裁裁决可以直接在泰国得到执行。

对旧法的重要修改体现在以下几个方面：

1. 撤销裁决的问题：2002年仲裁法规定撤销裁决应当通过法院民事诉讼程序进行。新法在此问题上遵循着前述示范法。任何一方都可以请求民事法院撤销裁决。该请求应在收到裁决书后90天之内提出。撤销裁决的情况包括：仲裁协议当事人没有行为能力；仲裁协议无法执行；当事人未收到仲裁通知，或因其他原因未能答辩；裁决超越了仲裁协议范围；仲裁庭的组成或仲裁程序不合法或与仲裁协议不一致；所裁决的争议不能通过仲裁解决；裁决的承认和执行与公共政策相抵触。

2. 规定了政府机构与私人实体之间的仲裁协议是有约束力的和可执行的，明确政府合同可以仲裁。而根据1999年的仲裁法，行政法院对政府机构与私人实体之间的合同具有管辖权。

3. 在泰国仲裁机构的调整方面迈出了重大的一步。现泰国有两个仲裁机构——司法部下设的泰国仲裁协会和经济部下设的泰国商事仲裁协会，均采用标准的仲裁规则和经过资格认证的可供选择的仲裁员名册。当事人也可以在仲裁员名册之外自由推荐有资格的职业人士担任仲裁员。当事人可以自由选择任何仲裁语言，但是使用最频繁的是泰语和英语。

根据2002年仲裁法的规定，外国的法律顾问可以以仲裁员或律师的身份参加仲裁，但是外国律师只限于参加非泰国法管辖或不需在泰国申请执行仲裁裁决的案件。

4. 仲裁裁决的执行：如果一方当事人拒绝履行，仲裁裁决可以在法院判决之后得到强制执行。当事人必须在裁决可以被执行之日起3年之内向法院提交执行裁决的申请。法院只能在有限的几种情况下拒绝执行，如一方当事人缺乏行为能力，一方当事人没有得到仲裁通知，仲裁裁决超越了仲裁协议范围，仲裁庭或仲裁程序与仲裁协议不一致，等等。

泰国对所有仲裁裁决均采用与众不同的单一执行制度：它并不考虑仲裁程序在何地进行。泰国作出的仲裁裁决和外国作出的仲裁裁决在执行上没有区别，其条件是，只要外国作出的仲裁裁决受一个条约、公约或国际协议所管辖，而泰国又是该条约、公约或国际协议的成员国。例如，1958年《联合国承认及执行外国仲裁裁决公约》（简称《纽约公约》）的成员国和1923年《日内瓦议定书》的成员国作出的外国仲裁裁决，在同时作为这两个公约成员国的泰国，是可以获得承认和执行的。

第四章 新加坡法律制度概论

第一节 宪 法

一、宪法的产生和发展

1826 年，英国将新加坡、马六甲、槟榔屿三块殖民地合并成海峡殖民地；1867 年，海峡殖民地移归英国殖民部管辖，成为英属殖民地，通过英王敕令的形式颁布了《海峡殖民地宪章》，在海峡殖民地建立起完整的组织体系。根据该宪章，海峡殖民地效仿西方“三权分立”的模式建立起自己的政治体制，按照英国的法律思想与传统实行法治管理。

“二战”后，英国重新对新加坡进行殖民统治。英国政府与新加坡各派政治力量通过谈判，于 1958 年 5 月达成关于新加坡实行内部自治的协议，同年 12 月，英国女王颁布敕令公布《新加坡自治宪法》。根据此宪法，新加坡于 1959 年 5 月举行了立法会议选举，成立了由人民行动党执政的新加坡自治邦政府。1963 年 7 月，新加坡经过全民公决，同意新、马合并并成立马来西亚联邦，新加坡成为马来西亚联邦的一个州。为适应政治地位的变化，颁布了《新加坡州宪法》。由于联邦内部在一系列问题上的分歧，政局动荡，经济发展速度迟缓，加之“二战”后激化的种族矛盾没有缓和，新加坡再次呼吁独立。1965 年 8 月 9 日新、马两国领导人发表分离或独立宣言，新、马正式分离。1965 年 12 月，议会制定了《新加坡共和国独立法》，该法规定，从 1965 年 8 月 9 日起，新加坡正式独立，成立新加坡共和国，同时《新加坡共和国独立法》与《新加坡州宪法》共同组成《新加坡共和国宪法》。1979 年，新加坡议会修改宪法，将两个法律正式合并为一个宪法典，即《新加坡共和国宪法》。1991 年 1 月，新加坡议会对宪法中有关总统的选举、任期、权限作了若干修订，之后，新加坡又根据国情需要对宪法作过多次修改。

二、宪法的主要内容

《新加坡共和国宪法》一共 7 篇 105 条，第一篇为政府，设有总统、穆斯林宗教、行政机关以及关于财产、契约和诉讼的能力 4 章，第二篇为立法机关，第三篇为公民资格，第四篇为公共事务，第五篇为财政条款，第六篇为一般条款，第七篇为临时性和过渡性条款。新加坡宪法按照“三权分立”的理论，规定了政府制度、议会制度、司法制度。

(一) *总统*

根据宪法规定，新加坡实行议会共和制，总统为国家元首，是国家权力的象征，也是国家机构的重要组成部分。形式上，总统是最高国家权力的执行者，对内、对外代表国家。1992

年新加坡议会颁布民选总统法案，规定从1993年起总统由议会选举产生改为民选产生，任期从4年改为6年。总统委任议会多数党领袖为总理；总统和议会共同行使立法权。

总统须由无党派人士参选，当选后须持无党派立场，不涉足政治派别矛盾。其职责是：保管国家储备金的第二把钥匙；委任获多数议会议员支持的议员为总理；拒绝解散议会；否决有关调整公积金投资等法案；否决法定机构和政府公司的预算；赦免死囚等罪犯，但须听取内阁的建议。

此外，总统还可行使宪法赋予的5项否决权：(1) 可以拒绝让政府动用历届政府所积累的储备金。(2) 否决政府提名某些人出任公共部门要职的决定，也可以否决政府免除某要职职务的决定。(3) 根据内部安全法成立的顾问委员会的建议释放某名政治犯，而政府不同意时，总统可以下令释放这名政治犯。(4) 如果总理拒绝批准贪污调查局局长继续对某人进行调查，总统可以推翻总理的决定，允许调查局继续调查工作。(5) 根据维持宗教和谐法，政府可向行为违反这项法令的人发出限制令。

（二）议会

新加坡的议会实行一院制。议会与总统构成了完整的新加坡立法机构，议会中的多数党党魁将获总统任命为政府总理，然后再由总理推荐内阁部长和部门首长，经总统任命后组成内阁与政府。政府对议会负责，并接受议会的监督与质询。一届议会（以及政府）的任期最长为5年，但是总理可决定提前解散议会，举行大选，大选必须在议会解散后的3个月内举行。

议会议员分为民选议员、非选区议员和官委议员。其中，民选议员从全国12个单选区和15个集选区（据2011年大选）中由公民选举产生。选举权及被选举权为年满21周岁以上的公民享有。集选区候选人以3人至6人一组参选，其中至少一人是马来族、印度族或其他少数种族。同组候选人必须同属一个政党，或均为无党派者，并作为一个整体竞选。非选区议员从得票率最高的反对党未当选候选人中任命，最多不超过6名，从而确保议会中有非执政党的代表。官委议员由总统根据议会特别遴选委员会的推荐任命，任期两年半，以反映独立和无党派人士的意见。

议会设正、副议长各一人，议长可以是未担任部长或政务秘书的议员，亦可是非议员人士。议会议长在议会首次召集开会后选举产生。当总统和总统顾问理事会主席均因故无法行使国家元首职责时，将由议会议长代为行使职责。

新加坡议会的职权主要包括：

1. 立法权。这是议会最基本的权力，而且立法的范围没有任何限制。议会立法程序主要有四个步骤：法案的提出、法案的辩论、法案的确认与公布、法案的同意。法案同意权由总统行使，法案一经总统同意即成为法律。

2. 经济干预权。议会干预经济是通过制定法律的途径进行的。

3. 监督政府。新加坡宪法确立了议会至上的原则，议会是一切权力的合法来源，政府由议会产生并对议会负责，议会可以向政府提出询问和质询，有权进行国政调查；当它认为政府不再适合继续领导全国政务时，可以对内阁提出不信任案。

（三）政府

新加坡的内阁是负责新加坡所有政府政策和事务的国家机关，对内是最高国家行政机关，是议会的执行机关，管理公共事务、推行国家政策、提议法律的制定；对外代表新加坡共和国政府处理国际事务，与世界各国保持和发展国家间关系。内阁由总理、副总理、各部部长、常务秘书和常务副秘书组成，任期一般5年。

新加坡的政府组织形式实行责任内阁制：行政大权集于内阁，特别是集于总理；内阁总理一般由在议会中占多数席位的政党领袖担任，由总理提名组成内阁，内阁成员通常为议会议员；内阁总理和有关部长定期向议会汇报工作，集体对议会负责；议会对内阁表示不信任或通过不信任案时，内阁应当集体辞职或者提请总统解散议会，重新举行大选，但是如果新选出的议会仍对内阁通过不信任案，内阁必须立即辞职。

总理是新加坡共和国的最高行政首长，其职权主要有：可不经议会批准或同意改组政府，设置部级机构，规定内阁工作程序，划定各部职权范围；提名各部部长；制定总的政策指导方针；如果议会不支持对总理表示信任的提案，则总理可请求总统解散议会，但议会如选出新的总理，则解散权立即终止。

新加坡没有地方行政机构，中央政府直接处理全国各项事务。公民咨询委员会、民众联络所、居民委员会等社区组织作为沟通政府与居民之间的桥梁，担负起准政府的任务，协助政府机关处理一些社区的日常事务。

（四）总检察署

总检察署是新加坡唯一的检察机关，不属于司法机关，而是新加坡的法律部门之一，也是一个独立的法律机构。总检察署长官为总检察长，总检察长必须具有担任最高法院法官的资格，由总统依照总理的推荐委任，是政府的首席法律顾问，也是最有可能被任命为大法官的人。总检察长的职责是就总统或内阁随时交付给他的法律问题向政府提供意见，完成总统或内阁分配给他的其他法律任务，以及履行宪法或任何其他成文法律所授予的职务。

总检察长是唯一的公共检控官（即公诉人），有权提控、进行或终止刑事诉讼，同时负责草拟法规。总检察长以下设两名副总检察长，其余均为副检察司。在总检察长的统一领导下，总检察长公署下设五个部门：法律草拟处，主要草拟法案法规和为法令的法定诠释等法律事务提供意见；民事检察处，主要为政府提供民事法律协助和咨询，草拟政府法律文本，代为诉讼等；刑事检控处，主要负责刑事案件的检控工作，下设7个特别部门，分别负责重大罪案、贪污与特别罪案、金融与证券罪案、上诉案件等，该处的副检察司代表公诉人出庭；国际事务处，主要为政府提供国际法律事务咨询，代表新加坡参加有关国际会议并草拟和洽商协定；法律改革和法律修订处，主要负责改革的研究工作和参与修订法律；企业服务处，负责管理公署内部的经济、行政、人事和公共事务。

新加坡总检察长公署虽不是司法机关，但其实际掌握的权限很大，享有广阔的自由裁量空间，并极具权威。以刑事检控为例，检察官对案件是否提控享有绝对的权力，警察局和调查局不得持有异议；为减轻被告人的刑罚，检察官可以在制作控状时有意改变事实，法官亦不得更正。

第二节　刑事法律

新加坡的刑法由《新加坡刑法典》、单行刑事法律和规定于其他法律中的附属刑法规范组成，其中，《新加坡刑法典》是最为重要的组成部分，该法制定于1871年，经过多次大规模的修改，现行的《新加坡刑法典》是通过1998年18号法令修改的版本。

一、新加坡刑法的渊源

英国法律对新加坡的刑法有着重要影响，新加坡刑法的渊源可以分为成文法、不成文法和国际法规则。

（一）成文法[①]

作为新加坡刑法渊源的成文法包括宪法和法令、法规。

1. 宪法

新加坡宪法在整个国家法律体系中具有至高无上的地位，包括刑法在内的任何法令、法规如果有与宪法不一致的内容，均为无效。

2. 法令、法规

法令、法规是新加坡议会及有权为新加坡立法的机构所制定的法律文件，包括：（1）《新加坡刑法典》，这是新加坡最主要的刑事法律；（2）单行刑法，如《刑法（临时规定）法》《反贿赂法》；（3）附属刑法规范，如《破产法》《公司法》《计算机滥用法》《证券产业法》中都有关于犯罪和刑法的规定。另外，新加坡建国后，还继续沿用《英国法令应用法令》和新加坡成文法所允许的英国法令，因此，英国法令也是新加坡刑法的渊源之一。

（二）不成文法

1. 英国普通法和衡平法

英国普通法在新加坡的适用很广泛，在没有新加坡法律的具体规定时，可广泛采用英国法的原则和原理。根据《英国法令应用法令》的有关规定，已经成为新加坡法律一部分的英国普通法将继续成为新加坡法律的一部分，只要其经过修订能够适合新加坡本土的环境和居民。而衡平法作为弥补普通法不足而产生的规则，同样被新加坡刑法吸收。

2. 判例

新加坡刑事案件审判时实行遵循先例的原则，这一原则也是渊源于英国法的传统。

3. 习惯法

习惯法适应新加坡多元化种族的特点，不同种族在家庭、民事关系和继承等方面的古老的习惯法在某种程度上起着重要的作用，同样影响着刑事法律的适用。

（三）国际法规则

在新加坡，国际法规则也是刑法的渊源之一，新加坡所加入和批准的国际公约、条约、协议、协议书等，对于新加坡的刑事法律具有十分重要的影响。

二、关于犯罪的规定

（一）犯罪概念

与英美法系国家的刑法一样，新加坡刑法中也是对犯罪的概念缺乏抽象的概括，而把犯罪看成是一种非法的行为或不作为，并不管该行为是一种民事侵权行为还是不履行合同、契约的行为或违背信托的行为。《新加坡刑法典》规定，任何人在新加坡境内违反本法的规定，实施犯罪的行为或不作为，都应当受到本法规定的处罚。由此可见，新加坡刑法中关于犯罪的界定是以行为是否应受到刑罚处罚为基础的。

（二）犯罪要件

依照新加坡刑法的规定，构成犯罪需具备两个基本条件，即客观条件和主观条件。客观要件就是要有犯罪行为，主观要件是行为人有可归责的心理状态。两个要件同时具备就构成犯罪。对于客观要件，《新加坡刑法典》中规定的犯罪行为包括非法的作为与非法的不作为。作

① 参见刘涛、柯良栋：《新加坡刑法》，北京，北京大学出版社，2006。

为和不作为均包括单个行为和系列行为，但一系列作为行为被视为一项作为，一系列不作为行为被视为一项不作为。对于主观要件，《新加坡刑法典》规定，只有具有犯罪意识或者犯罪故意而实施该行为的才构成犯罪。对于什么是犯罪故意，该法的解释是：一个人“故意地”引起某一后果，是指此人实施该行为时使用了企图引起这种后果的方法，或者在其使用这些方法时知道或有理由相信可能会引起这种后果。

但是新加坡刑法中有些犯罪是不需要具备主观条件的，即属于一种严格责任的规定，如《道路交通法》《公司法》中规定的法定犯罪，以及《新加坡刑法典》中规定的强奸罪。

三、刑事责任制度

（一）刑事责任年龄

新加坡刑法规定的刑事责任年龄最低是7岁。这种规定来源于英国，但如今英国已经提高了刑事责任最低年龄，而新加坡却继续沿用这一规定。与世界各国的法律规定相比较，新加坡是规定刑事责任年龄下限最低的国家之一。

（二）智力缺陷人的刑事责任能力

《新加坡刑法典》规定，行为人因智力缺陷而不构成犯罪。

（三）醉酒者的刑事责任能力

《新加坡刑法典》规定，对于醉酒者的犯罪行为，不得免予刑事指控。

（四）被胁迫者的刑事责任

《新加坡刑法典》规定，除了可判处死刑的谋杀罪和国事罪以外，因胁迫而实施某种行为的，不构成犯罪。

（五）意外事件、紧急避险和正当防卫

对于意外事件，《新加坡刑法典》规定，不具有犯罪动机或者犯罪意识，以适当的注意与谨慎并以合法方式和合法手段而实施合法行为而产生意外或不幸的，不构成犯罪。对于紧急避险，《新加坡刑法典》规定，为了防止或者避免对人或财产造成其他的损害，仅认识到所实施的行为可能引起危害，但对此危害并非出自故意的犯罪动机而善意实施了引起危害的行为，不构成犯罪。对于正当防卫，《新加坡刑法典》规定，刑事自我防卫的行为，不构成犯罪。

四、刑罚制度

新加坡的刑罚制度继承了英国法的传统，又体现了本国的法律精神。法律规定的刑罚包括死刑、徒刑、财产刑和肉刑。

（一）死刑

《新加坡刑法典》中规定可判死刑的犯罪包括：从事、企图从事或者教唆从事反政府的战争；对总统人身的犯罪；国家法律规定的海盗罪；煽动叛乱既遂；提供或者制造伪证意图使某项可判处死刑的犯罪成立；谋杀罪；教唆儿童或者精神病患者自杀；企图谋杀；为了谋杀而进行绑架或者劫持；结伙抢劫中杀人等。其他法律中还规定，对运输武器、贩运毒品等行为，处以死刑。对于达到一定数额的毒品犯罪，必须判处死刑。在新加坡，死刑的执行方法通常是绞刑。

（二）徒刑

新加坡刑法中的徒刑包括有期徒刑和无期徒刑，但在执行无期徒刑时，往往要折换成有期徒刑。而在计算服刑期限时，无期徒刑相当于20年有期徒刑，因此，新加坡的徒刑实际上都

是有期的，即最高期限为20年。

（三）财产刑

新加坡的财产刑包括没收财产和罚金。财产刑在新加坡的刑罚中占了很大比例，有关涉及经济的犯罪大多都可以适用财产刑，财产刑可以独立适用，但更多的时候是与其他刑罚方法结合适用。

（四）鞭刑

鞭刑是以仗鞭击打犯人臀部的刑罚方法，源于英国刑法，但只在新加坡保留下来，成为新加坡刑法最具特色的一个内容。鞭刑适用的对象主要是实施暴力犯罪或采用暴力手段实施犯罪的行为人，而且只针对年龄在50岁以下的男性，一般犯罪处以1鞭至8鞭，最多15鞭。通常一次打3鞭，罪犯有一到两个月的养伤期，伤好了再施刑。

第三节　民商法

一、新加坡财产和财产转让法

（一）财产法

新加坡法律把财产分为动产和不动产，不动产包括土地和附着于土地上的建筑物、设备等，动产包括不动产以外的物、财产性权利和权益。新加坡财产法就是调整土地关系和一般财产关系的法律规范的总和。

1. 国有土地法

新加坡《国有土地法》是调整土地法律关系的基本法律，制定于1880年海峡殖民地时期，是一部管理国家土地取得、转让和占有的法律，其主要内容有：（1）新加坡境内国有土地取得的方法：开垦的土地归私人所有；获得英王所有土地的使用权有授予、租赁两种方式。（2）无条件继承地产的授予。被授予人死亡后，其继承人并不当然享有土地永久使用权，而是通过政府重新给继承人颁发使用权证书，把土地授予继承人永久使用。（3）授予的土地上政府保留的权利。国家作为土地所有者，在被授予人和租赁人永久使用的土地上保留部分权利。

2. 土地征用法

新加坡除了通过开垦荒地、围海造田等方法扩大国有土地面积之外，还通过土地立法大量征收私人土地，使政府掌握的土地越来越多，成为土地所有的重要形式。目前绝大部分土地属于国有或公有，其中相当大的部分是通过土地征用转化而来的。

（1）土地征用的目的和范围。新加坡土地征用权的行使范围较为宽泛。1985年修订的《土地征用法》规定，当某一土地需要作为公用时，经部长批准的任何个人、团体或法定机构，为公共的利益或公共利用，需要征用该土地作为某项工程或事业之用；作为住宅、商业或工业区加以利用时，总统可以在公报上发布通知，宣布该土地需要按通告中说明的用途加以征用。这样，在新加坡，将住宅、商业和工业区用地也纳入了征地范围。

（2）土地征用的补偿。有关土地征用补偿的决定由土地税务征收长官作出，但补偿金额由专业土地估价师评估，以公告征用之日的市价为补偿标准。土地补偿的项目包括因土地征用造成土地分割的损害、被征用的动产与不动产的损害、被迫迁移住所或营业所所需的费用、测量土地的费用、印花税及其他合理的费用等。

（二）财产转让法

1. 财产转让法

1886 年制定的《财产转让和财产法》是一部规制财产转让活动的法律，一直适用至今。该法的特征在于：一是对财产转让含义作了广泛的解释。[①] 二是规定了新加坡独特的抵押制度。[②]

2. 卖契法

《卖契法》制定于 1886 年，是一部规范动产权利转让的法律。所谓卖契，是指一方把自己对于某一动产享有的权利证书，为某一目的提供给另一方，约定在某一条件下或约定时间后将动产权利转移给受让方的契约。卖契的范围除包括卖契本身外，还包括转让书、让与书、不得转让的信托证明书、附有收据的货款存单或者货物金额的收据，以及其他动产的财产转让书、代理证书或者获得债务抵押的动产授权证书。此外，还包括获得动产权利的任何协议书。根据《卖契法》的规定，每一卖契在履行后的 3 天内要得到证明和登记，列明其对价，否则，买卖行为不生效。卖契是一种担保形式。

3. 商业财产销售法

新加坡《商业财产销售法》规定：商业财产是指建筑物或建筑物的地下部分，不论此种地下部分位于一个或多个水平线上或者全部处于地表面以下，而依据成文法的规定设计成为一个完整而单独的、用于居住目的以外的其他用途的单位。商业财产销售的前提是得到建筑主管机关的批准，如果建筑主管机关未批准商业财产的建筑或者施工计划，则任何人不得出售商业财产。要取得建筑主管机关批准销售商业财产需要具备相应的前提条件：(1) 以书面形式的协议同意将财产或商业财产的利益以特定的价格转让给他人；(2) 以契约转让、让渡、转赠，或者在其他情况下处分此商业财产，以便能够使此财产按照《地契管理法》《土地管理法》和《土地（地下部分）管理法》规定的方式注册。但是，一个为期不超过 7 年而没有选择续展或者购买的租约或者租借协议不得视为《商业财产销售法》意义上的买卖。

二、知识产权法

新加坡十分重视对知识产权的保护和鼓励，制定了一系列保护知识产权的法律、法规，对专利、商标、注册外观设计、版权（著作权）、集成电路设计、地理标志、商业秘密和机密信息以及植物品种等知识产权进行保护。

（一）专利法

现行的新加坡《专利法》于 1995 年 2 月 23 日生效，在 2001 年和 2004 年进行了修改。该法及其附属立法——《专利条例》《专利（代理人）条例》《专利（犯罪构成）法规》，新加坡参加的《保护工业产权巴黎公约》《专利合作条约》《国际承认用于专利程序的微生物保护布达佩斯条约》《与贸易有关的知识产权协议》《建立世界知识产权组织公约》等国际条约，以及《东盟知识产权合作框架协定》等构成了新加坡完备的专利法体系。

1. 专利的对象

新加坡的专利法只保护发明，不保护实用新型，对外观设计另行立法保护。不能取得专利

---

① 财产转让包括任何财产的销售、抵押、转让或者处理，和其他为财产和契约的处理所产生的转让、租赁、处置和担保。该法运用大量的篇幅详细规定了财产转让、租赁、抵押等行为。

② 根据该法，抵押权不仅可以在不动产上设立，而且可以在动产上设立，所有设于财产上的请求权均可设立抵押权。政府设定的法定抵押，能对抗其他抵押权，具有最高的法律效力。

的事项是：发现、科学原理和数学方法；文学、戏剧、音乐或艺术作品，或其他美术创作；游戏、商业行为、心智活动之规则；计算机程序；资料表达；医疗方法。另外，违反法律、道德或反社会的发明不能获得专利。

2. 专利权人

在新加坡，取得专利权的发明人是指该发明的实际创作者，即“发明的真实者”。也就是说，在新加坡专利权主要授予个人。

3. 专利权的取得

要想获得专利，必须向专利注册局提交专利申请，申请书应当要包括一份完整的书面说明以及该发明的技术性细节。所有申请专利的文件都要用英文，如果有其他语言的文件，则一律要附上经认证的英译本。新加坡的专利实行“申请优先”原则①，采用“请求实审”制。②

4. 专利保护期限和续展

新加坡的专利有效期是自申请之日起20年。自申请日起至第四年年底前须缴交第一次延展费，而此后的延展费逐年缴纳。每次缴费都有6个月的宽限期。如果忘了缴纳延展费致使专利失效，可在一年内申请恢复，但不能再延期。如果有让渡或授权，则应自行为日起6个月内办理登记，否则，一旦发生专利侵害，可能无法求偿。

（二）商标法

新加坡《商标法》制定于1998年，自1999年1月起施行，内容覆盖申请、注册、侵权、救济等方面，并详细规定了各种可予注册、不予注册、无效、撤销的具体情况。

1. 商标的构成要素

新加坡《商标法》规定，单词、字母、数字、图形或照片、徽章、颜色或者颜色组合、商品的容器或外包装的形状（不能仅仅是为了获得某种功能的形状），以及上述要素的组合等，只要是能够将某一货物或服务与他人的货物或服务作出识别并能够以形象的方式表述的标志，均可以作为商标。不可视但可以感觉到的标志（比如，英特尔在宣传其芯片时播放的一段音乐）也能作为商标，只要它们能用书写或绘画的方式表达。

2. 商标权的保护

在新加坡，一个商标经过注册后即取得商标权。新加坡对商标的保护有两个相互独立的法律体系：一个是商标法，一个是普通法。依照商标法，商标并不强制注册，未注册的商标同样可以使用。对已经注册的商标，商标权人有权阻止他人未经其许可使用商标。而对未经注册的商标，不得提起“禁止侵犯商标权的诉讼”，但商标所有人能够依据普通法上“假冒诉讼”来对抗模仿和侵权行为以保护自己的商标，要求基于该商标的使用而获得声誉后请求普通法上的救济权。在这种情况下，商标所有人须承担较大的举证责任，即必须证明自己商标的商誉或声誉。

3. 注册商标的取得

在新加坡自然人或法人均可申请注册商标。申请人申请注册商标必须向知识产权局提呈指定的文件及申请书、注册费、使用商标的商品或服务类别和名称、商标的详细解说、商标图样，以及办理商标申请所需材料。知识产权局受理申请后进行初审，如果符合商标法规定的标准，

---

① 谁第一个提出专利申请，谁就享有专利优先权。决定谁是第一个提出申请的人依据的是提出申请的日期，专利局以其收到的专利申请和申请人的证件、发明的描述日期为准。如果申请人在《巴黎公约》或WTO成员方有过在先申请，则申请人可以在新加坡的申请中主张优先权，但必须在首次申请后的12个月内主张。

② 申请人应从优先权日起16个月内请求作新颖性调查，22个月内请求审查（两者可合并一次请求），39个月内审查委员会将审查报告交给专利注册局，如果顺利，在42个月内被核准专利。

又没有与以前申请个案重复或类同，该项申请就进入公告阶段。有关商标申请会公布在商标公告上，任何人在公告后两个月内可提出异议，申请人可以对该异议进行答辩。若异议不成立或并没有任何一方提出异议，有关申请注册商标将核准注册，新加坡知识产权局将会发出注册证书。

4. 注册商标的保护期限

自申请日算起，注册商标的有效期为10年。注册商标有效期满后，需要继续使用的，应当在期满前6个月内申请续展注册，每次续展注册的有效期为10年。

（三）著作权法

新加坡《著作权法》制定于1987年，经过1994年、1998年、1999年等多次修正。

1. 著作权法保护的著作

包括：(1) 文学著作（包括电脑程式著作及创造性编辑著作）；(2) 音乐著作；(3) 艺术著作；(4) 戏剧著作；(5) 录音著作；(6) 电影著作；(7) 广播；(8) 有线节目；(9) 著作之发行版本；(10) 现场演出。前4项称为“著作人之著作”。

2. 著作权的取得

著作权系自动保护，无须履行形式要件，但须符合某些要求，要求依“著作人之著作”、录音著作、电影著作或表演而各有不同。

3. 著作权的保护期限

“著作人之著作”的保护期限为著作权人终身加50年，或首次发行50年，以最长者为准；已发行之版本的保护期限为该版本首次发行起25年；录音著作、电影著作及现场表演的保护期限为首次发行或表演后50年。

4. 著作权的合理使用

在特定情形下，复制合理的部分著作被认为是合理使用而不构成对著作权的侵害，例如，为个人学习或研究之目的等。

5. 著作的法定授权

教育机构、图书馆或档案机构在特定情形下可以主张法定授权。

三、婚姻家庭法

（一）婚姻法

1961年，新加坡立法会制定了《妇女宪章》，从严格意义上讲，它并不是一部专门的婚姻法，但是其中规定了婚姻家庭关系调整方面的内容。1997年和2011年，新加坡对《妇女宪章》进行修正，使该部法律中保护妇女、调整婚姻家庭关系的制度趋于完善。

1. 关于婚姻原则

《妇女宪章》明确规定“公民享有婚姻自由”“公民实行一夫一妻制”。根据该宪章的规定，任何在1961年9月15日《妇女宪章》生效以后已经依法律或宗教、习惯娶妻纳妾的，在婚姻存续期间不得再与任何人结婚，任何违反该规定的婚姻一律无效，违法重婚者应按照刑法关于重婚罪的规定处罚。

2. 结婚的条件和程序

在新加坡结婚年龄为21周岁，即申请人达到21周岁以上，可以自由结婚。申请人年龄在18周岁到21周岁之间的，必须要得到父母同意才能结婚，父母以及两名成年证人必须同时携带居民证在场作证；如申请人的年龄在18周岁以下，必须要申请特别准证才能结婚。2011年1月《妇女宪章》（修正）法案在国会“三读”通过，要求今后年龄未满21周岁者注册结婚前必须参加婚前预备课程，才能取得结婚证书。

依据《妇女宪章》，在举行正式婚礼之前，必须提前21天到3个月向婚姻注册局申请注册结婚。新加坡婚姻注册局是婚姻登记和证婚的机构。在法律上新加坡不承认依据习俗婚礼的结婚，不过要结婚的双方如果既在婚姻注册局正式结婚，同时也举行习俗婚礼，是可以的。

3. 离婚

新加坡《妇女宪章》规定，“婚姻破裂到不能挽回”是离婚的唯一标准。婚姻破裂的具体表现为：(1) 对方有通奸行为，不能容忍；(2) 对方行为不能忍受；(3) 一方弃偶两年以上；(4) 夫妻双方协议分居3年以上；(5) 一方单方面分居4年以上。离婚申请人须举证证明其符合以上5种情形之一，离婚才可以成立。此外，一方离家出走或失踪，也可以使离婚成立。

在新加坡，每一个离婚案都是诉讼案，即使双方是合意离婚，也必须经过诉讼程序。而且，离婚诉讼的当事人一般都聘请代理律师，而且在聘请律师之前，还可获得律师的免费咨询服务。无过错当事人可以请求法院让过错方为其支付律师费；而经济困难的当事人可以向法律援助局申请法律援助。离婚诉讼原则上至少在结婚3年后才能提起，但在离婚申请人遭受困难或者被告人行为恶劣的情形下可以例外。

(二) 继承法

新加坡继承法由《遗嘱法》、1966年《无遗嘱继承法》和《继承（家庭生活费）法》、1935年的《继承检验与管理法》等法律构成。

1. 无遗嘱继承，即法定继承

无遗嘱继承是指被继承人没有对自己的遗产留下遗嘱或者被继承人的遗嘱没有处分自己的全部财产，而根据法律的规定对其遗产进行划分。根据《无遗嘱继承法》的规定，其顺序是：配偶首先获得遗产的1/2，之后依次为子女、父母、兄弟姐妹、祖父母、叔父、政府。该法还规定了代位继承制度，即继承人的子女可以代替其已经死去的父母获得被继承人的遗产。

2. 遗嘱继承

根据新加坡《遗嘱法》的规定，遗嘱包括通过遗嘱或具有遗嘱特性的书面形式行使权利设立遗嘱或指定受益人的作为；也包括通过遗嘱和其他遗嘱处分对财产的处置。任何人都可以根据该法的规定立遗嘱赠与或处置其去世时根据法律或者公理所享有的动产或者不动产。

遗嘱必须具备的生效条件是：(1) 必须遵循生效法律。(2) 立遗嘱人须达到法定年龄。未成年人、21周岁以下的公民所立遗嘱一律无效。(3) 采取书面形式，并签署。《遗嘱法》要求：遗嘱应当由立遗嘱人签署，或由其他人在立遗嘱人面前并依照立遗嘱人的指示签署；立遗嘱人是在2名或者2名以上同时在场的见证人面前作出自己的签署或者承认其他人的签署；每名见证人在立遗嘱人面前签署该遗嘱。但是，遗嘱不因见证人没有资格而无效。

3. 家庭生活费保留

新加坡《继承（家庭生活费）法》准许某些被赡养人向法院提出申请，要求从遗产中拨给生活费。[①]

---

① 能够提出申请的人包括：死者的配偶、未婚或身心残疾不能自立的女儿、未成年儿子、有身心残疾不能自立的儿子。这些人如认为得到处置的遗嘱不能为其提供合理的生活保障，可在遗产分配后6个月内提出申请，经法院审核，可以作出从死者净遗产中分配出适当的部分作为申请人的生活费的决议。

第四节　经济法

一、公司法

新加坡与公司有关的主要法律是1966年制定的《公司法》。一些特殊类型的公司，除了受《公司法》之约束外，还要受到其他成文法的规制，如保险公司和银行，还要分别受《保险法》和《银行法》的规制。有限责任合伙组织其实也是公司，受《有限责任合伙组织法》规制。在诸如《证券与期货法》等其他成文法中，也有一些与公司有关的条款。

（一）公司的构成和组织形式

在新加坡，出于合法目的，任何人可以独自或者与他人建立公司，只要其承认公司组织大纲并在组织大纲上签字，遵守有关成立公司的登记要求。根据《公司法》的规定，拥有20名以上成员的经营组织都必须设立为公司。这是一条强制性规定，意味着成员超过20名的，以经营为目的的组织不能采取其他组织形式。①

新加坡的公司形式主要有：

● **独资经营：**独资是主要为一人投资的公司（独资），投资人有权享有所有的利润并以其个人财产对公司的债务承担无限责任。

● **合伙经营：**合伙经营由两个或以上的合伙人每人提供资金、技术或劳动共同出资和经营，共负盈亏和风险，以其个人财产对公司的债务负无限连带责任。合伙人最多可达20人。

● **有限责任合伙：**有限责任合伙是根据2005年4月11日颁布的《有限责任合伙企业法》而出现的一种新的商业组织形式，有限责任合伙允许企业按合伙企业的方式运作，同时承担有限责任。

● **股份有限公司：**又叫私人有限公司，股东按照出资金额承担有限责任：股份有限公司可向政府申请为上市公司，即上市公共有限公司或公共有限公司；外国公司也可以通过收购本地的新加坡私人有限公司而申请上市。

在新加坡，外国企业或者外国人只能注册私人有限公司和分公司。

（二）公司的设立

在新加坡，除了金融公司、保险公司、证券公司等经营特殊业务的公司以及通信、交通等对环境有影响的生产行业的设立实行审批制，需要向政府行业主管部门申请特别执照以外，设立其他一般的普通公司采取注册制，只需向注册局注册即可，不需要经过其他特殊的程序。

新加坡会计与商业注册局（ACRA）是公司注册的唯一机构，所有公司的设立，均需经ACRA注册。注册设立公司时，必须提交的最重要的文件是公司章程和组织大纲，公司章程一经登记，注册登记官便签发设立通知。

（三）公司的治理

1. 公司所有与经营的分离

新加坡公司法规定，公司经营由公司董事负责进行或根据公司董事的指令进行。除了那些根据公司法或者公司章程应由股东大会行使的权力外，公司董事可以行使其他的公司管理权。

① 该规则有例外，即不适用于那些遵照新加坡其他成文法设立的、由从事特定职业的个人，即法律职业的从业者组成的合伙组织受《法律职业法》的规制，可以设立成员超过20人的合伙组织。

公司成员或者股东尽管是公司的拥有者，但未必需要作为董事参与公司的管理。

2. 公司董事的义务

根据新加坡公司法的规定，公司董事在履行职责进行行为时，最主要的义务是促使公司利益最大化。如果董事的行为受到质疑而被诉至法院，法院仅考虑公司的董事是否是善意地认为其行为是为了公司利益的最大化，并不以法官自己的判断取代董事的判断。董事最重要的义务是对公司的义务，但是公司法还规定，在行使职权时，董事也可以一般地考虑公司雇员以及公司成员的利益。公司董事适当考虑雇员的利益是因为促进雇员的利益往往也会使公司利益最大化。此外，公司董事还必须考虑公司债权人的利益。

3. 公司的会议与程序

新加坡公司法规定的会议形式有三种：(1) 法定会议。每个拥有股票资本的公共有限公司，应当在其开业后不少于1个月并不多于3个月内举行法定会议，由公司全体成员参加。(2) 年度会议。由公司全体人员每年定期召开，其举行不得迟于上次会议后的15个月内。私人公司可以不用举行年度大会。(3) 特别会议。这是为解决公司某些特定事项所举行的会议，只要持有不少于10%实缴资本的在公司大会上有表决权的股东，或在公司没有股份资本的情况下，有代表不少于10%表决权的股东提议，公司董事就应当尽快召集特别会议。新加坡公司法详细地规定了各种会议的召开及其程序。

二、破产法

新加坡破产法的渊源主要是1995年制定并于当年7月15日开始实施的《破产法》和《公司法》中有关破产的规定。前者是关于个人破产的法律，而后者是有关公司破产的规定。

(一) 个人破产

1. 破产申请

根据新加坡《破产法》的规定，债权人和债务人都有权申请债务人破产。

债权人申请破产的，可以由一个人或几个人联合起来，或者由享有监督执行权的被委托人以及个人提出的自愿协商协议中的利害关系人，来对抗个人债务人和企业中的任一合伙人；对企业享有破产请求权的债权人（可以是债权人之一，也可以是几个债权人）可以对企业的任一合伙人享有破产请求权。每个债权人的请求权可以是根据法律的规定，也可以是根据债权人或其他能够证明债权事实存在的人的誓词确定。

债务人申请破产需要具备的条件是：在新加坡有住所或财产；在申请破产前一年中的任何时候是新加坡的常住居民或在新加坡有住所；在新加坡经商。

2. 破产申请的条件

新加坡《破产法》要求：债务总数量不少于10 000新元、债权人已向债务人提出清偿请求而债务人不能偿付债权人时，才能向法院提出破产申请。债务总数量可以通过在报纸上公告，由债权人申报后确定。

3. 破产宣告

对于债权人的破产申请，法院在符合破产条件时才能作出宣告债务人破产的命令。这些条件是：债务已经到期，既没有被履行，也没有相应的担保或抵押，也没有由债权人和债务人达成的任何和解协议；破产申请已经送达债务人，但债务人没有出庭。如果存在债权人的债权申请证据或破产请求不足，或者存在证据证明债务人能够偿付债务，或者存在债务人对破产申请债权人所涉及的债务提供担保，或与债权人和解，或该担保被破产申请债权人不合理地拒绝，或者存在其他不应作出破产宣告的理由的情形，法院可以驳回债权人的破产申请。

对于债务人的破产申请，法院在接到债务人的请求，只有在债务人不能履行其债务的情况下才能作出破产宣告的命令；如果债务人的请求权对抗部分而非全部的企业合伙人，法院只有在依法定形式与方式将通知送达不参加诉讼的每个合伙人时才能宣告其破产。

4. 破产宣告的后果

当法院作出破产宣告命令后，在不需要让与证书、转让证书或转移证书的情况下，将债务人的财产授予官方代理人，或者在债权人中进行分配。如果破产宣告针对的是一个企业，那么该宣告对于企业的所有合伙人产生效力。当某人被确定为破产人时，除非经法院的认可和同意，否则，其在赔偿请求权行使之日到作出破产宣告期间对其财产的处分行为无效。

5. 破产人的行为限制

法院作出破产宣告命令时，可判债务人入“穷籍”，一旦入“穷籍”，破产人的行为就受到了各种限制：未经官方代理人的许可不得擅自出国；未经法院或者官方代理人的许可不能担任信托人或者代表，不能担任公司的董事或者经理；不得从事破产法以外的法律限制破产人从事的职业，如律师、会计师以及议会议员等公共职务；限制破产人经商，破产人的破产身份要向社会公开；破产人的信贷能力会随之降低，他们从银行获得信贷的机会会减少，等等。在诉权方面，破产人的诉讼权利受到限制，只能起诉个人伤害赔偿等与个人身份有关的案件。如果破产人违反限制性规定，从事了受到限制的行为，将会受到罚款、监禁等处罚。

6. 破产令的废止和解除

新加坡《破产法》规定了两种“解放”破产人的方法，即废止破产令和解除破产令。废止或解除破产令可以由法院作出，也可以由官方代理人作出。

（二）公司破产

新加坡《公司法》规定的对公司破产的司法接管制度颇具特色。

1. 司法接管的条件

如果公司的债权人认为，公司当前或将来不能偿付其债务，或者有合理理由认为，公司恢复其经营能力或者保留全部或部分正常经营的业务或者不采取解散的方式能够更好地保护债权人的利益，那么公司或公司债权人可以根据相关法律的规定将公司的财产交由司法管理者管理。在公司、公司董事或者债权人提出申请后，如果认为公司已经或者即将无力偿债，法院可以签发司法接管令。

2. 司法接管令的效力

司法接管的好处在于为那些并非彻底破产的公司提供一个经营重组的机会，一旦重组成功，对公司债权人和公司成员都有利。因此，公司法规定，从接受司法接管令请求到作出命令或驳回请求的期间，不得作出公司解散的决议或命令；除非法院同意并遵守法院规定的条件，不得根据有关协议采取任何措施对公司财产设置抵押担保，或向公司要求收回财产；除非法院同意并遵守法院规定的条件，不得开始或继续其他的诉讼程序和执行程序，不得对公司财产实施扣押。而司法接管令一旦作出，破产事务官的职责将终止，任何公司解散的申请都不得受理；除非得到司法接管者的同意或法院的许可并遵守法院规定的条件，不得开始或继续针对公司及其财产的诉讼、执行等其他法律程序，不得对公司成员或其财产实施扣押。同样，除非得到司法接管者的同意或法院的许可，不得行使设定在公司财产上的担保权或者向公司要求收回任何财产。

3. 司法接管者

司法接管者是由法院根据公共利益需要予以任命的，法院也可随时解除其职责。司法接管者的工作是使公司克服困境，或者维持公司的全部或部分营业。

4. 司法接管令的解除

根据公司法的规定，除非根据司法接管者的申请由法院予以延长外，司法接管令的有效期为自发布之日起180天。如果司法接管者认为司法管理的目的已经达到，公司已经恢复债务清偿能力，就可向法院申请撤销对其的任命，并解除司法接管。

三、税法

新加坡税法有《所得税法》《经济与发展鼓励法》《遗产税法》《财产税法》《印花税法》，此外，还包括与他国签订的税收协定。国会拥有税法制定权及修订权，国会每年都根据政府预算案修改所得税法，其他法规的修改则视情况而定。

（一）税种

建国初期，新加坡税制基本上沿用其作为马来西亚一个州时的税制，开征税种很少。随着经济的高速发展，新加坡税制也日趋完善，由过去一直以间接税为主的税制向以所得税为主的税制转变。目前，新加坡开征的税种主要有所得税、消费税、遗产税、财产税、印花税和关税等，税种少，税制结构简单。

1. 所得税

所得税包括企业所得税和个人所得税。新加坡税法规定，企业所得税的纳税义务人包括按照新加坡法律在新加坡注册成立的企业、在新加坡注册的外国公司以及不在新加坡成立但按照新加坡属地原则有来源于新加坡应税收入的外国公司（合伙企业和个人独资企业除外）。新加坡根据公司的控制和管理职能是否在新加坡，将纳税人分为居民公司和非居民公司两类。居民公司是指公司的控制和管理职能在新加坡的公司。也就是说，只要公司的控制和管理职能在新加坡，无论公司是否按照新加坡的法律在新加坡注册，即为新加坡居民公司。反之，若公司的控制和管理职能不在新加坡，即使是按照新加坡法律在新加坡注册的公司，在税务上也为非居民公司。

自2008年估税年度（在2008年度缴纳2007财年的所得税）起，企业所得税税率为18%；自2010年估税年度起所得税税率调为17%，且所有企业可享受前30万新元应税所得的部分免税待遇。

新加坡个人所得税的纳税人分为居民个人和非居民个人两类。居民个人包括：新加坡人、新加坡永久居民，以及在一个纳税年度中，在新加坡居留或者工作183天以上（含183天）的外籍个人（公司董事除外）；非居民个人是指在一个纳税年度内，在新加坡居留或者工作少于183天的外籍个人。一般情况下，居民个人和非居民个人都要就其在新加坡取得的所有收入纳税。自2004年1月1日之后，纳税人在新加坡取得的海外收入不再纳税，但通过合伙企业取得的海外收入除外。居民个人的应纳税所得额为收入总额扣除费用、捐赠和税务减免后的所得，适用0%～20%的超额累进税率。

2. 消费税

按照新加坡消费税法规，年度销售额高于100万新元的新加坡私人有限责任公司必须注册消费税，年度消费额低于100万新元的新加坡私人有限责任公司不强迫注册消费税，但是如果公司主动向新加坡税务局提出申请，也可以成为消费税注册公司。新加坡目前消费税的税率为7%，消费税的申报通常为每3个月。

3. 不动产税

所有的不动产所有人都应为所拥有的不动产缴纳不动产税。不动产税按年缴纳，每年1月份缴纳全年的不动产税，纳税基数为不动产的年值，根据不动产的年租金收入估计，但不包括出租的家具、装置和服务费。不动产出租、自用或空置，适用同样的基数。目前不动产税的税率为10%。居住在自有住宅里的个人适用4%的减免税率。

4. 印花税

印花税是对与不动产的买卖、交换、抵押、信托、出租和股份的派发、转让、赠与、信托、抵押有关的书面文件征收的一种税。在新加坡境内签署的文件，应在文件签署之日起14日内缴纳印花税；在新加坡境外签署的文件，应在新加坡收到文件后的30日内缴纳印花税。不同类型的文件适用的税率不同。

5. 关税

关税由关税与国产税局负责征收，只向入口的酒类、烟草产品、石油产品以及车辆征税。

6. 其他税项

包括向所有体育赌注征收下注税，如足球下注税是20%，赛马下注税是12%。还有向私人俱乐部或社团举办的博彩活动征税总收益的30%的私人博彩税等。

（二）所得税的征管、缴纳

1. 申报与评说

纳税年度为公历年度。年初由当地税务机关发放公司所得税纳税申报表。公司必须在申报表发出后21日内填好；如公司要填写审计报表，可适当延长申报时间至7月31日，但公司必须先提供其应税所得估计数，如不提供，则税务机关有权确定公司的应税所得。10月1日至次年9月30日为一个会计年度的公司，必须在会计年度结束后的3个月内上报应税所得估计数，纳税通知书将根据该估计数来送发。

个人所得税纳税人必须在4月15日之前填报纳税申报表。独立业主及合伙人必须上报经会计师审计的财务报表。

2. 缴税

发出纳税通知书后30日内必须缴税，但允许公司分期缴税，最多可分10个月。个人可在纳税通知书发出后1个月内一次缴完应纳税款，也可分期缴纳。如果纳税人迟纳税款，则按5%的利息征收滞纳金。如果纳税人在加收罚金后的60日内仍未缴纳，则以后每月多加收1%的罚金，最高可加到12%。未按时填报纳税申报表的，可处以高达1 000美元的罚金。

四、物价控制法

新加坡《物价控制法》自1950年3月3日正式颁布，一直适用至今，经过多次修订，虽很少动用，但其严厉的惩罚措施在经济生活中起着一种引而不发的威慑作用，从某种意义上说，它是一部隐形、备用的法律。

新加坡物价由贸工部直接管理，下设物价管理局作为新加坡管理物价的主要机关，此外，部长还可任命一个物价咨询委员会，与物价管理局局长共同商讨有关物价控制方面的相关问题。物价管理局的管理职权主要体现在四个方面：物价和收费的规定权；管制物品的管理权；检查、查阅及要求出示样品、信息权；采取强制措施及公诉权。《物价控制法》要求经营者必须严格遵守物价管理局的最高限价义务、管制物品限制销售义务、价格明示义务、信息明示义务、不得拒绝销售义务及不进行不正当竞争等几项义务。

《物价控制法》规定的法律责任十分严重，违反该法的行为可能被认定为一种犯罪行为，而不仅仅是违法；在处罚措施上，主要包括了罚金和监禁。至于单位犯罪，也只是实行单罚制，而不对单位进行处罚，最高可处罚2万元以下罚金或5年以下监禁。此外，还有一个特点就是，对于该种犯罪行为地方法院不仅可以审判，还可根据该法及相关命令细则判处所有刑罚。

第五节　国际贸易与投资法律

一、新加坡进出口法律制度

新加坡奉行开放的贸易政策，是当今世界上贸易开放度最高的国家，制定的贸易相关法规有《进出口商品管理法》《海关法》《关税法》《商业注册法》和《战略物资控制法》，等等。除此之外，新加坡是WTO成员，还与一些国家（地区）签订了双边贸易协议。

（一）进口管理规则

新加坡外贸政策和法律的立足点是自由贸易，包括自由通商、自由通航、自由通信、人员自由进出、货币自由汇总等方面。

1. 进口许可

在新加坡，大多数货物是不需要许可证就可以自由进口的，少数商品，如可以喷火的玩具枪、玩具钞票、玩具硬币和爆竹、口香糖、喇叭、报警器、消音器等，被列入禁止进口的范围之列。被限制进口的是有损人生命和健康、影响社会治安和安全、损害社会礼仪的产品，如医药品、危险品、化学药品、电影电视、武器和弹药等受管制产品的进口，需要申请进口许可证。

2. 进口程序

货物进口到新加坡前，进口商需通过贸易交换网向新加坡关税局提交准证申请。如符合有关规定，新加坡关税局将签发新加坡进口证书和交货确认书给进口商。如果进口货物是受管制的货物，必须向相关主管部门提交准证申请并获得批准。

3. 商品检验

尽管进口管制宽松，但新加坡对进口商品的检验检疫标准和程序十分严格。农粮兽医局（AVA）负责进口食品、动植物等的检验检疫，卫生科学局（HSA）负责进口药品、化妆品等的检验。只有获得AVA进口执照的贸易商才能从事农产品、食品和动物的进口业务。贸易商每次进口动物都须向AVA申请许可，并提前获得海关清关许可。进口植物及植物产品需出示原产国有关机构签发的检验证书并获得AVA的进口许可。所有从事药品进口、批发、零售以及出口业务的经营者须向HSA取得相关许可。进口药品和化妆品前，须向HSA如实申报其成分、疗效等相关信息，获得批准后方可进口。HSA对进口的相关产品进行抽检。

（二）出口管制规则

1. 出口管制货物

新加坡的出口货物为非受管制货物与受管制的货物。出口管制的货物按照其特性分别由不同的主管机构进行管理，如出口动物的主管机构为AVA；武器与爆炸物的出口由武器与爆炸物执照署和新加坡关税局管制；化学品和有毒及易制毒化学品、杀虫剂的出口分别由新加坡关税局和污化管制处在其职权范围内管制；米和橡胶由新加坡国际企业发展局管理。另外，出口到一些特殊国家和地区的军事用品要受到新加坡关税局的管制。

2. 出口呈报

非受管制货物从新加坡通过海运或空运出口，须在出口后3天内，通过贸易交换网提交准证申请；受管制货物或非受管制货物通过公路和铁路出口的，需要在出口之前通过贸易交换网提交准证申请。出口受管制货物还必须事先取得相关主管机构的批准或认可。从2013年4月

1日起，新加坡海关正式开始全面实施出口预先呈报制度，凡是从新加坡出口的所有货物，均需要在货物离境前向新加坡关税局预先呈报，在出口前提交准证申请，申领出口许可证。

（三）关税规则

1. 关税税率

新加坡对进口实行开放政策，大约95%的货物可以自由进入新加坡，但从社会、健康、环境保护的目的出发对极少数进口货物征收进口关税，例如，对酒类、烟草（含卷烟）、石油和汽车、家电等，以及那些并不迫切需要的食品。关税税率一般较低，货物的从价税关税税率为5%，只有汽车例外，其税率为45%。新加坡出口商品一律免税，而出口商不论其产品是全部出口还是部分出口，所获收益均可获得固定基数90%的豁免待遇；对于出口额达到一定限额的公司或者组织，均可申请减免出口收益税金。新加坡没有海关附加费用，但要征收3%的货物与服务的进口税。

2. 关税征收

根据新加坡《关税法》的规定，任何依法应当缴纳的关税、费用和其他收费，海关可以作为政府的民事债务予以征收，所收缴的税款交到统一基金中。主管部门的部长如果认为有关的货物和人员符合条件，可以用命令的形式免除其部分或全部应缴纳的关税或其他费用，或者退还已经缴纳的部分或全部关税或其他费用。

二、外商投资法律制度①

大力吸引外国投资是促进新加坡加快经济发展的重要措施。为此，从20世纪60年代初期开始，制定了《经济发展法》《新兴工业（豁免所得税）法》《工业扩展（豁免所得税）法》《经济发展奖励（所得税免除）法》等一系列法律制度，以吸引和鼓励外来投资。

（一）投资准入制度

新加坡根据本国利益和实际需要，明确规定鼓励、允许、限制和禁止外资的领域与项目，以引导外商投资方向和规范外商投资行为。新加坡鼓励发展的行业是在其工业发展速度和发展方向上扮演关键角色的行业，一经获准，即可进入；限制投资的领域主要是公用事业（交通、通信、电力等）、新闻传媒和武器制造等，行政审批的控制较严；而对危害社会安全的行业严加管制，如爆竹、国防工业等。制造业中属劳力密集、污染性高或附加价值低的行业如合板业及成衣业列为不受欢迎行业，一般情况下不予核准投资。

（二）出资比例和出资方式

对于外商投资比例，新加坡在东南亚各国中条件最为宽松，其法律规定，外商投资比例除限制新闻业不得超过3%、广播业不得超过49%，以及公共事业属禁止投资产业外，无外资出资比例限制，外国投资人均可拥有100%的股权。新加坡对外商投资的出资方式没有太多的限制，允许以多种方式出资，货币、实物、知识产权、土地使用权以及法律允许的其他财产权利均可用来出资。

（三）投资待遇

为了吸引外来资本，新加坡也像其他国家一样明确规定投资者可以享有的待遇，包括最惠国待遇，国民待遇和公平公正待遇，同时也对投资者采取相应的优惠政策。依据《经济发展法》《新兴工业（豁免所得税）法》《工业扩展（豁免所得税）法》等法律，对外商投资企业有各种税

① 参见黄若君：《新加坡投资法律环境分析与投资对策》，载《沿海企业与科技》，2007（3）。

收优惠，此外还有发展和扩展奖励、金融财务中心奖励、研发业务奖励和国际贸易商奖励。

1. 税收优惠

（1）对外国投资者的税收优惠。包括非居民的利息所得免课税，避免双重课税，没有资本利得税、销货税、发展税及进口附加税，实行财产税抵扣等。对于外国投资者分得的股利收入从新加坡汇往海外母公司时将不课征其他税捐。

（2）对外商投资企业的税收优惠。依据《经济发展法》《新兴工业（豁免所得税）法》《工业扩展（豁免所得税）法》等法律，在新加坡享有新兴企业称号的公司，可享受免征5～10年所得税的优惠待遇；向非新加坡居民或在新加坡没有常设机构的公司或个人提供与海外项目有关的符合条件的服务的公司，其90%的服务收入可享有10年的免征所得税待遇；对于将区域总部或国际总部设在新加坡的跨国公司可适用降低的企业所得税税率；拥有或运营新加坡船只或外国船只的国际航运公司，可以申请10年免征企业所得税的优惠，最长期限可延长到30年，等等。

2. 其他优惠

包括财政与非财政补贴和资助，主要有研发补助、专利研发补助、奖励和政府参与出资等。

（四）投资保护

新加坡主要通过立法/执法活动、争端解决机制和损害补偿等途径维护外来投资者的利益。双边投资协议通常规定新加坡不对外国投资者在新加坡投资设立的企业采取征收、国有化或其效果相当于征收、国有化的其他措施，即使为法律所准许的目的采取征收、国有化措施，也必须建立在非歧视性基础上，并进行合理补偿。

（五）投资监管

新加坡对外资的监管特色就是相当务实，以鼓励、促进为主，同时又进行必要的限制。

1. 主管部门

新加坡负责投资的主管部门是经济发展局，成立于1961年，是隶属于新加坡贸工部的法定机构。其职能主要是负责制定和实施商业与投资策略，协助加强新加坡作为商业与投资环球中枢的地位，同时还专门负责引进外资，具体制定和实施各种吸引外资的优惠政策并提供高效的行政服务。

2. 审批与注册登记管理

新加坡外商投资企业的登记机关是公司商行注册局（RCB），取得RCB所发给的注册证书或成立证书就可开张营业，但是法律规定的某些行业必须另外取得有关政府机关的批准与执照。

3. 对外商投资企业的营运监管

新加坡对外商投资企业的营运监管主要抓用地管理，其他方面相对放松。私人土地转为工业用途必须获得政府核准。对国有土地必须以承租方式拥有土地使用权。

第六节　司法制度与诉讼制度[①]

一、审判制度

新加坡的司法权力被赋予最高法院以及在任何有实效的成文法下设立的初级法院。案件实

① 参见吴撷英：《独立公正的新加坡司法制度》，载《南京大学法律评论》，1997年春季号。

行三审终审制。法院执行法律时完全独立，不受政府和立法各部门牵制，司法的独立性由宪法捍卫。

（一）最高法院

最高法院由高等法庭和上诉庭组成。最高法院一共有11名法官，包括大法官和上诉庭法官。同时，最高法院还有司法委员的职务，具有与高院法官相同的权力和豁免权，他们的任期由总统酌情决定。大法官和最高法院的其他法官是由总统在听取总理意见后委任的，总理在向总统推荐委任大法官以外的任何法官及司法委员之前，必须先和大法官商议。

此外，高院还有主簿处。总统根据大法官的推荐，委任一名主簿、副主簿和多名助理主簿。只有符合新加坡律师法令规定的合格人士才能受委任担任这些职位。他们兼具司法与行政职能，分别兼任最高法院的执行吏、副执行吏及助理执行吏，拥有与英国最高司法法院主事、刑事审判庭书记官以及主簿和同类官员相同的管辖权、权力和职责。隶属新加坡最高法院的职员还有监督员、通译员、书记、传票送达员和其他职员。

最高法院高等法庭由大法官和高等法庭法官组成，行使民事和刑事案件的原审管辖权与上诉管辖权。高等法庭审理的上诉案件来自于地方法庭、推事庭和其他裁判庭。除非另有法律规定，在高等法庭进行的每一项程序和处理的一切事务都由一名法官单独聆审与办理。高等法庭也可委任一名或多名对所审理程序所涉及的事项具有丰富经验与专长的人士充当陪审顾问，以协助法庭。

最高法院的上诉庭由大法官和两位上诉庭法官组成，是终审法庭，行使民事和刑事上诉管辖权。其民事管辖权是审理不服高等法庭在任何民事案件或事项中所作的判决或庭令而提出的上诉，其刑事管辖权则表现在审理不服高等法庭所作的任何裁决而提出的上诉。上诉庭的民事和刑事管辖权由3名或更大奇数的上诉庭法官行使，其中包括以上诉法官身份主审的高等法庭法官。上诉庭由大法官主持审讯，在大法官缺席时，则根据最高法院法官的排名次序，由副庭长、上诉庭法官或以上诉庭法官身份主审的高等法庭法官主持审讯。

（二）初级法院

新加坡的初级法院又称初级法庭，包括地方法庭、推事庭、少年法庭、验尸庭、小额索偿法庭、家事法庭、劳资纠纷仲裁中心、伊斯兰法庭等。地方法官、推事、验尸官、小额索偿法庭的仲裁人皆由总统在大法官的推荐下委任。

二、律师制度

（一）律师资格

新加坡律师须具有大学法律本科以上的学历，读完律政部规定的包括新加坡国立大学法学院或英国、澳大利亚、新西兰等被认可的25所大学法学院本科课程，取得法学学士，年龄达到21周岁，品行良好；此外，还需要经过“法律延续教育”，时间为6个月，内容以法律实务为主，还包括职业道德、诉讼程序、司法文书、辩护技巧、公司非诉法律、财务管理等方面的知识。“法律延续教育”考试合格者，进入律师事务所实习6个月，由一名资深律师负责指导。实习结束时要进行考核，由指导律师出具实习合格的证明。取得律师资格后，如要成为新加坡执业律师，必须先到新加坡律师公会领取开业申请书，经律师公会审核同意并提交高等法院批准后方可开业。

（二）律师种类

新加坡律师分为政府律师、公司律师和社会律师。

总检察长是新加坡的首席律师，也是政府的首席法律顾问。总检察署下设的部、司负责人，均是新加坡的政府律师，承担着公诉人等政府律师职责。除了总检察署，还有一些机构也有政府律师，如律政部、所得税管理局和法律服务委员会。政府律师均受最高法院管辖，其行为道德和执业纪律同样受律师法的约束，与社会律师一样接受律师行业组织的自律管理。

新加坡的公司律师制度与英美国家的比较接近，公司律师承办公司内部法律事务，诉讼事务仍要请社会律师代理，公司律师不能出庭。公司律师与社会律师享受同样的权利和义务，遵循同样的职业标准，只不过他是企业的员工，不能向社会提供法律服务。公司律师与律师事务所人员一样应遵守律师行业规则和法律职业道德。

新加坡的社会律师是自由职业者，执业的机构为律师事务所，包括个人律师事务所、合伙制律师事务所、法律公司、联营律师事务所以及联盟所。

（三）律师管理

新加坡的律师管理工作主要由新加坡高等法院和新加坡律师公会负责，总检察署、律政部、法律教育学院各负其责。高等法院主要负责律师资格、律师开业的批准、违纪律师的处罚；总检察署主要负责外国律师的申请批准、外国律师事务所在新机构及人员的监管工作；律政部主要负责关于律师法律法规的起草和修改工作；法律教育学会主要负责为符合进入律师行业条件的人员提供教育、培训、考试。新加坡律师公会是律师行业的自治组织。

三、诉讼制度

（一）民事诉讼制度

新加坡民事诉讼的主要依据包括最高法院司法制度法、初等法院司法制度法，以及涉及民事诉讼程序制度的其他法律法规、法庭规则、诉讼指引、判例法等。

1. 民事诉讼的模式

在新加坡，性质不同的案件启动不同的民事诉讼程序，包括传讯令状、原诉传票、原诉动议或原诉呈请。传讯令状适用范围最广，大多数案件，如合同纠纷、侵权纠纷等案件的民事诉讼是通过传讯令状来启动的（下面主要介绍此种模式）；原诉传票程序较为简单，适用于诉讼各方对事实没有实质争议的民事诉讼；原诉动议或原诉呈请只有在法庭规则明文规定的情况下才能启动，如审裁处向高等法庭提起的上诉、个人向高等法庭提起的上诉适用原诉动议的模式，而无争议的遗嘱认证则可适用原诉呈请的模式。

2. 管辖

最高法院的高等法庭受理超出初等法院管辖权的第一审案件，但高等法庭可以不受管辖权及索赔额的限制审理任何案件。

新加坡法律要求，原告在提起民事诉讼之前应当考虑新加坡是否为合适的诉讼地来启动诉讼程序，或承担法庭以“不便管辖原则”为由而中止或取消诉讼的风险。

3. 立案

新加坡法院遵从凡讼必立的原则，两级法院（最高法院和初级法院）均设有案件注册处，所有案件均须通过注册处登记。

4. 庭前准备

(1) 送达令状申请。原告向法院递交附注起诉书的令状，由主簿在令状上签字盖章之后，由原告或其代理人面交送达每一位被告。(2) 应诉答辩。被告在收到令状之日起 8 天内，以通过向法庭递交应诉通知书的方式应诉，对起诉进行抗辩；被告还应当在应诉期限届满或在收到起诉书之日起14天内向原告送达答辩状。(3) 召开审前会议。审前会议由主簿主持，主簿在询问诉讼开始后的进展情况后对下一步程序的进行向诉讼各方作出指示。(4) 证据宣誓书的交换。主簿在确定审理日期后至开庭审理之前，诉讼各方需准备、递交并交换每一位证人的主问证据宣誓书，证人的书面宣誓词会用作法庭审理时的证人证言。

5. 开庭审理

新加坡的庭审方式、法官在庭审中的地位与作用和英国的基本相同，在法庭上，无论是原告还是被告，双方的法律地位平等；当事人在诉讼中居于主导地位，对证据的调查主要由双方当事人进行，法官只是维持正常的庭审秩序。与英国不同的是，除上诉庭外，新加坡法院审理案件不采用陪审制。

6. 裁判

庭审后通常当庭裁决，案情复杂的案件，法官才被允许在3个月内作出裁决。对于当事人服判而不上诉的案件，法官可不制作判决书，而采用法庭令的形式作出裁决。法庭令只需作出结论，不必陈述案件的事实和理由，也不对裁判理由进行论证说明。

在某些案件中，如因人身伤害提起的损害赔偿之诉，法官可以就法律责任问题作出判决，而不对败诉方赔付给胜诉方的确切金额进行裁决。在这种情况下，损害赔偿的金额是由主簿通过内庭的审理作出的，主簿在听取各方的证词之后，对损害赔偿金额作出裁定。损害赔偿金额的评估程序遵循的是与法官审判相类似的程序。

7. 执行

如果败诉当事人不主动履行法院生效判决，法庭可以通过签发某种执行令状的方式来强制执行，如动产或不动产的查封令和变卖令、强制交付令和扣押令。这些令状赋予法庭采取严厉措施的权力，以保证判决的执行。①

（二）刑事诉讼制度

新加坡的诉讼制度具有浓厚的英国法传统，但又具有自己的特色，尤其是在刑事诉讼中②：

1. 无陪审团

新加坡隶属英美法系，但废除了陪审团制度这一英美法系的显著特征。经新加坡国会讨论表决，通过立法废除陪审团制度，由专业法官根据案件的具体情况、证据及辩论的情况，决定嫌疑人的行为是否犯罪，应处何种刑罚。

2. 不实行无罪推定

新加坡在法律制度上倾向于追求建立稳定的社会秩序而不是保护嫌疑人的人权，故不采用无罪推定而是采用无过错责任原则，即检控方只要掌握了一定的证据指控嫌疑人，解释自己无罪的责任便转移到辩护方，如不能给出合理解释，便可能被判处有罪。

3. 程序上的简化审理

新加坡的初级法院设有过堂法庭，对于除判处死刑和严重刑罚处罚的案件之外的一般案件，法庭可以根据检控方提出的诉讼及基本证据上庭审理犯罪嫌疑人，向其宣读诉状；如果嫌

① 严厉措施包括：债权人申请传唤债务人法院调查，法官发现债务人不积极执行法院判决，可视为藐视法庭，并判被执行人定期或不定期收监，要求债务人在收监过程中反省；债权人还可以申请法院宣告债务人破产，法官可判债务人入“穷籍”，一旦入“穷籍”，政治上失去选民资格，经济上不能开办新企业、不能当董事，生活上不能乘坐小汽车，不能进酒楼，家里不能安空调，还不准出境。其全部财产由破产管理局监管，除保留维持生活的最低要求外，全部财产均要用来还债。只有将债务还清，才可脱掉“穷籍”，恢复原来身份。

② 参见刘威：《浅析新加坡刑事诉讼制度的特色》，载《法制与社会》，2008（7上）。

疑人认罪，则法官会进一步讯问其是否完全明白认罪的法律后果，在得到肯定的答复后，法官便可以当庭判决而无须过堂质证。在这当中，律师（辩护人）可以为被告向法官求情，恳请法官判处被告较轻的刑罚。

4. 特殊的言词证据采信制度

首先，根据新加坡法律的规定，嫌疑人可以被警方扣留48小时，以获得口供，然后决定是否逮捕；只有嫌疑人被逮捕后的口供才能在法庭上作为证据，而律师只有在嫌疑人被逮捕之后才能介入案件。其次，对于刑事案件中的证人证言，警方会在调查中收集，以便作为定罪的证据；将嫌疑人控上法庭的同时，证人必须在法庭上质证，其证言才可作为证据采信。所以，如果嫌疑人不认罪、证人不到庭，法庭是不能判决有罪的。

5. 特殊的上诉制度

新加坡的刑事案件上诉审有两个特点：一是通常采用书面审，不再开庭审理，而且不轻易改变初审法官对证人及其他证据的判断。二是上诉可加刑制度，以防止被告人滥用诉讼权利，限制不必要的讼累。

第五章 缅甸法律制度概论

第一节 宪 法

一、宪法的产生和发展

缅甸是一个历史悠久的国家。1885年，由于帝国主义殖民者的侵略，国家主权完全丧失，缅甸各族人民齐心协力，用鲜血和生命开展了反对帝国主义和争取民族解放的斗争，于1948年1月4日重新建立了主权国家。

为了尽快实现独立，制宪议会迅速起草并于1947年9月24日通过了宪法。根据该宪法的规定，独立后国家实行议会民主制。由于民主制度在缅甸不能名副其实地实施，1974年又重新起草了一部以一党制为基础的新宪法，经全民公投通过后正式颁行，该宪法致力于将缅甸建设成为社会主义民主国家。1988年，由于国家局势发生了各种变化，该宪法停止适用。

此后，缅甸国家和平与发展委员会按照人民的意愿，努力建立符合自己国情的多党民主制和市场经济制度。然而，从国家将来的长远利益出发，没有一部稳固的宪法是不行的，因此，国家和平与发展委员会从1993年开始召开国民大会，参加国民大会的代表不仅涵盖了政治、安全、行政、经济、社会和法律等各界的经验丰富人士，也包括来自全国所有镇区的国民代表。尽管国民大会在举行过程中遇到了不少困难与干扰，但仍然按照2003年制定的国家前进的七条政策路线，在2004年以不屈不挠的毅力重新召开国民大会。国民大会在制定出实质内容完整的制宪基本原则及其细则后，于2007年9月3日胜利闭幕。2007年10月18日，成立宪法起草委员会；12月3日，宪法起草委员会在内比都召开首次会议，新宪法起草工作正式启动。2008年2月9日，国家和平与发展委员会宣布于5月就新宪法进行全民公决；2月19日，新宪法草案起草完成；5月，缅甸举行新宪法草案全民公决，以92.48%的赞成票通过新宪法草案，并于2011年1月31日正式生效。宪法赋予军人特殊的待遇和地位，保证了军队在缅甸未来政治中继续发挥领导作用。

二、政治制度

（一）国体和政体

缅甸宪法首先宣告：缅甸联邦共和国一个主权独立的国家，国家主权来自于国民，并覆盖全国疆域。国家实行真正的、纪律严明的多党民主制度。2010年11月7日缅甸举行全国多党民主制大选，共有37个获批准注册的政党参选。2011年9月以来，又有民盟、人民民主党等多个政党注册获批。

缅甸宪法规定了“三权分立”的国家制度，作为国家权力三大组成部分的立法权、行政权、司法权尽可能地分开行使，并相互制衡；三部分国家权力分别被授予联邦、省、邦、民族自治地方。

按照缅甸宪法的规定，总统和副总统代表国家，总统在缅甸联邦共和国全体国民中处于最高地位。总统既是国家元首，也是政府首脑。总统或副总统的任期为5年。

（二）国家结构

作为联邦制国家，缅甸国家按现有行政区划分为7个省和7个邦，7个省为：实皆省、德林达依省、勃固省、马圭省、曼德勒省、仰光省、伊洛瓦底省；7个邦为：克钦邦、克耶邦、克伦邦、钦邦、孟邦、若开邦、掸邦。省和邦级别相同。除此之外，与国家国防、安全、经济等有关的特殊地区，如果需要划定为联邦直辖区，可以通过颁布法律将其规定为总统直接管辖的联邦直辖区。目前，国家首都内比都是总统直接管辖的联邦直辖区。另外，缅甸国家还在实皆省和掸邦的一些辖区内设立了民族自治州和自治县。

（三）国家权力

1. 立法

国家的立法权由议会行使。联邦议会实行两院制，即人民院和民族院：人民院由按镇区或按人口比例分配名额选举产生的代表与国防军总司令提名的军队代表共同组成，民族院由各省、邦以相同名额选举产生的代表与国防军总司令提名的军队代表共同组成。人民院和民族院每届任期5年。不论在人民院还是在民族院提交的法律草案如获两院通过即视为联邦议会通过；人民院和民族院对法律草案产生分歧时由联邦议会会议讨论决定。联邦议会有权以以下理由之一对总统或副总统进行弹劾：背叛国家利益；违反宪法；道德败坏；丧失宪法规定之总统或副总统的资格；未能圆满完成法律赋予之职责。

省和邦实行一院制，只设一个议会，省和邦所涉辖区各选举2名代表组成省、邦议会，任期为5年。省、邦议会有权在宪法附录所列的省、邦立法事项范围内制定在省、邦全境或其部分地区适用的法律。

2. 行政

国家的行政权分别授予联邦、各省和邦。联邦政府的组成人员包括：总统；副总统若干人；联邦部长若干人；联邦总检察长。在不违背宪法规定的前提下，联邦行政权涵盖联邦议会有立法权的行政事务。政府的首脑是总统，联邦行政权属于总统。总统对联邦议会负责，副总统对总统及通过总统对联邦议会负责。总统享有宪法规定的广泛的内政外交的行政权力，有权适时地在联邦议会会议、人民院会议、民族院会议或向全国就国家政策或国家形势发表咨文，在必要的情况下可通知联邦议会议长召集联邦议会紧急会议或特别会议。总统或副总统的任期为5年。

省、邦分别设置省政府或邦政府。省、邦的行政长官称为省行政长官或邦行政长官，省、邦的政府成员称为省部长或邦部长。省政府或邦政府的组成包括：省、邦行政长官；省、邦部长；省、邦检察长。省、邦行政长官对总统负责；省、邦政府部长对省、邦行政长官负责，并通过省、邦行政长官对总统负责。在不违背宪法的前提下，省、邦政府的行政权涵盖省、邦议会有立法权的行政事务，此外还包括联邦法律规定由省、邦政府负责处理的事项。

第二节 刑事法律

缅甸刑法典也被称为1860年印度第14号法案，其公布于1861年5月1日。最初的刑法典继承自不列颠印度帝国。

缅甸刑法典几十年来经过多次修正、增删，政府几经更迭，但在总体上没有特别的改变。

一、缅甸刑法的总则性规定

缅甸刑法在形式上没有划分总则与分则，关于刑法的基本原则、效力、刑罚、犯罪成立之排除及刑事责任之阻却的事由、犯罪形态等内容主要在第一～五章规定，第二十三章规定了犯罪未遂。

第一章主要对适用刑法的属地原则、属人原则、保护原则和普遍原则进行了详细的规定。

第二章对刑法相关的重要概念进行了界定，如界定了犯罪的概念、公职人员、性别、非法所得、合理信赖等概念。根据对犯罪的定义，7 岁以下的未成年人不能作为犯罪的主体。

第三章对刑罚进行了规定，现行刑法典规定的 4 类刑罚包括死刑、流放、监禁和罚金。其中监禁包括劳动改造和一般监禁两类。

第四章为“一般例外”，规定了刑事责任的阻却事由。

第五章规定了取保的条件和相关程序。

二、缅甸刑法分则的基本内容

法典分则对侵犯国家、社会和个人利益的各种犯罪作了比较全面、细致的规定。由于篇幅所限，下面仅就各章主要罪名作一简介。

1. 有关反国家的犯罪

主要包括：叛国罪；协助叛逆活动罪；亲敌罪；掠夺友邦罪；私放国家犯人或战犯罪；公务员自愿或疏忽致国家犯人或战犯脱逃罪；协助国家犯人或战犯脱逃及营救、窝藏已逃脱的国家犯人或战犯罪。

2. 有关武装部队的犯罪

主要包括：教唆军人、海员反叛罪；企图诱使军人、海员不忠于职守罪；教唆军人、海员袭击正在执行任务的上司罪；教唆军人、海员逃役罪；窝藏逃兵罪；非军人、海员穿着军人、海员制服、表徽罪。

3. 有关破坏公众安宁的犯罪

主要包括：非法集会罪；暴动罪；袭击或妨碍公务员镇压非法集会、暴动罪；煽动阶级对立罪，等等。

4. 有关公务员的犯罪

主要包括：贿赂罪；违抗法律指令蓄意损害他人利益罪；虚构不正确证件蓄意损害他人利益罪；非法经商罪；非法购置产业罪，等等。

5. 有关藐视公务员合法权力的犯罪

主要包括：拒不接收传票或其他讼状罪；妨碍传递、颁布、张贴、刊载传票或其他讼状罪；拒绝提呈有关证件罪；不通知、不提供情报罪；故意提供虚假情报罪；拒绝宣誓罪；拒绝签署供词罪；阻碍公务员执行公务罪；恐吓公务员罪，等等。

6. 有关虚假证据及违反公众正义的犯罪

主要包括：提供虚假证据罪；捏造虚假证据罪；使用明知是虚假的证据罪；湮灭证据罪；蓄意不提供犯罪情报罪；提供虚假犯罪情报罪；冒充他人参与诉讼罪；欺诈转移、隐藏、索求财产逃避判决执行罪；故意虚假提控罪；窝藏罪；接受馈赠包庇罪犯罪；公务员蓄意使人免受制裁罪；司法人员故意制作或颁布违法报告、命令、判决或决定罪；公务员蓄意不拘捕人犯罪；公务员疏忽致使被羁押人犯脱逃罪；抗拒或阻碍合法拘捕罪；蓄意污辱、干扰主审公务员罪；冒充陪审员或助审员罪，等等。

7. 有关硬币及政府印花的犯罪

主要包括：赝制硬币（流通硬币）罪；持有赝制硬币罪；使用赝制硬币罪；输入或输出赝制硬币罪；制作、出售、持有硬币赝制器具或材料罪；赝制政府印花罪；持有赝制政府印花罪；使用赝制政府印花罪；制作、出售、持有政府印花赝制器具或材料罪；涂抹政府印花已用符号罪，等等。

8. 有关度量衡的犯罪

包括欺诈使用量重器罪，使用虚假度量衡罪，制造、出售虚假度量衡罪和持有虚假度量衡罪。

9. 影响公众卫生、安全、便利、礼仪及道德的犯罪

主要包括：骚扰公众罪；传播危及性命的疾病罪；违抗免疫隔离规定罪；掺杂、出售有害食品罪；掺杂、出售伪劣药物罪；污染公众水源罪；污染空气罪；鲁莽驾驶、航行、骑坐罪；使用或持有毒物危害他人安全罪；使用或持有燃烧物、易燃物危害他人安全罪；使用或持有爆炸物危害他人安全罪；拆除或修理建筑物危害他人安全罪；持有动物危害他人安全罪；制作、贩卖、运送、出租、公开展示或发行猥亵物品罪；猥亵罪，等等。

10. 有关宗教的犯罪

包括破坏、亵渎膜拜地点或对象罪，骚扰宗教集会、仪式罪，侵犯墓地罪和故意伤害他人宗教感情罪。

11. 有关影响人体的犯罪

主要包括：故杀罪；谋杀罪；过失致死罪；教唆自杀罪；企图谋杀罪；企图故杀罪；企图自杀罪；杀婴罪；堕胎罪；蓄意阻止婴儿出生或导致婴儿出生即死罪；遗弃儿童罪；自愿致伤罪；自愿严重致伤罪；过失致伤罪；非法抑制罪；非法禁锢罪；殴击或使用刑事武力罪；绑架罪；拐带罪；贩奴罪；贩卖未成年人为娼罪；拐骗妇女入境为娼罪；非法强迫劳役罪；强奸妇女罪，等等。

12. 有关对财物的犯罪

主要包括：偷窃罪；勒索罪；抢劫罪；盗用罪；刑事失信罪；接收赃物罪；经营赃物罪；协助隐藏赃物罪；诈骗罪；转移、隐匿财产逃避债务罪；转让契据虚报价格罪；恶作剧罪；侵入住屋罪，等等。

13. 有关证件、货币及银行票据的犯罪

主要包括：伪造证件罪；使用虚假证件罪；制造或持有伪造证件工具罪；假造账目罪；伪造、赝制货币或银行票据罪；使用伪造、赝制的货币或银行票据罪；制造或持有伪造、赝制货币或银行票据之器具或材料罪，等等。

14. 有关刑事违反服务合约的犯罪

只有一个罪名，即违反照顾及供应合约罪。

15. 有关婚姻的犯罪

包括骗婚诱奸罪、重婚罪和婚礼诈欺罪等。

16. 有关诽谤的犯罪

包括诽谤罪、印刷诽谤性物品罪和出售诽谤性印刷品罪。

17. 有关刑事恐吓、污辱及骚扰的犯罪

包括：恐吓罪；污辱罪；散布谣言危害公众罪和醉酒骚扰公众罪，等等。

从法典分则的规定看，刑罚的种类有5种，即死刑、终身监禁、监禁、罚金和鞭笞。

三、缅甸刑事诉讼法律制度

缅甸刑事诉讼法典共6部分、199条，系统地规定了刑事诉讼程序，其中包括侦查、逮捕、羁押、搜查、提起诉讼、初审程序、上诉审程序等。

第三节　民商法

一、公司法律制度

《缅甸公司法》制定于1914年，1955年和1989年作了修改，该法主要适用于一般公司的设立。除此之外，规范公司的法律制度还有主要适用于国营公司的设立、于1950年制定的《特别公司法》，以及规范公司的管理、于1957年制定的《缅甸公司管理条例》。

（一）公司的类型

《缅甸公司法》规定，一般情况下，7人或7人以上根据合法之目的，通过在公司章程上签署其姓名并根据法律的规定完成注册，可以成立承担或者不承担有限责任的股份有限公司。《缅甸公司法》规定的公司类型包括：

（1）责任以股份为限的公司。公司章程如果规定了其成员的责任范围，那么，股东以章程规定的内容为限承担责任；而出资不足的公司股东以他们各自持有的股份为限承担公司的责任。

（2）责任以担保为限的公司。公司的成员在公司章程范围内以各自对公司出资份额为限承担责任。

（3）无限责任公司公司的成员不承担有限责任。

（二）公司的章程和公司契约书

按照《缅甸公司法》的规定，设立责任以股份为限的公司、责任以担保为限的公司和无限责任公司，均应制定公司章程。法律规定了不同的公司章程应当具备的相应内容，所有公司章程都应当包括的内容有：公司名称（责任以股份为限的公司、责任以担保为限的公司的名称要以“有限公司”结尾）；公司营业地（要在缅甸联邦境内）；公司的经营范围；公司成员的责任形式。另外，各种类型的所有公司章程下的股票其认购人不得认购少于一股的股票；而每一名股票认购人均应在其所认购的股票数额后签字。

公司的契约书意为公司发起时制定或经特别决议修改的契约书。公司的契约书由认购人参与制定，内容应当包括公司法第一览表中规定的内容，这些内容涉及公司董事长的表决权、董事会的权限与职责、董事的辞职、公司的红利分配以及公司的公告等。公司的契约书由公司的每一股份认股人在至少有一名见证其签名真实、有效的见证人在场的情况下签署。

公司的章程和契约书应当在注册机关登记注册。公司章程一经登记注册，其签署者和之后将成为公司成员的人员，应当在注册证书确定的时间内成立一个与章程中规定的名称一致的公司。至此，公司可以开展相应业务或经营活动，直至公司解散。经登记注册的公司章程和契约书在相同的范围内约束公司及其成员的行为。

（三）公司的登记注册

所有缅甸境内的公司须向公司登记机关进行注册登记。

公司登记注册，要向登记人员提交的材料包括：所涉及相关人员的姓名、住址和职业（提交给注册登记机关的有关股东、董事及其他相关人员的详细材料中，应有公司中任何两个或两个以上的董事或其他主管人员出具的证明）；相关的营业执照、许可证书、营业地址、联营公司或设立其他经营管理公司所需证书的复印件；如设立的是责任以担保为限的公司，需要提供担保数额决定书的复印件。除此之外，公司登记机关还可要求公司提交能够证明其性质的其他材料。

（四）公司的股东和股东大会

根据《缅甸公司法》的规定，公司股东有两种：一种是在注册登记中登记在公司成员登记簿上的公司契约书的签署者；另一种是同意成为公司成员，并登记在公司成员登记簿上的人。前者是公司成立时，公司契约书的签署人员；后者是未签署契约书，公司成立之后加入到公司的人。

股东大会的会议形式包括年度大会、法定会议、特别会议三种形式。年度大会也称为普通股东大会，法定会议和特别会议也称为临时股东大会。

年度大会在公司设立之日起的18个月内召开，之后一个日历年至少召开一次，并与上次股东大会间隔15个月。

法定会议是指公司从被允许开业之日起的1个月以上6个月以内召开的，审议董事提交的法定报告的股东会。法定报告包括：股份的分配；公司的收入和支出的概要，公司的名称、地址、董事、审计员、管理代理人、经理、公司秘书以及公司从成立之日起发生的变化；合同的特别内容及进展程度；各种佣金、经济费用和管理费用，等等。

特别会议是根据持有不少于公司已发行股份的10%，且其所有的到期之债已经履行的股东的请求，所召开的股东会议。申请召开特别会议必须陈述会议的目的，并由申请人签名并备案在公司的登记部门；如从申请之日起申请备案21天以内，董事会未召开会议，申请人或大部分的股份持有者可以在请求备案之日起的3个月以内自己召开特别会议。

股东大会决议分为特别决议和专门决议。特别决议必须经亲自出席或委托他人代理出席的会议人员的不少于四分之三的绝大多数通过；专门决议则应经过特别决议要求的绝大多数人同意通过。

（五）公司的董事和董事会

《缅甸公司法》规定，除了非上市公司的私营公司以外，公司至少有3名董事，具体人数由持绝大多数股份的认股人以书面形式确定。董事由股东大会任命，任何董事缺位时应补选新的董事，新选董事应视为缺位当天被任命。

由董事会定期指定董事中的一人或几人担任公司的执行董事或经理。执行董事和经理的任期没有轮值的限制，但如其因故辞去董事职务或公司全体大会决定终止其权利，则其执行董事和经理的任期即终止。

公司的业务由董事会负责，董事会承担公司注册和发展的责任。董事会不是根据《缅甸公司法》及其修正案的规定而是根据公司章程规定的规则行使权利。

即使董事成员多于3人，董事会决定处理董事业务的法定人数为3人。董事会应选举一名会议主席并决定该主席的任职期限，如果没有选定或选定的主席在规定的开会时间5分钟后没有到会，由在场董事选举其中一人担任会议主席。

董事会可在其认为合适的时间召开会议或推迟、调整会议的召开。会议所要议决的问题由与会的大多数有表决权的董事提出。董事具有平等的表决权，但董事会主席享有第二次或最终决定性投票的权利。

二、合伙企业法律制度

《缅甸合伙企业法》是规范缅甸经济主体的一个重要的法律，包括序言、合伙企业的定义、合伙人之间的业务关系、合伙人与外人之间的业务交往、新加入的合伙人和退出的合伙人、合伙企业的解散以及合伙企业的注册，一共 7 章 73 条。该法对于引导和扩大民间投资、规范合伙经营具有重要作用。

（一）合伙企业的概念和种类

根据《缅甸合伙企业法》的规定，该法所指“企业”包括从事贸易以及用劳动和技术进行各种谋生活动的企业。参加合伙经营的个人称作合伙人，合伙人所经营的企业也就是合伙企业。合伙人合伙经营是指同意由全体合伙人或其中部分成员为全体而进行经营活动后共分所得利润的协议者之间的关系。

《缅甸合伙企业法》规定了合伙经营关系的形成的三种类型：

1. 契约式的合伙经营，即合伙经营的关系的形成是根据合伙人之间的协议。对于资产的附加或合并而具有共同权益的人，不因其共分了所得利润或增加了收入就算作合伙人；对于仅仅因从某企业得到利润或按利润多少分得红利的人，也不能认为是合伙人。

2. 无约章的合伙经营，即合伙人没有根据契约对经营的时间和终止经营制定相应的约章，这些企业就是无约章的合伙企业。

3. 特别的合伙经营，即一个人同另一个人从事特别的风险活动或经营活动，可以成为合伙人。

（二）合伙关系

1. 对于合伙企业经营活动，合伙人有权依据所签订的协议：（1）参与企业的经营活动；（2）勤奋工作的责任；（3）当就企业的一些普通事务出现意见分歧时，除可根据大多数合伙人的意见作出决定外，可以在作出决定之前，提出自己的意见；（4）查阅和复制合伙企业的任何一本账目。

2. 合伙人依据所签订的协议，享有和承担的权利和义务是：（1）在从事企业的经营活动中，不应得到工资；（2）平等地分到合伙企业的利润，平等分担合伙企业的损失；（3）在其投入的资金上有权得到利息，但该利息只能从利润中拨付；（4）因企业的某项事务投入比同意投入的更多的资金，有权从多出或预付部分中获得 6%的年息；（5）在按常规合法的经营中或者在发生紧急事件时，为了避免合伙企业的损失，像对待自己的事那样合理地去处理合伙事务，取得合伙企业对其所付出的款项和承受的责任的赔偿；（6）对于故意或轻率从事合伙经营活动而给合伙企业造成的损失向合伙企业赔偿。

（三）合伙企业的资产

根据合伙人间签订的协议，合伙企业的资产包括：合伙企业成立时合伙人投入的资产；企业购进的或通过其他方法取得的资产；由合伙企业为该企业从事企业业务活动中所得全部资产及其相关的权利、利益；包括企业的名称。

根据合伙人间签订的契约，合伙企业的资产只能由合伙人掌握，用于合伙企业的业务活动。

（四）合伙人的加入和退出

1. 新合伙人的加入

《缅甸合伙企业法》对于新合伙人加入合伙企业规定了相应的条件：（1）根据原合伙人之

间订立的合伙协议。(2) 经过全体合伙人的一致同意。(3) 未成年人依法不能成为合伙企业的合伙人，但经现任合伙人都同意，可享受合伙企业的权益；未成年人从其成年之日起，或从知道自己被准许在合伙企业中享有权益之日起的6个月内可以宣布自己是否成为合伙人，但不对加入之前的合伙企业的行为负责。

2. 合伙人的退出

合伙人如果符合法律规定的条件之一，可以退出合伙企业：(1) 经过全体合伙人的一致同意；(2) 符合合伙人订立的合伙协议的情形；(3) 在无约章的合伙企业的业务中通过书面通知形式告诉其他合伙人。

另外，根据合伙协议赋予的权利，经过多数合伙人的同意，可将某位合伙人开除；被法院判定为破产者的合伙人，从法院下达命令之日起将不再成为合伙人。

(五) 合伙企业的解散

所有合伙人在合伙企业中解散合伙经营行为称为合伙企业的解散。合伙企业的解散包括以下情形：

1. 协议解散

如果所有合伙人同意或符合合伙人之间的协议，可以解散合伙企业。符合合伙人之间协议的情形包括：(1) 组成时规定了限期而限期到期；(2) 以风险性的经营或者一项或多项运作为目的而组成企业，而这种运作已结束；(3) 一位合伙人去世；(4) 一位合伙人被宣告破产。

2. 法定解散

合伙企业若出现下列情况之一，必须解散：(1) 全体合伙人或除一人之外的所有合伙人被宣判破产；(2) 发生某原因可导致合伙企业的继续运作或合伙人对该企业的合伙经营为非法。

3. 由法院解散

法院可以因合伙人涉及法律规定的某种民事诉讼案件，有权解散合伙企业。

解散后的合伙人的权利和责任是：(1) 在尚未公开对外解散企业之前，合伙人要对解散前属于企业行为的合伙人的个人行为负责；(2) 每位合伙人或其代表有权以企业财产偿还债务和承担责任，并有权按照其权利比例分配剩余财产；(3) 在清理企业事务中，合伙人之间的其他权利和义务可因为清理和完成未了的企业事务的需要而继续有效。

三、商品销售法

《缅甸商品销售法》通过对货物销售合同的规定，调整买卖双方的货物销售关系。该法一共7章65条，规定了货物销售合同的订立、效力、履行，未收到货款的卖方对货物的权利，违反合同的救济途径等内容。

(一) 货物销售合同的定义

同英美法系国家的法律规定一样，《缅甸商品销售法》对货物销售合同和货物销售协议作了区分。前者是指卖方以某一价格将货物的所有权转让或同意转让，并在合同订立时就交付的；后者则是就货物所有权的转让附有条件或者期限，而不是在订立合同时就交付的，然而，当所附期限届满或为转让货物所有权的条件已经完成，则销售协议就转化为销售合同。

销售合同和销售协议的当事人包括买方和卖方。买方是指购买货物或者同意购买货物的人；卖方是指出售或者同意出售货物的人。

销售合同和销售协议的标的是货物，包括现货和期货。现货是指买方根据合同可提取的处于“可交付状态”的货物；期货是指签订合同后，卖方要制造、生产或要取得的货物。能够作为销售合同和销售协议的货物主要是各种动产，除此之外，还包括股票、股份、青苗、青草以及出售前或按销售合同的约定附属于土地上、能够采取的物品。

（二）合同的成立

1. 合同的订立

买方或卖方购买或销售货物的要约被接受时便订立了销售合同。合同可以约定当即交货或付款，也可约定分期交货或付款。订立销售合同可以采取全部书面的形式或口头的形式，也可采取部分书面的形式或口头形式，还可以由买卖双方的行为默示。

2. 合同的价款

销售合同的价格可以在合同中确定，也可以在合同订立以后确定，还可以由买卖双方在现场交易过程中确定。如果未按这几种方式确定买卖货物的价格，则买方应向卖方支付合理的价款，什么是“合理的价格”取决于每一次具体的销售活动的时间、地点和市场行情等因素。

3. 合同附条件

销售合同中与货物有关的规定可以附条件或保证。条件是指事关合同主旨、必不可少的规定，违反该规定则可以解除合同；保证是指与合同的主旨间接有关的规定，违反了该规定只能要求赔偿损失，不能拒绝履行或解除合同。合同规定的是条件还是保证不是看该某一规定本身是条件还是保证，而是取决于规定的事项在合同中的性质。

如果合同的履行有待于某项条件出现，买方可以放弃该条件，或视为违反保证的规定，而不因违反条件规定而解除合同。如果是不能分开履行的合同，而买方已经全部或部分接受了货物，或销售的是特定物，那么货物所有权转移给买方，而卖方有待履行的条件只能是按照违反保证处理，买方不能将此作为解除合同的理由，除非合同中作了明确或暗示的规定。

4. 质量的约定

买卖双方可以在合同中就货物的质量和适应性作出约定，如果没有约定，不存在对保证与条件的默示，但下列情况除外：（1）如果买方以明示或暗示的方式使卖方了解对货物的特殊要求，以表明买方对卖方能力或判断力的信任，而且所供应的货物与货物说明一致，就合情合理地存在货物符合所要求的默示条件。（2）在经营凭样品说明的货物的情况下，卖方无论是货物的制造者还是生产者，如果其是以该样品说明购进货物的，那么就可以认定该货物符合可以交易的默示条件。（3）根据商业惯例对特殊要求货物的质量和适应性确认符合默示的保证和条件。

（三）合同的履行

1. 履行内容

根据销售合同的约定，卖方应当履行的合同义务是交货，买方的合同义务是付款。除非买卖双方另有约定，交货与付款互为条件，如果买方未交付货款，卖方有权利留置或拒交货物。

2. 履行地点

买卖双方可以在合同中约定是买方在卖方处提货还是卖方向买方处送货。如果合同中没有履行地点的约定，那就分别不同情况：销售的是现货，就在货物销售地点履行交货义务；销售的是协议有待销售的货物，则在协议的地点交货；销售当时尚未有货的，则在货物的生产地或制造地交货。

3. 履行时间

买卖双方可以在合同中约定交货的时间。除非合同有明确规定，否则买方提出交货要求之前，卖方没有交货义务；如果卖方根据销售合同有义务向买方送货，但双方没有约定交货时间，则卖方有义务在合理时间内向买方交送货物；除非另有协议，买方可不接受卖方分期交货。

4. 履行数量

卖方向买方交货的数量应与合同或协议的约定一致。如果卖方交货少于合同约定，买方可以拒收，但如果买方接受了货物，就应当按照接受的数量付款；如果卖方交货多于合同约定，买方可以接受合同约定的部分而拒收其余部分，如果买方接受了全部货物，则应按照合同约定的价款付款；如果卖方交货时混入了合同没有约定的货物，买方可以接受合同约定的货物而拒收其余货物或全部拒收。

（四）合同争议的起诉

根据销售合同，如果货物所有权已经移交买方，而买方不按照合同约定支付货款，则卖方可以就货款起诉买方；如果根据销售合同买方应先付货款，而买方无理由不付或拒付，那么卖方无论是否向买方交货，也可就货款起诉买方；如果买方对于卖方的交货不予理会或拒绝接受，卖方可以买方不接受货物而起诉买方。

根据销售合同，如果卖方无理由不交货或拒绝交货，买方可以起诉卖方要求其赔偿；如果合同对卖方交付的货物有特殊的要求，但卖方的履行不符合合同的约定，那么，法院可以根据原告的请求，作出其认为公正、合理的，由卖方支付赔偿金、返还货款或采取其他办法的判决。

如果卖方违反保证或买方将卖方违反条件视为违反保证，买方就不能以违反保证为由拒收货物，但可以起诉卖方，要求卖方承担减免货款、支付赔偿金等责任。

四、知识产权法律制度

（一）知识产权法概述

缅甸于1995年和2000年分别加入WTO和世界知识产权组织，作为WTO和世界知识产权组织及东盟的成员之一，为了改变保护知识产权的法律体系不完善、知识产权所有人的利益得不到充分保护的现状，缅甸政府正由司法部抓紧起草、颁布知识产权方面的法律、法规，以符合《与贸易有关的知识产权协议》和《东盟知识产权合作框架协定》的相关规定。

（二）商标法

商标在缅甸是受到普通法概念上的保护。没有针对注册的法律体系，缅甸的商标保护体系实际上是一种登记制度，而不是由某个政府部门授予的专用权。

1. 商标的定义

商标是“代表特定的人生产的产品或商品的标志”，但缅甸法律目前没有关于商标具体含义和构成要件的阐述，但一般认为，商标应当具有显著性。一个商标应当含有一个或多个具有创造性的词语，也可以是针对某些特定的产品进行注册。缅甸的法律中，没有任何对颜色组合注册的限制。

2. 商标权的保护

对于商标权的保护，缅甸采使用主义，凭商标的原始凭证认定权利人，注册纯系为抵制他人仿冒之依据。因此，曾经使用过的特有品牌或标签是否构成商标并不重要，因为制造商可以通过使用，受到法律的保护。在缅甸商标专用权的保护期限自商标首次使用日起，至商标专用权人允许他人使用该商标止。

3. 商标注册

根据《缅甸注册法》的规定，商标所有人可以通过向缅甸注册局发布所有权声明的形式进行注册，这个声明必须包括名称、注册个人的签名等。

商标所有人的所有权声明是声明方单方面的事实陈述，通常要求地方官员、公证员或司法官员的认证。所有权声明并不是商标专用权的最终凭证，但却是初步证据，在刑事诉讼或民事诉讼过程中，当事人出具这种注册证书，将会对诉讼起到很大的帮助作用。

在注册过程中，商标所有人应当保证：正在以销售为目的在制造或销售的商品上使用商标；该商标是由其自己创造出来的；该商标没有对他人商标的假冒或模仿；据申请人所知的情况，到申请为止，没有人在类似商品上使用该商标。

注册商标所有权声明程序是：(1) 呈报商标所有人身份。(2) 外国的商标所有人若在缅甸申请商标注册，必须委托律师，并赋予所委托的律师在公证人前执行、签署呈报文件的权利。有关文件必须在邻近的大使馆签署、执行。(3) 当地执法机构将有关的商标所有人的注册申请登记于契约及保证登记录上，并将颁发临时的注册号码给予申请者，而真正的批准程序需时2至3个星期。(4) 商标所有人有权在获得注册批准后，选择是否公告在当地报纸。这是为了避免有关的商标受侵犯。这样就完成了商标注册程序。

缅甸的法律对商标的注册作了限制性规定，下列商标不得进行注册：违反道德和法律的商标；有损宗教感情的商标；含有淫秽内容的商标；含有欺诈性内容的商标；含有国家领导人头像的商标；其他违反法律法规的商标。

商标注册之后，商标所有人有权根据法律起诉任何仿冒或伪造其注册商标的行为。商标权的注册保护期限为3年，期满可以续展，每次续期3年。

第四节 经济法

一、税法

1987年缅甸由国家税务局公布了《缅甸国内税收实施法则》，并于1991年修改后重新发布，根据该法的规定，缅甸税收包括四个主要方面，即对国内生产和公共消费征收的税、对个人所得和所有权征收的税、关税、对国内财产征收的公用事业税。以上税收由不同部门管理，其中，缅甸国家税务局管理占89%以上的政府各项税收。

(一) 所得税

缅甸所得税法于1974年颁布，所得税是对所得征收的税，“所得”一词包括利润和利益，而且其范围比利润和收益更全面。所得税主要包括企业所得税、个人所得税和资产获得税。

1. 纳税主体

缅甸所得税法的纳税主体包括：国有企业、合作社、经特许受聘于国家创办企业中的外国人或外国机构、非居民的外国人、公司、居民的外国人、其他合营/合资企业等。

外国人或外国企业所得税是按“居民外国人”和“非居民外国人”进行划分，具体标准是：如果外国人在纳税年度内，居住在缅甸的时间不少于183天，则可作为居民外国人；按照缅甸公司法或其他现行法律设立的公司，其股东全部或部分为外国人或外国机构的，可成为居民外国人；全部或部分合作伙伴由外国人组成的协会（而非公司），如果其业务的监控、管理和决策完全在缅甸境内进行并实施，应视为居民外国人。非居民外国人是指并非缅甸居民的外国人，因此，外国公司在缅甸的分公司是“非居民”，因为它是在缅甸以外设立的。

2. 纳税年度

所得税纳税年度是以财政年度为基础，从当年的4月1日起到次年的3月31日止。在财政年度中，有收入的年份称为“所得税年”，下一年则为“估算年”。关于收入的资料应在所得税年度的6月20日或之前报送税收办公室，但如果业务终止了，有关资料应在终止之日起的1个月内提交。关于资本收益的资料应在处置有关资产后的1个月内提交。对不合理的收益将以罚代税（最高为10%）。

3. 税源

居民外国人或企业的所得税收入，无论来源于缅甸或国外，均应纳税。非居民外国人或企业的收入来源于缅甸境内的，应按对非居民所规定的税率纳税。主要来源分为：职业收入、业务收入、其他收入、财产收益和未申明收入。

4. 所得税的计算

在计算一项业务的净利润时，应扣除为此产生的费用，如合理的业务开支、业务损失的抵偿、固定资产的折旧费、向慈善机构捐献的减免（不得超过总收入的25%）等，但以下费用不得扣除：资本消耗、个人花费、与业务不相称的花费，除职业服务外，支付给并非公司或合作社的任何协会成员的费用等。在“职业、财产和其他收入”项下的收入，也按上述方法计算，但与财产收入有关的折旧费不能扣除。

5. 免税收入

根据缅甸所得税法，对以下收入免征所得税：宗教或慈善机构的收入，并且该收入只能用于宗教或慈善事业；发展委员会之类的地方政府当局的收入；与存款（储蓄）有关的任何收入；按退休金换算的收入；死亡或受伤补偿；人寿保险收入；除资本收益和企业收入（如业务、职业或假期）之外的非定期或一次性收入；来源于例如商号、公司等个人联合企业的分利或分红收入。

6. 主要税率

（1）个人所得税。工资所得税采用累进税率，为3%～30%；经特许受聘于国家创办企业中的外国人的所得税采用比例税率，为20%；非居民外国人的总收入的所得税采用比例税率，为35%，或按3%～50%的累进税率缴纳较高的税；非居民在外国的收入采用比例税率，为20%。

（2）公司所得税。按照缅甸公司法和现行缅甸法律组建的公司、按照缅甸外国投资法经营的企业、经特许参与国家主办的项目或企业的外国组织等，均采用30%的比例税率；非居民外国公司所得税税率为35%。

（二）利润税

缅甸利润税法于1976年颁布，利润税是针对不包括在所得税法适用范围内而属于利润税费项下的应税收益而征收的税，即对于所得税法没有征收项目，适用该法征收利润税。

1. 纳税主体

利润税针对的是个别的居民而不是领取工资的人，其纳税主体是个人联合体而不是公司。税基是自营者和私人联合体的收入、利润、资本所得。

2. 税率

利润税的起征点为8 001缅元，具体应缴纳的税额根据相应的收益水平而定。从收益为8 001缅元至10 000缅元应缴纳的税款为240缅元，一直到收益为290 001缅元至300 000缅元应缴纳的税款为146 703缅元，其间法律根据收益的情况就应缴纳的税款作了详细的规定。如果收入超出300 000缅元，应付税款为146 703缅元加上超出此税款的50%。

3. 资本收益的税款

拥有应税资本收益的人，必须在自资本资产被售出、交换或转让之日起1个月内填写税单。对资本收益的估算应在各收益年内进行，税率为资本收益的10%，但应交税款不应超过从被售出、交换或转让的资产价值中减去5 000缅元之后的剩余部分的一半；如果在一年内被售出、交换或转让的资产价值不足5 000缅元，则不缴税。

（三）商业税

缅甸1990年制定了商业税法，代替了原来的货物和服务税法。商业税是对商品和服务的营业额征收的税，既适用于国内产品，也适用于进口产品。

1. 纳税主体

该纳税主体为政府的经济部门、合作社和个人。

2. 最低免税营业额

合作社和私人部门的年营业额未超过免征税额的，不必纳税；超过免征税额的，对超过部分征税。行业不同，免税营业额亦不同：生产或加工应税商品（盐的生产除外），免征额为240 000缅元；旅客运送，免征额为180 000缅元；商品买卖，免征额为300 000缅元。

3. 税率

商品和服务的类型不同，税率也不同：一般商品的税率为10%～30%；特殊商品如香烟、白酒、啤酒、汽油、珍珠、玉石和宝石等，执行30%以上的税率。食品店、小吃店的月销售额如果不超过15 000缅元，适用相应的固定税率；月销售额不超过9 000缅元的，则不必缴税。

（四）印花税

缅甸于1935年颁布了印花税条例，并于1937年颁布了诉讼费条例。印花税就是根据这两个条例，针对司法和非司法印花的销售征收的税种。

印花税包括司法印花税和非司法印花税两种。从司法印花的销售中征收的税，按诉讼费条例征纳。诉讼费条例规定，对民事诉讼、档案、展出或法庭司法文件记录，或者由公务员承接或提供的文件，以印花方式支付全部应征税。非司法印花税是根据缅甸印花税条例对要求印花的各种文件征收的税。

（五）彩票税

彩票税根据缅甸国家有关彩票的法令征收。昂巴勒国家彩票是唯一的官方彩票，1938年设立，直到1989年3月每两个月开一次，此后每个月发行一次。国家彩票委员会是发行彩票并且征税的唯一合法组织。彩票销售收入的60%用于奖金，40%用于彩票税。

（六）税务机构的设置

缅甸国家的税务机构是计划财政部下属的主要税务部门，由国家税务局、理事会、邦（省）税务局和镇区税务局组成。国家税务局是总管和全面监督税收活动的机构，下设6个理事会：所得税和利润税理事会，印花税和商业税理事会，国家彩票理事会，审查、培训和法律事务理事会，个人事务理事会，会计、统计和一般服务理事会。理事会是国家税务局的执行机构，国家税务局确定的政策、计划、方案，由各有关理事会执行。

省（邦）税务人员对其辖区内的镇区税务局的活动实施监督，并执行上诉法院关于纳税人对镇区税务人员指令提出上诉的有关判决。全国有14个省（邦）税务局和242个镇区税务局，按工作量和征收税款的金额分为4个级别。

二、关税法

缅甸于1953年制定了《关税法》，1992年3月的《关税法》实施之后，1953年的《关税法》废止。

1. 关税的概念和确定

根据缅甸《关税法》的规定，关税是依照该法的规定，按货物价格确定的纳税百分比，同时包括按应税货物的数量、重量或者尺寸确定的征税比率。

《关税法》将确定关税的权力赋予了计划与财政部长。部长有权在缅甸的陆上、海上及航空货物进出口方面：确定应纳税货物的性质、种类，并有权取消或补充应纳税货物的名单；对于所确定的应纳税货物的性质、种类，有权划分货物的质量等级、降低或提高货物的质量等级；确定应税货物的关税价格并对已确定的关税价格提高或降低；基于关税价格确定关税。

2. 关税税率

1992年《关税法》将应税货物按统一代码（H. S）分成6 062个税目，具体税率为：进口税：由24个税率组成，税率范围为0%～40%；特许税：免税或最高为10元；出口税，一般商品出口不计税，但特殊商品须计税：大米及其制品，按每吨100缅元计征；豆类及其他作物、油籽饼、生皮和皮，按5%计征；竹，按5%计征；边境出口税：按0～15%计征。

因缅甸已被列为最不发达国家之一，故可享有普惠制（GSP）税率。

3. 税收减免

为了国家利益，计划与财政部长有权就下列事项颁发命令，减免部分或全部关税：进出口缅甸货物的性质和种类；任何政府部门或经济组织进出口缅甸货物的性质和种类。

为鼓励发展出口导向型项目，计划与财政部长还有权根据《关税法》的规定，对以下进口业务给予免税待遇：为复出口而进口的原材料；以切割、制作和包装方式（C. M. P）进口而复出口的商品；为出口而进口的包装材料。

4. 退税与保税

如果进口商品能在海关监管的指定仓库内存放，则无须支付进口关税和其他税收，即使征税后，如能在两年内将所进口的商品复出口，可退还已征关税的7/8。

5. 重复征税的禁止

根据《海关法》已在任何一个海关缴纳全部关税者，不得在其他海关被重复征税。海关在评估和征收关税时，如发现少征，应当重新评估和征收少缴部分的关税；发现比规定多征税款时，应当将超过部分退还纳税人。

三、金融法

（一）中央银行法

现行的《中央银行法》于1990年制定，对缅甸中央银行的职权、资本和利润分配、组成和管理、货币发行、与政府关系、与其他金融机构关系、外汇与外汇储备等内容作了规定。该法实施后，分别于1992年和1995年被修正。

1. 中央银行设立的目标

设立中央银行的主要目标是使缅元在国内外保持稳定，并努力达到下述目的：促进有效运行的支付机构、货币流动、债务偿付体制和基础稳固的金融体系的建立；促使货币、贷款及金融状况有利于经济有序、协调发展。

2. 中央银行的职能

中央银行的职能是：（1）唯一有权发行国内货币；（2）作为政府的银行，管理政府的账目；（3）作为政府的咨询机构，对有关经济方针、计划、国家预算等政府经济事务提出咨询建议；（4）代理发行政府债券；（5）制定和实施货币政策；（6）监督、检查和领导金融机构，以保证其金融政策的实施和金融体系的发展；（7）作为金融机构，与外国政府和国际机构的银行开展业务活动；（8）实施国家汇率政策，并作为政府的代理控制外汇交易活动；（9）管理国家外汇储备，并采取必要措施确保国际收支稳定、可靠，以正常结算国内居民的国际交易；（10）以政府的名义代理处理由于国家参与经营而在银行、信贷、金融、国际政府组织中产生的交易问题。

3. 中央银行的职权

中央银行的职权是：（1）以自己的名义发行证券并参与证券买卖；（2）负责办理汇款业务；（3）报关证券并征收利息和股息；（4）出售由其控制的动产和不动产以获得相应的款项；（5）自主确定在国内外以任何一种货币为贷款创造条件并提供担保；（6）根据有关法律，对请求批准诉讼作出决定。

（二）金融机构法

1992年实施的《金融机构法》是一部规范缅甸金融机构的法律，该法规定了金融机构的组建、营业许可、管理、职权和职责、金融机构与有关联者的业务活动、审计与中央银行的监督等内容。

1. 金融机构的设立

金融机构必须依照缅甸公司法和特别公司法的规定，组建为有限责任公司。金融机构必须经过中央银行的预先许可方能营业。

2. 金融机构的种类

按照提供服务的不同，可以将金融机构分为：（1）商业银行。主要担负接受凭支票支付或见票即付的存款、不超过一年期限的存款和短期信贷业务。（2）投资或发展银行。主要担负接受期限超过一年的存款，对所吸收的存款，按照政府对预拨资金的规定和有关规定，相应地为国家资金或流动资金提供贷款的业务。（3）金融公司。主要提供用于购买货物或服务的资金，其所提供的资金不得动用公众存款，只能从其他渠道筹集资金。（4）信贷协会。主要为私人消费、生产和商业贸易提供贷款，贷款款项源于协会成员的集资。

3. 金融机构的业务范围

金融机构根据中央银行的许可，可以从事的业务是：（1）借款或筹备资金；（2）担保或非担保贷款、预付款；（3）签发、承兑、贴现、购买、出售、征收和处理流通或非流通的各种有价证券；（4）发行信用证和旅行支票；（5）购买、出售、经营金银锭和金银币；（6）购买和出售外汇；（7）代理顾客购买和出售债券与其他证券；（8）接受基于安全而委托存放的证券和珍贵物品；（9）托收和汇转现款、证券；（10）作为地方政府或中央银行的代理；（11）为贷款和业务经营等提供担保；（12）通过辛迪加或其他方法，为现有实业或新实业筹备资金或协助筹资；（13）办理信托业务和作为遗嘱执行人或委托人办理遗产管理业务；（14）持有其他金融机构的股份或者依照法律规定在其他金融机构中获得权益；（15）从事其他业务活动。

第五节　国际贸易与投资法律制度

一、进出口贸易法律制度

缅甸是关税与贸易总协定的创始国、WTO成员，实施进口替代和出口促进的对外贸易基本政策。缅甸规范对外贸易活动的现行法律和规定主要有：《缅甸联邦进出口贸易（临时）管理法》（1947年）、《缅甸联邦贸易部关于进出口商必须遵守和了解的有关规定》（1989年）、《缅甸联邦关于边境贸易的规定》（1991年）、《缅甸联邦进出口贸易实施细则》（1992年）、《缅甸联邦进出口贸易修正法》（1992年）、《缅甸联邦政府对从事进出口贸易的最新规定》。

（一）对外贸易的主体资格

根据改革开放以来的经济政策，1989年的《缅甸联邦贸易部关于进出口商必须遵守和了解的有关规定》扩大了从事进出口贸易活动的主体范围，凡符合下列条件者，可以申请注册经营进出口业。

（1）根据缅甸公司法及1950年特别公司法已注册的合资公司、有限公司或根据1970年缅甸联邦合作社法注册的合作社、普通进口商，工业、手工业主，出口商或合伙企业；（2）真正有能力经营进出口业者；（3）在缅甸联邦境内已开设有办事处者；（4）能负责遵守贸易部适时发布的有关进出口命令的个人或机构；（5）申请者若系个体私营企业主，则必须是缅甸公民或客籍公民和入籍公民。

符合上述条件的主体要从事对外贸易，须向缅甸贸易部呈交申请表，贸易部按规定对注册申请表进行审查，如符合条件，经进出口商与经济企业代理商注册委员会或贸易总局局长的批准方可注册。取得注册证书的，应在在国家政策许可范围内自由从事对外贸易活动。注册证的有效期，自发给之日起为1年。

（二）进口的要求

1. 办理进口执照

已在贸易部作为进口商注册者，可从国外进口商品。根据1988年10月13日贸易部发布的第45号通告不需准许即可进口的物资和税务局允许作为旅客行李带人的物资不需要办理进口许可即可进口的物资以外，其余物资均需申请进口执照。

2. 申请进口执照的条件

（1）本人须拥有合法外汇储备，能用以支付所进口货物的价值；（2）如是外国机构或个人的无偿赠送，要出示不需为进口付外汇，也不需用本国的任何物资作交换的证明；（3）在得到进口准许之前，不得事先装船。

3. 提交申请

欲进口货物者为得到进口执照，要详细填写申请表提交贸易总局，提交申请时必须同时呈交以下文件：（1）所进口货物的估价发票或销售合同原件；（2）能偿付进口货物价值的外汇储备证明；（3）如系无偿赠送，要出示无须付外汇和不需以任何国内货物抵价的证明；（4）如过去曾进口相同货物，则需要最近一次进货时缅甸港务当局选定的文件证明。

贸易总局审核了申请表后，把符合现行法规的申请提呈进出口商与经济企业代理商注册委员会或贸易总局局长审批，如获批准，则可根据相关要求发给进口执照。

4. 进口执照获得者须遵守的规定

（1）要在自发给执照之日起1个月内，向税务局缴纳货物到岸价的5%的执照税；（2）未经贸易总局的准许，不得转让已获准发给的进口执照；（3）必须于执照准许之日起6个月内进口货物，如6个月之内不能进口，须申请延长装船期。

（三）出口的要求

1. 可销售的物资

已在贸易部注册的出口商，可有权作为一次商业活动向国外出口商品。允许出口的货物是除柚木、石油、天然气、珍珠、玉石、宝石和矿物以外的国内种植生物的物资。

2. 出口时须遵循的金融方面的基本原则

（1）以缅甸外贸银行能接受的货币种类进行贸易；（2）在为货物付款时，通常实行开汇票的支付方式；（3）凡是亚洲清算联盟成员国（ACU）——印度、巴基斯坦、伊朗、斯里兰卡、孟加拉国、尼泊尔等的居民与缅甸人交易，付款方式可按ACU的制式进行。

3. 申请出口执照

已经注册持有注册证的出口商，就规定的商品与外国签订贸易合同售出后，为能按合同规定将货物运出，应填写申请表，向贸易总局申请出口执照。

贸易总局对申请表进行形式审查后，呈交进出口商和经济企业代理商注册委员会或贸易总局局长批准，如获批准，则发给出口执照。出口执照期限为3个月，如在3个月内不能全部将货运出，则需向贸易部说明原因，申请延长期限。如理由充分，则贸易总局在该出口商交纳100缅元延期费后给予延期，一次可延3个月。

4. 经营出口业者应遵循的规定

不得向联合国决定实行封锁的国家、与缅甸断绝外交关系国家以及中国台湾地区的公司、委员会、机构、私人出售商品。

如果出口商发生法律规定中的违约行为超过两次以上，则取消其出口商注册资格。

未获贸易总局的准许，任何人都不得转让出口执照。

（四）进出口管理制度

1. 进出口商品检验检疫

缅甸进出口商品检验检疫工作由农业部主管。

《缅甸植物检疫法》（1993年）规定，禁止有害生物通过各种方法进入缅甸；切实有效抵制有害生物；对准备运往国外的植物、植物产品，必要时给予消毒、灭菌处理，并发给植物检疫证书。无论是从国外进口的货物，还是旅客自己携带的物品，入境时，都必须接受缅甸农业服务公司的检查、检疫。

《缅甸植物细菌防疫法》（1993年）规定，不论任何人，未取得进口许可证，不准从国外进口植物、植物产品、细菌、有益生物和土壤。必要时对即将运往国外的植物或植物产品进行杀虫和灭菌工作，发给无菌证书。根据接收国的需要，规定进行检验的方法。

《缅甸联邦政府对从事进出口贸易的最新规定》对进出口需要申报进行植物检疫的商品作了详细规定。出口需要申报进行植物检疫的商品有：豆类、花生、花生油枯、芝麻、芝麻油枯、玉米、黍、干辣椒、干枣、枣核、芒果片、小茴香、姜、干竹笋、姜黄、酸叶菜、干兰花、蔓荆籽、黄姜根、橘子、西瓜、芒果、菠萝、其植物及果实。进口需要申报进行植物检疫的商品有：豌豆、大豆、甘草、面粉、大蒜、菠萝花、干花、葵花籽、其他植物及果实。

2. 海关管理制度

《缅甸海关进出口程序》（1991年）对禁止进出口的物品作了详细规定，《缅甸海关计征制度及通关程序》对进出口关税、通关程序作了详细规定。

(1) 海关计征制度。缅甸现代海关计征制度的基本原则是货物的真正价格以货物进口时间、地点的价格作为正常价或进口价，前提是货物销售在公开市场的具有独立资格的买卖人之间进行。根据《海洋海关法案》，缅甸基本上进口采用CIF估价制，出口采用FOB估价制。

进口商品须交纳的税包括进口税、商业税、许可证税。关税及其他税的支付可以通过两种方式：一是现金或支票。金额不超过5 000缅元的现金可以在海关局支付；超过5 000缅元的，采用能从缅甸经济银行和私人银行取得的支票支付。二是从活期存款账户中支取。进出口商和合资企业可以在海关局开立活期账户，他们的进出口关税及其他税可以从这些账户中扣除。

(2) 海关通关程序。在进口方面，根据现行法令法规，所有进口货物必须向海关局报关以便通关，填写进口申报表格（CUSDEC-1）进行报关，并随附以下文件：进口许可证、发票、提单或空运托运单、装箱单、其他有关部门颁发的进口所要求的许可证。海关根据海关税率表征收进口税。缅甸进口税以CIF计价。进口商品不仅要交纳进口税还要交纳商业税，商业税根据商品的到岸成本计征，到岸成本为商品可估量价值及进口税之和。这些税在商品入关地点通关时征收。

在出口方面，商品出口装运时，须向海关局进行申报，填写出口申报表（CUSDEC-2），并随附以下文件：出口许可证；发票；装箱单；销售合同；装运通知；信用证或普通汇款免税单；有关私人电汇汇入号码及有关政府电汇汇入号码付款通知；商品样本；商品装船通行证；鲜活动物出口健康证书；野生动物出口许可；其他各政府机构要求的证书及许可。海关根据税率表对出口商品征收关税，出口税以FOB价为税基。

所有进口的非本地用的出口贸易商品（转口贸易），出口贸易商品装运时必须填写规定的表格，并附上以下文件：提单或空运托运单或路运托运单；由贸易部颁发的转口贸易许可证；商业发票；买卖双方签订的销售合同或出口商与授权代理签订的合同；与法规严格一致的保证合约，如不能出口，则根据现行法律予以处置。转口贸易税以进口货物的CIF价为计征基础，征收2.5%的从价税。

以下一些通过海运和空运的特殊进口货物将予以快速通关：易腐物品；政府和企业急需物品；鲜活动物；人类遗体。

3. 外汇管理制度

《缅甸联邦政府对从事进出口贸易的最新规定》要求，凡以一般贸易方式从事进出口的商人，从1998年2月6日起只准许用美元进行交易；从1998年2月1日起取消所有以人民币为结算方式的进出口许可证。

《缅甸进出口贸易修正法》规定，出口商必须把出口总价值的20%外汇以官价汇率向国家兑回缅元，以利于国家进口急需的物资。其余所剩的80%外汇可用于：(1) 从国外进口所需物资；(2) 在国内购买支付外汇的商品；(3) 在国内支付有关费用。

《缅甸联邦政府贸易部关于进出口商必须遵守和了解的有关规定》指出：外国公司向缅甸国内的国营机构、公私合营企业、外国公司与国营机构合资的有限公司输入商品，在缅甸国内一部分以外汇、一部分以缅元销售后所得款项中：外汇可照以下规定办理：(1) 若需汇回国外，在扣除向缅甸政府交纳的税金和佣金外，可以汇回；(2) 如需用于购买缅甸商品运出国外，可在纳税后运出；(3) 允许用该款购买缅甸政府拍卖的物资。缅元可照以下规定办理：(1) 如需购买缅甸产品出口，可按前述第二项规定输出；(2) 可允许外国公司将以售价卖出货物后应得的全部缅元用于购买货物输出；(3) 只允许以时价购买后输出；(4) 应申请出口执照，并同时附上购货发票；(5) 由于已属提前付款性质，不需开汇票；(6) 不允许任何奖励；

(7) 若有用于缅甸境内的花销，可允许使用。

二、外国投资法律制度

缅甸联邦政府正致力于改善人民生活条件和促进国家经济的全面发展以提高人民的生活水平。为此，除充分发挥人民群众的力量和才智外，也要吸收以平等互利为基础的外国投资。为此，于1988年颁布了《缅甸联邦外国投资法》《缅甸联邦外国投资法实施条例》和《与外国投资法有关的程序》，1989年5月又制定了《缅甸联邦外国投资项目条例》。这构成了缅甸外国投资法律的主体。

（一）外国投资法律制度的概念和宗旨

缅甸外国投资法律制度是指作为资本输入国的缅甸联邦各级政府（包括联邦政府、各省/邦政府）制定的，调整在缅甸境内的外国私人直接投资关系的法律规范，以及调整缅甸政府与投资者所属国政府间基于相互保护投资而达成的双边条约关系及多国政府间的公约关系的法律规范的总称。

缅甸外国投资法的宗旨是：吸收以平等互利为基础的外国投资开发国家的丰富资源，以尽量满足人民生活的需要和出口多余的产品，将为人民创造更多的劳动就业机会，使青年人不仅得到大量劳动就业机会，还可以参加国内外技术学习和培训，以发展国内各地区的经济并为此扩大和改善交通运输，达到政府“致力于改善人民生活条件和促进国家经济的全面发展以提高人民的生活水平”的目标。具体的目标是：(1) 促进和扩大出口；(2) 开发需要大量投资的自然资源；(3) 获取高技术；(4) 支持、帮助涉及大量资金的生产和服务；(5) 开辟更多的就业机会；(6) 开发节约能源消耗的工程；(7) 地区开发。

（二）外国投资管理机关

1. 组成

缅甸管理外国投资的中央政府机关是缅甸联邦投资委员会（MIC）。依缅甸联邦政府1994年8月3日第7/94号通知组成，并按1999年12月3日第59/99号通知进行改组。依《外国投资法实施条例》第3条之规定，委员会设有主席1名、委员10名、秘书长1名。主席由计划与财政部长担任，委员分别由商务部长、第一工业部长、第二工业部长、能源部长、农林部长、交通运输部长、矿产部长、建筑工部长、畜牧水产部长、合作社部长担任，秘书长由委员会主席任命。

2. 职权

根据《外国投资法》的规定，缅甸联邦投资委员会的“责任和职权”是：(1) 接受其认为没有违背增强国家经济利益和没有损害现行法律的任何申请；(2) 在审批一项申请时，考察营业企业的资金信用、经济行为和技术状况等条件；(3) 在受理申请后应发给企业法人经营许可证；(4) 认可企业法人申请延长、缩短或变更许可证或协定的时限的有关事项；(5) 迅速处理投资者因没有得到该法规定应享受的权利时的申诉；(6) 随时要求企业法人或投资者提供必要的证据或实情；(7) 在必要时，为贯彻该法规定的诸事项，可以组成专业委员会或机构；(8) 可以指定某银行办理该法所规定的金融事项；(9) 除必须及时向政府报告它的执行情况外，还必须及时地向政府介绍方便和促进外国投资的措施；(10) 应在事先征得政府同意的情况下，制定、公布允许外国投资的经济项目，并对就此提出的咨询作出解释；(11) 为了贯彻规定，政府或委员会对于必要的实施细则，可以发布必要的命令、指示。

（三）外国资本的形式

根据《外国投资法》的规定，“外资”指的是任何外国人在经许可的经营项目中投入的下述资金：外汇；机器、设备、零部件、备件、仪器及确因需要而在国内得不到的用具等；经估价的许可经营、商标和专利权；专有技术；上述项目产生的利润，或再分配利润，可作为再投资的资金。

1. 对于“外汇”，《外国投资法》第 24 条规定，“委员会必须按规定办法对外资以缅元进行折价后，进行登记注册，包括投资者的姓名、外资种类以及按规定计的外汇种类等内容”。这样就排除外国人直接使用缅元进行投资。根据《缅甸外国人投资法实施条例》第 24 条的规定，“外汇”的种类包括“缅甸外贸银行接受的任何一种外币”。

2. 对于有形财产，《外国投资法》明确作了区分，即如果是用“用具”投资，其条件是“确因需要而在国内得不到”；但对机器、设备、零部件、备件、仪器的条件未作具体规定。另外，对所有允许投资的有形财产的定价没有严格的限定。

3. 对于无形资产，《外国投资法》规定的范围包括：“经估价的许可经营、商标和专利权”和“专有技术”。对许可经营、商标和专利权要求“经估价”。

4. 对于许可经营权，《外国投资法》的要求是“经估价的许可经营权”，这样就赋予获得许可经营权的外国投资者开发本国的矿产、石油与天然气、水力等资源的权利。

（四）外商投资的形式和最低金额

《外国投资法》规定，外国人可以按 100%的外资进行投资；也可以与缅甸公民合资经营；外国人投资的企业可实行独资经营或合资经营或成立股份有限公司；如果成立合资经营企业，外资不得少于总资金的 35%。

缅甸投资委员会的相关通知规定，投入缅甸的外国资金的最低额，制造业为 50 万美元、服务项目为 30 万美元，实物、现金均可。目前，缅甸投资委员会许可的投资期限，是按投资额确定的。

（五）外国投资的保障

1. 税收优惠

为吸引更多的外资，《外国投资法》向外国投资者提供了各种税收优惠：（1）任何生产商品或服务性的企业，从开业的第一年起，连续 3 年免征所得税，如果对国家有贡献，根据投资项目的效益，还可继续适当地减免税收；（2）企业将所得利润在 1 年内进行再投资，对其所得的经营利润，减免税收；（3）投资委员会可按规定的原值比例，从利润中扣除机械、设备、建筑场地及企业设施折旧费后征收所得税。（4）凡是商品生产企业，其产品运销国外所得利润的 50%减征所得税；（5）投资者有义务向国家支付受聘于企业的外国人的所得税，此项所得税可从应征税收中扣除；（6）投资的外国人的收入应按照缅甸公民支付所得税的税率征收；（7）如确属国内有关科研项目和开发性项目的费用支出，允许从应征的税收中扣除；（8）每个企业在享受上述第一款规定的减免所得税后连续两年内确实出现了亏损，从亏损的当年起，连续 3 年予以结转抵销；（9）企业在开办期间，确因需要而进口的机器、设备、仪器、机器零部件、备件和用于业务的材料，可减免关税或其他国内税或两种税收同时减免；（10）企业建成起头 3 年，因用于生产而进口的原材料，可减免关税或其他国内税或两种税收同时减免。

2. 投资保障

《外国投资法》规定，凡经许可成立的经济企业在合同期内或合同延长期内，政府保证不收归国有；合同期满时外资投资者投入的外汇，可以各种货币发还。在业务终止时，投资委员会必须按规定发还外资，在规定发还的时间内，由外国投资者本人收回。

3. 资金保障

《外国投资法》规定，下列有关外币可通过银行，按现行的官方兑换率汇往国外：（1）外国投资者应得的外汇；（2）经委员会许可发还外国投资者个人的外汇；（3）从外国投资者所获得的年利中，扣除各种税款和规定的基金后剩下的纯利润部分；（4）外国职员在本国工作期间的月薪和得到的合法收入，除应支付的税金外，还应按规定扣除个人及其家庭生活费用而剩余的合法收入。

（六）外国投资审批程序

根据《与外国投资法有关的程序》的规定，外国投资审批程序主要是：

1. 申请

有意在缅甸投资的外国投资者应向投资委员会按规定格式提交项目建议书，并附下列文件：（1）业务概况和财务信用文件，诸如打算投资的人或公司最近的审计账目；（2）银行对潜在外国投资者业务状况的证明和意见（开户银行推荐信）；（3）对建议项目的经济合理性作出的详细计算（项目经济可行性报告）；（4）如是外商独资企业，需要同负责项目顺利实施的国家组织所签订的合同草案；（5）如是合资企业，需要合资双方签订的合同草案；（6）土地租用协议草案；（7）如建立的合资企业为有限责任公司，需要备忘录和章程草案；（8）按《外国投资法》第十章第26条提交税务减免申请函。

2. 审查、批准程序

由投资和公司管理指导委员会（DICA）对所提交项目建议书进行详细研究，并从以下几方面进行审查：（1）实施项目是否符合被推选条件；（2）文件是否齐全一致；（3）经济可行性和项目的商业期限；（4）技术适用性；（5）市场状况；（6）提供的就业机会；（7）项目实施对环境的影响。

投资和公司管理指导委员会就项目建议书向政府代理公司或投资者及其代表咨询有关技术问题，并将所咨询结果提交投资委员会。

由投资委员会初次会议审查技术问题，原则同意后向检察长办公室推荐，并对该项目作法律评审。法律评审通过后，由投资委员会正式会议批准立项，然后，报内阁会议批准，颁发批准书（FORM 2），并明确该项目所能享受的各种优惠政策。投资委员会按业务类型所需的具体条件签发许可。

3. 审批时限

如果所需提交的文件资料齐全，约在2个月内完成报批手续。

第六节　司法与诉讼制度

一、概述

国家司法权由包括联邦最高法院、省法院、邦法院和民族自治地方法院在内的各级法院行使。在司法权行使中应当遵循的基本原则是：根据法律独立审案；在人民面前公开审案（除法律限制的情况外）；在案件中依法享有辩护权和上诉权。

联邦最高法院首席大法官由总统提名并由联邦议会批准，联邦最高法院法官人选由总统与联邦首席大法官协商确定并报联邦议会批准，由总统任命。省、邦高等法院大法官人选由总统与联邦首席大法官协商提出，省、邦高等法院法官人选由省、邦行政长官与联邦首席大法官协商提出并提交相关省、邦议会。经相关省、邦议会批准的省、邦高等法院大法官和法官人选由总统正式任命。

联邦首席大法官、联邦最高法院法官，省、邦高等法院大法官和法官一律不得参与政党政治，如果在任职前是公务员的，自任职之日起退出公务员行列。联邦首席大法官、联邦最高法院法官，省、邦高等法院大法官和法官如有背叛国家利益、违反宪法、道德败坏、丧失宪法规定的法官的资格和不履行法律赋予的职责的情形，由总统和议会在其职权范围内予以弹劾。

二、审判制度

（一）司法机构的组成

缅甸国家司法机构由联邦最高法院、省高等法院、邦高等法院、自治州法院、自治县法院、县法院、镇区法院及依法成立的其他法院，以及军事法院、宪法法院组成。

（二）联邦最高法院

1. 组成

缅甸国家设一个联邦最高法院，联邦最高法院法官人数至少 7 名，最多不超过 11 名。

2. 职权

联邦最高法院对以下事项具有专有的司法权：与联邦签署的国际条约相关的事务；联邦政府与省、邦政府之间发生的除涉宪问题之外的其他争议；省、邦、联邦直辖区相互之间发生的除涉宪问题之外的其他争议以及法律规定的其他事务。

联邦最高法院是国家级别最高的司法机关，是国家最高上诉法院，其作出的判决是最终判决，不得对此判决提出上诉。在不违背宪法及其他法律规定的情况下，联邦最高法院拥有对省、邦法院判决作出裁决的上诉裁判权；此外，联邦最高法院拥有对其他法院的判决作出裁决的上诉裁判权。

联邦最高法院还享有发布国家最高法令、授权令、禁止令、质询令、传票等国家法令的权力。

联邦最高法院不得干涉宪法法院和军事法院的司法权行使。

（三）省高等法院、邦高等法院

1. 组成

每个省各设一个省高等法院，每个邦各设一个邦高等法院。省、邦高等法院的法官人数为 3 至 7 名。

2. 职权

省、邦高等法院依法对下列事项拥有司法管辖权：案件初审；审理上诉案；审理修正案；法律规定的其他事项。

（四）省、邦高等法院的下属法院

1. 设立

省、邦辖区内无自治地方的设县法院和镇区法院。省、邦辖区内有自治地方的，在自治州设自治州法院和镇区法院；在自治县设自治县法院和镇区法院。联邦直辖区设县法院和镇区法院。

2. 职权

县法院、自治州法院和自治县法院对刑事案件与民事案件的初审、上诉案和修正案以及法律规定的其他事务具有司法管辖权。镇区法院对刑事、民事案件的初审以及法律规定的其他事务具有司法管辖权。

（五）宪法法院

1. 组成

宪法法院由总统、人民院主席和民族院主席各推荐3人共计9人组成，并从9人中推选一人担任宪法法院院长，须提交联邦议会审议通过。经联邦议会批准总统可任命宪法法院院长及其他成员。与联邦议会的任期相同，宪法法院的任期为5年，但任期届满后应继续履职直至总统依据宪法组成新的宪法法院。

2. 职权

宪法法院的职权是：解释宪法；审核联邦议会、省/邦议会、自治州或自治县政府制定的法律是否违宪；审核联邦、省、邦和自治地方的行政当局的行为是否违宪；对联邦、省、邦和自治地方相互之间在宪法方面的争议进行裁决；对省、邦和自治地方在实施联邦法律过程中在权利、义务方面的争议进行裁决；对总统通报的关于联邦直辖区的事务进行裁决；联邦议会制定的法律所赋予的职责。

普通法院审理案件时，如出现对应适用法律是否与宪法抵触或相一致等问题产生分歧，而宪法法院尚未对此有任何裁决时，该当事法院应停止审理，并将本当事法院的意见按规定方式向宪法法院上报，等待宪法法院裁决。宪法法院针对争议的裁决适用于所有同类争议案件。宪法法院的裁决是最终裁决。

三、检察制度

（一）检察机关的性质

缅甸的检察机关属于行政机关的组成部分，联邦总检察长是联邦政府的组成人员，并担任联邦财经委员会的副主席。联邦总检察长对总统负责；联邦副总检察长对联邦总检察长负责，并通过联邦总检察长对总统负责。省、邦的最高检察长官称为省检察长或邦检察长，省、邦检察长是省、邦政府的组成人员，通过相关省、邦行政长官对总统负责，并对联邦总检察长及省、邦行政长官负责。

（二）总检察长和副总检察长的任命

根据缅甸联邦2008年宪法的规定，总统须经联邦议会的批准任命法定条件的议会代表或非议会代表人士为联邦总检察长；总统任命完全符合法定条件的议会代表或非议会代表人士为联邦副总检察长，副总检察长协助联邦总检察长工作。

联邦总检察长和副总检察长系议会代表的，自任职之日起自动丧失议会代表资格；系公务员的，自任职之日起退出公务员行列；如果是某一政党成员，从被任命之时起直至整个任期内，都不得参加自身党派的活动。

联邦总检察长、副总检察长的任期通常情况下与总统任期相同，即5年。联邦总检察长、副总检察长任期未满，因故可向总统自愿请求辞职；总统有权要求不恪尽职守的联邦总检察长或副总检察长辞职，不从者将被停职。

（三）总检察长的职责

根据2001年2月27日缅甸国家和平与发展委员会通过的《检察法》，总检察长的职责是：(1) 应国家和平与发展委员会、政府或任何政府部门和组织的请求提供司法建议；(2) 在刑事案件中代表国家出庭；(3) 在政府作为被告或原告的民事案件中代表政府出庭；(4) 各级法院的判决如有违反法律的地方，有权向最高法院提起必要的上诉、特别上诉或再审；(5) 检查、起草和解释法律；(6) 就国家是否应成为国际公约和地区协定的缔约国向政府有关部门和组织提出司法建议；(7) 就与双边和多边条约、谅解备忘录、协议备忘录、当地和外国投资文件及其他文件有关的事务向有关政府部门和组织提出司法建议；(8) 提请政府部门和组织注意其行为是否符合法律；(9) 为人民提供法律保护，从而使人民能够充分享有他们的法律权利和公民的基本权利；(10) 指导和监督总检察长办公室、各级检察长办公室及工作人员的工作；(11) 行使由现存法律和法规或根据《检察法》的规则、程序、命令和指令规定的其他职责；(12) 行使由国家和平与发展委员会指派的其他职责。

（四）总检察长的权力

总检察长的权力是：(1) 规定副总检察长的职责和权力；(2) 根据需要，撤销在法院提起的任何控诉、被告或整个刑事案件；(3) 就刑事案件的审结作出决定；(4) 根据刑事诉讼法就法院的无罪判决向最高法院提起上诉；(5) 在对法律事务进行审查的时候，要求有关政府部门和组织提供必需的命令、决定、指令、活动、记录和其他文件；(6) 根据民事诉讼法的规定，书面（同意）向公共慈善团体提起诉讼。

（五）各级检察长办公室检察官的职责

根据规定，设立总检察长办公室和省、邦以及地区检察长办公室，各级检察长办公室的检察官的职责是：(1) 应有关的和平与发展委员会、任何有关的政府部门和组织的请求提供司法建议；(2) 在刑事案件中代表国家出庭；(3) 在政府作为被告或原告的民事案件中代表政府出庭；(4) 在刑事案件审理前检查和提出司法建议，以保证审理符合法律；(5) 检查有关起诉机构是否履行检察长办公室提出的司法建议；(6) 检查起诉机关有关还押的请求是否符合现存的法律、命令和指令；(7) 在刑事案件中，根据刑事程序法的规定决定是否给予自首并告发同犯者豁免；(8) 根据规定检查法院的刑事案件，决定是否撤销任何指控、被告或整个刑事案件；(9) 根据规定检查并对刑事案件的审结作出决定；(10) 为被指控犯有死刑罪的贫困被告雇请律师；(11) 在检察官出庭的刑事案件中监督受害人聘请的律师；(12) 就有关法院作出的不符合法律的任何判决、决定或命令提起再审；(13) 如果认为应对法院作出的无罪判决提起上诉，可向总检察长办公室提出；(14) 履行总检察长交付的其他职责。

第六章 柬埔寨法律制度概论

柬埔寨的法律和司法制度的发展受到世界不同法律文化和渊源的影响，包括起源于亚洲的习惯规则的影响、作为法国保护国期间法国大陆法系的影响、20 世纪 80 年代受越南影响的社会主义法制思想的影响、20 世纪 90 年代初期联合国过渡时期在柬埔寨恢复法制的影响等方面。可以说，柬埔寨的法律发展综合了上述各方面的因素，没有哪一种法律文化传统主导着柬埔寨法律的发展。

2004 年，柬埔寨正式加入了 WTO，并不断根据 WTO 规则的要求，调整自己关于外商投资方面的立法，尽量使柬埔寨的法律基本上与加入 WTO 的承诺相协调，但是柬埔寨的外商投资立法仍然存在一定的缺陷。

第一节　宪　　法

柬埔寨现行宪法是 1993 年 9 月 24 日颁布、实施的，1999 年 3 月 8 日又进行了重大的修订。其主要内容如下：

一、国王

柬埔寨是君主立宪制国家，国王是国家对内、对外的象征，是虚位国家元首。

二、国民议会

国民议会是国家的立法机关，其职权包括：(1) 批准国家财政预算、计划、贷款、金融合同及创设、修改和取消税赋；(2) 批准政府开支；(3) 批准大赦法；(4) 批准或取消条约或国际公约；(5) 批准宣布战争的法律；(6) 通过对政府的不信任案。前述决定除第六项需国民议会三分之二多数票通过外，其余以绝对多数通过。

三、参议院

参议院是拥有立法权的机关，其根据宪法和法律的规定履行职责。参议院议员的数量不能超过国民议会数量的一半。

参议院的主要职权包括：

(1) 负责协调国民议会和政府之间的关系。

(2) 审议和评论由国民议会通过的“一读”法律草案和其他由国民议会提交的事务，时间最迟不超过 1 个月；紧急情况下，时间为 5 天。如果参议院批准或没有在规定的时间内进行评议，国民议会通过的法律则颁布成为法律。

(3) 如果参议院要求对法律草案或拟定的法律进行修改，国民议会应立即对其进行“二读”，以决定是否全部或部分取消参议院要求修改的内容。

(4) 参议院和国民议会间就法律草案或拟定法律交流意见的期限不能超过 1 个月；如果是与国家预算和财政问题有关的法案或法律，则时间不能超 10 天；紧急情况下应在 2 天之内决定。

(5) 如果参议院拒绝法律草案或拟定的法律，国民议会在 1 个月内不得对该法律草案或拟定的法律再次进行审议。如果事关国家预算和财政问题，则上述时间为 15 天，紧急情况下为 4 天。在对法律草案和拟定的法律进行第二次审查的时候，国民议会须以绝对多数票通过。

法律草案或拟定的法律经过上述程序后就颁布成为法律。

在特殊情况下，国民议会和参议院可以联合召集大会，解决国家的重大问题。对此，法律将作特别规定。

四、政府

内阁是柬埔寨的行政机关，由总理、副总理、高级部长、部长和国务秘书组成。由在国民议会大选中获得胜利的政党组织内阁。

五、司法机关

司法权力是一项独立的权力。法院行使审判权，检察机关行使公诉权。法院及检察机关的职能和运转由法律另行规定。

六、宪法委员会

宪法委员会负责捍卫对宪法及国民议会通过的法律的尊重，有权解释宪法和法律（参议院最后对宪法委员会的解释进行审查）；有权检查和决定与国民议会议员和参议院议员选举有关的案件。宪法委员会的决定是终局性的。

七、公民的权利和义务

宪法的第三章对公民的个人权利进行了一系列的规定，如享有生命、自由和安全的权利，言论自由和参与政治、经济、社会、文化活动的自由，公民的生命、荣誉和尊严受保护的权利，财产权和禁止没收公民私有财产，私有财产为公共利益之目的而被征用时有获得按市场价值补偿的权利。

第二节　刑事法律

一、普通刑事法律

柬埔寨的新刑法是 2010 年 12 月 10 日出版的《柬埔寨王国刑法》，其主要内容如下：

1. 刑事犯罪的主要类型及刑罚

(1) 重罪类型

- **谋杀罪**：可处以 10 年～20 年的监禁。

● **故意杀人罪**：可处以 8 年～15 年的监禁。

● **强奸罪**：可处以 5 年～10 年的监禁或 10 年～15 年的监禁。

● **抢劫罪**：可处以 3 年～10 年的监禁。

● **非法拘禁罪**：可处以 3 年～5 年的监禁或 10 年的监禁。

● **有组织的犯罪**：可处以 3 年～15 年的监禁。

● **公共官员的贪污罪**：可处以 3 年～10 年的监禁，同时并处贪污财产价值 2 倍的罚金。

● **公共官员敲诈勒索罪**：可处以 3 年～7 年的监禁，同时并处敲诈勒索财产价值 2 倍的罚金。

● **非法交易买卖毒品罪**：可处以 5 年～15 年的监禁。

(2) 轻罪类型

● **过失杀人罪**：可处以 1 年～3 年的监禁。

● **暴力人身侵犯罪**：可处以 1 年～5 年的监禁、6 个月至 2 年的监禁、2 个月至 1 年的监禁；如果使用任何武器的话，监禁的年限翻倍。

● **强暴猥亵罪**：可处以 1 年～3 年的监禁；如果该犯罪伴有暴力、诈骗或威胁，或利用职权便利，或受害者不满 16 周岁，则刑期翻倍；如果是以卖淫为目的，或利用未成年人卖淫，则处以 2 年～6 年的监禁。

● **盗窃罪**：可处以 6 个月至 5 年的监禁。

● **与文化财产有关的轻罪**：可处以 6 个月至 10 年的监禁。

● **诈骗罪**：可处以 1 年～5 年的监禁。

● **侵占罪**：可处以 1 年～5 年的监禁。

● **伪造公章、钞票、公共文件、邮票和商标罪**：可处以 5 年～15 年的监禁。

● **侵占知识产权罪**：没有规定刑罚。

● **伪造或有意使用私人商业或银行文件罪**：可处以 5 年的监禁或 100 万～1 000 万瑞尔的罚金。

● **收买或隐匿贼赃罪**：可处以 1 年～5 年监禁。

● **故意毁损罪**：可处以 1 年～3 年的监禁或 2 个月至 1 年的监禁。

● **故意纵火罪**：可处以 1 年～3 年的监禁，如果被纵火的财产是住处，则刑期翻倍。

● **非法持有或运输武器罪**：可处以 6 个月至 3 年的监禁。

● **胁迫证人罪**：可处以 1 年～2 年的监禁。

● **伪证罪**：可处以 1 年～2 年的监禁。

● **侵犯个人权利罪**：可处以 1 年～2 年的监禁。

● **故意贿赂罪**：可处以 1 年～3 年的监禁。

● **煽动犯罪罪**：可处以 1 年～5 年的监禁。

● **煽动歧视罪**：可处以 1 个月至 1 年的监禁及 100 万～1 000 万瑞尔的罚金。

● **使用毒品罪**：可处以 1 个月至 1 年的监禁。

2. 刑罚的基本原则

(1) 法律面前平等。

(2) 废除死刑。

(3) 减轻刑罚的情形：法官在量刑时应考虑到减轻刑罚的因素，如罪犯的年龄、罪犯的个人背景、罪犯的心理或精神状况、犯罪时的境况等。前述犯罪，如果罪犯年龄不满 18 周岁，则刑期减半。

(4) 共犯：共犯与主犯的刑罚相当。

(5) 缓刑：非刑事犯罪的监禁可以部分或全部施以缓刑。

(6) 假释：罪犯服刑满 1/2 非刑事犯罪的刑期或 2/3 刑事犯罪的刑期，如果释放有利于改造罪犯，则法院应监狱当局的建议，可予以假释。

二、特别刑事法律

除了普通刑事法律外，柬埔寨还通过了一些特别刑事法律，对一些严重危害社会稳定与安宁的罪行予以重点打击。

(一)《打击拐骗、买卖和剥削人口法》

1996 年 2 月通过的《打击拐骗、买卖和剥削人口法》，是一部规范打击拐卖人口的特别刑事法律，对有关罪名及刑罚进行了规定。

1. 拐骗人口买卖或卖淫罪

对犯此罪的人可处以 10 年～15 年的监禁；如果受害者是未满 15 周岁的未成年人，可处以 15 年～20 年的监禁。对于共犯、买者、卖者都按此类规定处罚。那些提供金钱等手段从事犯罪的人也被视为共犯。

2. 组织卖淫罪

对犯此罪的人可处以 5 年～10 年的监禁；对重复犯罪者，给以前述刑罚的双倍处罚。

组织卖淫者如果有下述情形，可处以 10 年～20 年的监禁：(1) 受害者为未满 15 周岁的未成年人；(2) 使用暴力或威胁使用武器；(3) 组织受害者到国外卖淫或受害者是在柬埔寨境内卖淫的外国人；(4) 犯罪人属于夫妻关系、男朋友/女朋友关系、父母或监护人与子女的关系之一方者。

除刑罚外，法院还可以限制罪犯的其他民事权利。

3. 淫乱罪

对组织淫乱的任何个人可处以 1 年～5 年的刑罚和 500 万～3 000 万瑞尔的罚款；如果是重新犯罪，须加倍处罚。

对于任何与未满 15 周岁的未成年人发生淫乱行为的人，可处以 10 年～20 年的监禁。

对此类犯罪，法院还可以限制罪犯的其他民事权利。

(二)《禁止赌博法》

1996 年 1 月 26 日通过的《禁止赌博法》，对与赌博有关的刑事问题进行了具体的规定，主要内容包括：

非经政府允许，柬埔寨境内所有的赌博活动均属违法行为。

对任何参与赌博者，可处以 1 万～5 万瑞尔的罚金或处以 1 个星期至 1 个月的监禁；对屡教不改者，可处以 5 万～50 万瑞尔的罚金并处 1 个月至 1 年的监禁。

对开设、拥有或管理赌场、赌馆者或赌博代理人，可处以 500 万～2 000 万瑞尔的罚金并处 1 年～5 年的监禁；对屡教不改者，应处以最高罚金和最高刑期。

对于任何未经政府批准，为经营或销售之目的生产、进口赌具或赌博设备者，可处以 50 万～500 万瑞尔的罚金并处 1 个月至 1 年的监禁；对屡教不改者，应处以最高罚金和最高刑期。

除柬埔寨王国政府以外，任何部门都无权批准在任何地方开设赌馆或赌场。对任何违法批准开设赌博的政府官员或代理人，可处以 1 年～5 年的监禁。

(三)《毒品控制法》

1997 年 1 月 24 日通过的《毒品控制法》，对与毒品犯罪有关的问题进行了具体的规定，加大了打击毒品犯罪的力度。

该法的主要内容包括：(1) 麻醉、精神物质的分类以及用于药品制造的麻醉、精神物质；(2) 禁止麻醉植物的种植及生产、使用、销售、走私毒品；(3) 医学、科学和教学研究；(4) 检查和记录违法行为；(5) 处罚；(6) 预防和侦查与走私毒品有关的洗钱活动；(7) 对怀疑洗钱活动的报告与侦查；(8) 刑罚等。

第三节 民商法

一、民法典

2011年12月22日，《柬埔寨民法典》正式生效，该法的生效是柬埔寨建设法制化国家的一个里程碑。

《柬埔寨民法典》共分9编，共1 305个条款。

第一编共5个条款，规定了整个民法典的基本原则，这些原则对于规范财产法律关系和人身法律关系同样重要。

第二编共113个条款，明确了“人”的概念：自然人和法人。在法人制度上，该民法典对非营利性的注册协会和注册基金会都给认定为法人并专章进行了规范。

第三编为“物权”部分，有189个条款。根据该民法典，物权包括所有权、使用权、收益权和担保物权。所有权是绝对权，也是对世权。获得所有权的方式包括买卖、继承、消灭时效及其他法律规定的情形。

第四编为“债权”部分，共207个条款，对债的产生、变更和消灭作了详细的规范。根据该民法典，债可以由合同之债、单方法律行为之债、无因管理之债、不当获利之债、侵权之债等。

第五编共251个条款，接受了特殊合同和与侵权相关的债的问题。侵权之债的问题上，主张“无过错，无责任”的归错原则，但也有排除情形。动物所有人对动物伤人需承担侵权责任，这种责任承担方式是“无过错责任”原则的适用。

第六编共172个条款，为“担保编”。本编中的担保指担保物权和保证。担保物权包括留置、优先权、典权和抵押权。

第七编共207个条款，为“家庭编”，吸收了1989年《家庭法》的主要内容并作出了一定的调整。根据该民法典，男女结婚的法定最低年龄均为18周岁。女性离婚后再婚的，需至少间隔120天。“家庭编”有大量的条款是涉及父母—子女关系的，如收养问题。收养分为完全收养和不完全收养，完全收养即意味着被收养人和其血缘父母彻底结束父母—子女关系。形成完全收养关系的前置程序比较复杂，条件也较为苛刻。相对于完全收养，不完全收养的对象可以是任何25周岁之下并且符合该民法典要求的自然人。不完全收养不隔断被收养人和其血缘父母间的父母—子女关系，被收养人仍然具有对其血缘父母财产的继承权。

第八编共160个条款，为“继承”编。继承存在两种制度：(1) 继承制度；(2) 清算制度。该民法典采用了继承制度的原则，即继承人可以继承被继承人的全部权利和债务。根据该民法典，继承分为“法定继承”和“遗嘱继承”两类。

第九编只有一个条款即第1035条，规定了该民法典的生效时间。

在《柬埔寨民法典》颁布之前，柬埔寨是一个保持亚洲传统、公法法制为主的国家，与人民日常生活相关联的民事法律制度长期缺位，部分民事法律制度散见于各种法律体系中。

《柬埔寨民法典》的颁布填补了这个空白，为柬埔寨民事法律制度向公民法制的发展奠定了重要基础。本节主要介绍《柬埔寨民法典》中重要的三个内容：法人制度、合同法与侵权法的特征和不动产的转让制度。

（一）法人制度

2005年《柬埔寨商业企业法》规定了两类公司形式（法人）：合伙与公司。《柬埔寨民法典》新增加了两种法人形式：注册协会（INCA）和注册基金会（INCFO）。《柬埔寨民法典》详细地对这两类法人的定义作了规定，而且对其功能、注册、设立、运行和解散都做了详细的规定。

1. 法人的注册

只有通过注册，法人才能获得法律的认可。注册需要提供固定格式的申请表，详细填写经营目的、公司名称、公司住所地、公司负责人姓名等信息。法人的重要信息如发生变更，应当在变更起两周内向有管辖权的登记机构进行备案。

2. 管理

法人，除无限责任注册协会之外，都必须指定法定代表人参与具体的公司管理。此外，除无限责任注册协会之外的法人还必须指定监事对公司的运作进行监督：监事可以对公司“高管”进行监督；可以对公司的财务状况及公司章程的执行情况进行监督；可以代表公司起诉董事。

3. 解散与清算

法人在以下几种情况下可以申请解散：出现了公司章程中约定的解散事由；股东会决议解散公司；破产；法院判决要求解散。如果注册协会会员减少到一个，也必须解散。

在清算程序完结前，法人仍将存在。清算人将根据法人章程或者法人董事会决议决定偿还债务及分配剩余资产。清算人至少需要3次正式通知司法部进行破产公告，以保障债权人的权利。

4. 注册协会

（1）有限责任注册协会。

有限责任注册协会必须对其章程进行公证并在公司注册登记机构注册登记后才能正式开展工作。有限责任注册协会必须拥有2 000万瑞尔以上的资产。

如股东未能根据章程如实出资，则董事会成员有义务共同连带承担出资义务。

有限责任注册协会可以招收会员，会员需缴纳会费并享有会员大会的投票权。会员可以申请退回，也可能因会员大会决议而丧失会员身份。

董事会每年至少召开一次会议，可以根据章程规定的权限作出相关决议，可以审议董事、监事作出的决议以及审议章程修正案。

董事长应当每年一次在董事会会议上公布财务情况，该财务报告需先通过监事的审计。财务报告及财务资料必须保存5年以上。

（2）无限责任注册协会。

无限责任注册协会必须对其章程进行公证并在公司注册登记机构注册登记后才能正式开展工作。

如无限责任注册协会无能力承担其债务，则其会员承担连带责任。在无限责任注册协会成立后加入该协会的成员需承担其加入前协会产生的债务，退出协会的成员需承担其退出协会前协会产生的债务。

5. 注册基金会

成立注册基金会同样需要对其章程进行公证后，并由其主管机构许可后成立，其成立的目的是公共利益。主管机构需制定对注册基金会的详细的管理制度。

注册基金会章程需包含如下内容：基金会的宗旨和名称；地址；总资产（现金或相关出资）；会计项目；董事；主要负责人和其他负责人；发布公告的方式；获得主管机构许可成立的日期。

注册基金会的资产不能少于2亿瑞尔。如果对注册基金会的出资是出资人在世时的决定，那么该出资应当在注册基金会正式登记注册后到位；如果出资是出资人在遗嘱中的决定，那么该出资就需要等遗嘱生效后才能到位。

注册基金会的董事必须每年准备一个财务报告提供给监事进行审计。审议后的财务报告应当提交给注册基金会的主管机构审核和备案。注册基金会的财务报告及财务资料必须保存5年以上。注册基金会的债权人有权查阅和复制这些财务资料。

（二）合同法与侵权法的特征

2011年12月22日正式生效的《柬埔寨民法典》取代了1988年的《合同法》，但1988年《合同法》中运输合同的条款仍然有效。

与1988年的《合同法》相比，《柬埔寨民法典》对合同法的调整主要有如下几点：

1. 合同的生效

《柬埔寨民法典》根据要约和承诺的生效形成了合同生效的概念。一般而言，合同的有效首先要根据“意思表示一致”的原则。和1988年的《合同法》不同的是，合同是否有效不取决于其是否为书面合同，需采用书面合同才能有效的情况仅针对特殊合同而言，如超过法定贷款利率的借款合同或者销售不动产合同。

根据《柬埔寨民法典》，合同可因如下原因被宣布无效：（1）合同主要条款错误；（2）欺诈；（3）误解；（4）滥用优势地位；（5）强迫；（6）获取超额利润；（7）真意保留；（8）非真意表示；（9）自始不能；（10）违法；（11）不符合公序良俗。

2. 违约

一旦合同生效，合同各方需积极履行合同义务，不履行、延迟履行或无力履行都将被视为违约。守约方可以主张继续履行合同、赔偿违约损失或者要求解除合同。在违约的情况下，守约方不仅可以主张赔偿基于合同未履行而遭受的合同项下的损失，而且可以主张赔偿因为合同未履行而遭受的其他实际损失。而且，法院也可能会支持守约方主张的精神损害赔偿金。

3. 时效问题

与1988年的《合同法》不同的是，该民法典规定了多种诉讼时效制度，如主张损害赔偿、主张解除合同等，最长的诉讼时效可达5年；此外，消费者因为产品质量问题向生产厂商提出诉讼的时效为两年，但是如果经销商向生产厂商就产品质量问题提出诉讼，则时效为5年。对所有权之外的其他物权所提主张的诉讼时效统一为10年。

4. 合同义务和权利的转移

1988年的《合同法》未设专门条款解释合同转让问题，原则上，合同的转让需合同各方及受让方的同意。但是，根据该民法典的条款，除非合同的性质决定该合同不得转让，一般情况下合同的义务和权利都可以进行转让。

合同转让需转让方和受让方达成协议。但是，为了保障债务人的利益，转让方需事先通知债务人，或者债务人事先同意转让。转让方对债务人的通知及债务人事先同意转让都应当在公证机构公证后才能对抗第三人。

但是，债务人和受让人自行签订的与债权人及第三方无关联的债务（约定义务）转让协议是有效的。在这种情况下，债务人和受让方向债权人承担连带履行债务的责任。

5. 特殊合同

1988年的《合同法》专门对销售合同、贷款合同、个人财产担保合同、承包合同、运输合同、委托合同、租赁合同、保证合同进行了规范。除委托合同之外，该民法典进一步对赠与合同、共同租赁合同、委托合同、合伙合同进行了规范。

6. 消费借贷

如某人向他人借钱、借食品或相关的产品或其他谷物及可替代的物品且借期截止后将会归还同种类、同质量和数量的物品时，双方会形成消费借贷。如果双方签订了书面借贷协议并约定了利息，则可以支持利息，如没有约定利息的，可根据法律确定利息。《柬埔寨民法典》规定的利息为年息5%，如果双方约定的利息高于5%的，则必须要符合司法部规定的年息10%～30%以内的最高利率限额，如双方约定利率超过年息30%的最高限额的，超出的部分会被认定无效，或被认定为偿还本金。

此外，根据《柬埔寨民法典》，在消费借贷中约定复利是合法的，而且，约定违约金也是合法的，但是，约定的违约金最高限额限制在司法部规定的年息10%～30%的1.2到2倍之间。

7. 其他民事责任

《柬埔寨民法典》在1988年《合同法》对合同之债规定的基础上，定义无因管理之债、不当得利之债、产品缺陷、土地及地上构筑物造成损害等几种情形。

根据1988年《合同法》，任何人不承担如下情况发生的损害责任，如果该损害是（1）不可抗力原因造成的；（2）完全是受害者自身原因造成的。

但是，根据《柬埔寨民法典》，以下几种情况也可以免除行为人承担民事责任：（1）受害人同意或认同发生损失或损害的；（2）正当防卫或紧急避险情况下发生损害的；（3）行为被当下社会标准认为恰当，不应当承担损害责任的。

根据《柬埔寨民法典》，被侵权人可以主张侵权人赔偿因为侵权行为造成的损失，或主张修理费等。如被侵权人死亡，被侵权人的继承人有权继续向侵权人主张赔偿以及精神损害赔偿金等。

（三）不动产的转让制度

《柬埔寨民法典》颁布的同时，2001年颁布的《柬埔寨土地法》被废除了。《柬埔寨民法典》吸收了大部分2001年《柬埔寨土地法》的内容。

1. 不动产买卖合同

不动产买卖合同的文本必须是由相关政府机关提供的，并由公证机关公证签署后才能生效。

2. 不动产租赁合同

根据2001年《土地法》，不动产租赁合同有两种：（1）15年以下的租赁；（2）超过15年的租赁。而且，土地租赁也可以不明确租赁期间。

《柬埔寨民法典》对2001年《柬埔寨土地法》中超过15年的租赁合同进行了调整，不再将这类合同称为“长期租赁合同”，而是改称“永久租赁”（《柬埔寨民法典》第245条）。这类租赁合同的租赁期最长不得超过50年。但是，永久租赁的合同可以在租期届满后续租，续租期同样不超过50年。永久租赁合同必须以书面合同方式签署，需同时到土地管理部门进行备案。但是到土地管理部门进行备案并非永久租赁合同生效的要件，仅具有对抗第三人的效力。

3. 不动产的担保

为保障债权人的权益，《柬埔寨民法典》创设了 4 种担保方式：留置权、优先权、典权、抵押权。

(1) 留置权：只有债权到期后才能行使留置权。在留置物灭失，或者债权人丧失对留置物的占有后，留置权消灭。

(2) 优先权：《柬埔寨民法典》对以下几种债务清偿顺序作出了规定：1) 保存、维护不动产；2) 在不动产工作；3) 销售不动产。如一个不动产上出现多个留置权，按以上清偿顺序确定优先权。优先权应当在土地管理部门进行登记备案。

因为留置权和在不动产工作而获得的优先权优先于抵押权。

(3) 典权：根据《柬埔寨民法典》第 834 条，债权人在债权完全受清偿之前有权占有不动产的担保形式就是典权。典权的期限一般不能超过 5 年，但每满 5 年可续典 5 年（《柬埔寨民法典》第 838 条）。此外，典权应当在土地管理部门进行登记。而且，债权人可以将该典权进行转移，形成再典权。

(4) 抵押权：根据《柬埔寨民法典》第 843 条，抵押权指不转让所有权，在不动产上设立抵押，以担保债权的担保物权。同一个不动产上可能会存在若干抵押权，这些抵押权的优先顺序依各自在登记机关的登记时间的先后进行确定。抵押没有时间限制，而且，"永久租赁"和用益物权也可以作为抵押的客体（《柬埔寨民法典》第 843 条）。此外，债权人可以将抵押权进行转让。

(四) 土地特许经营权

《柬埔寨民法典》对 2001 年《土地法》中的土地特许经营权条款未作大的修改。土地的"永久租赁"制度与土地特许经营权实际上是相衔接的，土地特许经营权权利人与"永久租赁"人享有类似的权利。2001 年《土地法》规定的"经济土地特许经营权"的土地租赁期限为 99 年、最大租赁土地面积 1 万公顷的政策没有发生调整。

二、知识产权法

(一) 柬埔寨知识产权法律概述

柬埔寨从 1995 年以来陆续颁布了一系列有关知识产权的法律，包括《专利、实用新型和工业品外观设计法》(2003 年)、《著作权和邻接权法》(2003 年)、《商标、商号和不公平竞争行为法》(2002 年)。此外，柬埔寨刑法、海关法等相关法律中也包含了很多关于知识产权保护的内容。此外，柬埔寨已经加入了世界知识产权组织的三个主要国际公约：《保护表演者、音像制品制作者和广播组织罗马公约》《保护工业产权巴黎公约》和《建立世界知识产权组织公约》以及 WTO《与贸易有关的知识产权协议》。因此，柬埔寨国内知识产权法律体系与国际公约基本保持一致。

在柬埔寨，知识产权保护的三个主要领域分别由三个部门进行管理。商务部负责商标事务，工业、矿产和能源部负责专利事务，文化与艺术部负责版权事务。

1999 年 2 月 22 日，柬埔寨政府发布决定，成立了一个由商务部部长与工业、矿产和能源部部长和商务部知识产权局局长组成的部际委员会，以管理、协调有关知识产权的事务。

(二)《商标、商号和不公平竞争行为法》

2002 年通过的《商标、商号和不公平竞争行为法》的主要内容包括对商标的界定、商标的注册及权利、商标的无效及撤销、集体商标、商号、不公平竞争行为以及侵权与救济程序。

商标所有人或被许可人可以通过法院的诉讼获得具体救济。对于不公平竞争行为，任何利益方或有关管理机构均有权通过法院诉讼获得具体的救济。

（三）《专利、实用新型和工业品外观设计法》

2003年颁布、实施的《专利、实用新型和工业品外观设计法》的主要内容包括：（1）专利权概述。（2）专利权的取得。（3）专利权的内容及保护期限：专利权自申请之日起满20年后失效。实用新型的保护期限为7年，从申请之日起算，不能续展。外观设计的保护期限为5年，从申请之日起算，可以连续续展两个5年保护期。（4）专利权的限制。（5）专利权的无效。（6）违反该法的处罚。

（四）《著作权和邻接权法》

2003年颁布、实施的《著作权和邻接权法》的主要内容包括：（1）著作权法保护的范围；（2）著作权；（3）邻接权；（4）纠纷与处罚。

第四节　经济法

一、金融法

（一）概述

柬埔寨金融业的发展还处于初级阶段，银行的金融媒介作用还非常有限，公众对银行的信心也不高，银行的贷款和存款分别只占其国内生产总值的8%和12%左右。

柬埔寨过去是一个单一的银行系统，柬埔寨国民银行通过其在各省的分行进行活动。1989年，柬埔寨开始对银行业进行结构改革，政府颁布法令，将商业银行的职能从柬埔寨国民银行中分离出来，建立二元银行体制，该法令允许以有限责任公司的形式成立私有商业银行。1990年，国库业务转移到经济和财政部，国民银行成为一个政府部门，主要是为国家的财政赤字筹措资金。1991年，国民银行与泰国的暹罗商业银行合资成立了柬埔寨第一家私人商业银行。商业银行的运作主要由两部法律进行规范，即1992年的《金融机构监管法》和《商业银行监管法》。1996年颁布的《柬埔寨国民银行组织和行为法》（以下简称《中央银行法》）将国民银行改组为中央银行。

近些年柬埔寨国内稳定的政治局势为柬埔寨金融业的发展创造了良好的条件。1996年国民银行改组为中央银行后，柬埔寨又在1999年通过了《银行与金融机构法》（以下简称《银行法》），在2000年通过了《保险法》。《银行法》对银行经营活动的定义进行更为合适的规范，与银行有关的法律制度逐渐健全。同时，柬埔寨还允许小额贷款机构在中央银行的监管之下开展金融活动。2000年，柬埔寨政府在国际货币基金组织的帮助之下对银行体制进行系统的改革，增加了公众的信心。

目前，柬埔寨拥有20家商业银行，其他的金融机构包括保险机构、货币兑换机构和小额贷款机构。在柬埔寨的农村，小额贷款机构是主要的信贷机构，其银行在农村地区基本上没有开展什么活动。柬埔寨的保险行业主要由一家国有保险公司——柬埔寨国民保险公司与4家非政府保险公司组成。柬埔寨国民保险公司集管制者、保险商及保险经纪人三种身份于一身，其他非政府保险公司只是其代理人和风险分担商。在柬埔寨还不存在公认的银行间短期资本市场或资本市场，这些市场的建立需要完善的法律和会计制度。①

① 参见申华林：《东盟国家法律概论》，南宁，广西民族出版社，2004。

（二）《中央银行法》

1996年1月26日颁布的《中央银行法》，对柬埔寨国民银行进行了改革，使其成为柬埔寨的中央银行。主要内容包括：

1. 柬埔寨国民银行的性质

柬埔寨国民银行属于柬埔寨的中央银行，是一个具有商业和工业性质的自治公共组织。其主要职能是根据柬埔寨的经济和财政政策，决定和领导货币政策，保持价格稳定，以促进国家经济的发展。

2. 柬埔寨国民银行的职能与责任

其职能主要包括：(1) 经与王国政府磋商以后，根据柬埔寨的经济和财政政策框架，决定货币政策的目标；(2) 根据既定的目标规划、实施和监督货币与外汇政策；(3) 定期进行经济和货币政策分析，公布有关结果，并向王国政府提出建议和措施；(4) 主管银行、金融机构和其他有关机构如审计机构、清算机构的许可、取消许可、管制和监督工作；(5) 监督柬埔寨的支付体系，提高银行间支付工具的使用水平；(6) 担当柬埔寨国家货币的唯一发行机构；(7) 以柬埔寨王国的名义参与银行、信贷和货币领域内国际公共机构的活动，并履行相关的职能；(8) 确定贸易支付差额；(9) 参与外债等工作的管理；(10) 参与货币与金融市场的建立和监督工作；(11) 主管证券和外汇市场、宝石和贵金属市场的许可、取消许可、管制和监督工作；(12) 规定利率。

3. 中央银行的自主权

为完成其职能，柬埔寨国民银行自主地行使其职权，须向国民议会和王国政府提交其职能实施和完成情况的报告。

4. 中央银行的管理

中央银行的管理机构是董事会。中央银行的行长是董事会的董事长，董事会由7名成员组成，包括中央银行行长、副行长和其他5名成员，分别来自王国政府的代表、经济与财政部的代表、私人企业的代表、专家代表和中央银行的职员代表。

5. 资本收益分配与预算

中央银行的资本额由法律规定，需要时可以改变。王国政府拥有和掌握所有的资本，不能进行转让或设置抵押。当中央银行资产负债表上的资产价值低于其所负的债务时，王国政府须在资产负债表结果公布后的60日内将政府有价证券转让给中央银行，以弥补亏空。

中央银行每个财政年度的净收入在扣除当年度的运营成本和提取相应的基金与费用后，转到国家预算收入。

6. 外汇管理与政策

经与王国政府磋商以后，根据柬埔寨的经济和财政政策，由中央银行决定和实施国家的外汇管理和政策。

（三）《银行法》

1999年通过的《银行法》，对银行与金融机构有关问题进行了具体的规定，其主要内容包括：(1) 银行和金融机构的媒介作用；(2) 该法的适用范围；(3) 银行与金融机构的法定形式；(4) 银行与金融机构的许可；(5) 最低资本及偿付能力的要求；(6) 董事和经理的任职要求；(7) 按非经营性团体形式设立的实体的组成、永久身份及合伙人的责任；(8) 按当地公司形式设立的实体的组成、永久性身份及股东的责任；(9) 按外国银行分行形式设立的实体的组成、永久性身份及母公司股东的责任；(10) 银行和金融机构参股其他商业公司；(11) 在国外或国内建立机构；(12) 监督和管制权力；(13) 审慎措施：内部控制；(14) 会计义务：外部审计师的职责；（15）职业保密；（16）相关当事人；（17）洗钱防范；（18）纪律制裁；（19）刑罚；（20）临时管理：清算；（21）消费者保护；（22）行业组织。

（四）《保险法》

2000年通过的《保险法》是柬埔寨一部比较重要的金融性法规，对于完善柬埔寨的保险市场、保护有关当事人的合法权益都起到了积极的推动作用。其主要内容如下：

（1）保险合同：对保险人与被保险人的权利义务关系进行了明确的规定。

（2）保险的类型：包括财产保险、人身保险、强制保险，强制保险包括机动车第三者责任险、建筑险、旅客运输险等。

（3）保险公司与政府管制：对保险公司从业的条件和相关问题进行了具体的规定。

（4）保险代理和保险经纪人：对保险代理人和保险经纪人进行了定义。

（5）处罚：规定了相应的民事和刑事处罚。

二、税法

1997年2月24日通过的《税法》对柬埔寨的税务管理制度进行了具体的规定，其主要内容如下：

（一）利润税

1. 定义及税制

利润税是柬埔寨居民对来源于柬埔寨的收入和来源于国外的收入所承担的一种债务，对于非柬埔寨居民来说则是对来源于柬埔寨的收入所承担的一种债务。

利润税的税制分成实际税制（Real Regime）、简化税制（Simplified Regime）和评估税制（Estimated Regime）三种，纳税人应按照何种税制纳税，取决于企业的形式、经营活动的类型以及营业额等因素，具体的程序和规则由法律进行规定。

2. 应征税的利润与税率

（1）税务年度。

税务年度按下述方式确定：

第一，实行实际税制的，以头一个税务年度实现的资产负债表的结果作为依据。如果任何一年的资产负债表还没有进行决算，下一年度应缴的利润就以其在上个纳税期间结束的前期所获得的利润作为计算基础。对于新企业来说，计算期间从其开始经营到纳税年度的12月31日止。如果在同一年内有多份连续的资产负债表，则以这些资产负债表之和作为纳税的基础。第二，实行简化税制和评估税制的，则以上一日历年的现金制会计结果作为计算的基础。

（2）会计规则。

会计规则按如下方式确定：

第一，在简化税制下实行现金制会计的纳税人，收入是指应纳税年度实际收到的现金和其他财产，而不论这些财产是否是其他年度的应收账。开支或减除额是指除预付开支和折旧提成以外的、应纳税年度实际发生的开支或其他项目。

第二，在实际税制下实行一般会计制的纳税人，收入是指应纳税年度获得的收入而不论该收入是否已经入账。而对于开支的扣除额来说，在所有确定纳税人债务的事实已经发生、与该项有关的经济活动结果已经发生以及纳税人的债务额可以实际确定时，就可以扣除。

对于实行实际税制的纳税人，在简化税制下与相关人有关的开支在实际支付前，不允许扣除。

对于国内的银行和储蓄机构，在确定应税利润的时候，可以设立坏账准备金。扣除的程序和规则由相关法律确定。

(3) 应税利润。

应税利润是指企业从其所有类型的经营活动过程中获得的纯利润，包括在经营过程中或停业时出售各种资产的资本收益、财务投资的收入、利息、租金以及版权收入等。

应税利润是总产值减去开支等项目的余额。

(4) 免税收入。

除另有规定外，下列组织的收入免税：第一，政府和政府机构。第二，纯粹以宗教、慈善、科学、文学或教育为目的的组织。第三，资产或收入不用于任何私人利益的组织。第四，任何劳工组织、商会、行会和农会，其收入不用于任何股东或个人的私人利益。

同时，非实际税制纳税人出售自己所生产的农产品所获得的利润也免税，不管这种产品是以其原始状态出售还是按照习惯性的农业加工改变状态以后出售。但是，工业手段的加工、保存和商业包装不属于习惯性的农业加工。

(5) 允许扣除的项目。

下列项目允许扣除：第一，开支。第二，任何付给企业官员或董事、股东、纳税人家庭成员或其他相关人的合理的租金、利息、补偿、报酬或酬金，如果有证据证明这些支付是为了前述人员所提供的实际服务。第三，支付新建筑和其他有形资产、永久性改造的费用，其扣除按税法有关折旧的规定办。第四，利息开支。第五，有形资产的折旧。第六，无形资产的折旧。第七，自然资源的损耗。第八，慈善捐助，但不能超过应税利润的5%。第九，亏损的接转。

(6) 税率。

年利润的税率如下：第一，法人为20%。第二，石油、天然气、木材、矿石、黄金和宝石等自然资源的开采行业为30%。第三，免税期过后的投资企业为9%。第四，对自然人按累进税率纳税：从0至600万（瑞尔）为0%；从601万至1 500万（瑞尔）为5%；从1 501万至1.2亿（瑞尔）为10%；从1.201亿至1.5亿（瑞尔）为15%；超过1.5亿（瑞尔）为20%。第五，保险公司的税率为两种：柬埔寨境内的保险和再保险业务总保险费的5%；非保险业务的收入按税法的有关规定缴纳。第六，无关业务利润的税率为20%。

3. 其他税：最低税

这是对按实际税制纳税的纳税人实行的一种税收，税率为年营业额的1%。

4. 代扣所得税和预付利润税

税法对代扣所得税的一般规则和特殊规则进行了规定。

按实际税制纳税的企业包括投资企业，每月应按上一月营业额的1%预付利润税。该预付款将在年终清偿税款的时候抵扣。

5. 纳税人的义务

税法分别对简化税制、实际税制和评估税制下纳税人的义务、所得税代扣人的义务、预付利润税企业的义务进行了具体的规定。

6. 收入来源

税法对来源于柬埔寨的收入、来源于外国的收入进行了具体的规定。

7. 年度应纳税额的计算

税法对年度应纳税额的计算进行了具体的规定。

（二）工资税

1. 定义

工资税是每月对完成工作任务所获得的工资征收的一种税赋。柬埔寨居民来源于柬埔寨和国外的工资都应缴纳工资税，外国居民来源于柬埔寨的工资应缴纳工资税。

2. 免税工资

下列人员的工资免交工资税：大使馆、领事馆持有外交或公务护照的外交官员及职员；国际组织的代表、官员和职员；其他国家政府技术合作机构的代表、官员和职员。

同时，税法还对柬埔寨居民和外国人若干可以免税的工资性收入作了规定。

3. 月课税基础、月应征税工资及月度税额

（1）月课税基础。除税法规定应征税的附加福利外，居民的月课税基础为扣除下列项目的应征税工资：有关劳动法为养老金和社会福利之目的而要求的扣交义务；税法第44条允许免税支付。

（2）月应征税工资。税法对月应征税工资的计算进行了具体的规定。

（3）月度税额。柬埔寨居民的月度税额由雇主按下述累进税率代扣：从0.00至500 000.000（瑞尔）为0%；从500 001.00至1 250 000.00（瑞尔）为5%；从1 250 001.00至8 500 000.00（瑞尔）为10%；从8 500 001.00至12 500 000.00（瑞尔）为15%；超过12 500 000.00（瑞尔）为20%。

4. 雇员与雇主的义务

税法对于雇员与雇主在履行工资税方面的义务进行了具体的规定。

（三）增值税

1. 免征增值税项目

下述项目免征增值税：公共邮电服务；医疗服务及其附带的货物；国家全资公共交通运输企业所提供的旅客运输服务；保险服务；为外交使团和国际组织所提供的相关服务。

2. 应征增值税项目

下列项目属于应征增值税的范围：纳税人在柬埔寨境内提供货物或服务；纳税人本人占有和使用的货物；纳税人以低于货物或服务成本的方式提供礼品或服务；进口货物。

3. 计税价格

税法对于应征增值税货物或服务的计税价格、方式进行了具体的规定。

4. 税率

增值税税率为10%。

5. 行政管理

税法对增值税的登记、增值税的发票、账簿、档案和信息等增值税管理工作进行了具体的规定。

同时，税法还对税务管理工作以及对违反税法的行为进行惩处等方面的内容进行了规定。

三、竞争法

（一）柬埔寨竞争法建设概况

柬埔寨正在采取初步的措施融入东盟经济和经济全球化的大潮当中，尽管柬埔寨在努力建立市场经济，但其还没有正式的竞争法。竞争法虽然在成熟的市场经济中起着积极的维持公平

秩序的作用，但在最初建立市场经济的时候，其作用并不是那么明显。在发展中国家发展的早期，国家政策的失误和官员的腐败往往是自由市场最大的威胁。要创造充满活力的市场经济，首先是建立良好的公共治理基础，因此，柬埔寨首先必须建立完善的民商法体系，如财产法、合同法、民法、证券法和公司法等基础性法律。

柬埔寨目前没有正式的竞争法，也没有草拟竞争法的计划。但是，柬埔寨的其他立法包含一些有关市场竞争和消费者保护的问题。

柬埔寨的投资法不仅没有禁止私人价格操纵协议，也没有确保国内市场竞争性的规定。相反，投资法承诺不对投资者的私人财产实行国有化，对遵守法律的投资者的产品或服务不实行价格管制。

尽管柬埔寨没有竞争法，但其竞争政策却是雄心勃勃。培育私人市场、融入东盟的经济一体化以及加入 WTO 是柬埔寨国内政策和外交政策的基石。因此，至少从表面上看，市场和竞争政策在柬埔寨的政治、经济生活中扮演着重要的角色，这是当今世界吸引外资的关键因素。但是，尽管柬埔寨政府有着诸多良好意愿的承诺，但其市场经济的目标和市场的现实之间还存在着巨大的差距。

保护竞争的公正性是非常重要的。一个竞争性的环境是市场良好运转的条件，竞争是避免权力集中、寡头政治、垄断、腐败和其他社会扭曲现象的最佳道路选择。尽管如此，制定竞争法在柬埔寨的立法安排上还没有排上议事日程。与其他急需的商业需要相比，通过竞争法理所当然地处于相对靠后的位置了。

因此，从近期来看，竞争法在柬埔寨的法制建设过程中的作用和影响还是比较有限的。可以说，柬埔寨有竞争政策，但没有竞争法。

（二）《产品和服务质量与安全管理法》

柬埔寨于 2000 年 5 月 29 日通过了《产品和服务质量与安全管理法》。该法属于柬埔寨的消费者权益保障法，对于保护消费者的合法权益、促进公平市场起着积极的作用。其主要内容如下：

1. 适用范围

该法的适用范围包括：（1）所有商业企业；（2）所有为商业目的的制造企业；（3）进口商、出口商和批发商；（4）产品和货物的服务提供商；（5）产品、货物和服务的广告商；（6）从事制造、商业或人道主义救助的市民协会和政府机构。

2. 消费者的权利和经济经营者的义务

（1）所有制造商和服务提供商除了其产品、货物和服务在商业化之前须满足有关保证消费者的安全与健康的要求外，还必须用高棉语在其产品、货物和服务上表明原料、构成、使用指南、制造日期、产品有效期等内容。

（2）为了避免引起消费者的混乱和损害竞争，制造商和服务商须就其产品、货物或服务的构成或结构提供准确的信息。

（3）首次负责将产品、货物和服务引进柬埔寨的批发商、商人和服务提供商必须保证它们的产品或服务符合该法的有关规定。

应该法规定的有关检验机构的要求，负责首次将这些产品和服务商业化的当地制造商、进口商和服务提供商应提供检验证明或预先检查的记录。

（4）当产品、货物和服务有可能对消费者的健康或安全造成损害时，在其制造和商业化之前应事先向有关机构申报，通过检查取得预先授权，并用高棉语标明使用的方法。

3. 质量标签和建立程序

（1）质量标签是制造商或服务提供商自愿贴在其产品、货物和服务上面，用以单独地鉴别产品、货物和服务质量的标志。加贴质量标签，能够满足消费者的信息要求，提供制造商和服务提供商的生产水平和服务质量的信息，提高国内产品的质量。

制造商和服务提供商应该严格按照该法的要求加贴质量标签，商务部和其他有关部门将对质量标签的格式予以规定。

(2) 国家建立有关质量认证机构，对有关产品、货物和服务的技术规范与标准进行认证。

4. 商业欺诈的防范

(1) 严禁以任何方式伪造或试图伪造产品、货物和服务。

(2) 就产品、货物和质量的安全与健康等问题进行广告的时候，严禁制作和传播欺诈性的、误导性的、虚假的、有可能引起混淆的商业广告。

5. 对于有可能导致严重或紧迫危险的产品或服务应采取的措施

(1) 在对产品、货物和服务进行制造、加工和商业化的过程中，如果发现有可能对消费者的安全或健康造成严重或紧迫的危险，有关部门可以采取下列措施予以制止：临时或永久性地禁止销售；临时或永久性地关闭生产设施；如果有必要，扣押、没收或销毁相关产品。

在进行整改并获得有关部门的批准以后，制造商和服务提供商可以恢复生产或营业。

制造商和服务提供商可以在规定的期限内对扣押、没收或销毁其产品的行为向省/直辖市法院提起诉讼。

(2) 制造商和服务提供商应承担由于采取相关预防措施或招回措施而产生的费用。

6. 产品、货物和服务安全与质量的检查程序

该法对于商务部及其他政府部门对违反该法规定的有关行为进行查处的时候所应遵循的程序进行了详细的规定。

7. 处罚

对于违反该法规定的制造商和服务商，有关部门视情节轻重进行处罚，处罚的方式包括罚款等行政处罚方式和承担刑事责任。

有关政府部门及其工作人员在履行其职能的时候应当恪尽职守，有玩忽职守、营私舞弊等行为的，视情节轻重，由有关部门进行行政处分；触犯刑律的，还要承担刑事责任。

(三)《不公平交易法》

2002年柬埔寨通过了《不公平交易法》，根据该法，属于不公平竞争的行为包括引起消费者对竞争产品误解的行为、诋毁竞争对手的虚假声明、散布误导公众的信息等。

四、劳动法

柬埔寨于1997年3月13日颁布、实施了《劳动法》，共396条。该法为调整雇员与雇主之间的关系和工业关系提供了基本的法律框架。

《劳动法》所涉及的内容主要包括劳动合同、工资、工会、集体劳动协议、社会保险、劳动安全、工作卫生条件和职业培训等方面的规定比较重要的制度包括：

(一) 严格的企业申报制度

柬埔寨《劳动法》主要规定了三种情况的申报：企业在开业、停业前30天内都要向劳动行政主管部门申报；雇佣、解雇申报，解雇申报应当在作出解雇决定后15日内申报；企业规章制度要在开业后3个月内制定并申报核准。

(二) 企业应当为劳动者建立雇佣卡和工资账簿

柬埔寨《劳动法》规定，企业要为每个被雇用的劳动者建立雇佣卡和工资账簿。雇佣卡上

记载该劳动者的基本信息和合同约定的工作性质、期限、劳动报酬、支付方式以及连续性合同，但在劳动者与其解除劳动关系时，用人单位不得在雇佣卡上记载任何评语。工资账簿记载该劳动者在用人单位的工资发放情况，并随时接受劳动行政主管部门的检查。这种雇佣卡和工资账簿不但能很好地维护劳动者的权益，也起到一种档案的作用，便于管理。

（三）关于劳动合同。

在劳动合同的形式上，柬埔寨《劳动法》规定了三种：一是学徒合同，应当为书面形式，时间在两年以内；二是劳动合同，分有固定期限和无固定期限两种，可以为口头形式，有固定期限的在两年以内；三是集体劳动协议，同样有有固定期限和无固定期限两种，有固定期限的为 3 年以内。

（四）关于工资

柬埔寨《劳动法》对工资规定得很细，明确规定了工资的克扣的情形是劳动者因各种原因欠用人单位的财物，比如使用工具；而且根据工资的高低规定了克扣的上限，如果工资低于最低保障工资，则不能克扣；并明文规定不得从工资中克扣出费用作为用工中介费用。另外，《劳动法》还规定了小费的监管与分发。这样一来，用人单位在制定规章制度时的自主空间就大大压缩。小费由用人单位统一以“服务费”形式收取，并要全部分发给与顾客接触过的工作人员。

（五）对劳动者违纪的处罚有时效限制

柬埔寨《劳动法》规定，如果用人单位明知劳动者有违纪的行为，过了 15 天没有处分的，不得处罚劳动者；明知劳动者违纪过 7 天的，不得解雇劳动者。

（六）争端的解决机制

柬埔寨《劳动法》确立了个人争端与集体争端两种解决方式。

(1) 个人争端的解决。

个人争端是雇主与一个或多个工人或学徒之间就劳动合同和《劳动法》中的有关规定产生的个人纠纷。任何一方都可以先将争端诉至劳动视导司进行初步调解，双方达成的调解协议在法律上是有执行效力的；或者必须在规定的时间内向有关法院起诉。

(2) 集体争端的解决。

集体争端是一群工人与一个或多个雇主之间产生的严重分歧和纠纷。劳动视导司必须为此指定一个调停人，努力促成双方达成调解协议。如果调解失败，争端就进入仲裁阶段，由仲裁委员会进行仲裁。

对仲裁决定可以向劳动部进行上诉，劳动部必须就解决集体争端作出相关决定。

（七）关于罢工和停工

柬埔寨《劳动法》明确规定了罢工的适用条件和程序，用人单位须注意，以尽可能避免损失。与罢工相对应的是用人单位的停工。用人单位在签订劳动合同和制定规章制度时就要充分考虑罢工的情形以及合法运用停工保障自己的权益。

第五节　国际贸易与投资法律制度

一、柬埔寨外国投资法体系和立法原则

目前，《柬埔寨王国投资法》自 1994 年颁布以来，已经经过了 3 次修改，并且颁布了《柬

埔寨王国投资法修正法实施细则》，对外国在柬埔寨的投资有系列法律作出了保证。

柬埔寨投资法律坚持国家经济主权原则、平等、互惠互利原则、投资形式多样、区域经济协调发展原则以及在国有化和征收方面坚持国际惯例原则。

二、外商投资的存在形式

柬埔寨外商投资的商业存在形式主要是以公司为主，公司制的形式有以下几种类型：第一，有限公司。有限公司指依照法律规定由一定人数的股东所组成，股东以其出资额为限对公司负责，公司以全部资产对公司的债务承担责任的公司。柬埔寨政府规定，柬埔寨的有限公司股东至少2名、最多30名。最低资本为柬币2 000万瑞尔。此种公司不得经营金融、银行及保险业。第二，独资公司。独资公司指由一个自然人单独投资并经营，股东只有一名的公司。有限公司和独资公司都是有限责任公司。而且如果经营地址在柬埔寨且柬资占51%以上，董事会主席必须是柬埔寨人，可视为柬埔寨国内企业并有权购买土地。第三，无限公司。无限公司指由两个以上的股东共同完成出资，股东对公司债务承担无限连带责任的公司。柬埔寨政府规定，柬埔寨的无限公司最少有7名组成成员，且董事会成员至少有3名来自公司组成成员，最低资本为1亿瑞尔。第四，办事处。对于短期尚未设立子公司的外商企业，设立办事处是一种良好的选择形式。如果打算开拓柬埔寨市场，可通过办事处收集资讯，甚至采购当地商品和劳务。第五，分公司。柬埔寨商业部对于外商在柬埔寨设立分公司规定很严格，此种类型在柬埔寨较为少见。其外商投资者最常用的设立公司的形式是合资公司、合作协定和外资公司，投资方式有独资、合资、合作和租赁4种。[①]

三、柬埔寨外国投资优惠法律政策

1994年颁布的《柬埔寨王国投资法》以法律形式规定了许多优惠政策。2003年3月对《投资法》进行了第三次修订。修订案特别强调在为外国投资者办理产品进出口手续时要简化程序，在税收、投资保障、土地利用等方面提供了更多的优惠。

1. 投资手续不断简化

1994年，柬埔寨王国政府为改善投资环境和简化投资手续，将柬埔寨国家投资局（CIB）和柬埔寨国家恢复与发展局（CRDB）这两个重要机构合并，成立了“一站式”的投资服务中心——柬埔寨发展委员会（CDC）。过去，柬埔寨国家投资局的职责是对私人投资者发放投资执照，而柬埔寨国家恢复与发展局的职责则是负责管理各领域的基础设施建设、公共建设项目以及国际投资。两个机构合并后办理投资手续由过去的多个窗口变成现在的一个窗口，大大简化了办理相关手续的环节。

目前，柬埔寨发展委员会还根据需要，不断修改和补充诸如海关申报、税务以及简化公司注册、签证办理等程序，并经常向投资者及时通报柬埔寨经济、社会最新信息。现在，如果一家企业希望获得投资许可证，只需完成4项工作：按照CIB 01A规定样本填写一份投资项目简介；提交项目未来财政评估表；提交企业最近几年每年的经营状况报告；交纳100美元办理许可证的手续费。手续非常简单。

程序简化也缩短了审批时间。比如，柬埔寨发展委员会的工作之一是负责审批和发放除与国家自然资源有关的投资项目以外的所有投资项目的许可证。柬埔寨发展委员会自收到正确、

① 参见杨建学：《柬埔寨外商投资法律制度分析》，载《东南亚纵横》，2008（11）。

完备的投资申请之日起，最迟必须在 45 天之内对投资者的申请作出答复。在无正常理由的情况下，任何王国官员如拒不接收投资申请或超过上述规定期限才予答复，将被追究法律责任。

2. 投资保障措施

外国投资者不仅关心投资收益，也关心投资收益能否得到保障。投资保障措施是东道国给投资者的定心丸，因为直接涉及投资者财产安全和利益。《柬埔寨王国投资法》对外国投资规定了许多法律保障，主要表现在征用、产品价格、外汇管理等方面。

柬埔寨对外商的财产予以法律保障：柬埔寨确立了平等的法律原则。除柬埔寨王国宪法中有关土地所有权的规定不适用于外国投资者外，所有的投资者，不分国籍和民族，在法律面前一律平等。《柬埔寨王国投资法》第 9 条规定：王国政府不实行损害投资者财产的国有化政策。实行国有化必须严格依照法律规定和市场价格进行补偿，以确保外商财产不受侵害。价格是各国政府对经济进行宏观调控的重要手段之一，但柬埔寨政府对外资企业的产品实行宽松的价格政策，如《柬埔寨王国投资法》第 10 条规定，已获批准的投资项目（包括内资项目），王国政府不对其产品价格进行管制。外资企业实行自由定价政策。

柬埔寨政府的外汇管理也比较宽松。《柬埔寨王国投资法》第 11 条规定，根据有关法律及柬埔寨国家银行公布的有关规定，王国政府允许投资者从银行系统购买外汇汇往国外，用以清算其与投资活动有关的债务。其范围广泛，包括支付产品进口及将贷款连本带利一起汇往国外，支付各种开支、税务及管理服务费用，转移利润、将投资资本汇到国外等各方面。

3. 税收优惠政策

优惠政策主要是以税收为主、包括投资项目在内的优惠政策。税收优惠是外资优惠政策最为主要的方面，因为直接涉及外商投资利益回报。

鼓励外商以 BOT 方式投资。BOT 投资方式特别适合解决基础设施问题，这种方式在柬埔寨也普遍采用。柬埔寨于 1998 年 2 月颁布了《柬埔寨王国关于 BOT 合同的法规》，其第 13 条规定，按照 1994 年 8 月颁布的《投资法》及其实施细则，BOT 合同的被许可方应有权享受优惠待遇。柬埔寨也特别欢迎投资那些生产出口产品和代替进口产品的工业采用 BOT 方式投资，外商承诺生产产品 80%用于出口的，政府将给予 100%的免税优惠。

部分项目享受税收优惠，可免交关税和赋税。《柬埔寨王国投资法》附件 2 对免交关税和赋税的项目作了规定。免交关税和赋税的投资项目较多，进口建筑材料、各种物资、半成品、原材料及所需零配件，如果是用于产品的 80%以上供出口的投资项目，或者是在柬埔寨发展委员会公布的优先发展的特别开发区内投资（以上两类免征进口税的优惠期限必须始终与投资合同及投资责任书中所规定的期限相符），或者是在特别开发区进行投资的项目、旅游工业，或者是劳动密集型工业与农产品加工工业及家用工业，或者是基础设施建设及能源生产投资项目（上述四类投资免征进口税的优惠只限于建厂阶段和开始生产后的第一年），符合上述条件之一，均 100%免征其关税及其他税务。

部分进口货可以免交关税和赋税。《柬埔寨王国投资法》附件 2 规定了免交关税和赋税的进口货物种类。除了行政运输物资和不直接用于生产线的物资外，投资企业需用的建筑材料、直接用于生产的机械、其他直接用于投资企业的各种设备和物资、机械所需替换零件，以及前两项所述物资与设备、直接用于生产的原料和半成品，均属于免交关税和赋税的进口货物种类。

通过税收优惠鼓励相关行业发展。2002 年，柬埔寨政府加大外资在高科技产业、农业、电力、加工业、电信、教育、旅游、基础设施、环境保护等方面的投资鼓励力度。对于上述项目，给予全部或部分免征关税的优惠待遇，在外资投资的前 8 年免征盈利税。

4. 投资鼓励领域和鼓励措施

《柬埔寨王国投资法》第五章规定了投资鼓励，主要体现在鼓励领域和鼓励措施等方面。

柬埔寨王国政府鼓励投资领域主要表现在九个方面，分别是起带头作用的产业或高科技工业、增加就业机会的产业、提高出口产业、旅游工业、农用工业产品的生产及加工工业、基础设施建设及能源生产、发展各省及农村的产业、环境保护产业、在依法建立的特别开发区投资的产业等。目的是促进外资投资这些领域，促进这些产业快速发展。鼓励措施主要包括全部或部分免征关税及其他税务。

《柬埔寨王国投资法》第14条规定，除了国家自然资源、森林、石油、金矿和宝石等的勘探和开采的盈利税税率由法律另行规定外，外资企业纯盈利税的税率为9%；依据每项投资的条件及王国政府内阁法令规定的优惠条件，从第一次获得盈利的年份算起，可免征盈利税的时间最长为8年，如连续亏损5年，其亏损额被准许用来冲减盈利。如果投资者将其盈利用于再投资，则可免征其盈利税；分配投资盈利，不管是转移到国外，还是在柬埔寨国内分配，均不征税。进口建筑材料、生产资料、各种物资、半成品、原材料及所需零配件，如果该项目是占总产量最少80%的产品用于出口的投资项目，或者是在柬埔寨发展委员会公布的优先发展的特别开发区内投资，或者是旅游工业，或者是劳动密集型工业、加工工业及农用工业，或者是基础设施建设及能源生产，只要符合上述五条件之一，均100%免征其关税及其他税务。

5. 其他优惠法律政策

除了上述优惠外，柬埔寨还有其他一些优惠政策，表现在居留条件、劳动力使用、土地使用等方面。①

居留条件方面规定也较为宽松，企业职员和专业管理人员、技术人员、专业技术工人享受一些特殊政策。上述人员以及经柬埔寨发展委员会按照移民法和劳工法有关规定批准的上述人员的配偶及其他家庭成员，可以在柬埔寨王国居留。这样可以免除他们在家庭方面的一些顾虑，使他们专心在柬埔寨工作。

劳动力使用方面比较自由。《柬埔寨王国投资法》第17条规定，投资者有权依照柬埔寨王国劳工法和移民法的有关规定，自由选择和雇用柬埔寨籍与外籍员工。这样，免除了外国投资者承担社会负担的义务，减轻了投资者负担。

土地使用方面享受优惠。2003年《柬埔寨王国投资法修正法》第20条规定，允许外籍法人以多种方式使用土地，包括特许、15年或以上长期租赁及可展期短期租赁。土地使用权包括承租人在合同规定期限内对建筑物、装备及土地改良所拥有的权利。在土地特许合同或土地租赁协议规定期限内，投资人有权依法拥有、抵押及转让合格投资项目用地及位于地上的不动产和私人财产。柬埔寨土地租用期限比较长，《柬埔寨王国投资法》第16条规定，投资者可通过长期租赁的方式使用土地，最长租期为70年，期满可申请继续租赁。投资农业和工业的外商享受更为优惠的政策：政府不仅提供经济实惠的土地，而且允许土地租用期从70年延长到90年。在2002年召开的国内外和亚太地区两次大型投资论坛会上，柬埔寨政府重申了这一政策。

四、柬埔寨外国投资纠纷解决机制

目前，柬埔寨政府把投资纠纷解决机制作为引进外资的重要环节，在解决投资纠纷中外交

① 参见杨建学：《柬埔寨外商投资法律制度分析》，载《东南亚纵横》，2008（11）。

和司法途径双管齐下，注重运用法律和国际惯例来解决纠纷。目前，解决国际投资纠纷模式无非包括谈判、调解、仲裁、诉讼等方式，这些方式在柬埔寨已经逐步完善。根据《争端解决机制协议》，争端各方可以通过谈判、调解或和解、仲裁等方式来解决，尤其鼓励争端方通过谈判解决争端，不鼓励争端各方采取报复措施。这样既可以减少成本，也不影响双方关系。

《柬埔寨王国关于 BOT 合同的法规》第 14 条规定，所有 BOT 合同下的纠纷应按照合同条款通过谈判和仲裁及时、友好地解决。这与 WTO《关于争端解决的规则与程序谅解》有诸多相同之处。

为了确实履行协议，柬埔寨把解决纠纷的方式法律化。《柬埔寨王国投资法》第八章就是关于纠纷及其解决方式的规定。其第 20 条规定，与投资者在柬埔寨王国投资有关的纠纷，如涉及投资法所规定的权利与义务，可由纠纷各方通过协商，协调解决；如果通过协调纠纷未能得以解决，则该纠纷可由柬埔寨发展委员会提供解决办法；或者通过柬埔寨王国法律程序由法庭裁决；或者由纠纷各方协议，根据国际法加以解决。

可见，在东盟经济一体化推动下，柬埔寨外国投资法律政策环境不断改善，优惠政策和保障措施切实可行，投资纠纷解决机制日趋法律化，为外国投资提供了确实的法律保障，外国在柬埔寨投资前景广阔。

第六节　司法制度与诉讼制度

一、审判制度和检察制度

1979 年红色高棉垮台以后，柬埔寨的法院制度经历了多次变化。从 1979 年到 1985 年，只有一个层级的法院，即省/直辖市法院，对其地域内的案件进行管辖，其判决通常是终审判决，具有法律拘束力。目前，柬埔寨的法院分成三个层次：省/直辖市法院（管辖一审案件）、上诉法院和最高法院。同时设有军事法院，对与军队有关的犯罪进行管辖。

1993 年 2 月 8 日通过的《法院组织法》，对法院的组成及运转进行了原则性的规定，同时也对检察机构的构成及运转进行了规定。其主要内容如下：

（一）法院的类型

柬埔寨的法院系统由下述法院构成：省/直辖市法院和军事法院、上诉法院和最高法院。

省/直辖市法院以及军事法院是下级法院。省/直辖市法院对其地域范围内的案件进行管辖；军事法院设在首都金边，对全国范围内与军事有关的法律案件进行管辖。

上诉法院和最高法院是高级法院，设在首都金边。上诉法院和最高法院对全国范围内的案件进行管辖。

各级法院应根据有效的法律和法规审理案件。在审理民事案件时，如果与案件有关的法律规定不是很明确，或者没有进行规范，有关法院可以根据习惯、传统、良知和公平的原则进行审理。

每个下级法院必须设有相应的检察官，每个高级法院设有相应的总检察长。

在刑事案件中，检察官负责提起刑事诉讼，对犯罪行为进行指控并提出相应的刑罚；检察官应时时想到自己是“原告”。

在民事和其他案件中，检察官只是在必要的时候提供建议。但在与公共秩序有关的案件中，检察官是案件的“原告”。

（二）省/直辖市法院

省/直辖市法院有权审理在其地域内的所有刑事、民事、商事、行政诉讼和劳动争议案件。省/直辖市法院在审理案件的时候，由1名法官、1名检察官或副检察官及1名法院的工作人员组成法庭。

对于双方当事人都出庭的法庭判决，可以自判决之日起2个月之内提起上诉。缺席判决的，可以自收到通知之日起15日提出异议；如果提出异议的期限已满，可以自期满之日起2个月内提起上诉。

上诉需向作出原判决的法庭提出。

（三）军事法院

军事法院有权对与军事有关的犯罪进行审判，对军事法院的判决可以提出上诉。军事犯罪是军队成员所犯下的罪行，或与军队的纪律有关，或影响到武装力量的财产。

如果军队成员涉及普通的刑事犯罪，该罪行由省/直辖市法院管辖。军事法院的程序与省/直辖市法院的程序一样。①

（四）上诉法院

上诉法院对与省/直辖市法院和军事法院判决有关的上诉案件进行管辖。上诉法庭由3名成员组成：1名法官、1名检察官和1名法院的工作人员。上诉法庭的组成人员不能是同一案件原审法庭的组成人员。

上诉法院的缺席判决自判决之日起2个月内可以提出上诉；上诉法院的判决也可在15日内提出异议，如果提出异议的时间期满，可自期满2个月之内提出上诉。

（五）最高法院

最高法院有权对与上诉法院判决有关的上诉案件进行管辖，但最高法院只对适用法律是否错误进行审理，而不考虑案件的事实。

（六）人员的任命与组成

省/直辖市法院由首席大法官、副首席大法官/院长和法官组成，应司法部长请求，由有关法律加以任命、调动、提升或降级。

省/直辖市法院的首席大法官以及检察长的地位与省/直辖市人民委员会的副主席相当，副首席大法官院长及副检察长的地位与省/直辖市人民委员会的常委相当，法官的地位与省/直辖市政府办公室主任相当。

上诉法院由首席大法官/院长、副首席大法官/副院长和法官组成，应司法部长请求，依有关法律进行任命、调动、提升或降级。

上诉法院的总检察长办公室由总检察长、副总检察长和检察官组成，应司法部长请求，依有关法律进行任命、调动、提升或降级。

上诉法院首席大法官/院长和总检察长的地位与政府部长相当，副首席大法官/副院长和副检察长的地位与政府副部长相当，法官和检察官的地位与省/直辖市法院的首席大法官/院长相当。

最高法院由首席大法官/院长、副首席大法官/副院长和法官组成，最高法院的总检察长办公室由总检察长、副总检察长和检察官组成。

最高法院的副首席大法官/院长、法官、副总检察长、检察官应司法部长的请求，分别征得首席大法官和总检察长的同意后，依有关法律进行任命、调动、提升或降级。

---

① 参见申华林：《东盟国家法律概论》，南宁，广西民族出版社，2004。

最高法院的首席大法官和总检察长由议会在3名候选法官中投票产生，进行任命、调动、提升或降级。

最高法院首席大法官和总检察长的地位与内阁副总理相当，副首席大法官/副院长和副总检察长的地位与政府部长相当，法官和检察官的地位与上诉法院的法官、检察官相当。

柬埔寨各级法院的工作人员由司法部长进行任命、调动、提升或降级，其地位与政府有关部门相当。

二、检察制度

柬埔寨没有独立的检察制度，也没有独立的检察院。其检察制度和法院的审判制度结合在一起，各级法院设检察官，行使检察职能。柬埔寨检察机关行使如下职能：

1. 刑事诉讼中的职权

（1）领导侦查

警察负责调查犯罪，收集证据，将犯罪嫌疑人交由法院进行审判。警察的所有活动在检察官的直接领导下进行，并接受上诉法院总检察长的监督。除了按法律规定需要受害人控诉的案件外，警察有权直接调查所有的刑事犯罪。

（2）审查起诉

在每一个省/直辖市法院，都有专门的法官负责调查刑事案件。调查案件的法官不能参与相关案件的审判。调查案件的法官只有在接到检察官的初步指控以后，才能够开始调查有关犯罪行为。如果调查案件的法官直接收到指控，则要将有关指控及其文件移送给相关检察机关进行调查。

在调查的过程中，如果产生了新的应受惩罚的行为，调查案件的法官应获得检察官新的初步指控以后，才能够对该行为进行调查。如果新的行为只是加剧了原有的指控，则无须获得检察官新的指控。

如果负责调查的法官认为调查已经非常充分，案件材料应在24小时内供被告律师查阅。然后负责调查的法官签发“透露令”，将案卷材料移送检察官。收到案卷3天后，检察官应制作书面指控，然后提交给负责调查的法官。如果负责调查的法官发现所调查的行为不构成重罪、轻罪或轻微违法，或对被告的指控没有足够的证据证明，负责调查的法官有权驳回诉讼。驳回决定必须立即送达检察官，以便其在24小时内向上诉法院提出反对意见。如果检察官持反对意见的话，被拘留的被告须继续暂时被拘留。如果没有反对意见的话，负责调查的法官应颁布释放令。[①]

（3）参与审判

每一省/直辖市均设有一个法院对其范围内的案件进行管辖。作为刑事法庭，省/直辖市法院有权对所有的刑事案件进行管辖，刑事法庭由法官、助理检察官和法庭书记员组成。

在同一个刑事法庭中，检察官不能同时是法官，负责调查的法官不能同时又是审判的法官。

如果刑事法庭发现指控的罪名不合适，可以根据起诉书中所认定的事实改变罪名。如果罪名的改变是从轻罪转为重罪，刑事法庭应将案件退回检察机关，根据有关程序确定新的指控。如果指控的事实不十分清楚，刑事法庭可以自己进行补充调查或将案件退回。

---

① 参见李莉：《柬埔寨检察制度简介》，载《法制与经济》，2010（12）。

(4) 提起上诉

在所有的案件中，检察官对负责调查案件的法官的决定不服，均有权提起上诉。

(5) 对被害人的救济

任何犯罪行为可以引起两个诉讼——刑事公诉和附带民事诉讼。提起刑事公诉是检察机关的责任，刑事公诉不能通过协议解决。提起附带民事诉讼的目的在于获得与受害人所受的损害相适应的赔偿。受害者为了获得赔偿，可以与刑事公诉同时提起诉讼。如果受害人确信其所遭受的伤害已经构成犯罪行为而有关检察机关没有采取行动或采取行动以后没有下文，受害人可将该案诉至上诉法院。

2. 对律师业的管理

根据1995年柬埔寨《律师法》，律师是向社会独立地、自治地提供法律服务的一种职业。所有的执业律师都必须在律师协会注册为会员，律师协会为受训律师提供长达14个月的培训课程。培训结束后，受训律师必须参加考试。考试合格以后，受训律师到一个律师事务所成为实习律师，实习的期限为1年。实习期结束以后，实习律师可以向律师协会申请注册，获得律师协会注册会员证书，然后方可执业。

在收到律师的执业申请后，律师管理委员会开会审查申请人的资格，简单多数票就可决定拒绝还是接受申请。律师协会的会长将有关材料提交给上诉法院的总检察长，征求他的意见。如果满足了所有有关律师执业的要求，总检察长即表示同意。上诉法院的3名法官组成一个小组，加上律师协会会长的出席，在特定的日期为申请律师主持宣誓仪式。如果要求还没有达到，总检察长就将材料退回律师协会重新考虑。如果律师管理委员会认可总检察长的意见，就要求有关申请人补充总检察长发现缺乏的材料。如果律师管理委员会反对总检察长的观点，可要求会见有关申请人，听取他的意见。如果申请人对其申请被拒绝的决定不服的，可以向上诉法院提起上诉。

三、诉讼和仲裁制度

(一) 民事诉讼

2006年，柬埔寨《民事诉讼法典》正式生效，该法的起草得到了日本法学家的援助，体现出明显的大陆法系的特征，而且立法的理念比较现代。

1. 柬埔寨《民事诉讼法典》的新原则

受日本法律的影响，柬埔寨《民事诉讼法典》采用了“当事人原则”“辩论原则”和“对抗制度”。

“当事人原则”对柬埔寨长期以来实行的“法官主导审判制”作出了颠覆性的改革，“当事人原则”的适用，使得当事人对于决定是否起诉和起诉的内容及起诉的进程有了很大的自由选择权。如《民事诉讼法典》第217条规定，原告可以撤回起诉；第220条规定，原、被告可以自行达成和解。

“辩论原则”强调各方对诉讼材料的权利和义务。如原告主张要求被告归还借款，能否得到法院的支持就必须依靠原、被告向法院提供的证据材料。“对抗制度”具有明显的盎格鲁-撒克逊民事诉讼制度的特征，强调当事人及其律师在法庭的辩论，而法庭处于一个相对中立的位置，控制整个程序。

2. 柬埔寨《民事诉讼法典》的主要内容

柬埔寨《民事诉讼法典》共8编、572条。

第一编为总则，介绍了本法的立法宗旨、民事诉讼的目的、法院和当事人的义务；法院的管辖和组织；当事人的诉讼能力、共同诉讼及代理的问题；诉讼费用。

第二编对第一审程序进行了规定，对证据的相关问题及诉讼程序的中断和中止、裁判、送达的程序等问题进行了规范。

第三编对上诉的一般问题、控诉、上告、抗告的程序进行了规定。

第四编对再审的相关事项进行了规定。

第五编对督促程序进行了规定。

第六编对强制执行相关的问题，如强制执行的申请人、强制执行费用、金钱给付请求权的强制执行、担保权实施特则、非金钱给付请求权的强制执行等问题进行了详细的规范。

第七编规范了保全处分的相关内容，包括保全处分的一般定义和规范、假扣押决定、假处分决定、对保全决定的异议、保全决定的取消、抗告和执行保全等。

第八编为最终条款。

（二）刑事诉讼

1993 年 2 月 8 日，柬埔寨颁布了《刑事诉讼法》，其主要内容如下：

1. 总则

任何犯罪行为可引起两个分开的诉讼，即刑事公诉和附带民事诉讼。

刑事公诉旨在根据法律对罪犯施以刑罚，防止犯罪行为再次发生。只有根据法律任命的官员才能提起刑事公诉。提起刑事公诉是检察机构的责任，刑事公诉不能通过协议解决。

设立附带民事诉讼的目的在于使受害人获得与其所受的损害相适应的赔偿。受害者为了获得赔偿，可以与刑事公诉同时提起诉讼。如果受害人确信其所遭受到的伤害已经构成犯罪行为而有关检察机关没有采取行动或采取行动以后没有下文，受害人可将该案诉至上诉法院。原则上，只有受害者本人才能提起附带民事诉讼，出现法律规定的情形时，其法定监护人也可代其进行诉讼。

附带民事诉讼可以与刑事公诉同时进行，可以由同一法官审理。附带民事诉讼也可以单独提起，如果是这种情况，民事诉讼应暂时中止，等待刑事诉讼的最后判决作出后继续进行。

诉讼可因下述原因取消：（1）罪犯去世；（2）诉讼时效已过；（3）大赦；（4）特定案件中受害者撤诉。

2. 司法警察

司法警察负责调查犯罪、收集证据，将犯罪嫌疑人交由法院进行审判。司法警察的所有活动在检察官的直接领导下进行，并接受上诉法院总检察长的监督。

除了按法律规定需要受害人控诉的案件外，司法警察有权直接调查所有的刑事犯罪。

3. 省级检察机构

每一省级法院都有一个检察机关。原则上，检察长的地位与法院院长相当。

在刑事案件中，由检察官向法院提起公诉，要求法院对被告进行审判。

4. 负责调查案件的法官

在每一个省/直辖市法院，都有专门的法官负责调查刑事案件。调查案件的法官不能参与相关案件的审判。调查案件的法官只有在接到检察官的初步指控以后，才能够开始调查有关犯罪行为。如果调查案件的法官直接收到指控，则要将有关指控及其文件移送给相关检察机关进行调查。

在调查的过程中，如果产生了新的应受惩罚的行为，调查案件的法官应获得新的初步指控以后，才能够对该行为进行调查。如果新的行为只是加剧了原有的指控，则无须获得新的指控。

在下述案件中，首席法官应为有关当事人指定律师：(1) 受害人是未请辩护律师的未成年人；(2) 被告是未请辩护律师的未成年人；(3) 被告是聋子、哑巴、盲人，或有精神障碍；(4) 无钱请辩护律师的被告。

如果负责调查的法官认为调查已经非常充分，应将案卷材料在 24 小时内供被告的律师查阅。然后负责调查的法官签发“透露令”，将案卷材料移送检察官。收到案卷 3 天后，检察官应制作书面指控，然后提交给负责调查的法官。

如果发现所调查的行为不构成重罪、轻罪或轻微违法，或对被告的指控没有足够的证据证明，负责调查的法官有权驳回诉讼。驳回决定必须立即送达检察官，以便其能在 24 小时内向上诉法院提出反对意见。如果检察官持反对意见的话，被拘留的被告须继续暂时被拘留。如果没有反对意见的话，负责调查的法官应颁布释放令。要求损害赔偿的原告可在收到释放令后的 60 日内向上诉法院上诉。如果驳回令被上诉法院推翻，则上诉法院的院长可以下达重新逮捕的命令。

在所有的案件中，检察官对负责调查案件的法官的决定不服，均有权提起上诉。如果案件的受害人要求拘留被告，负责调查的法官应在 5 日内作出决定并告知受害人。受害人有权在收到通知书后的 15 日内向上诉法院上诉。

5. 省/直辖市法院

每一个省/直辖市均设有一个法院对其范围内的案件进行管辖。作为刑事法庭，省/直辖市法院有权对所有的刑事案件进行管辖。如同民事法庭一样，刑事法庭由法官、助理检察官和法庭书记员组成。

父母和其他亲戚不能同时作为一个刑事法庭的组成成员；在同一个刑事法庭中，检察官不能同时又是法官，负责调查的法官不能同时又是审判的法官。

刑事法庭只能对其案件中的被告进行审判。如果发现其他人与审理的案件有不同关联，只能按照正常的程序对相关人士进行指控后，才有权进行管辖。同时，刑事法庭也只能对指控中提到的行为进行审判。

如果刑事法庭发现指控的罪名不合适，可以根据起诉书中所认定的事实改变罪名。如果罪名的改变是从轻罪转为重罪，刑事法庭应将案件退回检察机关，根据有关程序确定新的指控。如果指控的事实不十分清楚，刑事法庭可以自己进行补充调查或将案件退回。

所有判决须公开宣布。

6. 上诉法院

上诉法院设在金边，有权对整个柬埔寨范围内的提出上诉的案件进行管辖。同时，在上诉法院还设有相应的检察机关。

有权提起上诉的包括：被告或负民事责任的人；要求损害赔偿的原告；检察官。

在被告提起的上诉中，上诉法院不能加重处罚。上诉法院可以修改判决，可以改变罪名，但前提是不增加对被告的处罚。

上诉的期限为 2 个月。在上诉期间，一审的判决暂停执行。

7. 最高法院

最高法院设在金边，有权管辖柬埔寨全国的案件。

原则上，最高法院应在 3 个月内审结案件。

(三) 仲裁制度

2006 年，柬埔寨颁布了《柬埔寨商业仲裁法》，创设了“国家仲裁中心”(NAC) 受理商业领域内的纠纷。国家仲裁中心每年都会对外公布仲裁员的名单，仲裁员可以是柬埔寨人，也可以是外国人。国家仲裁中心公布的仲裁员名单不是绝对的，如果当事人认为有必要，完全可以自行指定名单外的适格的仲裁员。

《柬埔寨商业仲裁法》同时授权商会在金边设立仲裁中心。各商人联合会、企业家联合会、供货商联合会等商会可以建立自己的仲裁机构，受理本机构内成员之间或本机构成员与第三方之间发生的纠纷。

当事人可以自行确定仲裁员的人数，但必须是奇数。如果当事人放弃自行确定，则一般默认3名仲裁员进行仲裁。此外，在冲裁规则、仲裁地点、仲裁使用的语言等问题上，当事人都可以自行协商，如果协商不成，由仲裁机构根据《柬埔寨商业仲裁法》确定。

仲裁裁决的认可、执行由柬埔寨上诉法院负责。

由此可见，仲裁方式是解决商事纠纷的一种可选择的方式。同时，2001年柬埔寨通过了一个法令，宣布承认和执行外国的仲裁裁决。

此外，对于劳动争议，相关主管部门成立一个劳动仲裁委员会，当劳动纠纷不能通过当事人和解解决时，可以由劳动仲裁委员会进行仲裁。

第七章
马来西亚法律制度概论

马来西亚的法律制度因历史及种族原因，外来性、地域性和种族性明显。中央和地方各有宪法，实行联邦和地方分税制，对青少年犯罪有特殊规定。工业化的展开和金融风暴的冲击，对其国际贸易政策及投资政策影响很大。

第一节 宪 法

一、现行宪法的主要内容

（一）宪法的历史发展

马来西亚的立宪始于1944年5月，在“二战”时英国内阁批准了马来亚新宪制报告书。1956年在伦敦召开了一个制宪会议，这次会议达成了马来亚联合邦独立的协议，并且组织了一个宪法委员会草拟新的马来亚联合邦独立之后的宪法，于1957获得了通过。根据1957年《马来亚联合邦独立敕令》第2条，《马来亚联合邦宪法》于1957年7月2日在吉隆坡公布，8月31日起作为一项法律开始生效；联合邦于同日宣布独立。1963年9月16日马来西亚成立，沿用1957年《马来亚联合邦宪法》，改名为《马来西亚联邦宪法》，后经1963年、1970年、1971年、1978年、1984年、1988年等多次修订为现行宪法。

（二）现行宪法的主要内容

1. 联邦与国家机构

马来西亚是一个君主立宪制的联邦国家，国家最高立法、行政和司法权掌握在君主的手中，称为联邦最高元首，是国家的象征。内阁以联邦最高元首的名义管理政府并向议会负责。各州的州政权在结构、权力分配和制衡方面与联邦政府相同。

（1）联邦最高元首

《马来西亚联邦宪法》规定：最高元首称为拿督，由选举产生。“最高元首任期5年，但得随时亲署书面文件向统治者会议提出辞呈，或由统治者会议罢免之，并在不继续成为统治者时，停止担任职务。”

宪法还规定：最高元首应是联邦武装部队最高司令，有权委任武装部队参谋长、警察总监及武装部队委员会成员；有权任命总理、联邦法院的首席大法官、大法官及高级法院的法官，任命总检察长以及马六甲、槟榔屿、沙巴和沙捞越4个州的州长；有权下令召开国会或拒绝解散国会的要求，要求召开专门涉及统治者的特权、地位、荣典和称号的统治者会议；批准国会通过的法案及拥有最高赦免权。最高元首还是本州、联邦直辖区、马六甲、槟榔屿、沙巴和沙捞越各州的宗教首领。①

---

① 参见祁希元主编：《马来西亚经济贸易法律指南》，57～58页，北京，中国法制出版社，2006。

另外，宪法对最高元首也有限制性的规定，即：不得担任营利职位，不得积极从事商业活动；不得接受任何根据州法律的规定向他作为本州统治者所作的支付或可能属于他的报酬；除进行国事访问外，未经统治者会议同意，离开马来西亚不得超过15天。

统治者会议在选举最高元首时，一般同时选举一名副最高元首。最高元首若离职超过15天或病故，则由副最高元首代行职权，直至新的最高元首选出。

（2）统治者会议

统治者会议是根据1948年《马来亚联合邦协议》成立的，统治者会议的职能主要有：选举产生正、副最高元首；对国家政策、法律、官员任命和宗教等问题进行审议；凡直接影响统治者特权、地位、荣典和称号的法律，未经该会议同意，不得通过。每年举行3～4次会议。会议除选举最高元首外，一般均邀请总理和各州首席部长或他们的代表与会，统治者们在他们咨询下行使职权。会议有统治者玺1枚，由掌玺大臣保管，该大臣兼任统治者会议秘书。

（3）内阁

联邦内阁行使行政权。最高元首任命众议院中拥有大多数议员信任的众议员一人为总理，主持内阁。之后，最高元首在总理的建议下，从议会两院议员中任命其他的部长，一州的立法议员如被任命为联邦部长，在其履行部长职务期间，应辞去州立法议员的议席。内阁的其他成员由总理选自众、参两院的议员，然后由最高元首根据总理的推荐加以任命。协助各部部长或助理部长工作的政务秘书或政治秘书可由总理自行任命。

内阁集体向议会负责。当总理不再获得众议院信任时，必须提出内阁辞职书，除非最高元首依总理之请解散议会。其他部长的去留取决于最高元首的意向。最高元首可根据总理的意见随时罢免部长。内阁的主要职能是：制定和执行政策、法律，总理全国性的公共行政事务；参与立法和司法工作；决定和实施国家内、外政策；任免高级官员；掌握和指挥军队、警察、法院、监狱等暴力机关；干预乃至参与经济活动，发展国家资本主义。其他职能有组织选举、建议解散议会等。

（4）议会

上议院由69名议员组成，其中，43名由最高元首任命，其余26名则由各州各派2名，任期3年，并不受解散下议院的影响。由最高元首任命的议员都是“对公共事业有特殊贡献或在各种行业如商业、工业、农业、文化活动或社会服务方面有卓越成就者，或系少数民族的代表，或系有能力代表土著人利益的人”。

下议院全部由选民直接选举产生，任期5年。关于议会成员的资格，宪法规定得很宽泛：凡在本联邦内居住的公民，除非宪法或根据第48条所制定的法律剥夺其资格，如年龄在30周岁以上，可当选参议院议员；如年龄在21周岁以上，可当选众议院议员。

宪法第63条赋予议会的特权是：对于议会两院或其任何委员会的议事活动的有效性，不得在任何法院中提出怀疑；任何人对于在参加两院或其委员会议事中所发表的言论或所作的投票，不受任何法院的控诉；任何人对于任何由议会两院发表或经议会两院批准发表的任何东西不受任何法院的任何起诉。

议会有权修改宪法、制定法律和法令，讨论通过财政部长提出的财政预算案和追加案，以及对政府各部门工作的咨询等。修改宪法，必须经众议院2/3以上的议员投票赞同、最高元首批准后才能生效。

2. 中央政府与州政府的关系

从《马来西亚联邦宪法》可以看出，马来西亚联邦具有一般联邦国家所共有的外部特征：

中央和各州各有宪法和权力机构及行政机构。甚至除国家元首外，各州亦有自己的元首。

马来西亚是由13个州组成的联邦政府。联邦政府在立法权力、行政权力分配上大于州政府，有统一的财政预算，可以进行逾地的联邦调查，并对各州政府活动进行指导、监督等。各州有自己的州宪法及立法机构，州政府有一定的自制权，在土地、财政以及民事服务等方面有相当的权力。

二、选举法与宪法监督制度

（一）选举法

根据联邦宪法和州宪法的规定，国会和州立法议会的选举最长必须每5年举行一次。在国会解散后，各州应于60天内举行国会选举，但东马来西亚两州因交通不便，可推迟30天。新产生的国会应在上届国会解散后的120天内举行会议。总理可提前向最高元首要求解散国会。各州首席部长也可向本州州长要求提早解散州立法议会，举行州选举。国会及州立法议会的选举可以同时进行或分别进行。

按选举法的规定，在同一次选举中，一个人只能参加一个选区的选举，但可同时进行国会和州立法议会的竞选。竞选者必须是马来西亚公民，年龄在21周岁以上，非精神病患者，非破产者。判刑1年者或罚款超过2 000林吉特又未获宽赦者，以及未放弃马来西亚国籍的外国公民（指具有双重国籍的公民），无权参加竞选。竞选提名时，须用马来文填写表格，同时缴纳押金。竞选者所得选票不足本选区所投有效票的1/8时，押金全部被没收。若竞选者在投票之日前死亡，或退出竞选，押金可退还。

（二）宪法监督制度

马来西亚最高法院是马来西亚宪法的监督机构，由1名院长、2名高等法院院长和6名大法官组成。这些院长、大法官必须由最高元首征得内阁总理和统治者会议同意后任命，多数实行终身制，即实行所谓不撤认原则，任职到65周岁为止。最高法院法官可以随时亲署书面文件向最高元首辞去其职务，但除依宪法规定外，不得撤销其职位。最高法院的职权包括：对法律文件合宪性的唯一裁断权；对宪法的解释权；对于各州之间的纠纷或联邦与各州之间的纠纷的审判权，等等。

在马来西亚，宪法监督采取事后监督的形式。法律经公布、实施后一旦被发现是违宪的，随时都可以授权机关宣布无效。此种监督亦称为“绝对监督”。在马来西亚，有关宪法修正案的通过，必须在上下两院都以2/3绝对多数票赞同，最高元首批准后才能生效。事关统治者的特权地位、荣典和称号的法律的通过，还必须得到统治者会议的同意。在涉及东马来西亚两州的宪法修正案时，还必须征得有关州的同意。

第二节　刑事法律

一、刑法

马来西亚现行的刑事法典最初是在1871年内海峡殖民地立法议会以1860年印度刑事法典为蓝本制定的，于1872年9月16日在海峡殖民地马六甲及槟榔屿实施。到1948年，当局认为有必要统一及修正有关刑事犯罪之法律，遂统合成为马来联邦法令，于1948年12月18日实施于全联合邦。在1967年刑事法典（修正及伸展）法令下，刑事法典于1976年3月31日实施于全马来西亚。

该刑事法典共23章、511条，分为总论、分论两部分。总论包括第一章是到第五章，对该法典中的一些名词进行了定义和解释，规定了对犯罪的处罚和一般性的例外以及教唆与刑事串通。分论包括第六章到第二十三章，规定了有关反国家、破坏公共安宁、破坏公共秩序、宗教，影响人体、财物之犯罪和有关商业、经济及婚姻的犯罪，等等。[①]

二、青少年犯罪和刑事立法

关于青少年犯罪，马来西亚当局于1947年制定了《少年法院法》，并于1949年开始实施。该法设置了少年法院，少年法院是第一审简易法院，由州当局选举两名顾问，顾问的作用在于就有关儿童和少年的刑罚与处置事项提出建议。逮捕少年的警察或其他人员，必须向少年的双亲和监护人通报；审判少年犯时，少年的双亲和监护人均应该出庭。

此外，《少年法院法》还规定对少年犯的缓刑处理，同时对于18周岁以下的少年犯，规定其为属于需要监护的少年。但地方法院、行政法院可以对犯有轻微罪行的少年进行审判。审判不公开，这是出于照顾少年的社会环境而承担的义务。除可能判处死刑的少年犯罪者外，少年法院对于一切少年犯罪案件均有管辖权（《少年法院法》第90条）。对判决不服的，可以向最高法院上诉。对确认犯罪的少年，可以作出如下的判决：无条件释放；训诫；引渡给行使亲权者或适当者；交付监督缓刑犯的官员或者收容在不超过12个月的缓刑设施内；附加条件的赦免，少年除犯杀人罪外，在不超过3年的期限内，以法院随传随到为条件，可以赦免。

根据第三个马来西亚计划（1976年—1980年）设立了少年犯认可学校（教养院）。教养院是主要的犯罪少年矫正机关，内设监察委员会。在工作许可的范围内，对于每个男女少年，皆可给予超过14天的回家探亲假。少年在教养院从事劳动的给予一定的报酬，每周至少参加42小时劳动。

惩罚的权力只能由教养院院长行使。在马来西亚，各地区都设有地区居民委员会以及调查保护观察官，他们负有为被释放后的少年介绍职业的责任，对地区社会预防犯罪、有关少年福利政策、有关立法有建议权，对有关少年设施（少年法院、观察院等）是否按法律的规定正确地执行等情况有监督权。

三、国家安全与紧急状态法

1960年马来西亚国会通过《国家安全法》，规定，政府不经审讯就可逮捕或拘留政府认为违反安全的政治犯。这个法令给了政府广泛的权力去采取强制性的手段对付各种政治反对派。在1972年马来西亚恢复了国会的活动后，政府除了为执行新经济政策而建立了一系列诸如国民合作协会和国家经济发展委员会之类的政府组织外，还制定了一个宪法修正案，《卡尔兰塔紧急法》就是这种权威政治发展的一个产物。

1969年的大选引发了马来西亚历史上规模较大的一场种族暴动并导致了政府的更迭。暴乱后上台的扎克政府发表了《紧急状态宣言》，并颁布了《紧急事务法规》，此法规授权政府在紧急状态下，为了联邦或州的安全、社会公共秩序或公共道德，可以利用国家暴力机关，采取坚持原有的《内部安全法》《反煽动法》外，还针对国内形势修改了一系列法令，以保障政治

① 参见赵秉志、肖志华：《马来西亚现行刑法典概要》，载《法制与社会发展》，1996（2），48页。

安定、团结的局面。1981年马来西亚修改《社团法》，严格限制非政治组织从事政治活动，并授予当局随时宣布任何社团非法的权力。1983年又针对宗教狂热分子的暴力活动，修改了《刑事法令》，规定，凡扰乱公共秩序的宗教活动均为非法。

第三节 民商法

一、民法

马来西亚没有一部全国性的民法典，和英国一样，将民法分割为财产法、合同法、婚姻家庭和继承法、侵权行为法，等等。尽管各州的民法均以英国法为依据，但在其具体内容上仍然会有所不同，因为各州法律都对英国法作了修改，又因为关于适用英国法的具体日期各州规定也不同，尤其是关于普遍适用的法规。

（一）婚姻家庭法

马来西亚的婚姻家庭法出自多种渊源，有些规范甚至带有宗教痕迹。

1. 结婚制度

在马来西亚，一夫一妻制和一夫多妻制并存。一夫一妻制的婚姻有3种：世俗婚姻、基督教婚姻及普通法婚姻。根据1952年马来亚联合邦的《世俗婚姻条例》，除伊斯兰教徒以外的任何男女，不论种族与宗教，均可按世俗仪式结婚。1956年的《马来亚联合邦基督教婚姻条例》规定：男女双方或一方为基督教徒时，婚姻必须按《基督教婚姻条例》或《世俗婚姻条例》规定的仪式举行婚礼才能生效。在马来西亚，按照英国普通法“当时口头同意”的婚姻仪式，男女双方只需在1名证人面前表示同意的婚姻生效形式也被马政府承认。在1982年3月1日《结婚离婚法案》实施之前，根据适用于马来西亚的中国习惯法，华人男子可以娶妻1名、纳妾1名或数名；娶妻时，必须按传统习惯规定的仪式正式举行婚礼，纳妾则无此需要。按照伊斯兰法的规定：穆斯林男子在能够平等对待诸妻的情况下，最多可娶4个妻子。按照传统法，婚前应举行订婚仪式，订婚时当事人双方的家长应当众求婚及接受求婚。

2. 离婚制度

法律规定的离婚理由是：丈夫不能供养妻子；不与妻子共同生活；妻子行为放荡，等等。离婚的主动权完全掌握在丈夫手中。离婚后应有3个月的待婚期，以证明妻子是否怀孕。在此期间若丈夫收回决定，仍恢复夫妻关系；但只能重复两次，第三次待婚期一过则必须离婚。

因女方犯有通奸、私奔或虐待行为而判决离婚或分居时，高等法院有权为保护丈夫及子女的利益而下令对女方的财产作出处理。马来妇女离婚时有权带走她的独立财产，这符合现代婚姻法律的原则。

3. 抚养制度

马来亚联合邦于1950年通过了关于抚养的法律，它是以英国法律为蓝本的。据此法，在婚姻诉讼期间，高等法院可责令丈夫支付抚养费给妻子，还可就未成年子女的监护、抚养及教育作出决定。马来人离婚后，子女一般归属于女方，但在某些地区则根据子女的年龄与性别决定。1961年的《认领法》采用英国法律关于非婚生子女经父母事后举行婚礼可获得婚生子女地位的原则，事后婚礼必须依照《基督教婚姻条例》的规定举行，举行仪式时丈夫必须居住于马来西亚。

马来亚联合邦1952年的《收养条例》以英国1926年《子女收养法》及其1950年修正案为蓝本。根据该条例，收养人必须年满25周岁，一般须较被收养人的年龄大20周岁。该条例不适用于伊斯兰教徒。但马来人收养子女十分普遍。因为伊斯兰法不承认收养，被收养人不得继承收养人的财产，为此，马来人常在生前把财产授予被收养的子女，或给予可按遗嘱给予第三人的财产的一部分。

（二）继承法

马来西亚承认遗嘱继承和法定继承两种形式。马来西亚关于财产继承的法律主要是1959年的《马来亚联合邦遗嘱条例》和1958年的《无遗嘱继承分配条例》。《马来西亚联合邦遗嘱条例》规定：凡21周岁以上精神健全的人均可订立遗嘱以处分其财产。《无遗嘱继承分配条例》适用于未立遗嘱而死亡于马来西亚的任何人，但不适用于伊斯兰教徒或定居在马六甲及槟榔屿的印度祆教教徒。该两州的祆教教徒适用《祆教教徒无遗嘱继承条例》。沙巴及沙捞越两州则根据《法规适用条例》适用英国法规。

1958年《无遗嘱继承分配条例》是以英国1925年《遗嘱管理法》为蓝本制定的，不过该条例结合本国一夫多妻制的具体情况对英国法的内容进行改造，列入一夫多妻制家庭中的妻妾及子女的继承权。

在马来西亚大部分地区，伊斯兰教徒未立遗嘱而死亡时适用伊斯兰法，但各地的伊斯兰法根据当地习惯又有不同。被继承的财产系共同财产的，男方死亡后，女方可首先获得遗产的一半。如果不是共同财产，女方可获得1/3，再加上根据伊斯兰法所应得的份额。

（三）土地法

在马来西亚土地法中，有一项《马来人保留地法》(Malay Reservations Enactment)。该法令于1913年由马来亚联邦政府通过，至今仍在执行。这项法令授权驻扎官划出一些土地（主要是稻米地），这些土地只能由马来人占有，并且不能抵押或出租给非马来人。政府于1917年通过了《大米地法》(Rice Land Enactment)与《椰子保留地法》(Coconut Reservation Enactment)，在这些法令划定的土地上不能种植橡胶。1930年《土著土地保留地法》，允许苏丹贵族继续占有大片土地，从法律上保证封建势力对农民的前资本主义剥削。

联邦议会于1965年通过了《全国土地法典》。该法典为西马来西亚各州的土地保有及买卖规定了统一的制度。对马来州来说，制定该法典并不意味着任何突变。马六甲与槟榔屿两州1965年的《全国土地法典（槟榔屿及马六甲所有权凭证）》旨在废除私人转让制度，并为实施该法典铺平了道路。公民或非公民同样可以获得、持有和处理土地。土地法典对土地所有权有权作下述限制：凡属马来人保留地的土地不得让与非马来人。

尽管法律明文规定了马来人保留地不得让于非马来人，但是，马来人将“保留地”出售给非马来人的情况没有停止过。政府还为此特别设立“土地发展事务组”，拨出3 000万林吉特，以便赎回马来人抵押给非马来人的土地，但效果不明显。于是，1981牛4月11日，马来西亚国会通过宪法修正案，规定有关当局可自非马来人手中取回马来人保留地。按照宪法第89条及修正案，为确保马来人保留地永远在马来人手中或马来人公司手中，已归非马来人拥有的土地可以由政府接受。此外，修正的宪法条款规定：马来人保留地如果任由荒芜和没有开垦或建筑房屋，保留地的业权将告改变。

除了中央政府的各种规定外，各州有各州的土地法。而且，有些州政府规定，土地必须保留给无地的土著居民。

马来西亚的土地法令明显保留了马来人的特权，偏袒马来民族的利益。华人在取得土地时遭受歧视的例子比比皆是。这不仅违反了马来西亚宪法规定的公民有权受法律平等保护的原则，也破坏了马来西亚新经济政策规定的土著土地占30%的比例。

二、商法

（一）公司法

1. 商业注册法令

1956年，马来亚联合邦通过的《商业注册法令》，在马来西亚成立后继续生效。该法令规定：在联合邦内每一个商业都要将有关商业之开始、进行和终止，以及营业之一般性质、商业之名称，商业之有关人员之种族、名称以及营业性质之改变等详情，提交于商业注册官。有关商业负责人不论是独资人还是股东合营者，皆有责任提呈其商业详情向注册官注册，否则，将会在此法令下受罚。在呈上商业详情以供注册时，须付款25林吉特。批准后，当局将发给注册证书，且注册证书必须每年更换一次。法令还规定：商业注册署之稽查官有权进入营业地点进行调查和询问。但是，有关稽查官必须出示其证件和职位。不能出示证件之稽查官如受任何人阻止进行调查，将不被视为犯法行为。该法令还详细规定了违反上述法令规定的处罚措施。

2.《公司法》

马来西亚的《公司法》包括371条及10份附表。该法把重大职责加在董事及公司的其他官员身上，还规定了债券托管人的重大责任。《公司法》对于公司因无力偿付而改组或解散的处理，除了基本仿效英国的做法外，还采取了"官方经营"的做法，从而使得亏损的公司免于破产。对于如何接管濒临破产倒闭的公司，《公司法》有详尽的规定。

马来西亚《公司法》的另一个突出特点是引进了澳大利亚公司法中关于"越权行为"的条款。马来西亚《公司法》还对公司的责任（有限、无限和担保责任）、公司的组成、股票的发行和认购、股东的责任、股票的转让、资金的变动、股息、股东大会、董事职责等作了基本的规定，这些规定基本上与英国公司法雷同。《公司法》禁止新的无投票权股份以及有负担的有投票权股份。总的说来，马来西亚的公司法律制度是完备的和具有现代性的。

马来西亚没有独立的破产法，有关公司的倒闭、清算、接管等事项在《公司法》中有较明确的规定。在马来西亚，公司不得宣告破产，但可因无力清偿债务而宣告结业，并进一步进行清算。

（二）《票据法》

马来西亚的《票据法》与英国票据法基本相同。根据马来西亚《票据法》的规定，持票人即为占有汇票的汇票收款人或被背书人，或为无记名汇票持有人，而且有一种推定，即每一汇票持有人都是正常的持票人（即善意地付出了代价而取得汇票的人，且从表面看来，该汇票完善无缺）。持票人可以用自己的名义就汇票提起诉讼，将它转让，以及提出汇票，要求承兑或付现。

三、知识产权法

（一）工业产权法

1. 专利权法

仿照英国的专利权法而制定的1983年《专利权法令》和1986年《专利权管制条例》规定，任何人均可以在马来西亚直接申请专利权，经注册后即在马来西亚生效。一项新发明的工业品，可以申请专利权。专利权时限为15年。专利权持有人有权利用其专利产品，转让或移交专利权，订立主体许可证契约。

2. 商标权法

以英国1887年《商品标志法》为蓝本而制定1950年马来西亚《商品标志法》。根据上述法律，各项标记无须登记即可获得保护。但根据1950年《商品标志法》的规定，商标只有登记后才能得到保护。这与世界各国商标法的规定相同。

马来西亚在1976年制定了《商标法令》，在1983年制定了《商标管制条例》。这两项以一些工业化国家的相关法令为模式的法令，为这个国家的注册商标提供了足够多的和有效的保护。根据这个法令的规定，在马来西亚注册的商标，除了商标所有者或授权使用者外，其他人或企业不可使用，否则，将视为已采取侵犯行动。

（二）版权法

1987年马来西亚颁布了新版权法，1990年通过了版权法修正案，其内容包括：版权的取得、对外国作品的保护、版权的有效期限、出版许可证、版权法院、版权人的权利、版权侵权、马来西亚版权法中的侵权例外、侵权补偿、民事补救、刑事犯罪以及强制执行。

总的说来，版权法在马来西亚是很有效果的。然而，即使有很完备的立法体制，如果没有行之有效的执行措施，仍将难以制服商业性盗版。但是，商人们可以通过组成自己的监督机构来加强保护力度，甚至可以雇用私家侦探经常对那些侵权者保持警戒，以防止他们攫取投资者公平交易的利润。对公众进行版权知识的宣传教育无疑也是一项精明的投资。

第四节　经济法

一、税法

马来西亚实行中央政府和地方政府分税制。

（一）马来西亚税制情况

马来西亚税收种类分直接税和间接税。马来西亚联邦政府和地方政府实行分税制。联邦政府征收的税种为财政税（约占80%）和非财政税（约占20%，含有关政府性收费）；州政府征收的税种主要有土地矿山和森林税、执照税（不含机动车、电气设备和商业注册执照）、娱乐税和酒店税等；门牌税由市镇当局征收。

（二）马来西亚税收行政管理

联邦税、联邦与地方共享税和地方税由联邦政府、州政府和市镇当局三套各自独立的税务机构或授权部门分别征收，征税范围与税收收入归属一致。另外，各地邮局可代收某些税款。

马来西亚联邦政府财政部统一管理税务制度，负责制定、实施及管理该国税收政策，由其下属内陆税收局和皇家关税局具体管理和实施。

州政府没有专门的地方税务局，而是根据征收的税种，由相关的部门进行征收，如土地税、矿产税由州矿务局征收，森林税由州森林局征收。州政府财政部门给予政策上的指导。①

（三）主要税种、税率

1. 公司所得税

一般外资企业所得税与国内企业一样，同为28%；获新兴工业地位的公司可按有关规定获得优惠；从事石油生产的公司，所得税税率为38%。

① 参见陈志波等：《东盟国家对外经济法律制度研究》，69～70页，昆明，云南大学出版社，2006。

2. 个人所得税

居民个人所得税率采用0%～28%的累进税率。对符合相关规定的，可予以减免。非居民个人的所得税率为28%，除对于在马来西亚短期逗留和在马来西亚工作不满60天的非居民取得的收入可予免税外，非居民的其他收入不享有减免优惠。

3. 不动产赢利税

（1）自取得该不动产（含有关权益）后两年内出售的，税率为30%；（2）自取得该不动产（含有关权益）后第三年内出售的，税率为20%；（3）自取得该不动产（含有关权益）后第四年内出售的，税率为15%；（4）自取得该不动产（含有关权益）后第五年内出售的，税率为5%；（5）自取得该不动产（含有关权益）第五年后出售的，公司的税率为5%，马公民无须缴纳。

马公民和永久性居民可以享受最高为5 000林吉特或所得额10%的免税。非马公民和永久性居民5年内出售不动产及相关权益的，不动产所得税税率为30%，5年后的税率为5%，且不享有减免税优惠。

4. 销售税

销售税为单阶段从价税，税率为0%～25%，但用来制造课税货物的原材料与机械通常可获得免税。

5. 服务税

某些机构场所提供的特定货物（如食物、饮料和烟草等）和服务须缴纳服务税，亦可视为消费税，在提供服务或销售物品时征收，税率通常为服务收费或产品售价的5%。

6. 国产税

本地制造的一些特定产品须缴纳国产税，主要包括香烟、酒类、纸牌、机动车辆等。

7. 进口税

大多数进口货物需缴付进口税，税率分按值计税和特定税率。按值计税的进口税率为2%～300%（已装配完成的汽车）。

根据马来西亚承诺的东盟共同有效特惠关税方案，自2003年1月1日起，东盟其他成员国进入马来西亚的除汽车及零部件外的其他商品的进口关税减至0%～5%。

8. 出口税

马来西亚除对一些资源性商品的出口征收出口税外，通常对制成品的出口免征出口税。马来西亚征收出口税的应税商品包括原油、原木、锯材和棕榈油等资源性商品。

9. 印花税

对于企业来说，其资产首次达到10万林吉特的，征收1%的印花税；超过该金额的，征收2%的印花税。对于可转让证券，印花税税率为0.3%。对某些票据，如提货单和版权、专利、商标等权益转让的票据，免征印花税。

二、工业发展政策及法规

（一）制造业法令

1975年通过了《工业协调法》，简称ICA，规定，从事任何制造业者，得向执照官索取该制造业的执照。该法的基本目标是要确保制造业领域有秩序地发展及成长，那些股东资金至少达250万林吉特，或那些聘用全职雇员达75名的制造公司，必须在《工业协调法》下申请执照。

一名制造业者不满执照官的决定，如拒绝批准执照，或取消执照，或拒绝转让执照，可以在规定的时间内及依照手续向贸易及工业部长提呈上诉。获得《工业协调法》下自动豁免执照的公司，亦获得豁免在股权、雇佣、经销及外销等方面的规定。获得新兴工业地位或投资税务津贴或其他奖励的公司，亦可豁免上述方面。

（二）电子信息业法令

马来西亚政府1995年就未雨绸缪，先后颁布了一系列电子管理法令，如《电脑犯罪法令》《电子医药法令》《电子署名法令》《多媒体一体化法令》《多媒体智慧产业保护法令》等。政府允许外资公司在10年内独资运作，美国的太阳微电子公司、日本NTT公司、马来西亚的大马电讯公司和大马微型电子系统机构等已获得此项优惠，在10年内采取了许多相应的措施，第一项计划是创办由大马电讯公司和日本的NTT公司合作投资的多媒体大学。另外，新世纪学院也在筹建中。

政府还允许“技术移民”自由迁人，放松对外籍劳工的限制，希望借助外来人口的力量促进开发。政府还派出了25名国际顾问去游说，希望召回海外的马来西亚人，特别是那些学有所长的技术人员、管理人员，借重回流人才，提升马来西亚的科技与工艺能力，为马来西亚的宏伟蓝图作贡献。

（三）石油业法令

1974年7月27日，为了维护本国的经济权益，规范石油工业和加强国家对石油产业的控制，马来西亚国会通过了《石油发展法令》。管理马来西亚石油业的国家石油公司于1974年10月成立，它接管了马来西亚各州政府有关石油业的管理权。后来马来西亚国会又通过了《石油发展（修正）法令》，规定：将国家石油公司的管辖对象扩大到石油和石油化学制品的销售；国家石油公司保留对其他石油企业的经营股权。这就是石油工业的马来西亚化，是马来西亚工业政策的一个特点。这项《石油发展（修正）法令》（1995年4月、1996年12月部分修正）用生产分成代替原来的租借制度。过去采取租借制，外资石油公司开采石油，政府按卖出原油价格征税12.5%。这使外资石油公司获得甚丰。根据新的石油法令，开采石油公司取得40%的收入，余下的60%中其他石油公司占35%。这种生产分成制度对马来西亚政府当然有利。

（四）私有化政策与法令

由于受全球私有化浪潮的影响，20世纪80年代初世界初级产品价格下跌引起马来西亚经济困难，于是从1983年起，面临严重财政赤字和外债负担的马来西亚政府着手实行一项全新的私有化政策。

在1989年以前，马来西亚的私有化政策主要由两个相互独立的部门负责：一个是由总理办公室直接管理的经济计划署，另一个是由财政部管辖的政府机构企业协调局。1991年2月政府推出了“私有化总体计划”来取代原先的私有化方式，形成了包括所有国有企业在内的统一计划方案，并把经济计划署和企业协调局合二为一。1990年开始对3个主要的公共设施部门——通信、电力和公路实施公司化和股份化改造，后私有化范围开始进入商业、制造业等领域，且私有化规模扩大。

马来西亚的私有化有几个特点：第一，除了政府之外，任何持股人不能持有超过公司总资本的10%的股票；外国投资者不能购买初始股票，只能在一级股票交易市场购买。第二，政府经常对私有化的企业持“特别股”或“金股”（只有政府才能拥有）。第三，新经济政策曾是20世纪70年代国有企业扩张的直接动因，同时又成为20世纪80年代国有企业私有化的重要目标和内容，这是任何国家所没有的。第四，完全意义上的私有化占少数，即便是在资产出售案例中，纯粹出售给私人部门的股权占少数，大多数股份是被其他国有企业拥有。从政府的角度看，马来西亚私有化到目前为止提取得了一定的成效：提高了效率，刺激了经济增长，减轻了政府负担，增加了财政收入，进一步实现了财富的重新分配。

三、竞争法

（一）规范市场的法令

《物价管制（制造厂商、进口商、生产人及批发商）标签通令》于1980年9月1日开始生效。此通令主要规定如下：(1) 制造商、进口商、生产人（从事原产业如禽畜业者）或批发商必须在其销售的货品上或其包装或容器上标明货品的适当名称，包装或容器内的货品数量、容量或重量，制造商、进口商、生产人或批发商的名称与地址。(2) 标识文字方面，本国货品须用国文，其他文字亦可同时应用，进口货品用国文或英文。(3) 任何事先包装起来的或装置在容器内准备售卖的货品，均须遵照通令的规定。(4) 供出口的货品无须遵循上述第一项的规定。(5) 任何人士若违反该通令的任何条文，将被视为触犯1964年《物价管制法令》。第一次触犯，个人可以被罚款15 000林吉特或两年监禁或者兼施，公司则可被罚款25 000林吉特。若重犯，则加重惩处。

马来西亚在20世纪80年代后实施的出口导向型工业政策和政府对市场干预的渐趋加强，使得马来西亚政府更重视市场的规范化，期望发挥市场有序、灵活的调节作用，同时与国际市场接轨，增强马来西亚产品在国际市场上的竞争能力。

（二）消费者保护法和赔偿机制

在马来西亚有关消费者购买方面的最重要的两部法律，是1950年《合同法》（1974年修改）和1957年《商品买卖法》（1989年修改）。两者都是私法的组成部分，这两部法律的根源可以追溯到19世纪英国法的理念：合同各方享有平等的讨价还价的权利，以及最大限度的合同的自由。

有关产品安全的立法可从几个针对个别产品的立法中找到，如1984年《控制药品与化妆品规定》和1993年《电子检查员法》等。

马来西亚没有一部有关产品责任的全面、综合的法律，关于产品责任的法律可以在合同法、习惯法中有关民事过失的条文中找到，习惯法和商品买卖法为商品对不同法律事实影响下对个人造成的损失和损害规定了不同的索赔权利。依据合同责任和法律责任索赔时，只有直接受合同影响的一方有权索赔，而其他受影响的人，如无辜旁观者、朋友、将新产品作为礼品接受或使用产品的家庭成员，则无权索赔。这些人只能依据过失这种民事侵权行为提出索赔，而且这种索赔是非常复杂的。

马来西亚对于消费者异议并无专门的赔偿机制。不过，地方法庭一般会受理此案件。保险业也有调解机构。

第五节　国际贸易与投资法律

一、马来西亚进出口贸易有关的法律制度

（一）外汇管制制度

马来西亚对外汇实行管制。马来西亚中央银行代表政府负责全国的外汇管理工作。大部分对外支付的审批由指定银行承担；联邦财政部、皇家海关和国内消费税务司负责管理进口；日

常性的进口管理由贸易工业部、基础工业部、木材委员会、兽医司等代表皇家海关和国内消费税务司联合负责。

马来西亚的外汇管制主要表现在以下方面的规定：货币与汇率安排、对外结算货币、非居民账户、非贸易支付、非贸易收入以及其他规定。

外商可以自由转售、调回其在马来西亚的投资收益，但调回金额超过1万林吉特以上者须填送外汇管理表。马来西亚境内非居民控制的公司可在马来西亚筹措1 000万林吉特以内的资金，而不需要外汇管理部门的批准，但在马来西亚筹措的资金须有60%来源于商业银行或马来西亚境内的股份金融机构。居民或非居民管理的公司为购买马来西亚不动产筹措贷款时，其贷款金额不得超过购买资金的50%，并且此笔贷款应在3年内偿还。马来西亚居民只要未从国内借款，就可以自由向其他国家进行直接证券投资（以色列、南非除外）。如果马来西亚居民已借用国内贷款，其对外投资须经中央银行事先批准。

马来西亚不鼓励商业银行为那些不可能为经济发展带来长期利益的境外投资提供贷款，只鼓励商业银行将贷款用于提高马来西亚的生产能力。马来西亚商业银行根据外汇管理局批准的限额，可以保留1 000万到1亿林吉特的短期或长期外汇头寸。马来西亚居民可以从事各种形式的（如买卖、进出口、借贷等）黄金自由经营。

（二）进出口管制制度

1. 进口管制规定

马来西亚的进口管制可以分为绝对禁止进口、一般禁止进口和特殊情况下的申请进口。一般禁止是指：一般禁止进口，但经申请特殊进口许可证后可以进口。特殊情况下的申请进口是指：禁止进口，但在特殊情况下，经向贸易工业部申请进口许可证后才可进口。

2. 出口管制规定

马来西亚的出口管制可以分为绝对禁止出口、许可出口和被动配额许可出口。根据马来西亚政府法令，绝对禁止出口的产品有海龟蛋、珊瑚。此外，严禁任何产品出口到南非、以色列。许可出口是指必须有出口许可证才允许出口的产品；被动配额许可出口是指对于根据多边纺织品协定与欧共体、美国、加拿大、瑞典、挪威、芬兰、奥地利、澳大利亚、日本达成的双边配额项下的纺织品，实行被动配额许可证管理。

3. 海关规定

对于必须凭进口许可证进口的货物，货主必须填写有关单据，向海关署长委托的有关政府部门提出申请，海关凭有关政府部门官员签署的许可证准予进口；如属须经专项审批才可进口的物品，则由有关的审批机关签署审批文件，海关凭签发的文件放行。自由贸易区和保税工厂享有最低限度的关税管制，区内产品出口可免出口税，如销往内地则要补征进口关税，但区内企业可以向财政部申请免除进口税。

海关规定，不得在马来西亚半岛、沙巴和沙捞越之间运输活动物、植物、棕榈油、动植物油脂、人造奶油、汽油、润滑油。

（三）关税

在东南亚国家中，马来西亚的关税政策及非关税政策的宽松程度相当高。在非关税壁垒方面，马来西亚政府关于可享受优惠待遇的商品名单上属于可豁免关税的产品，经常也在海关被课以重税。可见马来西亚海关分类存在非标准化与随意性问题。在进口配额方面，马来西亚采用的方式比较灵活。

此外，马来西亚政府在关税政策方面也采取了一种低水平的保护政策，从而使马来西亚企业在国际激烈竞争中发展自己，进而保证了马来西亚经济健康、稳定地发展，并始终保持较高增长势头。同时应注意到，在经济发展过程中，关税政策是一把双刃剑，过低的关税和不加保护的贸易政策，在一定时期内会协助新兴产业的生存和发展，而过高的关税和过多的保护同样会人为地制造出一个缺乏竞争的环境，不利于新兴工业健康成长。

二、投资马来西亚的政策和法律

马来西亚政府于1968年先后颁布了《投资奖励法》和《自由贸易区法》，1986年又颁布了《投资促进法》。《投资促进法》对《投资奖励法》的规定作了许多修正，主要体现在投资方持股股权的变化。

马来西亚的相关法律法规还对外资企业规定了许多的奖励及优惠。根据1986年颁布的《投资促进法》，马来西亚为投资制造业、农业和旅游业的外商提供优惠，这些优惠主要体现在税收方面。

马来西亚工业发展局还设立了投资协调中心负责审批投资申请，审批投资申请的范围为制造业、综合农业、饭店和旅游业项目。

1997年亚洲金融危机后马来西亚吸引外资政策有了新的发展。为鼓励外来直接投资，马政府还放宽对其他一些行业外资股权的限制。对于投资于高科技领域的外资，政府采取积极鼓励的政策。

马来西亚鼓励投资于高科技产业、吸引内外资设立研发中心。此外，经核准供研发工作之用的建筑物，可获得工业建筑抵减之优惠；供研发用途的一切机械，其产生的资本支出费用可获得资本支出抵减。供作研发用途而须缴纳进口税、营业税及国产税的机械设备、原材料、零部件和样品等可豁免缴纳有关税务。

以下介绍马来西亚自由工业区的基本情况：

马来西亚政府在1990年制定了自由区法令以促进旅游业、制造业等以贸易为目的的免税区经济的发展。

1. 自由工业区是特别为制造业者从事生产或装配主要供应外销产品而设置的区域

为外销导向产业提供自由工业区，目的在于使区内从业者享受最低的关税管制，并可免税进口生产所需的原材料、零部件和机械设备，减少其制成品出口的手续。

根据规定，在自由工业区设立公司的条件为：(1) 其全部或至少80%的产品外销；(2) 大部分原材料或零部件需进口。截止到1999年年底，马来西亚共设立了17个自由工业区。

2. 保税工厂

如果企业根据自身的特点无法在自由工业区内设立工厂，亦可向政府申请设立保税工厂，以便与在自由工业区内的企业享受类似的便利条件。设立保税工厂的条件为：(1) 产品均为外销（其外销产值达60%以上的公司亦可考虑核准）。(2) 所需原材料或零部件大部分需要进口。

3. 自由工业区关税的缴纳

自由工业区出口的货物不需缴纳关税。若货物获准进入主要关税区以供本地消费，则须缴纳关税。

上述政策不适用于烟、酒和汽车工业。

马来西亚鼓励公司雇用本地员工。如果当地缺少外资公司所需要的员工，可以申请聘用外国人，并允许外资公司将一些重要职位永远保留给外国人。如果需要聘用外国员工，还必须具备三个条件，即有意发展产品、扩大生产范围、增加产量。外资公司必须遵守马来西亚有关知识产权保护和工业技术转让的规定。

第六节　司法制度与诉讼制度

一、审判制度

（一）法院设置及管辖

联邦司法权由最高法院（联邦法院）、高等法院以及依联邦法律规定设置的各下级法院行使，这三级法院都是国家司法机关。此外，还设有审理各种特殊案件的专门法院，包括特别军事法院、伊斯兰法院。沙巴和沙捞越没有独立的土著法院。

1. 下级法院

下级法院的组织体系的设立在西马来西亚和东马来西亚有所不同。

西马来西亚的下级法院包括头人法院、地方法院和推事法院。

头人法院是最低一级的法院，其审理案件的范围是：轻微刑事案件即处以25林吉特（合8.3美元）以下罚金的轻微罪行；标的极小的民事案件，诉讼标的不超过50林吉特（合16.6美元）的争议。

地方法院是头人法院的上诉法院并具有初审及民事管辖权，其权限大小根据主持法院是一级地方法官或二级地方法官而定。

推事法院与地方法院没有隶属关系，只是审理案件的范围不同：刑事案件方面，有权审判可处7年以下徒刑的罪行、某些特殊的罪行，以及预审对可控罪行的指控；民事案件方面，一般审判案件的诉讼标的不超过2 000林吉特（合660美元）的案件。

不服地方法院和推事法院的判决都可向高等法院上诉。

东马来西亚的下级法院分为：一级地方法官法院、二级地方法官法院、三级地方法官法院。

东马来西亚是土著民族和少数民族居住的地方，因而低等法院的设立比较有特色。许多地方实行行司合一即地方法官由县长兼任，没有独立的土著法院系统，专门审判违犯本土法律、习惯及伊斯兰法的案件，不设推事法院。沙捞越州的土著法院分为三级，上诉法院是驻扎官土著法院或者土著上诉法院［由一名高等法院法官并由其主持、有关省的驻扎官及一名土著头人组成］。在沙巴州，经土著法院受理的初审案件可向县长上诉，有些案件可向土著上诉法院上诉（由一名高等法院法官主持）。

地方法院还包括伊斯兰法院和行政法院，它们与低等法院不同之处是管理对象和管理的领域不同。各州都设立了伊斯兰法院，主要管理对象是伊斯兰教徒，管理范围是强制伊斯兰教徒遵守宗教仪式，并管理他们的家庭问题（主要是有关结婚与离婚的问题）。至于行政法院，可根据处理土地利用计划事宜设立行政法院；可依据某项法令而成立裁判庭，如医务委员会；可根据合同而成立法庭，如各工会的纪律委员会。

土地法庭，是马来西亚法院系统比较特殊的机构，各州都设有。其设立是基于马来西亚是联邦制国家，各州的土地所有权属于各州，联邦政府不得任意征用；而联邦政府需要征用州土地时必须征得州政府的同意，并且支付一笔地租及土地补偿费。该法庭由3名委员组成：一名主席，一名由联邦政府委任，一名由该州政府委任。主席必须具备的条件是现任、曾任或有资格担任联邦法院或高等法院的法官，并由联邦法院院长任命。联邦法院是土地法庭的上诉法院。土地法庭的惯例与程序，由法规委员会或其他专门机关规定。

2. 高等法院

马来西亚的高等法院主要包括两个具有同等管辖权与地位的法院，即设在西马来西亚的马来亚高等法院和设在东马来西亚的波罗州高等法院。前者的注册地在吉隆坡，后者的注册地在沙巴州与沙捞越州。

高等法院设有专职法官和若干司法专员。司法专员以任命方式产生。司法专员的任职资格是有严格规定的，他们必须具备担任高等法院法官的资格。司法专员享有并承担以下义务：遵守委任状所规定的限制与条件；拥有和享有等同于高等法院法官的权力和豁免权，在必要的情况下（他认为迫切需要）有权执行高等法院法官的职务；司法专员履行职务时所采取的任何措施，其效力等同于该法院法官所采取措施的权力。

高等法院的司法管辖权主要有：任何民事案件、刑事初审等管辖权。大多数民事诉讼由一名法官单独审理。高等法院是下级法院的上诉法院，在审理上诉案件过程中如果发现涉及公共利益的法律问题时，还可向联邦法院提出意见。审理制度实行多审终审制度，即当事人不服高等法院的判决，可再向联邦法院提出上诉。但如果是由下一级法院就此案再向联邦法院上诉，不必办理相关的手续，由高等法院承审法官出具有关证明或检察官出具证书，主要说明为了符合公共利益，该案所涉及的法律问题宜由联邦法院判决。

3. 最高法院

最高法院由以下人员组成：1 名贵族院长，2 名高等法院院长，6 名联邦法官。

最高法院的职权分为专属管辖权与咨询管辖权。前者包括：第一，受理并裁决对高等法院或高等法院法官的判决提出的上诉案件；第二，审查议会或州立法机关所制定的法律，并作出是否有效的裁决；第三，受理各州之间或联邦与各州之间的纠纷案件；第四，有权解释宪法，即对其他法院在诉讼过程中涉及的宪法效力问题作出裁决。最高法院的判决对其他一切法院都产生约束力。后者是指如果最高元首对宪法的任一条文的要旨有任何疑问，可向最高法院提交征询意见，最高法院应在法院公开庭上宣布他们关于宪法条文要旨的意见。

（二）法官的选任及程序

1. 法官的资格

是否曾有法律服务的经历对于是否能担任联邦法官十分重要，享有联邦法官资格应具备两个条件：第一，是马来西亚联邦公民；第二，在被任命前十年，有在法院担任辩护律师，或在联邦或州的司法与法律部门服务的经历。

2. 法官的任命

不同等级法院的法官的任命程序不一样。

联邦法院院长及法官、各高等法院院长及法官的人选由总理提出建议，征询统治者会议的意见并由最高元首任命。但高等法院法官的调任只需由最高元首根据联邦法院院长建议并征询两所高等法院院长的意见作出决定。

首席大法官有权向最高元首建议任命若干名最高法院编外法官，编外法官必须是在马来西亚司法界曾担任高级职务的人士，且任职不受 65 周岁的退休年龄的限制；为了司法利益的需要，首席大法官有权指定除高等法院院长以外的任何高等法官以联邦法官的身份审理案件。

联邦法院法官虽然实行终身制，但也不是绝对的，具备下列情形之一的可以被免职：第一，法官品行不端；第二，身心虚弱；第三，因其他原因等不能胜任法官职务的。联邦法院法官的任免程序是：由总理向最高元首提出建议，最高元首可任命成立一个特别法庭进行调查，并将总理的免职提议提交给特别法庭，由特别法庭调查后提出建议，最高元首根据此建议作出是否免除该法官的职务的决定。

3. 法官的待遇

联邦法官实行终身制，从任命开始直到65周岁退休为止，但违反法律规定的免职条款的不受此限。

（三）法院的行政事务

司法与法律委员会管辖司法与法律部门的所有公务员，该委员会是公共服务机构，由以下人员组成：（公共服务委员会主席、秘书分别兼任该委员会的）主席和秘书、总检察长（如果总检察长是议会议员或不是从司法与法律部门的公务员中遴选出来的，由副检察长代替）、其他委员（由最高元首征询联邦法院院长意见后，从现任或前任有资格担任联邦法院院长的法官、高等法院法官或曾任最高法院法官的人员中遴选出来）。

二、检察制度

（一）检察机构的设置及职能

联邦检察机关由总检察长一人、检察长（官）若干人以及分驻全国各中心区和地方的负责人（设在各中心区的称副主控官，设在地方的称督察长）组成。地方的检察机关的设立由各地的刑事诉讼法典规定，检察机关的组织、权力、工作程序基本上与联邦检察机关相似。为了完成总检察长作为公诉人的职责，根据刑事诉讼法典的规定，任命若干副检察长。

检察机关的职能：检察机关是马来西亚的公诉机关，兼有侦查、监督等性质。有权对刑事案件进行预先调查和侦查，决定被告是否羁押，监督审判的执行，并有权终止追究刑事责任，但不是对所有法院的刑事案件当事人的责任都可以终止追究，如伊斯兰教法院、土著法院和军事法院的诉讼。不是所有的案件都由检察院起诉，警察和各部法律执行机构的其他执行官员，如卫生部、移民部、道路交通部，也有权根据法律的规定行使部分诉讼权力。

总检察长的职权：对最高元首或内阁随时提交的法律问题向最高元首、内阁或任何部长提供建议，执行最高元首或内阁交办的任务以及宪法和其他成文法规定的职权；有权自行决定是否提出、进行或中止任何刑事案件的诉讼，但伊斯兰教法院、土著法院、军事法院的诉讼除外；在执行职务时有权出席联邦的任何法院或特别法庭。

在高等法院由副检察长起诉的案件通常为涉及1952年《危险药品法》的毒品走私案件、谋杀、绑架和有关火器的犯罪。在高等法院的上诉法庭和联邦法庭，副检察长也指导刑事上诉、刑事申请、修正和宪法问题的参考。

副检察长的工作基本上是以法院为基础的。为了追求公正，他们出庭参加许多案件的审判，他们有义务确保有效和公正的审判，确保防止对有罪人的无罪宣告和对无罪人的有罪判决。

下级法院的案件通常是由警察和产生案件的各种政府部门的检察官起诉。从1995年12月15日开始，由警察负责调查的开庭审理的案件都由隶属于州起诉机关的副检察长起诉。这样提高了起诉的水平，使起诉更专业。副检察长是否对一个人提出起诉，主要考虑的是证据的充分性和起诉是否符合公众利益。

（二）检察官的任命条件和程序

总检察长的资格：有资格出任联邦法院法官的人员。

总检察长的任命程序：由总理提出建议，然后最高元首根据建议任命。总检察长的任期不是终身的，任期长短的决定权属于最高元首，但他可以随时辞职，其免职理由和免职方式与联邦法院法官的免职理由和免职方式相似。

三、律师制度

1976年，在马来西亚从英国殖民统治下获得独立近二十年时，才有了第一批在本国接受教育的律师从马来西亚大学法学院毕业。

马来西亚律师规模比较小，这种状况部分是由于该国获得律师资格的条件带有限制性以及马来西亚法学院直到1972年才成立。获得律师资格的各种条件和各种管理律师业的规章制度一样，都是以法令形式订立下来的。马来西亚律师界只限于获得英国专业资格或者新加坡、马来西亚大学法学学士的人进入，从而把许多从英国、澳大利亚和新西兰各大学获得法学学士学位的马来西亚人拒之门外。

在马来西亚没有几个律师的业务是高度专业化的。许多人往往在着重某一类型业务的同时又常常涉及范围广泛的其他类型的业务。马来西亚律师的专业行为趋于保守，他们对诉讼往往采取消极而非积极的态度。

四、诉讼制度

（一）民事诉讼制度

在马来西亚，审判民事案件，如果是简单的案件，可以不开庭，双方不需要传召证人，证言录音呈交法庭即可审理。就法律效力而言，只要判决，就会依法生效，没有类似于我国的两审终审制。同很多国家一样，马来西亚也存在着执行难的问题。

马来西亚法官一年处理多少案件，完全因法官而异，主要看法官的工作态度，认真负责的法官每天都很忙碌。而且，马来西亚法律没有审理期限的规定，因此，在马来西亚，有些案件几年内都可能得不到处理，高效审理的案件有时也要一年，慢的则长达5年。

（二）刑事诉讼制度

马来西亚上诉庭的运作是从1994年6月24日开始的。

特别法庭是于1993年成立的，它的功能是审讯所有由统治者及最高元首所犯下的违法案件。特别法庭也审讯所有牵涉统治者及最高元首的民事诉讼。这个法庭由联邦法院院长主持。

1995年，马来西亚取消了陪审团制度，由法院依法决定被告人的行为是否构成犯罪。联邦宪法第5条保证了被告人有权获得辩护或者聘请律师为其辩护。

马来西亚在对毒品犯罪分子进行公诉和审判时，遵循马来西亚刑事司法的重要原则——无罪推定——进行，即被告人被假定为无罪之人，直到证明其犯罪为止。只有法律为了防止无罪推定带来的证明责任过度依赖控方而规定由被告人进行反驳时，举证责任才转移至被告人一方。如果被告人成功地进行了反驳，案件即被终止。

第八章 文莱法律制度概论

第一节 宪 法

一、宪法的产生和发展

文莱的政治制度基于两大支柱[①]：成文宪法与马来伊斯兰教君主制度。

18世纪中期起，文莱逐步沦为受英国支配的殖民地国家。英国殖民者染指文莱之后，对文莱的政治、经济体制进行了改革，尤其是1905年英国在文莱建立起“驻扎官制度”，使文莱的外交、行政、司法等内政大权先后丧失殆尽，其内外政策都由驻扎官操控，苏丹政权已名存实亡，完全处于英国的控制之下。

“二战”结束后，东南亚国家纷纷掀起了争取独立的斗争。在世界特别是东南亚国家民族独立运动的影响下，文莱人民也开始觉醒，他们要求摆脱英国的殖民统治，重新恢复文莱的国家主权和民族尊严。1959年3月，文莱苏丹陛下与英国政府就制宪和自治等问题在伦敦进行了谈判并作出协议，协议规定，文莱国内的一切权力都属于苏丹陛下；废除英国驻扎官一职，任命一名英国高级专员作为文莱政府的“顾问”；9月29日，文莱的第一部宪法正式诞生。经过长期的努力和艰苦的谈判，1984年1月1日，文莱宣告正式成为一个完全独立的国家，苏丹在独立时宣告，文莱永远是一个享有主权、民主和独立的马来伊斯兰教君主制国家。独立后宪法的基本条款继续有效。

文莱的第一部成文宪法于1959年9月29日颁布、实施后，曾于1971年和1984年两次进行过重要修改，1994年进行了审议，2004年9月又进行了一次重大修改。文莱宪法共包括十个部分，是文莱作为一个国家的根本大法。

二、国体

宪法规定，文莱的国体为马来伊斯兰教君主国，实行君主制立宪；苏丹陛下是国家元首，也是宗教领袖，拥有立法、行政和司法等全部国家权力；国家设立宗教、枢密、内阁、立法、王位继承5个委员会协助苏丹陛下理政，整个国家由苏丹陛下和王室控制。目前，哈桑纳尔·博尔基亚苏丹陛下身兼内阁首相、国防部长和财政部长，穆赫塔迪·比拉王储担任首相府高级部长，穆罕默德·博尔基亚亲王担任外交与贸易部长。这样，王室牢牢控制了国家的内政、外交、军事和财政大权，以保证国内的政治稳定。

---

① 文莱政府网，http://www.brunei.gov.bn/government/contitut.htm。

1984年独立后，随着国内局势的稳定，文莱政府逐渐放松了对政治的控制。1985年5月宣布允许政党注册和进行活动。随后出现了文莱国家民主党和文莱国家团结党。但由于各方面的原因，1988年文莱政府将国家民主党取缔，现仅存国家团结党。国家团结党自称是多元民族政党，支持君主制，主张建立一个民主的马来伊斯兰君主国，要求恢复议会选举。该党忠于苏丹王室统治，配合政府推行的政策，在必要的时候作为民间力量出来支持政府。该党党员总数不到一百人，自成立以来很少活动，影响不大。另有国民觉醒党和国民进步党两个小党。

三、立法机关

按照宪法，文莱的立法和颁布法律的权力由苏丹陛下所拥有。苏丹陛下在立法委员会的协助下，处理立法方面的事务。立法委员会行使监督权力，审议和通过苏丹陛下批准的管理国家、维护治安和秩序的法律。成立之初立法委员会由8名当然成员、6名苏丹陛下提名的有官职的成员、3名苏丹陛下推荐的无官职的成员、16名民选成员共33名成员组成，每届任期3年。1962年年底，文莱发生内部政治动乱，政府颁布并实施紧急状态法，立法委员会被停止运作，立法由苏丹陛下以“王室公告”方式颁布。1964年，立法委员会进行了改组，成员由33人减少到21人。1984年2月13日，苏丹陛下正式宣布终止立法委员会的存在。2004年，被解散了20年的立法委员会被恢复并举行了第一届会议，通过了宪法修正案。立法委员会的成员增加到45人，其中由苏丹陛下任命的议员30人、民选议员15人。

四、政府结构

文莱政府被称为“永不换届的政府”，内阁首相由苏丹陛下兼任；其内阁最早共设13个部委，即首相署、国防部、外交部、财政部、内政部、教育部、司法部、工业部、宗教部、发展部，文化、青年与体育部，卫生部、交通部。1998年司法部被撤销。

1984年文莱独立后成立内阁制政府，称“内阁大臣委员会”，由苏丹陛下任命内阁大臣（包括首相），对苏丹陛下负责，苏丹陛下可随时撤换内阁大臣。现任内阁于1988年12月由苏丹陛下改组而成，1989年1月进行了改组。2005年5月，苏丹再次改组内阁，新增首相府高级部长、能源部长、第二财政部长、第二外交部长4个职位，将国家大祭司、总检察长两职位由副部级升至正部级，并首次宣布所有内阁部长以及副部长的任期均为5年。2008年8月和2010年5月，苏丹对内阁略作调整。现内阁成员包括：首相、国防部长和财政部长（由苏丹兼任），首相府高级部长、外交与贸易部长、教育部长、卫生部长、发展部长、交通部长、工业部和初级资源部长、外交与贸易第二部长、首相府能源部长、宗教事务部长、内政部长，文化、青年和体育部长，首席大法官、国家大祭司。

五、司法体制

目前，文莱同时采用世俗和宗教两种法律制度。世俗法律制度以英国法律为基础，宗教法律制度则是以伊斯兰教习惯法为基础建立起来的。立法由苏丹陛下颁布，司法具有独立性。

文莱的司法机构分为中央和地方两级，各级法院的司法要员均由苏丹陛下任命。一般刑事案件在初等法院即治安法官法院审理，较严重的案件由高等法院审理。最高法院由上诉法院和高等法院组成；民事案件最终可上诉至英国的枢密院。文莱的伊斯兰法律制度专门用于裁决那些违反伊斯兰教教规的案件；伊斯兰法庭隶属于文莱宗教部，法庭本身拥有首席大法官及一个法官委员会。不服伊斯兰法庭判决者，可向宗教部上诉。

六、行政区划

文莱行政区划分区、乡和村三级。全国共由4个区组成：文莱-穆阿拉区、都东区、马来奕区和淡布隆区。各区设区长负责区内的日常行政事务，由内政部办公室统筹管理。区下面设乡，乡长由政府任命；乡下面是村，村长由村民民主选举产生。

文莱首都是位于文莱-穆阿拉区的斯里巴加湾市，原称文莱市，从17世纪起即成为文莱首都，1970年10月4日改为现名。斯里巴加湾市还是文莱全国的文化教育中心。

第二节　刑事法律

一、刑法概述

（一）刑法的概念

在文莱，刑法也有广义刑法与狭义刑法之分：广义刑法是指一切规定犯罪、刑事责任和刑罚的法律规范的总和，包括刑法典、单行刑法以及非刑事法律中的刑事责任条款。狭义刑法是指刑法典，即1951年制定的、期间又经过多次修改的《刑法典》。除《刑法典》以外，文莱还根据某些特殊需要制定了有关的单行的刑事法律，如于1982年颁布、实施的《防止贿赂法》，该法对贿赂罪、与贿赂罪有关的其他犯罪的犯罪构成要件、责任追究程序和处罚作了规定；另外还分别制定了《武器与爆炸物法》（1927年）、《反毒品法》（1978年）、《公共秩序法》（1983年）等特别刑事法律。另外在文莱的其他民事、商事和经济等法律中还对一些相应的犯罪及其处罚作了专门的规定。

（二）《刑罚典》的结构和主要内容

《刑法典》包括总则和分则。总则一共6章，第一章为序言，主要对刑法的适用进行了规定，适用于在文莱境内的犯罪，一定条件下也适用于在文莱境外的犯罪。第二章为一般解释，对《刑法典》中的一些重要术语和概念进行了解释。第三章为刑罚，规定刑罚的种类包括死刑、终身监禁、有期限的监禁、没收财产、罚金和鞭刑等。虽然文莱刑法中保留有死刑，但文莱事实上为废除死刑的国家。[①] 第四章为一般例外，对不属于犯罪行为的若干情形进行了详细的规定。在文莱，承担刑事责任的年龄是12周岁。第五章为教唆与犯罪共谋，对实施的各种教唆犯罪的行为根据不同的情况规定了不同的处罚方式，规定对共谋的成员按共谋实施的罪行进行处罚。

分则从第六章到第二十三章规定了不同种类的犯罪。第六章为危害国家罪；第七章为危害公共秩序的罪行；第八章为与陆军、海军、空军和警察有关的犯罪；第九章为与公共官员有关的犯罪；第十章为藐视公共官员法律权威的犯罪；第十一章为伪证和危害司法公正的犯罪；第十二章为与货币和官方标记有关的犯罪；第十三章为与度量衡有关的犯罪；第十四章为影响公共卫生、安全、便利、行为准则和道德的犯罪；第十五章为与宗教有关的犯罪；第十六章为侵害人身的犯罪；第十七章为侵犯财产的犯罪；第十八章为与文件或贸易或财产标志有关的犯罪；第十九章为违反执行合同义务的犯罪（已取消）；第二十章为与婚姻有关的犯罪；第二十一章为诽谤罪；第二十二章为与恐吓、侮辱和骚扰有关的犯罪；第二十三章为预谋犯罪。

---

① 参见陈兴良：《刑事法评论》，第23卷，北京，北京大学出版社，2008。

二、几类主要犯罪及处罚

（一）贿赂罪及其处罚

根据《防止贿赂法》的规定，贿赂罪主要指行贿与受贿两种行为，以及与受贿有关的拥有无法作出合理解释的财产罪。

(1) 关于贿赂的内容。在文莱，贿赂既包括物质性利益，也包括非物质性利益或好处，具体包括：一是金钱、礼品、贷款、有价证券及其他可被定义为动产或不动产的财产利益；二是官职、荣誉、雇佣、合同或服务以及达成给予雇佣或提供服务的协议；三是任何贷款、债务或其他义务全部或部分地付给、豁免、清偿或了结；四是任何有价报酬、折扣、佣金、手续费及红利；五是以索取金钱或者其他值钱或有价物品为目的的拖延行为；六是任何援助、投票、许可或发挥影响力或者假意答应援助、投票、许可或发挥影响力，以及许诺或同意给予或索取任何礼物、贷款、费用、奖赏、佣金等；七是任何意义上的其他服务、优惠或便利，包括通过行使或不行使任何权利及国家赋予其工作人员的权力和义务而使他人免予被诉或免受刑事制裁及纪律处分；八是任何提供、接受或者允诺提供或接受上述第一项或第八项规定的报酬。

(2) 关于贿赂罪的主体。本类犯罪主体是代理人或公共雇员。所谓代理人，是指被他人雇佣或为他人而活动的人，包括财产、业务等的受委托管理人、遗产管理人、遗嘱执行人以及服务于公共机构的人员，以及商务活动的人。所谓公共雇员，是指在文莱政府、政府所属各部门及任何根据文莱全国或地方生效的成文法律有权管理地方事务、从事公共卫生和公共福利活动，或者根据文莱成文法律有权管理属于文莱政府所有的资金及其他通过税收和收费积累起来的各项资金的法人、理事会、董事会、委员会或其他机构的永久性或临时性的一切雇员。

(3) 对贿赂犯罪的处罚。从《防止贿赂法》的刑罚设置来看，文莱对贿赂犯罪的处刑可谓严而不厉。所谓“严”，是指该法对各种贿赂行为均设定了刑罚，规定了财产刑与自由刑的并科制度，使其无一能逃脱惩罚；所谓“不厉”，是指文莱对贿赂犯罪的处罚均限于财产刑与中、短期自由刑。根据《防止贿赂法》，对一般的贿赂犯罪处 3 万元罚金和 7 年监禁，而对加重处罚的贿赂犯罪也只处 3 万元罚金和 10 年监禁；没有无期自由刑和生命刑。

（二）违反《公司法》的犯罪及其处罚

公司法作为规定在文莱的公司和公司登记的法律，对各种违反强制性规定的行为规定了处罚的标准，对性质情节严重的行为规定了相应的刑事责任，其中主要有两类：

1. 仅处以罚金的轻微犯罪行为

公司和公司中每一雇员如果或是故意，或是只要违反了公司法的规定，都可以受到数额不等罚金的处罚，《公司法》对普通人员规定的罚金处罚都比较轻，罚金额都较少，一般为 200 元以下；但如果是公司的“高管”，如公司的董事、经理、秘书等人，尤其是明知违反规定而故意实施违法行为的，《公司法》规定的罚金处罚都比较重，罚金额一般都在 1 000 元～5 000 元。文莱公司法中的罚金刑都是拘束性的，没有规定可由执法者自由裁量的幅度。

2. 既可以处以罚金，又可以处以监禁的行为

文莱《公司法》对于违法行为性质或是社会影响恶劣的严重违法行为，规定了不仅可以处以数额较多的罚金，还可以对行为人处以监禁。如，公司的董事如果没有采取合理措施保证公司遵守有关账册或账簿保存规定的，以及未按规定在法定时间内向股东大会提交利润、损失账

目和资产负债表的，将被处以监禁 2 年或者罚金 5 000 元的处罚；任何人自己实施或者煽动、介绍他人实施违反规定认购或购买股票的行为，要被处以罚金 2 000 元和监禁 6 个月的处罚，对于实施这样行为的累犯，则要处以罚金 5 000 元和监禁 1 年的处罚；任何人实施了违反招股说明书的发行、流通、分配或者股份、债券申请表的发行的违法行为，应当被处以 5 000 元罚金和监禁 2 年的处罚，等等。

（三）违反《所得税法》的犯罪及其处罚

文莱《所得税法》对于犯罪及其处罚作了详细、明确的规定。

1. 犯罪与处罚的一般规定

任何人违反了文莱《所得税法》对不同行为有关要求的规定，又没有正当理由的，视为犯罪，被证明有罪后将承担 1 万元的罚款，并因没有交纳所得税被判处监禁 1 年。

2. 对犯罪与处罚的特殊规定

（1）对错误报告行为的处罚。没有正当理由省略或未如实报告其应纳税收入的人，以及对于涉及其本人、合伙人或其他人的纳税义务提供虚假报告的人，将被判有罪，并将承担 1 万元的罚款，并补缴因此少缴税款 2 倍的税款，监禁 12 个月。

（2）对欺诈行为的处罚。下述行为是带有欺诈性质的犯罪：故意逃税或支持他人逃税；在法律规定的报告中省略应该包括的收入；在法律规定的报告中作虚假声明或账目；在法律规定的报告中作口头或书面的虚假答复；准备、持有虚假账册或记录，授权制造虚假账册或记录；使用欺诈、诡计或奸计或授权他人使用欺诈、诡计或奸计。在证明有罪后每个犯罪行为人将承担 1 万元罚款，并补缴其因此少缴税款 3 倍的税款，并处以监禁 3 年。

（3）对税收征管人员犯罪的处罚。被任命对税收进行征管的人或与所得税的评估和征收相关的受雇助手实施以下行为的，被视为犯罪：向某人征收超过其应缴所得税税额的税款；私自扣留其征收的所得税；对其所征收或接受的所得税作出口头或书面的虚假报告；欺诈某人或在其他方面利用其地位使他人错误地对待收税员或任何其他人；没有得到法律授权而征收或企图征收所得税。犯罪者将被处以 1 万元罚款和监禁 3 年。

第三节　民商法

一、公司法

文莱的公司法包括规范普通公司的《公司法》和规范一些特殊公司的公司特别法如《金融公司法》，另外还在其他法律中规定了特殊公司的内容，如文莱《土地法》中规定了土地公司。这里只涉及《公司法》的规定内容。

文莱《公司法》于 1956 年制定或通过，于 1957 年 1 月 1 日生效，期间经过多次修订。该法是一部规定在文莱的公司和公司登记的法律，其宗旨是控制和规范公司成员和公司之间以及公司和它的贷款者之间、公司和公众之间的关系，规定了文莱以外的公司在文莱开展业务的条件，总体控制在文莱当地注册的公司或在文莱开展业务的公司的运作。

（一）公司的概念和分类

在文莱《公司法》中，“公司”是指根据该法组成和登记的公司。[①] 综合该法的相关规定

① 参见文莱《公司法》。为简约起见，以下涉及引用该法的规定时不一一再作注解。

可以看出，文莱的公司是指：依法设立，一般由两个或两个以上具有任何合法目的的主体结合在一起，将他们的名称签署进组织简章，并且遵守《公司法》关于公司登记的规定的组织体。

适应经济的发展需要，文莱《公司法》规定了公司的不同种类：

1. 私人公司和非私人公司。私人公司就是不能公开招募股份的公司。在文莱《公司法》中，任何两人或两人以上，可以组成一个私人公司。对于私人公司，法律作了限制性规定：股东的人数不超过 50 人；限制股东转让股份的权利；禁止向公众发出认购公司股份或债券的邀请。非私人公司就是指可以公开招募股份的公司。7 个或 7 个以上的人可以组成一个非私人公司。

2. 股份有限公司、担保有限公司和无限公司。股份有限公司是指公司的股东以其所持股份对公司承担责任，如果公司股东各自持有的股份的应付资本还未付清，公司成员的责任按照备忘录中确定的数额确定的公司；担保有限公司是指公司股东的责任由公司备忘录限制，依据公司清算时各个股东分别投人公司的财产来决定股东责任的公司；无限公司是指一个股东对公司债务承担无限责任的公司。

3. 持股公司和附属公司。持股公司是指直接持有或者通过一个或多个任命的人在附属公司中持有股份的公司。对于持股公司，文莱《公司法》明确规定了其特征，即当公司的资产中包含另一个公司的所有或部分股份，无论是直接持有还是通过指定的人持有，并且：当这样持有的股份的数额在持股公司账目作出时已经超过另一家公司发行的股份资本的 50%以上，或者使这家公司享有另一家公司 50%以上的表决权；或者公司有权（不是仅仅由于债券信托合同的条款或者因向它发行的股份被授予的权利）直接或间接地任命另一家公司的大部分董事。在这当中的“另一家公司”就是文莱《公司法》意义上的附属公司。

4. 依照文莱《公司法》设立的本国公司和依照其他国家公司法设立而在文莱有确定经营场所的公司。

（二）公司取得法人资格的条件

公司取得法人资格，才能以公司的名义进行各种经济活动，享受相应的权利并履行相应的义务，从而达到或实现设立公司的目的。文莱《公司法》规定，取得法人资格需要具备以下条件：

1. 认股人的人数

私人公司的认股人应当在两人或两人以上，但不能超过 50 人；其他非私人公司的认股人应当为 7 人或 7 人以上。法律对非私人公司没有人数上限的限制。

2. 认股人认购公司一定的股份

文莱《公司法》对设立公司没有最低股份的要求，但是，却对各种公司认股人对公司股份的认购作出规定。如果公司是具有股份资本的公司，公司拟在登记注册时要明确资本数额并划分成等额股份的股份数，而且每个认购者认购的股份不能少于一股。

在各种类别的公司中，股份有限公司都是具有股份资本的公司，而无限公司或者担保有限公司可能有股份资本，也可能没有股份资本。没有股份资本的无限公司和担保有限公司可以不必确认发起人认购的股份数，但是在公司的相关法律文件中必须声明公司计划登记的股份资本数额或股东的数目。

3. 进行登记

公司要按照《公司法》的规定，对公司的相应事项向登记官进行登记。“登记官”是指由部长在政府公报上公告任命的负责依据公司法对公司进行登记的官员和其他官员。公司一旦经过登记，就取得法人主体的资格。

（三）公司的股东

1. 股东的种类

文莱的公司股东有两种类型：一种是原始股东，即公司成立时就认购公司股份的认购人；另一种是非原始股东，即公司成立之后才加入公司成为公司股东的人。文莱《公司法》规定：公司备忘录中的认股人同意成为公司股东，一经登记便被认为是公司股东。

2. 股东的责任

股东承担什么样的责任应当在公司备忘录中规定。为保护债权人的合法权益，文莱《公司法》对股东向公司承担的连带责任作了专门规定。如果私人公司的股东人数减少到两人，其他公司的股东人数减少至7人，公司继续营业超过6个月，且在此期间股东已经认识到公司股东仅两人或7人，那么，股东应对此期间产生的公司债务承担连带责任，并可就此被债权人连带地提起诉讼。

（四）公司的董事和经理

1. 董事

文莱《公司法》规定，公司必须有至少两名董事，而且，根据2010年12月31日生效、修改《公司法》的新法案，在文莱注册公司的董事会构成中，至少两位中的一位（如仅两位董事），或者至少两位（如超过两位董事）必须为本地公民。

董事必须具备法律规定的资格和条件：持有符合公司章程规定的股份。尚未取得这个条件的董事，应当在被任命后的2个月内或者公司章程规定的更短的时间内获得符合公司章程规定的股份。如果在被任命后的2个月内或者公司章程规定的更短的时间内未获得符合公司章程规定的股份的人担任了董事，就要受到罚金的处罚。

2. 董事和经理的登记

《公司法》要求董事和经理任命之后，必须进行登记，其任职才合法有效。每个公司都应当在其登记的办公室里保存一份董事或经理的登记；并且向登记官提交一份以规定的形式记载详细情况的汇报，以及向登记官提交以规定形式作出的董事或经理变更登记任何情况的通知。董事或经理的登记对公司的任何成员免费开放查阅，对公司以外的其他任何人付费开放查阅。

3. 董事和经理的责任

文莱《公司法》规定，董事和经理的责任形式可以通过公司的备忘录规定。如果备忘录作了规定，有限公司的董事和经理或者经营董事的责任可以是无限的。在有限公司中承担无限责任的董事或经理人接受职务或任职之前，公司的发起人、董事、经理和秘书要通知其承担的是无限责任。

（五）公司会议及其程序

按照文莱《公司法》的规定，公司会议包括三种：年度会议、法定会议、股东特别大会。

1. 年度会议

每一个公司每年至少应当举行一次全体会议，并且与上一次召开全体会议的最后时间的间隔不超过15个月。如果公司不按规定举行年度会议，法院可以根据公司任何成员的申请，命令或指示公司召集全体会议，并且公司和公司中知情的董事将受到罚金的处罚。

2. 法定会议

除了私人公司以外，每一个股份有限公司和每一个具有股份资本的担保有限公司应当在从公司有权开展业务之日起的不少于1个月、不超过3个月的时间内举行公司成员参加、被称为法定会议的全体会议。董事应当至少在召开法定会议的7天前提交“法定报告”给公司所有的成员。

3. 股东特别大会

公司董事应当根据申请日时持有不少于公司付清资本十分之一的股份且在股东大会有表决权的股东的申请，或者当公司没有股份资本时，代表不少于具有股东大会表决权的股东十分之一的董事的申请，立即召集公司的股东特别大会。股东特别大会应当在收到申请后的21天内举行。

4. 会议的决议

按照文莱《公司法》的规定，公司会议采取由多数表决通过的方式通过会议作出的决议。会议决议有两种：非常决议和特别决议。变更备忘录中有关公司经营项目的条款、增加公司章程的内容、变更公司名称、决定尚未募集的公司股份资本不再募集、将发行的公司股份资本用于支付工程款和工厂的供货款、减少公司资本，以及就公司必须由特别决议决定的法定事项，只能采取特别决议的方式作出决定。

二、合同法

合同法是指调整合同法律关系的法律规范的总和。文莱《合同法》于1939年4月17日正式生效，并于1984年进行了修订。文莱《合同法》解释道：(1) 这部法律可以援引为合同法；(2) 这部法律中的规定不会影响与该法规定不一致的任何法律中的规定和任何商业惯例，或者任何合同中的附属事务。

(一) 合同的订立

根据文莱《合同法》，通过要约和承诺，同时具备按照要约人的意愿，被要约人或者其他任何人已经作为或放弃或者承诺作为或放弃某事，这种作为或放弃或者承诺被称为对要约的对价，每个要约和一系列的承诺彼此构成对价，这时构成一个协议，而且这一协议应是根据法律可执行的，称为合同。①

合同订立一般经过要约和承诺两个步骤。要约，是为了获得他人对他实施或放弃某一行为的同意，某人对他人表示将做或放弃某事的意愿，也就是指一方以缔结合同为目的，向另一方发出签订合同的意思表示。承诺，是指当接受要约的人表示同意接受时，要约变成承诺。作出要约的人叫要约人，接受要约的人叫被要约人。

根据文莱《合同法》，要约的通知、接受和撤销以及承诺分别被认为是一方当事人通过作为或不作为方式而实施的提议、接受、撤销的行为，通过这种行为他意图通知这种要约、接受或撤销，或者具有通知的效力。

1. 要约的通知

一方当事人以缔结合同为目的，向另一方发出签订合同的意思表示后，当被通知人认识到通知的到来时，要约的通知完成。

2. 要约的接受

要约的接受即承诺完成，承诺完成意味着合同成立。根据文莱《合同法》，为了能将一个要约变为一个承诺，承诺必须：(1) 是绝对的和无条件的；(2) 应当以通常的和合理的方式表示，除非要约规定了承诺的方式。

3. 要约的撤销

要约人发出要约以后，如果符合法定情形，要约可以被撤销，要约被撤销，要约的效力即

① 参见文莱《合同法》。为简约起见，以下涉及引用该法的规定时不一一再作注解。

被终止，不能再发生合同成立的效果。根据文莱《合同法》的规定，要约被撤销的法定条件是：(1) 由要约人将撤销通知交给另一方；(2) 在要约中规定了承诺的期间，或者没有规定时间，经过一段合理期间后没有承诺的通知；(3) 承诺人在承诺前没有完成一定的条件；(4) 承诺人在承诺前知道了要约人死亡或精神失常的事实。

4. 承诺的撤销

承诺的撤销是承诺人阻止承诺发生法律效力的意思表示。承诺到达要约人时发生效力，双方当事人有履行合同的义务，所以，受约人撤销承诺的通知必须先于承诺到达要约人，才发生撤销的效力。因此，文莱《合同法》规定，"对于承诺人来说承诺可以在承诺通知完成之前的任何时候被撤销而不是在此之后"。

（二）合同的有效要件

根据文莱《合同法》的规定，合同的有效要件包括：

1. 有订约的意图

合同必须是由有权利能力的当事人的自由意思决定的，而且要由两个或两个的人对同一事务基于同样意义达成一致，表示同意，否则，如果违背当事人的自由意思或订约意图，或者当事人之间没有形成一致意见，合同就不能成立。

2. 有合法的对价

根据文莱《合同法》的解释，合同的对价是合法的就意味着：(1) 未被法律禁止；(2) 未造成对法律的规避；(3) 不是欺诈性的；(4) 没有卷入或隐含着对他人或他人财产的侵害；(5) 没有被法庭认为不道德或违反公共政策。

3. 有合法的标的

合同标的合法是指合同所涉及的财产或权利不仅不是被法律禁止的，而且应当是当事人有权进行处分的财产或权利，并且该标的不存在对他人权利的侵害。也即是说，当事人在订立合同时，标的不能存在着权利瑕疵，不能卷入或隐含着对他人或他人财产的侵害。

4. 当事人有订约的能力

根据文莱《合同法》的规定，合同订立人应当是成年人并且心智正常，也没有任何法律规定他没有订立合同的资格，那么该人才具有订立合同的权能。

（三）合同的效力

1. 可撤销合同

在文莱《合同法》中，当对协议的同意是由胁迫、欺诈、误传及不正当影响诱导造成的，这个协议构成一个可撤销的合同。撤销权通常由因意思表示不真实而受损的一方当事人享有，如欺诈、胁迫、误传、不正当影响行为中的受害人。

合同存在可撤销事由时，谁行使撤销权？文莱《合同法》作了规定：

(1) 于由胁迫、欺诈、误传形成的合同。对协议的同意是由胁迫、欺诈、误传造成的，就构成一个可撤销的合同，这种情况下，被胁迫、被欺诈、被误传的一方当事人具有的撤销选择权。

(2) 于由不正当影响形成的合同。对协议的同意是由不正当影响导致的时，也是一个可撤销合同，由被导致同意的一方享有撤销选择权。

(3) 于双方都存在误解的合同。如果协议双方对协议的有关主要事实都有误解，合同就是无效的。如果合同是仅仅由合同一方对事实的误解而造成的，则合同是不可撤销的。

2. 无效协议

无效协议是指协议因欠缺一定生效要件而当然不发生效力，但不包括合同事后被撤销后导致的无效。根据文莱《合同法》的规定，导致无效协议的原因主要有：(1) 协议的对价违法。(2) 协议没有对价。有合法的对价是合同有效的一个条件，一般来说，没有对价的协议是无效的。(3) 限制他人从事合法职业、贸易、生意的协议。(4) 限制通过正常的法律程序行使权利和限制行使权利时间的协议。(5) 内容不确定的协议。(6) 赌博协议。(7) 其他原因。如约定实施不可能的行为的协议，约定实施某一行为的合同在合同订立后该行为变为不可能，等等。

3. 不确定的合同

根据文莱《合同法》的规定，不确定合同实质上就是附条件的合同，即当事人对合同的效力可以约定附条件。不确定合同包括：(1) 以将来可能发生不确定的事件作为条件的合同。(2) 以将来不可能发生不确定的事件作为条件的合同。(3) 以在固定的时间内不确定的特定事件的发生作为条件的合同。(4) 以在固定的时间内不确定的特定事件的不发生作为条件的合同。

(四) 合同的履行

1. 合同履行的要求

文莱《合同法》规定，每个当事人履行合同必须符合相应的要求：(1) 合同的履行必须是无条件的；(2) 必须在适当的时间和地点作出，并且被提供履行的一方当事人可以有合理的机会确信提供履行的一方当事人能够并且愿意在此时此地履行其所承诺的全部内容；(3) 如果这种提供履行是对被承诺人交付任何物品，那么被承诺人必须有合理的机会保障被提供的物品就是承诺人承诺交付的物品。

2. 合同履行的主要规则

根据文莱《合同法》的相关规定，合同履行的主要规则有：(1) 根据合同性质，如果合同约定当事人所作的任何承诺都应当由被承诺人亲自履行，那么这种承诺必须由被承诺人履行。(2) 如果合同约定承诺人履行承诺不需要被承诺人的请求，并且履行时间不特定或者履行地点不固定，那么，承诺就必须在合理的时间或合理的地点被履行。(3) 当有几个连带关系的被承诺人中的一人履行了合同时，该人的履行对所有被承诺人有相同的法律后果；当两个或两个以上的人作出有连带关系的承诺，承诺人在没有明示的相反约定时，可以强制有连带关系承诺的承诺人中的一人或几人履行所有的承诺内容。(4) 当合同中包含同时履行的互惠性的承诺时，承诺人只有在被承诺人准备并且愿意履行其互惠性承诺时才需要履行自己的承诺；如果互惠性承诺的履行顺序是合同明示的，承诺应根据顺序被履行，如果合同没有明示履行顺序，承诺应当根据交易性质要求的顺序履行。

(五) 合伙

文莱法律中的合伙是作为合同关系的一种，在《合同法》中加以规定。

1. 合伙人之间的关系

按照文莱《合同法》的规定，每一个合伙人都是合伙事务的执行人。每一合伙人实施了对合伙事务必要的或在合伙事务中通常实施的行为，就如同他是其他合伙人委托的代理人而从事了合伙事务。合伙人也可以通过合同约定合伙事务的执行人，以限制合伙中其他任何一个人的权利，但是，合伙执行人违反合伙人的约定作出的行为，对于合伙组织和知道该协议的人是没有约束力的。

2. 确定合伙关系的规则

合伙人之间的关系由合伙人在合伙合同中约定，在合同没有约定的情况下，合伙人之间的关系由下列规则确定：(1) 合伙人的合伙财产包括两部分，即一开始以金钱的形式投入合伙和为了合伙事务的目的而获得的财产。每个合伙人对合伙财产的份额是他们开始投入合伙的财产加上或减去利润和亏损。(2) 所有的合伙人有权平等地分享合伙产生的利润，也必须平等地承担由合伙产生的亏损。(3) 每个合伙人都有权参加合伙事务的管理；每个合伙人应当勤勉地管理合伙事务，并且无权要求管理的报酬；合伙人对有关合伙的普通事务出现分歧时，应当根据多数合伙人的意见决定，但是改变合伙组织性质的决定必须由全体合伙人一致通过。

3. 合伙解散

根据文莱《合同法》的规定，在有关合伙的诉讼中，法院可以以下列理由解散合伙：(1) 某一合伙人成为精神不正常的人；(2) 某一合伙人除了合伙的诉讼外，已经被根据有关破产的法律判决破产；(3) 合伙人除了合伙的诉讼外，实施了致使该合伙人所有的利润被依法转移给第三方的任何行为；(4) 某一合伙人已经没有能力履行合伙合同中他应履行的义务；(5) 合伙人除了合伙的诉讼外，还对合伙组织或其他合伙人犯下了重大的错误；(6) 合伙组织一直亏本。

4. 合伙解散的后果

当既存在由合伙组织产生的连带债务，也有合伙人的个人债务时，合伙财产应当优先用于偿还合伙债务，如果还有剩余，再按照每个合伙人的份额偿还他的个人债务。当合伙人主张解散合伙时，法院可以在合同没有相反约定的条件下对合伙事务进行清算，清偿债务，根据合伙人的份额分别分配剩余的财产。

三、知识产权法

文莱于 1994 年和 1995 年分别成为世界知识产权组织和 WTO 的成员。在这之后，为了达到《与贸易有关的知识产权协定》所规定的知识产权保护最低标准，文莱着力于对原殖民地时期的知识产权相关法律制度进行了全面的修改，目前已经形成了一整套与世界知识产权保护规则基本接轨的知识产权法律体系。

（一）商标法

文莱于 1953 年按照英国的《商标法》制定了自己国家的《商标法》，至此商标保护制度建立起来。2000 年 6 月 1 日，文莱颁布的新的《商标法》开始生效（第 75～81 条除外）。该法对注册商标法律制度、驰名商标的保护、商标的行政管理、与进口侵权商品有关的诉讼和总则等内容作出了规定，还对其中涉及的相关法律概念等作出了专门解释和规定。该法共 108 条，另加三个附则。

1. 商标的含义

在文莱的《商标法》中，“商标”是指任何能够将自然人、法人或者其他组织的商品或服务与他人的商品或服务区别开的可视性标志，包括文字（也包括人名）、图形、字母、数字或商品的形状及包装。① 法律保护的商标不包括音响商标和气味商标等非视觉可辨认的标志。文莱《商标法》中还规定了集体商标和证明商标。

2. 注册商标

商标权通过注册制度而取得，属于国际通行做法。文莱也不例外。自然人、法人或者其他组织要取得注册商标的财产权，就必须依照法定的程序和要求向负责管理商标的注册的商标注册局长（以下简称注册局长）进行商标登记。没有经过登记的商标，不能成为注册商标。

---

① 参见文莱《商标法》。为简约起见，以下涉及引用该法的规定时不一一再作注解。

3. 商标权的取得程序

（1）注册申请的提出。申请应包括：商标注册请求；申请人的名称和地址；与寻求注册的商标有关的商品或服务的申明；该商标的图样。

（2）申请日的确定。申请商标注册的申请日期是申请人向注册局长提交符合规定的各种文件的日期。如果文件是在不同的日期提交给注册局长的，则申请日应为这些日期中的最后一个日期。优先权保护是各成员国和各成员经济体申请人所享有的一项权利。文莱属于《保护工业产权巴黎公约》（简称《巴黎公约》）成员国，其商标法也根据《巴黎公约》和《与贸易有关的知识产权协定》规定了优先权。

（3）申请的审查。按照文莱《商标法》的规定，注册局长应审查商标注册申请是否符合该法的要求。如果注册局长认为申请不符合注册要求，应通知申请人，并给予申请人一个机会，令其在注册局长规定的期限内，作出陈述或修改申请。如果申请人未能满足注册局长的要求，或未修改申请，或未在规定期限到期前作出陈述，注册局长应拒绝接受该申请。如果注册局长认为申请符合注册要求，则应受理该申请。

（4）公告、异议程序和意见。注册局长在受理注册申请后，应以规定的方式公告该申请。自申请被公告之日起的规定期限内，任何人可以向注册局长提出反对该商标注册的异议书。异议书应为规定的书面形式，并应包括异议的理由。

（5）注册。当申请已依法被受理，并且在规定的期限内无人对公告的申请提出异议的，或所有异议程序均已撤回，或异议的裁定对申请人有利的，注册局长应将该商标予以注册，除非注册局长自受理该申请以来注意到有关事宜，认为当时是错误地受理了该申请。商标一旦注册，该注册商标注册日期为申请日期；该日期在该法中应为注册日期。在商标注册时，注册局长应以规定方式公告该注册，并给申请人发注册证书。

4. 不能取得注册的商标标志

按照文莱《商标法》的规定，存在下属情形，一律不予注册：不能与他人的商品或服务区别开来的标志；没有任何明显特征的商标；仅在贸易中用来表示商品的种类、质量、数量、用途、价值、产地、商品生产或服务的提供时间或者商品或服务的其他特点的标记；已成为当代语言或行业中的善意的惯例和通常表述的标记。

如果商标由下列各项情形构成，未得到同意不予注册：文莱的国名、徽章和图案；国旗、军旗和勋章；皇室成员的肖像；可能会使人们认为申请人已经或最近已获得皇家的恩赐或授权的文字、字母或图形；《巴黎公约》成员国和WTO成员方国徽或某一国际组织徽章，等等。

根据文莱《商标法》，以下各项属于相对不予注册的理由：如果一个商标与另一个在先商标相同，并且所申请的商品或服务与该在先商标被保护的商品或服务相同；如果一个商标与某一在先商标相同或近似，并将要注册在与该在先商标被保护的商品或服务相同或近似的商品或服务上，存在公众混淆的可能性；一个商标与某一在文莱享有一定声誉的在先商标相同或近似，而这个商标与在先商标被保护的商品或服务不类似，将要注册的商标会不公平地利用在先商标的显著性或声誉或者对该显著性或者声誉产生有害的影响；等等。

根据文莱《商标法》的规定，“在先商标”是指申请注册的日期比有争议的商标的申请日期早的已注册商标；在有争议商标提出注册申请的申请日或要求的优先权日之前，已有权享有《巴黎公约》驰名商标保护的商标。

5. 注册商标的有效期和续展

注册商标的有效期是自注册日起10年。注册商标可以应注册商标所有人的要求进行续展，但须交纳续展费用。在注册期届满之前，注册局长应将期满和注册可被续展的方式通知注册商标所有人。如果未提出续展请求，所有人可在规定的延期期限（不少于6个月）内提出续展请求，交付费用。续展每一个周期为10年。

6. 注册商标的放弃、撤销和无效

文莱《商标法》规定，注册商标所有人可以部分或全部放弃该注册商标及服务。

注册商标可以基于下列任何原因被撤销：自注册程序完成之日起5年内，注册商标所有人或经其同意者未在文莱真正使用其注册商标所及的商品或服务，并且该“未使用”缺乏正当理由；使用后已在连续5年期内缺乏正当理由中止；由于注册商标所有人的作为和不作为，该商标已成为所注册的商品或服务的通用名称；注册商标所有人或经其同意的人在有关的商品或服务上使用注册商标可能会误导公众。

按照文莱《商标法》的规定，任何人均可向注册局长或法院提出要求宣布注册商标无效的申请。如果商标注册违反《商标法》的有关规定，注册局长或法院可以宣布该注册商标无效。

7. 注册商标的保护

保护注册商标必须制裁商标侵权行为。根据文莱《商标法》的规定，侵犯注册商标的具体表现有：(1) 在贸易过程中使用与某注册商标相同的标记，并且其商品或服务与注册商标所涉及的商品或服务相同；(2) 在贸易过程中使用了与该注册商标相同，并且使用的相关商品或服务与该注册商标所涉及的商品或服务近似，或者与该注册商标近似，并且使用的相关商品或服务与该注册商标所涉及的商品或服务相同或类似，存在引起公众混淆的可能性的标记；(3) 在贸易过程中使用了与该注册商标相同或近似，并且所用于的相关商品或服务与该注册商标所涉及的商品或服务不近似的标记，而且该商标在文莱享有一定声誉，如没有正当理由，该标记的使用会不公平地利用该商标的显著性或声誉，或对该显著性或声誉产生有害的影响；(4) 将某一注册商标用于供商品标签或商品包装用的材料上，用于作商业文书用的材料上，或用于为商品或服务做广告的材料上，当使用人使用该商标时，知道或应当有理由相信该商标的使用并未经注册商标所有人或许可人的正式授权，则应被作为侵犯注册商标的行为的一方对待。

对注册商标的侵权可以由商标所有人提起诉讼。在侵权诉讼中，被侵权的商标所有人可获得的救济手段如损害赔偿、禁令或类似的在其他财产权受侵犯时的救济方法。具体说，根据商标所有人提起的诉讼，法院可责令侵权人消除侵权标记；如果消除侵权标记不可行，应销毁侵权商品、材料或物品；如果消除侵权标记或销毁侵权商品、物品的命令不可行或不会被执行，法院视情况可命令将侵权商品或物品移交给法院指定的人。

8. 驰名商标的法律保护

根据文莱《商标法》的规定，在相同或类似商品或服务上，某一商标与驰名商标或其主体相同或近似，如果该商标的使用可能造成混淆的，那么依据《巴黎公约》享有驰名商标保护的商标所有人有权依照禁令，限制该商标在文莱的使用。

9. 违反商标法的行为及其处罚

文莱《商标法》对商标违法行为作出了具体规定，包括：以自己或为别人获利为目的，或有意给他人带来损失，并且未经商标所有人同意而使用他人注册商标的违法行为；伪造注册簿的违法行为；虚假声称某一商标是注册商标的违法行为；伪造别人使用的注册商标的违法行为；制造或拥有仿造注册商标的工具的违法行为；进口或销售标有伪造注册商标的商品的违法行为；错误地使用了用于服务的注册商标的违法行为；未经授权使用有关名称、徽章、图案、旗帜以及文字、字母或图形的违法行为，等等。

对于违法行为，文莱《商标法》规定了相应的处罚措施，包括监禁和罚款。

（二）专利法

1925年，文莱以英国、新加坡、马来西亚三个国家的专利保护制度为基础，通过了《发明保护法》，建立了专利保护制度。1999年，文莱在原来《发明保护法》修改、完善的基础上制定了现行的《专利法》。该法对授予专利权的条件、专利的申请与授权程序、专利权的内容、专利产品合同、专利许可实施及合理使用、专利侵权、专利权撤销与有效性、专利国际协定条款、专利法律诉讼、专利代理人制度及管理机构等内容作出了全面规定，内容丰富、完备，共20部分、117条。

1. 专利管理机构

文莱《专利法》设立专利注册官员对专利注册进行专门管理，具体方式是设立1名专利注册官员，对专利注册处进行总负责；另设副专利注册官员若干名，行使专利注册官员保留之外的所有权力和职能。上述官员都由苏丹陛下任命产生。[①]

2. 授予专利的条件

一项发明能否被授予专利，取决于它是否满足专利法的有关规定，下列事项由于其不是发明或违反法律禁止性规定而不能被授予专利：(1) 发现、科学理论或者数学方法；(2) 文学作品、戏剧作品、音乐作品、艺术作品，或者任何其他美学创造物；(3) 经营业务的计划、游戏规则或者方法；(4) 纯描述性信息；(5) 违反法律和社会公共秩序的发明。

文莱《专利法》规定，一项可以授予专利的发明须具有新颖性、涉及创造性措施，并且能够进行工业运用。

3. 专利申请与授予

(1) 申请。在文莱，任何人可以独立或者与他人共同申请专利。申请专利应当按照规定的语言和格式编写申请，并按规定的方式提交注册处备案，同时依法缴纳费用。

(2) 授予。专利申请已经备案后，注册官员对该申请进行审查，决定该申请是否满足授权资格要求。如果申请不能满足所有要求，注册官员应当给申请人作出陈述和在规定期限内修订该申请以满足要求的机会，但修订不得超出备案时的权利范围。申请人拒绝修订或修订后仍不符合要求的，注册官员可以拒绝该申请。经审查如果申请在规定期限届满之前满足法定条件的，可以依法授予申请人专利权。但是，对于同一申请人就具有同样优先日期的同一项发明进行了两项或者多项专利申请备案的，以及对于违反法律和社会公共秩序的发明，注册官员可以拒绝授予专利权。

4. 专利的期限、撤销和无效

根据文莱《专利法》的规定，专利权自其授予公告在《政府公告》中发布的日期生效，自申请备案日期起计算或者可能规定的其他日期起计算，有效持续期限为20年。期限届满后6个月内，专利权人可以通过支付延期费以及规定的额外费用延长专利权的有效性。如果一项专利权在规定期限届满时，未能在规定期限内支付延期费，那么此项专利权应当终止生效。

申请人可以就某项发明专利依据法定理由以向法院提起诉讼的方式请求撤销。申请撤销的程序有两种：一种是向法院申请。当法院接到请求撤销某项专利的申请时，如果被申请撤销专利所有人表示对该申请意愿争议时，法院可以命令注册官员审查该项专利。另一种是向注册官员申请。注册官员接到申请后以规定的方式让审查员审查撤销理由是否存在，并且要求申请人缴纳规定的审查费。

针对不同情况，法院可以发出无条件撤销专利的命令或者部分撤销命令，撤销专利的命令

① 参见文莱《专利法》。为简约起见，以下涉及引用该法的规定时不一一再作注解。

自该项专利被授权之日起生效；注册官员也可以主动以命令方式撤销专利。注册官员依职权撤销专利时，应当给专利所有人作出陈述的机会，否则不得撤销专利。

如果被授予的专利权不符合专利法的规定，可以在诉讼程序中由法院根据专利法规定作出判决宣告无效。在文莱，专利权无效争议的解决只能在专利侵权诉讼中以附带的方式进行，而不得专门就专利的有效性提起诉讼。

5. 专利的强制许可和政府公务使用

如果专利权人没有在法定期间内把专利发明提供给文莱市场，任何利害关系人在规定的期间内，经过合理努力，按照专利所有人的合理条件已经不能获得许可证，法院根据该利害关系人的申请，可以给予实施该发明专利的强制许可。具体条件是：(1) 自授予专利之日起 3 年内或者专利申请备案之日 4 年内，专利权人没有在文莱实施其专利；(2) 利害关系人在规定期限内，经过合理努力，按照专利权人的合理条件已经不能获得许可证；(3) 利害关系人向法院提出请求；(4) 利害关系人只能在自授予专利之日起满 3 年或者自专利申请备案之日满 4 年后，方可请求法院给予强制许可。

为了政府公务并且遵照公务使用的规定，文莱任何政府部门或者其书面授权的人可以在文莱进行下列行为：(1) 当专利发明属于产品时，可以生产、使用、进口、获得或者保存该产品；(2) 当专利发明属于方法时，可以使用，或者以该方法直接获得任何产品，以及生产、使用、进口、获得或者保存该产品；(3) 处理或者提供处理在行使权利中生产的、使用的、进口的、获得的及保存的任何事物以及不需要的任何事物；(4) 在上述公务使用中，文莱政府应当按照与专利权人达成的意见向其支付报酬，如果属于违约，则由法院进行判决。

6. 专利权的保护

根据文莱《专利法》的规定，专利权的保护范围应以专利权利要求书所记载的技术规范为准，该技术规范中的描述以及图纸对专利权保护范围进行解释。未经专利权人的许可，法律禁止以下列方式实施其专利或妨碍专利所有人行使专利权的行为：(1) 生产、使用、提供处理、转让或者为上述目的进口专利产品，或者不论是处置还是其他情况的保留专利产品；(2) 使用专利方法，以及生产、使用、提供处理、转让或者为上述目的进口，至少是使用该项方法直接获得该产品，或者不论是处置还是其他情况的保留该产品；(3) 在文莱向无权使用专利发明的人，以任何方法提供或者试图提供有关专利发明的关键元素，以使该发明生效。

专利权人可以对侵犯其专利权的行为向法院提起民事诉讼，并且有权提出如下主张：(1) 限制被告进行已经察觉侵权的行为的禁止令；(2) 让与或者毁灭侵权专利产品或者该产品不可分割组成物品或者支配使用侵权产品的命令；(3) 侵权赔偿金和估算的侵权利润。(4) 专利有效且已被侵权的声明。

（三）著作权法

文莱属于英美法系国家，最初在著作权领域，适用的是英国有效的相关法律的规定。为了适应 WTO 的有关规定，文莱于 1999 年借鉴英美法系著作权法特别是英国的著作权法律制度制定了新的《著作权法》，对著作权法律保护的范围、如何取得著作权，以及著作权主体、客体、权利内容和侵权责任作了全面的规定，另外还规定了表演权等权利。

1. 著作权客体

著作权是一种知识产权，与其他知识产权保护的客体不同，著作权法保护的客体是作品。文莱《著作权法》规定的作品包括：原创的文字、戏剧、音乐和艺术作品；建筑物或建筑模型上体现的建筑作品；录音、电影、广播或有线节目；各类出版物的编排设计，等等。

2. 著作权的主体

著作权的主体是作者，除法律另有规定的以外，作品的作者对作品享有著作权的专有权。文莱《著作权法》规定了作者的相应的身份条件：(1) 作者是文莱的公民；(2) 作者是在文莱常住或者定居的个人；(3) 作者是在该法所适用的任何国家常住或定居的个人；(4) 作者是根据文莱法律设立的机构；(5) 作者是根据该法适用的任何国家的法律设立的机构。符合这些条件的作者的作品均受著作权法的保护。

作品的作者是任何著作权的第一权利人，但如果作品是在雇佣期完成的，除合同约定了作品的权属之外，雇主即为第一权利人。于两人以上共同创作的作品，著作权由合作作者共同享有。

3. 著作权的保护期限

根据文莱《著作权法》的规定，文字、戏剧、音乐和艺术作品的保护期限为作者去世之前和去世后的50年。如果是未署名的作品，保护期限是作品为公众所知悉或公开出版后的50年，但是一旦作者确定，就适用一般的保护期。如果是合作作品，保护期限为最后一个作者去世后的50年。

录音作品或电影的保护期为制作后的50年，如果在此期间公开播映，则为公开播映后的50年；广播或有线节目的保护期为广播或有线节目播出后的50年，重复播出的，以最初播放的时间为保护期的始期；出版物的保护期为首次出版后的25年。

4. 著作权的内容

著作权人的权利包括财产权利和精神权利两个方面。财产权利包括复制权、发行权、展览权和播放权、广播权或通过有线节目播放的权利、改编权、翻译权、传播权，等等。精神权利包括署名权、保护作品完整权、发表权、修改权，等等。

5. 对著作权的限制

著作权人对其作品享有专有权利。任何人未经著作权人的同意，不得使用著作权人的作品。但是，如果存在下述情况，允许他人不必经过著作权人的同意并无须向著作权人支付报酬而使用其作品：(1) 为个人学习、研究或欣赏的目的而使用他人已经发表的作品；(2) 为评论和新闻报道之目的而使用或引用他人已经发表的作品；(3) 在合理范围内使用享有著作权的资料；(4) 为学校课堂教学、考试或科学研究之目的，翻译或复制少量的已经发表了的作品供教学或科研人员使用；(5) 图书馆、档案馆为陈列或者保存版本的需要，复制本馆收藏的作品；(6) 为执行公共管理的目的而使用已经发表的作品；(7) 对设置或陈列在室外公共场所的艺术作品进行临摹、绘画、摄影和录像等。

6. 侵权行为和救济

未经著作权人同意而使用他人作品的行为属于侵权行为。侵权行为分为直接侵权和间接侵权：直接侵权是侵权人直接实施了侵犯著作权人的专有权利的行为；间接侵权包括进口侵权的复制品、持有侵权的复制品、为制作侵权物品提供手段、为侵权行为提供场地、为侵权行为提供工具，等等。

根据《著作权法》的规定，文莱设立了著作权法院，对有关著作权案件进行审理。著作权人可对实施侵害其著作权益行为的人向法院提起诉讼，法院可以要求侵权人向著作权人进行赔偿，可以向侵权人颁发停止侵权禁令，还可以判令侵权人将侵权物品移交给法院指定的人，或者没收侵权物品。如果当事人不服著作权法院的判决，可向高等法院提起上诉。

第四节　经济法

一、价格控制法

价格是商品价值的货币表现，是商品同货币的交换比例。它反映着一定的生产关系，并直接关系到国民经济的发展和社会生活的稳定。对此，文莱制定了《价格控制法》，强调对市场的调控、对货物[①]和粮食[②]的经营及对相关事项的管理。[③]

1. 价格审计官和价格监察员

为了维护市场秩序，文莱《价格控制法》专门设置了价格审计官、价格监察员制度，并赋予其相应的管理权限，专门管理市场主体的价格行为。主管价格的部长经苏丹陛下的同意，可以任命价格审计官、副价格审计官和助理价格审计官；并且，部长可以在他认为需要的地区任命首席价格监察员、高级价格监察员和价格监察员。

价格审计官的职权包括：(1) 要求与任何价格受控商品或其他法定商品有关的零售商、批发商、制造商和生产商公示商标或标签，表明货物的质量、等级、重量、价格、出产地、生产日期和其他价格要求的有关信息；(2) 用书面形式通知任何进行商业贸易的人提供口头、书面或其他形式的与商业贸易有关的信息；(3) 要求任何人提供其所要求的具有完整性和准确性的信息；(4) 宣布某一货物为交易受到限制或禁止的受控商品，并对此进行监管；(5) 可以根据命令确定价格受控货物及其相关服务的最高价格，并有权进行监管；(6) 对违法行为的处罚权。

2. 价格监管制度

(1) 最高价格制度。在文莱，价格审计官可以根据命令确定货物及其相关服务的最高价格。最高价格的确定有三种方式：第一种是直接规定最高价格；第二种是只规定销售价格[④]不能超过成本价和一定数量或比例的盈利之和，即只明确成本、差价率或利润率；第三种是只规定确认最高价格的方法。文莱的最高价格可能会因为地区差异而出现不同，《价格控制法》授权价格审计官可以确定一个地区不同于其他地区的相关货物和服务的最高价格。

(2) 受控商品制度。文莱《价格控制法》授权价格审计官在征得部长的同意下，可以宣布某一种货物或某一类货物为特殊的受控商品，被确定为受控商品的货物，其交易、进口和出口都会受到一定程度的限制甚至禁止。一旦某一货物在特定区域内被确定为受控商品后，其在特定区域内的再销售和出口后的购买、销售或交换同样受到限制或禁止，并且，这种限制和禁止只有获得价格审计官的书面同意才能解除。

(3) 保护消费者价格权益制度。在文莱苏丹同意下，主管价格的部长可以建立由 1 名主席和 8 名其他政府代表组成的国家消费者保护顾问委员会，并授权公共机构和其他组织对价格审计官就与其职权相关的价格控制问题提出建议和意见。

---

① 货物在文莱《价格控制法》中意指除了诉讼中的物品或金钱以外的任何品种、质量或品牌的物品。文中货物皆采此意。

② 粮食在文莱《价格控制法》中意指活着或死的动物、人的食物、饲养动物的农产品或其他物质以及人和动物食物的组成成分。

③ 参见文莱《价格控制法》。为简约起见，以下涉及引用该法的规定时不一一再作注解。

④ 销售价格在文莱《价格控制法》中意指实际的购买价格，不含折扣或其他折让。

3. 违反价格控制法的法律责任

文莱《价格控制法》明确规定符合以下情形的行为构成犯罪：(1) 未按照价格审计官的要求以规定的方式明示商品交易价格的；(2) 销售价格受控货物的价格超过法律允许的最高价格，提供与价格受控货物相关服务的价格超过法律允许的最高价格，租用或提供租用的价格受控货物的价格超过法律允许的最高价格；(3) 明知价格受控货物的交易价格超过法律允许的最高价格，购买或提供购买的价格受控货物的行为；明知与价格受控货物相关的服务价格超过法律允许的最高价格，接受服务或为接受服务提供便利的行为；(4) 价格受控货物的实际经营者或拥有者拒不承认拥有价格受控货物，或者未经价格审计官同意，拒绝进行合理的销售，除非购买者不能或不愿意立即用现金支付货款。

被法庭判决有罪的犯罪者将被处以 5 000 文莱元的罚款和监禁 2 年，再次犯《价格控制法》规定之罪的人将被处以 20 000 文莱元的罚款和监禁 5 年；当犯罪者被宣判有罪后，除了应当承担以上刑罚外，法庭还可以禁止其或与其相关的企业在一定时间内继续从事商业贸易，相关企业包括他属于企业的合伙人或负责人的情形，违者将被处以 20 000 文莱元的罚款和监禁 5 年；在犯罪行为被最终确认前，无论其他成文法如何规定，治安法院有权根据《价格控制法》和相关规定进行处置。

二、税法

（一）税种

文莱的税种很少，其税率在东南亚地区属较低的。不仅无个人所得税，也无出口税、销售税和生产税等。公司需交纳公司所得税，但独资和合伙经营商行无须交纳所得税。

1. 个人所得税

在文莱，不仅居民，而且非居民都免征收个人所得税，并且不征收个人赢利税和个人从资本、资产销售中获得的利润税。

2. 公司所得税

在文莱注册的外国或当地的有限公司和股份有限公司或注册的分公司，2008 年以前都须交纳 30%的公司所得税，但近些年为鼓励投资，文莱政府连续下调公司所得税，2010 年已降至 23.5%，并且在一定条件下还可以申请减免。

3. 自然资源税

文莱有着丰富的油气资源。仿效中东大多数石油生产国的模式，文莱开征石油资源开采税，石油资源开采税是由所得税法的特殊条款规定。

4. 印花税

所有的法律文件征收印花税。对某种文件征收从价税，但随文件的性质而有别。印花税率在印花税法中规定。

5. 预扣税

国内公司向非常住公司借贷，国内公司必须预扣 20%的利息税。

6. 国外收入

文莱注册的公司在文莱收到的国外收入要征税。

7. 土地和财产税

该税种由文莱的地方当局征收，根据租金多少或根据财产多少征收财产税，租赁土地根据租金多少征税。

(二) 税的管理

1. 税的支付

经估定的税一般在收到估定通知后3个月内交纳。

2. 申报

纳税年度是日历年度。有限公司需提供收入申报书。征税人颁发有限公司征税估定书，征税估定以上年度纳税额为基础。

(三) 税务优惠

文莱工业及主要资源部更进一步列出十大项工业，以及这些工业所生产的产品都属于先进工业和先进产品而得到税务优惠包括：食品制造（飞机上的各类食品及各种罐头、饮料）；药品制造（各种药品、维生素丸、糖浆等）；建筑材料（水泥）；钢铁材料（制造用各种钢铁、钢条等）；化学工业（防锈剂、杀菌剂、净化剂以及各种清洁剂等）；造船（船的修理及保养）；造纸（薄纸、餐巾纸）；纺织（各种服装）。

文莱政府为鼓励在工业产品方面的投资，规定从生产日起享有以下的税务优惠：(1) 投资额在25万文莱元以下者，享有2年优惠；(2) 投资额为25万至50万文莱元者，享有3年优惠；(3) 投资额为50万至100万文莱元者，享有4年优惠；(4) 投资额在100万文莱元以上者，享有5年优惠。

除此之外，投资先进工业产品的公司进口建厂的材料、机械以及生产原料（只要文莱没有的），也可豁免缴税。

三、海关法

文莱于1995年1月1日制定了《海关法》，该法将海关法定位于是关于加强海关、货物进出口管理和提供相关统计记录的法律，明确指出海关法包括任何在文莱境内制定并生效的与海关、进口或出口有关的法律。

在文莱《海关法》中，出口是指使货物经陆路、海路或空运离开文莱，或者以使货物经陆路、海路或空运离开文莱为目的而放置任何货物于某一船舶、运输工具和航空器的行为。进口是指使货物经陆路、海路或空运进入文莱的行为。①

(一) 海关管理

1. 海关官员

根据文莱《海关法》的规定，文莱海关由财政部长直接领导。海关官员包括：海关管理员、代理海关管理员，高级主管、主管、主管助理和海关监察员，级别在海关管理员之下、被授权履行海关监管职责的贸易和海关部门的成员，授权行使海关高级官员或海关官员权力的人，以及经苏丹陛下任命履行海关官员职责的人共4类人员。这四类人都被称作海关高级官员，而所有海关官员都属于文莱国家公务员。

2. 海关职权

文莱《海关法》所赋予文莱海关的职权也是相当广泛的，具体包括以下几个方面：

(1) 搜查、没收与逮捕权。在任何时候，文莱海关都可以根据地方当局所发布的搜查令的授权，或者依照海关的高级官员的命令，进入任何有理由怀疑隐藏禁止进口和出口或应报关而没有报关的必须予以没收的货物或与这些货物相关的账本与文件的住宅、商店或其他房屋，搜

① 参见文莱《海关法》。为简约起见，以下涉及引用该法的规定时不一一再作注解。

寻并查获这些有理由依法被怀疑为禁止进口和出口或应报关而没有报关的必须予以没收的货物、有关罪行或含有有关罪行内容的账本或文件。

(2) 检查权。文莱《海关法》规定，海关官员有权登上位于文莱领土内的任何船只和飞机进行检查；任何船只的管理负责人在到达规定的进口或出口地点时，应向海关官员展示其船只，海关官员可以命令船只停航进行检查；海关官员可以检查在航程中正在进口或出口的货物，或正准备进口或出口的货物；对正在或已经进入文莱境内的人，海关官员有权对其人身、货物与行李进行检查。

(3) 对违法货物的扣留权。对任何货物有理由怀疑可能违法时，或者颁发过许可证或做过许可但是违反了规定的限制条件，海关官员可以在不论在陆地或领水的任何地点予以扣留。

(二) 进出口货物监管制度

海关的监管工作一般有三个环节，即接受申报、查验和放行，这也构成了海关监管的三个基本制度。从文莱《海关法》的相关规定来看，文莱海关的监管制度也规定了申报、查验和放行三个环节，这样就构成了文莱《海关法》的三个基本监管制度。

1. 海关申报制度

按照文莱《海关法》的规定，旅客自带的行李或个人用品、文莱本地所产的新鲜鱼类与非课税的邮寄品，享有海关申报的豁免，不必进行海关申报。除此之外，任何经过文莱海关的货物都必须如实申报。

每一批用船舶运送到海关所在地的港口的货物，船主或其代理人都应当单独提供一份按一定格式填写的申报单向海关官员进行如实申报。

每架飞机的飞行员或代理人在抵达或离开文莱有海关的机场时，应向海关官员按照规定的格式递交一份申报单，对卸货前的机内货物输入或输出的情况进行如实申报。

2. 查验货物制度

一切进口或出口文莱的货物，除被海关特准免检的以外，都必须由进口或出口货物到达地的海关查验，以确定实际进出口的货物与收、发货人申报的单据是否相符以及是否符合港口海关监督、征税和统计的要求。海关查验货物一般是在海关监管场所（码头、车站、机场、货场）内或者在货物的装卸过程中进行。但在特殊情况下，也可以应货主的申报，由海关派员到收、发货人的仓库去查验。

在文莱领水内，任何船只的船主都必须服从警务船只或其他执法的船只向其发出的信号，必须服从海关官员或警务人员向其所发出的要求其停泊或向某一方向行驶或执行某一行动的命令；海关官员可对任何一艘船舶依法执行检查权。

3. 进出口货物放行制度

海关对进出口货物的放行，意味着海关监管的结束。在一般情况下，经过审核报关单据、查验货物，认为符合海关法、没有发现偷漏关税和禁止进口或出口货物情况的，海关将在货运单据上签印放行，收、发货人据此向港口、车站、机场和邮局办理提货和托运手续。

(三) 海关关税制度

文莱《海关法》规定，关税是指根据海关法的规定而收取的进口关税、出口关税、附加税、额外费或其他税收。

1. 关税的征收

文莱的苏丹陛下有权以政府公报的形式，命令对从文莱进口或出口的任何货物确定所要征收的关税，并由进口商或出口商进行交纳。海关关税设普通税率和特惠税率，海关官员可以根据相关法律的规定，根据货物的不同情况适用不同的税率。但是，对任何应课税的货物应一视同仁地以国家的名义收取，而不应当有任何歧视。除依照海关法规定的特惠关税外，任何货物均不应当享受征收特惠关税的照顾。

2. 关税的减免

在文莱，财政部长有权命令免除具备符合条件的任何类别或种类的货物或个人的任何应付关税的全部或任何部分的税款。财政部长还有权在特定情形下免除任何人的对任何货物应付关税的全部或任何部分的税款，或者指令就任何货物上应付的全部或任何部分关税退还给任何人。

3. 进出口退税

根据文莱《海关法》，在文莱境内生产或制造的应纳关税的货物，出口后又再次进口入文莱的，该关税在出口时未被准允退税，或者被准允退税的数额又再次被支付，并且该货物没有经办过国外的任何海关手续的，此同一货物再次进口入文莱时应当免征任何再次进口的关税。

第五节　国际贸易与投资法律

一、货物买卖法

(一) 货物买卖及货物买卖合同

商业中的核心是买卖，买卖是商行为中最重要的一环，规范买卖行为最主要的法律制度是货物买卖法，其他法律制度如票据、运输、信贷、担保等，大都是直接或间接为货物买卖服务的。文莱于1994年借鉴1973年修订的英国《1893年货物买卖法案》的规定，制定了本国的《货物买卖法》，该法律体现了文莱国家规范市场经济中货物贸易活动的要求。

按照文莱《货物买卖法》的规定，买卖就是当事人一方约定将财产的所有权转移给他方，而由他方按约定支付价款的行为。买卖合同的“买方”是指买或同意买货物的人，“卖方”是指卖或同意卖货物的人；买卖合同所指的“货物”，包括除劳务和金钱以外的一切动产；特定的“货物”包括庄稼、正在制造中的工业产品以及附着于或已成为地产一部分而同意加以分离出售的物品。[①] 如果是以物换物，或是以劳务换物，都不能算是货物买卖合同。

(二) 货物买卖合同的要件

根据文莱《货物买卖法》的规定，货物买卖合同应当具备以下要件：

1. 货物买卖合同当事人的行为能力

一般来说，未成年人或者虽然成年但精神上无能力（智障）的人，因为无行为能力而不能缔结合同。

2. 货物买卖合同的形式

在文莱《货物买卖法中》，采取何种形式订立合同，由当事人自己作选择，法律并没有作出硬性规定。可供选择的合同形式包括：书面形式、口头形式、部分书面部分口头形式，以及根据当事人的行为所作的推定形式。

3. 货物买卖合同的标的

按照文莱《货物买卖法》的规定，买卖合同的标的货物应在合同中明确规定，合同标的物

① 参见文莱《货物买卖法》。为简约起见，以下涉及引用该法的规定时不一一再作注解。

不仅可以是卖方所拥有的现存的货物，也可以是在合同签订后将生产或要求生产的货物，这被称为“将来的货物”。

4. 货物买卖合同的价金

价金确定的方式可以由双方在合同中确定，也可以在合同签订时不加以确定而留待以后由双方以约定的方式确定，还可以由当事双方在交易过程中决定。如果当事人没有确定价格的话，货物的买方必须支付卖方合理的价格。至于什么价格是合理的，取决于每一桩特定的买卖的条件和事实。

5. 货物买卖合同的条件与担保

在文莱《货物买卖法》中，条件是货物买卖合同的根本性条款，如果一方当事人不履行条件，另一方就可以解除合同，从而否定合同的效力。而担保与条件有所不同，担保不是货物买卖合同的根本性质的条款，如果一方当事人不履行担保的规定，另一方可以要求赔偿损失，但不能要求解除合同和拒收货物。买卖合同中的某项规定究竟为“条件”抑或为“担保”，需视各个合同的具体内容而定。

（三）货物买卖合同的效力

1. 所有权在卖方和买方之间转移

在货物所有权转移上，文莱《货物买卖法》尊重当事人的意思自治，当事人有约定的，就依照当事人的意思，如果有不同的意思出现，法律规定了确定各方关于货物财产权转移给买方的时间的规则。

2. 卖方对货物处置权的保留

在符合法律规定的特殊情况下，货物的所有权不一定转移给买方，而是由卖方保留对货物的处置权。当一项契约是买卖特定货物，或在缔约之后货物已被指定属于该项契约时，卖方可根据契约条款或根据指定行为保留对货物的处置权，直至某些条件被履行完毕。在此情况下，不论货物是交付给买方还是交付给承运人、其他受托人或保管人以便转给买方，货物的财产权都不随之移转，直至卖方所提条件得到履行。

3. 货物风险的转移

在文莱《货物买卖法》中，货物风险转移与所有权的转移时间基本是一致的，即：除非有其他约定，卖方仍然保留货物风险直到财产权转移到买方；当财产权转移到买方时，货物的风险就由买方承担，而无论是否发交付。然而，如果是由于卖方或买方的过失使货物交付延迟，由过错造成的可能发生但还未发生的任何损失的风险由过错方承担。

（四）货物买卖合同的履行规则

按照文莱《货物买卖法》的规定，买卖合同中，交付货物是卖方的义务，接受货物和付款是买方的义务。除非有其他约定，交付货物与付款应当是同时进行的，也就是说，卖方必须准备并愿意将货物所有权转移给买方以交换货款，买方必须准备并愿意付款以换取货物所有权。

1. 卖方履行合同规则

在货物如何由卖方交付买方方面，法律尊重当事人的意思自治，当事人有约定的，就依照当事人的约定，如果没有约定，文莱《货物买卖法》规定了相应的规则，包括：交付货物的规则、交货数量与合同不符的规则、分期交货的规则、货物在非出售地交付的风险规则，等等。

2. 买方履行合同规则

同样，买方如何履行合同方面，法律也是尊重当事人的意思自治，有约定的，就依照当事人的约定，如果没有约定，则根据文莱《货物买卖法》规定的规则，包括：（1）买方检验货物的权利。(2) 买方接受货物的规则。(3) 买方疏忽或拒绝提取货物的责任。

(五) 违反货物买卖合同对当事人的救济

1. 买方违约

买方违约包括买方不按合同规定支付货款和不按合同规定收取价金。在这种情况发生时，文莱《货物买卖法》规定，卖方可以采取的救济办法有：(1) 向买方提出主张价金的诉讼；(2) 向买方提出因其拒绝受领货物而产生的损害赔偿诉讼；(3) 向买方要求补偿利息或特殊损害。

2. 卖方违约

卖方违约是指卖方不交付货物或交付迟延、交货不符合合同规定以及第三者对交付的货物存在权利或权利主张。卖方违约的情况下，《货物买卖法》规定，买方可以采取如下的救济办法：(1) 向卖方提起因其不能交货的损害赔偿诉讼；(2) 要求卖方履行；(3) 要求卖方采取违反担保的补救措施；(4) 向卖方要求补偿利息或特殊损害。

二、投资激励法

为了促进文莱的经济发展及相关经济目标的实现，激励工商业及其他经济产业的建立和研发，文莱政府于1975年和2001年颁布了鼓励投资法案。现行的《投资激励法》于2001年6月1日开始执行。该法将创新型的企业和服务公司、后创新型的企业、扩展型的企业和服务公司、出口产品和出口服务的企业和公司、进行国际贸易促进的企业和公司、用于生产设备的外国贷款、仓储公司或服务公司以及投资于新技术的公司，等等，都规定在国家投资激励的范围之内。

(一) 创新型产业和创新型企业

1. 创新型产业和创新型企业的条件和类型

根据文莱《投资激励法》的规定，负责工商业发展的部长如果认为某种产业是为公众谋福利，并充分符合文莱的经济需要，但还未达到规模化发展，而且会有良好的发展远景，那么就可以宣布该种产业为创新型产业。

文莱工业与初级资源部依据该法，划定了10个工业项目以及这些工业所生产产品为“创新性工业”和“创新型工业产品”，如飞机食品、水泥、药品、铝业、轧钢、化工、船务、宰杀和加工清真食品、废品处理、金属板材、工业电气设备和供水设备、玩具等，以此来吸引外资。[①]

在文莱的《投资激励法》中，还对创新型服务公司作了专门规定。创新型的服务公司是指领取了资质证明，能够从事“合乎资质的经营活动”、专门从事服务业的一种公司。具体说，包括下列项目：(1) 工程或技术服务，包括实验、咨询、研究和开发活动；(2) 计算机信息服务和其他与计算机相关的服务；(3) 工业设计的开发和制造；(4) 与休闲娱乐有关的经营活动；(5) 出版服务；(6) 教育服务；(7) 医疗服务；(8) 农业技术方面的经营活动；(9) 仓储保管方面的经营活动；(10) 为展览和会议提供组织与管理方面的服务；(11) 金融服务；(12) 商务咨询、管理和职业服务；(13) 有关风险资本金的服务；(14) 公共高速交通体系的运转和管理；(15) 拍卖服务；(16) 私立博物馆的经营和维护；(17) 部长指定的其他经营服

① 参见《文莱投资指南》，载中华人民共和国驻文莱大使馆经济商务参赞处网站，http://bn.mofcom.gov.cn/index.shtml。

务活动。

2. 创新型企业的税收

在文莱，对创新型企业的激励主要表现在税收的减免上。对于投资金额不等的企业，从生产之日起，在一定的期限里享受不同程度的免税优惠。一般来说，创新型企业的免税期从它的生产日期开始，持续的期间分别如下：

(1) 固定资产投资不少于5万元但不足25万元的，免税期为5年；如果创新型企业的免税期是5年，而且截止到免税期最后一年年底时，企业的固定资产不足25万元，部长可以将它的免税期间从生产日期开始延长到8年。

(2) 固定资产投资高于25万元的，免税期为8年。

(3) 投资于高新技术园之内的，免税期可达到11年。高新技术园是指部长所宣告的作为高新技术园的区域。

以上所说的固定资产投资，是指为了自身发展的需要，创新型企业投入工厂建设（不包括土地）、机械设备或者其他设备上的开支资本，而这些设备仅限于在文莱境内使用。

(4) 对于创新型服务公司，文莱《投资激励法》规定，在其经营范围内，免税期间自开始日起算，可以达到8年或8年以上，但部长可以决定不能超过11年。

（二）扩展型企业

扩展型企业是指已获得批准并且依据法律的规定领取了扩展证明的公司。法律规定，如果在某一产业中，产品产量的增长有利于文莱的经济发展，部长可以从公共利益的角度发布命令，宣布该产业为批准扩展的产业、该产品为批准扩展的产品。

1. 企业扩展的条件

按照文莱《投资激励法》的规定，一个企业必须具备扩展型企业的法定条件，并向部长提出申请，经部长批准并颁发扩展证明之后，该企业才能获得扩展型企业的资质。

扩展型企业的条件主要体现为以下两种情况：(1) 如果公司由于批准产品的生产或扩大生产导致新的资本开支，或者新的开支不超过100元；或者开支超过50万但不足100万文莱元，且公司生产设备的最初成本将增加30%以上。(2) 如果公司购买生产设备的开支不属于新的开支，但是，购买生产设备是出于经济利益的正当考虑；或者购买价格符合生产设备的公平、公开的市场价值，经过部长确认，也可成为扩展型企业。

2. 扩展型企业的免税期

扩展型企业的免税期从扩展日起算，如果扩展日位于企业的免税期间内，则自免税期结束后的次日开始起算。具体说：(1) 如果扩展型企业的新的资本开支不超过100万元，有效期为3年；(2) 如果扩展型企业的新的资本开支超过100万元，有效期为5年。

另外，部长可以从公众利益出发，根据自己拟定的条件，延长扩展型企业的免税期，但每次延长不超过3年，而且免税期总计不能超过15年。

（三）出口企业

在文莱，产品出口的企业也是受到激励和促进的，法律对此也作了专门的规定。

1. 出口企业的确认

按照文莱《投资激励法》的规定，只要具备正在生产或计划生产出口产品，正在开展或者计划开展农业、林业、渔业经营，而不论其产品是全部出口抑或部分出口这一条件的企业，都可以向部长提交颁发出口企业证明的申请，之后，部长可以应公司按规定形式提交的申请，批准其为出口企业并颁发出口企业证明。

出口企业证明应当载明核算期间，核算期间应当视为出口企业的出口年。在此期间，企业出口产品的销售额应当不低于总销售额的20%，或者应当不低于2万文莱元。在这里，“出口销售额”，是指出口企业、代理商或者独立承包商的出口销售额。

2. 出口企业的免税期

按照文莱《投资激励法》的规定，不同类型的出口企业，享受不同期间的免税期。

(1) 一般出口企业的免税期。不属于创新型企业的，自出口年起算，含出口年在内共计8年；属于创新型企业的，自出口年的第一天起算，免税期为6年，最长不超过11年。

(2) 产生或将要产生固定资产开支出口企业的免税期。“固定资产开支”是指出口企业为了出口产品的生产，用于在文莱境内的厂房建设（不包括土地）的开支、在文莱境内使用新型机械设备的开支和依据部长的批准在文莱境内使用旧机械设备的开支。如果固定资产开支不少于5 000万文莱元，或者虽然不足5 000万文莱元但不低于50万文莱元，并且要么40%以上企业出口已支付的资产掌握在公民和个人手中，要么部长认为企业出口会推动文莱的经济或技术发展的企业，可以享受相应的免税期：如果不属于创新型企业，则从出口年起算，含出口年在内合计15年；如果属于创新型企业，则从出口年起算，如果出口年恰好位于旧贸易或商业的经营期间，则从新贸易或商业的开始日计算免税期，与创新型企业一样，总计15年。

（四）投资折扣

依照文莱《投资激励法》的规定，公司可以就其固定资本开支按规定的方式提出投资折扣的申请。如果项目符合公众利益并考虑到它的经济、技术和其他方面的优势，公司就可以取得这个项目投资折扣证明，从而在固定资本开支方面享受投资折扣。

1. 享受投资折扣的条件

根据文莱《投资激励法》的规定，能够享受投资折扣的固定资本开支的产生应符合两个条件之一：(1) 在建设厂房或安装生产设备时产生的开支；(2) 公司在文莱境内接收其他生产设备产生的开支。

2. 投资折扣的方式

按照文莱《投资激励法》的规定，固定资本开支如果发生于从部长批准的投资日算起的5年期间内，或者就公司计划运营上述七种项目（见181页）中的某一个项目，那么，从部长批准的投资日算起的11年当中，公司运营的某一项目的投资折扣应当是一个确定的比例，不超过批准项目中每一小项上的固定资本开支的100%（或许有最高限额）。

（五）海外投资和风险资本的促进

1. 海外投资的类型

按照文莱《投资激励法》的规定，海外投资有两种情况：

(1) 技术投资公司。位于文莱境内合并而成的公司，如果计划向海外公司投资，而海外公司又致力于开发或使用与制造、加工或服务相关的新技术，那么经过一定的法律程序，就可以获得技术投资公司的资质，向海外进行技术投资。

(2) 海外投资公司。位于文莱境内合并而成的公司，计划向海外公司投资，以便能够在国内使用海外公司的技术或者使其合格的控股公司或子公司能够进入海外市场，则公司经过一定的法律程序，便可获得海外投资公司的资质。

2. 风险资本

风险资本是以股份投资的方式投资于未上市的具有高成长性的新生企业的资本。风险投资是投资的一种重要模式，文莱的《投资激励法》中，对促进风险投资也作了相应的规定。如果在文莱境内合并而成的公司计划在国内开发或使用与制造、加工或服务有关的新技术，经过法定程序，便可以获取风险公司的资质，进行风险投资业务。

技术投资公司、海外投资公司和风险公司可统称为“合格的控股公司”。

3. 合格的控股公司资质的取得

根据文莱《投资激励法》的规定，合格控股公司必须具备下列条件：(1) 公司位于文莱境内；(2) 公司在文莱的投资不低于股东资本的60%；(3) 公司持有风险公司、技术投资公司或海外投资公司的股份不低于30%；(4) 在公司持有风险公司、技术投资公司或海外投资公司的股份的整个期间内，不低于30%的已交付资本由公民个人控制，这些公民已经依据移民法案获得在文莱的居留许可证。

4. 合格的控股公司亏损折扣的扣减

按照文莱《投资激励法》的规定，对合格的控股公司的激励主要体现在对其亏损折扣的扣减上。如果合格的控股公司产生下列亏损，只要亏损产生于公司开展贸易或商业的过程中，则按照所得税法的有关规定，可以从公司的法定收入中扣除：(1) 出售所持有的风险公司、技术投资公司或海外投资公司的股份后产生亏损；(2) 对风险公司、技术投资公司或海外投资公司清算后产生亏损。

(六) 进口关税的减免

为了激励创新型企业、出口企业的发展，文莱《投资激励法》规定，部长可以依据适当的条件，全部或部分免除创新型企业或出口企业以下本应缴纳的关税：(1) 引进的机械设备、零部件和附件，包括必须安装的活动工厂或建筑物。条件是文莱不能以同等价格和质量生产类似的机械设备、零部件和附件或建筑物。(2) 为了生产创新型产品而进口原料。条件是文莱不能生产这些原料。

第六节　司法制度与诉讼制度

一、司法制度

(一) 司法的渊源

1. 成文法规则

文莱1963年生效的《最高法院法》和1983年生效的《初等法院法》是司法的首要渊源。但是，法院适用的诉讼程序的具体机制，大多由法院制定的规则所规定。

按照《最高法院法》，“依据本法的规定，为规范最高法院的运作和程序，最高法院法官经过苏丹陛下的同意可制定法院规则。在本法实施以前，所有在文莱达鲁萨兰国实施的与法院运作和程序有关的法院法律或规则适用于本法所确立有关最高法院和上诉法院的运作和程序并且其内容应进行修订以便与本法所规定的一致，除非其因与本法相抵触，或法院规则令之位于其下、修正或撤销”。《初等法院法》规定：“首席大法官在苏丹陛下的同意下，可制定调整和规范程序（包括起诉方法）的法院规则，和确认治安法官法院行使其管辖权所要遵循的惯例。”

作为《最高法院法》的附属立法的《最高法院法规则》有88个令状，而《初等法院法》的附属立法有《治安法官法院（民事诉讼）规则》《治安法官法院（民事上诉）规则》《治安法官法院（执行）规则》和《治安法官法院（诉讼费用）规则》等。

2. 法院和法官的权力

文莱与普通法系的其他国家一样，其诉讼规则往往是规定一些适用各种程序的一般原则，而制定细则的权力则授予法院，由法院根据具体案件加以规定。同时，法官在处理具体案件时有较大的裁量权，在法无明文规定的情况下，法官可在自己认为公正或合理的情况下行事。

3. 英联邦的判例法

文莱为英联邦成员，其法院的活动在某些情况下遵循英联邦的司法判例。如《最高法院法》规定：高等法院的管辖权包括“初审管辖权和英格兰高等法院的衡平法庭、家庭法庭和王座法庭本身或扩张所拥有和运用的权威”。

（二）审判制度

在文莱，诉讼活动在初等法院和最高法院进行。初等法院即治安法官法院。最高法院又分为高等法院和上诉法院。英国女王枢密院司法委员会管辖某些对上诉法院裁判的上诉案件。

1. 治安法官法院及其管辖权

文莱的治安法官法院由一名或多名治安法官组成，根据成文法、普通法或其职责履行职务，属于初等法院。其具有初审刑事管辖权，包括审理只能依简易程序审理的案件，以及既可依简易程序审理也可按正式起诉程序审理但法院认为根据案件的具体情况适用简易程序审理的案件；还有权主持刑事案件的预审程序以决定是否应将被告人交付高等法院按正式起诉程序审理。

2. 最高法院及其管辖权

文莱最高法院由高等法院和上诉法院组成。高等法院行使刑事、民事案件的初审和上诉审的管辖权。文莱《最高法院法》使用概括式的表述规定了高等法院的民事管辖权，即民事初审管辖权，以及英格兰高等法院的衡平法庭、家庭法庭和王座法庭本身或扩张所拥有和运用的权威，并拥有其他成文法所授予的管辖权。

3. 枢密院司法委员会及其管辖权

英国女王枢密院司法委员会是根据英国1833年《司法委员会法》成立的司法裁判机构，该委员会主要受理来自英国各自治领或附属领地的任何上诉案件，包括刑事的或民事的，但已成为独立国家且取消了向该委员会上诉的地区除外，有些案件的上诉需要取得枢密院的特别许可。司法委员会不正式发布判决，但其对案件的裁决结果会在公开法庭上宣读，并告知女王。①

（三）检察制度

文莱全国只有一个总检察院，即文莱的检察机关。总检察院设有总检察长、副总检察长和助理检察长等职务。总检察长是政府和苏丹的第一法律顾问，协助苏丹起草法律，协调总检察院与政府各部门的关系；同时他也是国家公诉人，在其他高级检察官的协助下，负责向全国所有法院起诉所有的刑事案件和民事案件。在对案件的起诉中，总检察长具有一定的自由裁量权。

文莱总检察院下设5个职能部门，分别为：民事部、刑事部、国际部、法律起草部和注册部，共有八十多名检察官。文莱的总检察长办公室由总检察长、副总检察长及辩护律师组成。总检察长办公室是文莱政府的法律顾问，为政府提供司法建议，并在民事和刑事案件中代表政府；副总检察长及辩护律师协助总检察长的工作。总检察长办公室同时还负责法案的起草，总检察长办公室在起草法案的过程中要与其他政府部门通力合作。

根据宪法，总检察长办公室负责刑事案件的提起和进行所有的刑事案件都是以公诉人的名义提起的。在履行其职责的时候，检察官不受任何其他个人或部门的影响与控制。此外，总检察长办公室还对警察和其他执法机关的工作提出建议和进行指导。除了上述职责以外，总检察长办公室为公众提供下述注册登记服务工作：公司；企业名称；商标；工业设计；发明；委托书；结婚；抵押证券。②

① 参见薛波主编：《元照英美法词典》，748页，北京，法律出版社，2003。

② 参见李莉：《文莱检察制度简介》，载《法制与经济》，2010（8）。

（四）律师制度

律师制度是文莱检察制度的重要部分。根据文莱的法律，要做律师，首先须是文莱的公民或在文莱持有有效的居住证，且要在英国拿到大律师资格，或者在新加坡、马来西亚拿到有效的律师资格，或者拥有马来西亚大学的法律学士资格。文莱本土没有培训律师，主要是由英国或马来西亚培训。要当律师必须要向首席大法官申请，也要得到律政部同意。一旦拿到律师资格，必须向法院申请有效的律师执照，并缴纳费用。

律师有超过10年的律师资格的话，可以升为公司的顾问或部门的顾问。如果首席大法官觉得文莱的律师人数饱和了，他有权暂时控制数量。没有律师资格的人在文莱提供律师咨询或者服务，一旦罪名成立，将被罚1 000文莱元。在文莱，所有的律师都是律师工会的会员，律师工会的目的主要是代表、保护和协助从事法律职业的会员，促进法律职业的利益。①

二、诉讼制度

（一）治安法官法院的诉讼

1. 起诉和受理

原告可向被告或被告之一的处所、业务进行地、全部或部分诉讼理由发生地，或者作为民事诉讼标的物的土地、人或物所在地的法院提起民事诉讼。如果在文莱境内的其他法院审理对于诉讼当事人或证人有通常的便利，则治安法官可指令诉讼在其他法院进行。

原告提起民事诉讼应提交起诉状，在起诉状中载明当事人和诉讼标的物的名称与所知的住址（所在地）和诉讼理由。在交纳所规定的诉讼费后，书记员将起诉状书面登记于民事诉讼登记册中。如果起诉状中未表明诉讼理由或起诉状所载事项不在法院的管辖范围内，法院可拒绝登记。

在登记起诉状后，法院可向被告发出传票，要求其在特定时间出庭，并给予不少于7天的对起诉状答辩的时间。在传票发出之后，法院可要求被告在法院认为合适的时间内提交对起诉状的书面答辩。提交书面答辩的被告也可在诉讼中或诉讼前提出在书面答辩中所表明的辩解理由之外的辩解理由。

2. 庭审程序

在一般情况下，民事诉讼应公开开庭审理，开庭一般采取以下庭审程序：（1）法院向被告宣读起诉状，要求被告作出答辩。（2）负有证明义务的当事人向法院陈述。当其结束陈述时，另一方当事人可宣布其是否将举证，如果不举证，先举证的当事人为总结陈述的目的，向法院第二次陈述，而另一方当事人有权进行答辩。（3）先举证的当事人结束其陈述时，另一方当事人如果决定传唤证人，有权开始陈述、传唤证人、评论自己的证明和整个案件。（4）在当事人陈述完毕后，原告方的证人进行陈述，原告可讯问证人或提出支持其起诉的其他证据。（5）被告方的证人进行陈述，被告也可提出支持其辩护的其他证据。（6）如果存在较大争议，法院可责令当事人更充分陈述各自的事实，在此基础上找出所争议的问题。

3. 判决

在审理终结后，法院应当庭或择期对案件作出判决，并且在被告或原告的要求和交纳了规定的诉讼费用的条件下，法院应将经验证的判决副本送达原告或被告。

4. 上诉程序

如果败诉方不服治安法官法院的裁判，可依《治安法官法院法》和《治安法官法院（民事

---

① 参见李莉：《文莱检察制度简介》，载《法制与经济》，2010（8）。

上诉）规则》向高等法院提出上诉。

当事人提出上诉，应在原裁判作出后一个月内向原审法院提交上诉状，并在此期间向受上诉影响的其他当事人送达。高等法院裁决上诉案件后，应向下级法院确认其判决或裁定。下级法院应由此作出为高等法院的判决或裁定生效所必要的命令，如果有必要，法庭记录应作出与之相适应的修正。

在高等法院的判决宣告后，下级法院的治安法官应拥有相同的管辖权和强制执行高等法院判决的权力，如同该判决是自己所宣告的。高等法院作出的裁定可由高等法院强制执行，如果下级法院执行更有利，则可由下级法院执行。

5. 执行程序

希望执行判决的胜诉债权人可以通过口头或书面向作出判决的法院申请传票，要求败诉债务人在传票规定的地点、日期和时刻出现并向胜诉债权人履行债务。法院在受理胜诉债权人的申请并收取相应的费用后，可即发出要求败诉债务人履行债务的传票。

如果败诉债务人不服从要求履行债务的传票，则胜诉债权人可口头或书面向法院申请发出逮捕败诉债务人的令状。败诉债务人应当服从要求履行债务的传票而出庭，否则，就可能被捕。败诉债务人应提交全部有关其拥有的财产和财产权利文书，并可提供证人。

在文莱，治安法官法院可判处不履行判定之债的败诉债务人入狱，条件是，败诉债务人不履行债务或履行了部分债务后拒绝或怠于支付所欠金额。

（二）高等法院的诉讼

1. 诉讼的启动

在文莱，当事人可以根据不同的情况依法向高等法院申请传唤令、初始传票和提出初始申请而启动民事诉讼程序。

法院受理原告的启动民事诉讼的申请后，根据相应的情形发出相应的司法文书，并向被告送达。

当启动诉讼的令状送达被告后，被告可对令状同意应诉，并可由律师代表或亲自就该诉讼答辩。如果被告为法人或其他团体，则被告非经律师不得对令状同意应诉并就该诉讼作答辩。同意应诉的方式是妥为填写同意应诉书及其副本，并在登记处交回或以邮递方式送交登记处。

2. 即决判决

在文莱，原告可在法定的情况下，申请法院进行即决判决。即决判决是指无须陪审团听审而进行的判决。原告提出即决判决申请后，法院应进行审查，根据不同情况作出不同的处理：(1) 驳回申请。(2) 作出原告胜诉的判决。(3) 搁置执行。(4) 许可被告的抗辩。

3. 开庭审理

在文莱，除法律另有规定外，民事诉讼案件或该案中所出现的任何问题或争论点，可由一名法官或登记官进行开庭审理。对于开庭审理的案件，如果当事人双方均没有出庭，该诉讼可取消；如其中一方没有出庭，法官可作缺席审理。

4. 判决及裁定

在审理案件或事实的基础上，法院作出判决。作出判决的法官随后应书写作出此判决的理由，并送达各方当事人。法院判决或裁定从其注明的日期起生效。

5. 判决及裁定的强制执行

依据不同的案件性质或不同的标的，强制执行包括：(1) 支付款项的判决等的强制执行。(2) 占有不动产的判决的强制执行。(3) 交付货物的判决的强制执行。

第九章

菲律宾法律制度概论

第一节 宪　法

一、菲律宾宪法的历史

在菲律宾历史上曾经先后有 8 部宪法性质的法律，具体包括（1）《马洛洛斯宪法》(Malolos Constitution Political Constitution)，1899 年 1 月 20 日马洛洛斯国会正式通过。（2）《菲律宾 1902 年组织法》(The Philippine Organic Act of 1902)，在 1902 年 1 月 1 日由美国国会颁布。（3）《1916 年琼斯法》，1916 年 8 月 29 日由美国国会颁布。（4）《1935 年宪法》，由制宪会议在 1935 年 2 月 8 日制定，并在 1935 年 3 月 25 日经美国总统批准，于 1935 年 5 月 14 日通过菲律宾公民投票批准。（5）《1943 年宪法》，由菲律宾独立筹备委员会在 1943 年 9 月 4 日批准。（6）《1973 年宪法》，草案由 1971 年制宪会议制定并提交给总统马科斯，并在 1973 年 1 月 10 日至 15 日举行的菲律宾公民大会中获得批准，最终在 1973 年 1 月 17 日由菲律宾总统马科斯宣布生效。（7）《1986 年自由宪法》，在 1986 年 3 月 25 日由菲律宾总统颁布。（8）《1987 年菲律宾共和国宪法》，由 1986 年宪法委员会制定，菲律宾总统阿基诺 1986 年 10 月 15 日批准，并在 1987 年 2 月 2 日通过全民公决而宣布生效。

具体而言，1899 年《马洛洛斯宪法》是菲律宾历史上的第一部宪法，其内容包括：9 章，共 101 条和一个附加条文。该宪法规定要建立一个自由、独立的菲律宾共和国，由国民代表大会行使立法权、菲律宾总统行使行政权等。但是这部宪法并未真正得到实施，就随着菲律宾被美国侵略而废止了。

《1935 年宪法》是菲律宾历史上第二部宪法。这部宪法的特色是类似美国宪法的基本内容。因为制定这一宪法的时期，菲律宾处于被美国统治的时期，所以这部宪法中采用美国式的总统制：由总统行使行政权，总统拥有强有力的领导实权；由国会行使立法权，国会由众议院和参议院组成；司法权属于各级法院，最高法院为最高司法机关。该部宪法分别在 1939 年、1940 年和 1947 年被修改。

《1973 年宪法》可以被视为是为了强化马科斯总统的独裁统治而制定的，因而也被称为“马科斯宪法”。宪法规定总统是国家元首和政府首脑兼三军总司令，总统可以指定总理、副总理人选和部分政府成员，签订和担保国内外贷款等。这部宪法废除了原先按照美国的利益规定的菲律宾领土范围，重新明确规定了菲律宾领土；限制外国投资者的资本比例和废除了美国人的特权；建立国家经济开发署等。

二、菲律宾现行宪法

菲律宾现行的宪法是《1987年菲律宾共和国宪法》。该部宪法基本沿袭了“三权分立”的美国式民主制度。由18章条款以及序言、法令、宪法委员会成员等内容组成。其中18章的内容分别为：国家领土、原则和国家政策的宣言、人民权利、国籍、选举权、立法机关、行政机关、司法机关、宪法委员会、地方政府等。

（一）原则和国家政策的宣言①

菲律宾是一个民主共和国，国家一切权力源于人民；菲律宾拒绝将战争作为国家政策的手段，将被公认的国际法作为国家法律的一部分；奉行独立的外交政策；为了民族的利益，菲律宾共和国奉行在国家领土范围内无核武器政策等。

（二）公民的基本权利

宪法规定，（1）在此宪法正式通过时的公民；（2）父亲或母亲是菲律宾公民的；（3）1973年1月17日前出生，其母是菲律宾人，成人时选择了菲律宾国籍的；（4）依法加入菲律宾国籍的，均属于菲律宾公民。宪法规定菲律宾公民的基本权利包括：（1）平等权；（2）人身自由，包括身体不受非法侵犯、人格尊严和住宅不受侵犯等与公民生活有关的权利及自由不受侵犯；（3）政治权利和自由，包括选举权和被选举权、政治自由（法律不允许剥夺公民言论、表达、出版和集会的自由）和宗教信仰自由；（4）其他权利，包括财产权、自愿作证、接受调查的人有保持沉默的权利等。

（三）立法机关

菲律宾的立法权属于菲律宾国会，立法程序分为三个阶段：议院审议阶段、总统签署阶段、法案复议阶段。国会由众议院和参议院组成。参议员和众议员于5月的第二个星期一定期举行会议。

参议院由经过公民投票选举产生的24名参议员组成。凡在选举日年满35周岁的有读写能力的菲律宾公民，且在选举前一天在菲律宾居住不少于两年的经正式登记的合格选民，均有资格当选参议员。其任期自选举后的6月30日正午起算，参议员任期为6年，其连任不得超过两届。

众议院的议员人数不得超过250名，法律另有规定的除外。在选举日年满25周岁的有读写能力的菲律宾公民，除政党名单代表选出的众议员，在选举前一天在菲律宾居住不少于一年的经正式登记的合格选民，均有资格参选议员。在法律另行规定之前，其任期自选举后的6月30日正午起算，众议员任期为3年，其连任不得超过3届。

宪法规定国会的职权有：立法权、宣布国家进入战争权、提出议案权、众议院有提出弹劾决议案的专属权力、参议院有审理和裁决一切被弹劾决议案的专属权力。

（四）行政机关②

菲律宾共和国实行总统制。总统是国家元首、政府首脑兼武装部队总司令。政府各部长、阁员等均为总统的下属，由总统按法定程序任免，向总统负责。政府成员及总统都不能兼任议会议员，议会议员也不能兼任政府成员。

菲律宾总统及副总统由选民直接选举产生，总统任期为6年，不得连任，副总统可以连

---

① 参见《1987年菲律宾共和国宪法》第二章第1～28条。

② 参见《1987年菲律宾共和国宪法》第七章。

任，但不得超过两届。总统的职权有：任命权、管理权、统帅军队权、赦免权、其他方面的权力，包括和外国签订条约，但须经参议院全体议员 2/3 以上同意等。

（五）宪法委员会[①]

宪法委员会应当是独立的，包括公务员制度委员会、选举委员会、审计委员会。三个组成部门各有其职能：公务员制度委员会作为政府的中央人力资源管理机构，其职责在于在公职人员中建立职业服务，实施措施以促进他们的品行、工作效率、责任感等。选举委员会的职责是实施和执行所有选举、公民投票、提案权、罢免权等；可以根据核实的控诉或主动地，向法院提起关于不正当地接受或拒绝选民的行为；对于违反选举法的行为，包括选举中的欺骗行为、违法行为、玩忽职守或不作为，有权进行调查，并在当时提起诉讼等职责。

第二节　刑事法律

菲律宾的刑事法律体系以刑法典及其他单行法律存在，主要有《修订刑法典》[The Revised Penal Code（共和国法案第 3815 号）]及对其修正或补充的法案，补充法案有：1933 年“不定期判决法”（第 4103 号法案）；1976 年“缓刑法”（第 968 号总统令）；1991 年“规定掠夺罪的定义与刑法”（共和国法案第 7080 号）；2001 年“反洗钱罪”（共和国法案第 9160 号）；2002 年“同一危险药品法”（共和国法案第 9615 号）；2006 年“禁止在菲律宾适用死刑的法案”（共和国法案第 9346 号），等等。修正法案有：1995 年共和国法案第 7890 号，对第 286 条进行修正；1985 年第 871 号国民议会法令，对第 210、211 条进行修改；1980 年第 871 号国民议会法令，对第 340 条进行修改；1972 年第 38 号总统令，对第 135～138、140、142、177～179 条进行修改；1976 年第 970 号总统令，对第 138、142 条进行修改；2012 年《共和国法案》第 10158 号，对第 202 条进行修改；2012 年《共和国法案》第 10159 号，对第 39 条进行修改，等等。

一、《修订刑法典》

（一）菲律宾《修订刑法典》

菲律宾《修订刑法典》于 1930 年 12 月 8 日通过，该法典共两卷、367 条，两卷都分别分有编、章、节、条、款、项。第一卷为关于该法典的实施和适用，犯罪，承担责任的人及刑罚的总则。第二卷为犯罪及刑罚。第一卷包括：序言以及第一编“重罪与影响刑事责任的因素”，第二编“对重罪承担刑事责任的人”，第三编“刑罚”，第四编“刑事责任的消灭和犯罪产生的民事责任”，第五编“民事责任”，共 6 编。第二卷包括各个罪名：第一编“危害国家安全和违反国际法罪”（Crimes Against National Security and the Law of Nations），第二编“违反国家基本法律罪”，第三编“妨害公共秩序罪”，第四编“危害公共利益罪”，第五编“鸦片及其他违禁药物罪”，第六编“妨害公共道德罪”，第七编“公职人员罪”，第八编“侵害人身罪”，第九编“妨害自由与安全罪”，第十编“侵犯财产罪”，第十一编“侵害贞洁罪”，第十二编“妨害自然人民事法律地位罪”，第十三编“侵害名誉罪”，第十四编“准犯罪等”，以及独立章“犯罪过失”“最后条款”等。

（二）刑法的原则

菲律宾刑法的原则为罪刑法定原则。刑法典第 21 条规定了这一原则，即在法律规定之前，

---

① 参见《1987 年菲律宾共和国宪法》第九章。

没有任何重罪应被处以刑罚。

（三）刑法的溯及力

如果有利于重罪犯罪人，即使刑法公布之时终身判决已经宣告或有罪判决正在执行中，刑法也有溯及力。但对于惯犯不适用这一规定。[①]

（四）刑事责任年龄、免责与民事责任

菲律宾刑法典对刑事责任能力在第 12 条和第 80 条中分别作出了规定，将刑事责任年龄划分为：不满 9 周岁的人为无刑事责任能力人；已满 9 周岁、未满 15 周岁的人为相对（限制）刑事责任能力人；已满 15 周岁、未满 18 周岁的人，超过 70 周岁的人为减轻刑事责任能力人；已满 18 周岁、未满 70 周岁的人为完全刑事责任能力人。应负民事责任的人有：重罪犯罪人；以上规定免除刑事责任的特定人群，不能导致民事责任的免除[②]；小旅馆、酒店和机构的所有人和其他人，如雇主、教师等；这两类人主要承担补充性民事责任。民事责任包括：返还原物、损害赔偿和间接损害的补偿。该刑法典对正当化事由也进行了规定[③]，有：正当防卫、紧急避险、履行义务或合法行使权力（权利）的行为、执行上级基于某一合法目的而发布的命令的行为。

该刑法典规定，在现行或将来的特别法中规定的犯罪，不适用本法。除非这些特别法有相反的规定，本法将作为特别法的补充法予以适用。

二、禁止在菲律宾适用死刑

菲律宾于 2006 年 6 月 24 日通过了禁止在菲律宾适用死刑的共和国法案第 9346 号，以无期监禁（reclusion perpetual）和终身监禁（life imprisonment）代替死刑的适用。

第三节　民商法

一、菲律宾民法典

菲律宾在被西班牙殖民统治时期并没有自己本国的民法典，其一直适用的是 1889 年《西班牙民法典》。直到菲律宾共和国成立后，才开始制定自己的民法典。菲律宾国会于 1949 年 6 月 18 日通过了《菲律宾民法典》[④]，并宣布在新民法典生效之日废除原来的《1889 年民法典》。1949 年《菲律宾民法典》于 1950 年 8 月 30 日生效。该法典分为序言及 4 个部分，共 2770 条，序言规定了法律适用的基本原则，条款的 4 个部分分别为：人，财产、所有权及其变更，取得所有权的方式，债与合同。

（一）人格权及婚姻关系

菲律宾现行民法典规定已婚妇女、21 周岁及 21 周岁以上的公民，属于完全民事行为能力人。[⑤] 公民的人格权始于出生，终于死亡。此外在法典的“人”这一部分中，还对菲律宾国籍的取得、法人的权利与义务等内容作出了规定。

---

① 参见《修订刑法典》第 22 条。

② 参见《修订刑法典》第 101 条。

③ 参见《修订刑法典》第 11 条。

④ 参见共和国法案第 386 条。

⑤ 参见共和国法案第 386 条第 9 款。

关于婚姻关系，《菲律宾民法典》在第一卷第三编中以专章的形式进行了规定。该法要求结婚双方当事人必须符合法定资格，男性的结婚年龄不得小于16周岁，女性不得小于14周岁。对于男方不满16周岁、女方不满14周岁就缔结婚姻的，即使得到父母的赞同，该婚姻仍然被视为是无效的。[①] 此外，在结婚形式要件方面，要求婚礼应当由最高法院的首席法官和陪审法官或者上诉法院的首席法官和法官等主持。[②] 因此，由那些不符合法律要求的人主持的婚姻，将被视为是无效的。

（二）财产、所有权变更

《菲律宾民法典》中规定，财产类型包括动产和不动产。其中，属于不动产的有：土地、道路、房屋及附着在地上的所有类型的建筑；生在土地上的树木、植物、果实等。[③] 属于动产的财产是，所有能够被从一个地方移动到另一个地方，且不损害到其价值的财产。所谓所有权，是指对财产所有权人来说，所有权人有权享受和处分其所有物，这种权利不需要受到除了法律之外的其他限制。关于共同所有权，是指未分开的物或权利的所有权属于不同的人，在没有合同及特别规定的情况下，按照《菲律宾民法典》的规定管理共同所有。

（三）取得所有权的方式

《菲律宾民法典》中规定的取得所有权的方式有：占有；智力成果；赠送；继承；时效。所谓占有，是指对于本身没有所有人的动产，例如狩猎的动物和捕获的鱼类、隐藏的宝藏和被放弃的动产，等等，都是可以通过占有而获得的。智力成果是指，作者就他的文学的、戏剧的、历史的、法律的、哲学的、科学的或者其他著作，作曲家因为他的歌曲的创作[④]等行为而获得的财产权。所谓赠送，是指通过一种大方的行为，即一个人无偿地将物品或者一项权利给其他人，并且该人接受了这种赠与而产生的所有权。所谓继承，是指基于继承而获得财产的所有权。关于继承的内容，本书将在下文继承法律制度中给予介绍。所谓时效，是指按照法律规定的一段时间和方式、条件，获得财产的所有权。

（四）债与合同

《菲律宾民法典》规定，债产生的原因有：法律规定；合同；准合同；受到法律制裁的作为或不作为；准侵权行为。债的种类包括：无条件和有条件的债；有期限的债；替代性的债；共同和连带债务；可分割和不可分割的债；刑事条款规定的债。此外，《菲律宾民法典》还规定了债消灭的各种方式。

关于合同，该法典规定了订立合同的要件、合同的格式、合同的修改、合同的解释、可撤销合同、合同的无效、不能执行的合同、无效或未成立的合同。其中，订立合同的要件有：合同当事人的一致同意；合同的标的物；当事人事先设定的义务。[⑤]

二、继承法律制度

菲律宾关于继承制度的规定，在民法典中是通过设立专编的方式规定的，即在1949年《菲律宾民法典》的第三卷“取得所有权的方式”第四编“继承”中进行了规定，其内容包括：继承的一般规定、遗嘱继承、法定继承、遗嘱继承与法定继承的共同规定。此外，《菲律宾家

① 参见共和国法案第386条第8款。
② 参见共和国法案第386条第5款。
③ 参见共和国法案第386条第4款。
④ 参见共和国法案第386条第7款。
⑤ 参见共和国法案第386条第13款。

庭法典》[1] 及《菲律宾法院规则》(Rules of Court) 中也有与继承制度相关的规定。

《菲律宾民法典》中规定的继承方式有：遗嘱继承、法定继承、混合继承。遗嘱继承中，对遗嘱的合法性、遗嘱能力、遗嘱形式、特留份制度[2]及遗赠进行了相关规定。法定继承中，对法定继承人的顺序进行了规定，共分为6个顺序：第一顺序为合法子女（包括婚生子女、合法化的子女和养子养女及其后代）；第二顺序为直系长辈；第三顺序为非婚生子女；第四顺序为生存配偶；第五顺序为旁系亲属；第六顺序为国家。

三、知识产权法

现行《菲律宾知识产权法典》[3]，于1997年6月6日通过，共241条。该法典中规定的知识产权包括：(1) 著作权和与之相关的权利；(2) 商标权；(3) 地理标志权；(4) 工业外观设计权；(5) 专利权；(6) 集成电路的布局设计权；(7) 未披露信息保护权。菲律宾管理知识产权的机构是知识产权局 (Intellectual Property Office，IPO)。[4]

(一) 专利权

菲律宾知识产权法规定的专利权的主体有：发明者、发明者的继承人、专利权受让人。专利权保护的对象为：发明、实用新型、工业外观设计。专利权依申请取得。[5] 专利权的期限是从申请书的申请日起20年，但是缴付年费来维持专利权申请书的有效性。[6] 当专利权人等及利害关系人的权利受到侵害时可以向法院提起民事诉讼或刑事诉讼。[7]

(二) 商标权

除了在《知识产权法典》中规定商标权外，菲律宾还制定了专门的《商标法》（共和国第166号法案）。在菲律宾，商标应当依注册取得，未注册的商标不受法律保护。不过，若属于驰名商标，即使未注册，也予以特殊保护。对于商标的申请，《知识产权法典》第124条作了明确规定。商标权人依法享有的权利包括：禁止所有未经其同意的第三人，在商业活动中在相同或类似的商品上使用相同或类似的标志或容器；驰名商标的权利人的权利；让与和转让的权利；许可使用的权利。[8] 在菲律宾商标权的保护期限是10年，可以申请续期。[9] 商标权受到侵害时，受侵害人可以向法院提起诉讼，要求损害赔偿或者要求签发禁止令等。[10]

(三) 著作权

菲律宾知识产权法规定的知识产权客体包括：原创作品[11]，主要指文学艺术品；演绎作品[12]，包括剧本、翻译作品、改编作品、缩写作品、资料汇编等。此外，法律不予保护的作品有：任何思想、程序、系统方法或操作、管理等，即使它们在作品中表达、体现[13]；政府作

---

① 参见执行令第209条。
② 参见共和国法案第386条。
③ 参见共和国法案第8293号。
④ 参见共和国法案第8293号第5条。
⑤ 参见共和国法案第8293号第32～39条。
⑥ 参见共和国法案第8293号第54、55条。
⑦ 参见共和国法案第8293号第76、84条。
⑧ 参见共和国法案第8293号第147～150条。
⑨ 参见共和国法案第8293号第145、146条。
⑩ 参见共和国法案第8293号第156条。
⑪ 参见共和国法案第8293号第172条。
⑫ 参见共和国法案第8293号第173条。
⑬ 参见共和国法案第8293号第175、176条。

品。著作权人享有所有权和经济权利，如授权复制、发售、展览，等等。[①] 著作权的保护期限一般情况下为作者的终生和死后 50 年。[②] 当著作权受到侵害时，受侵害人可以向法院提起诉讼。[③]

第四节　经济法

菲律宾的经济法制度简单概括主要包括金融管理制度、公司法律制度、市场公平竞争法律等内容，其相关立法主要包括：《菲律宾中央银行法》《菲律宾银行法》《菲律宾公司法》《1995 年经济特区法》《消费者法》《反倾销法》《反补贴法》《1997 年菲律宾国内税收法》等。

一、关于金融方面的法律制度

菲律宾的金融立法发展较完善，现有立法主要包括：《菲律宾新中央银行法》（共和国法案第 7653 号）、《菲律宾银行法》（共和国法案第 8791 号）、《证券管理法》（共和国法案第 8799 号）等。本书主要对于菲律宾相关银行法及证券法方面的内容进行介绍。

1. 中央银行法

《菲律宾新中央银行法》于 1993 年 6 月 14 日由菲律宾参议院及众议院国会通过，内容主要规定菲律宾中央银行的设立及任务和职能（对普通银行的银行监管、运营制度等）。

菲律宾《新中央银行法》第 1 条及第 2 条对中央银行的设立及职能作出了规定，即：国家应当设立一个中央金融权力机构，其职能是作为一个独立的责任主体管理货币、银行和信贷等金融业务。考虑到其特有的职能和责任，依据本法设立一个拥有财政和行政自治权的国有法人。第 3 条规定了责任及主要任务，即，中央银行制定政策管理货币、银行及信贷，监管银行和类似金融机构的运行。其主要任务为：维持物价的稳定以促进经济平稳可持续发展；维持货币的稳定及比索（菲律宾货币单位）的兑换。中央银行负有对普通银行监督及检查的义务，检查时间为至少每 12 个月一次，检查的内容包括账簿、现金、可用资产及总体情况。

中央银行日常运营管理法律制度在《菲律宾新中央银行法》作了具体规定，分为六个部分，包括：黄金和外汇的经营；贷款给其他银行和金融机构；中央银行在公开市场操作的业务；银行准备金；银行选择性运营业务的调控；协调政府机构的信用政策。

2. 普通银行法

菲律宾《2000 年普通银行法》于 2000 年 5 月通过。菲律宾政府承认银行在国民经济和银行信用的持续发展上有着重要的作用，制定一个高标准的、完整的银行体系是非常重要的，因而制定了该部法律以满足国家经济发展的需求。

在菲律宾设立银行或类似银行，其主体资格必须经由菲律宾货币委员会批准，还必须是股份有限公司；主体的设立资金必须是向不少于 20 人的公众招募获得；所需的最低资本，要求符合货币委员会对不同类型银行规定的注册资本。

3. 证券法

菲律宾现行的证券法为 2000 年 7 月 19 日通过的《证券管理法》，该法共 78 条，对证券的

① 参见共和国法案第 8293 号第 177 条。
② 参见共和国法案第 8293 号第 213 条。
③ 参见共和国法案第 8293 号第 217 条。

注册、交易及证券机构等作出了规定。

菲律宾证券交易管理委员会（Securities and Exchange Commission）是菲律宾证券市场的管理机构，其拥有14项职能，主要包括：管辖和监督证券市场，就证券市场的相关事项向国会和其他政府机构提供建议；批准、拒绝、撤销和修改注册申请等。[①] 在菲律宾发行或出售证券应向证券交易委员的主办事处提交一份注册申请书，其内容和形式必须符合委员会的要求。

二、公司制度

《菲律宾公司法》[②] 于1980年5月通过，共149条。

1. 关于公司的一般规定

依照《菲律宾公司法》的规定，在菲律宾设立公司的条件包括：(1) 发起人的人必须数应为5人～15人，全部达到法定年龄，且半数以上为菲律宾国民；(2) 每一个股份有限公司的发起人至少要认购公司股本的一份股；(3) 公司的存续期间，自成立之日起不应超过50年；(4) 除特别法规定外，《菲律宾公司法》没有对股份有限公司最低股本作出要求；(5) 制定公司章程，章程内容应当包括公司名称、公司的成立目的、公司在菲律宾境内有主营业地、董事人数等。[③]

在私人公司的设立中，私人公司自获得证券交易管理委员会签发并盖章的融资证明书，而且公司发起人和股东在规定时间内完成法律规定事项之日起成立。公司法规定，任何公司董事在其公司必须至少拥有该公司股票的一份股份，且公司董事会过半数成员为菲律宾国民；董事的任期为1年，期满后召开董事会选举会议来选举下一任董事。此外，公司法对董事的权限和义务、董事的罢免等也作出了规定。

关于公司的合并，必须召开股东会议并有代表2/3以上表决权的股东通过才能生效。此外还需就合并订立协议。[④]

至于公司的解散和清算，根据公司法的规定，公司的解散可以分为自愿或非自愿两种。公司自愿解散之后若对债权人的权利造成损害，应向证券交易管理委员会提交申请。[⑤] 公司解散后清算完毕的，公司法人资格被消灭。

2. 其他形式的公司

在菲律宾，除股份有限公司以外还有其他形式的公司，包括：(1) 非营利法人，是指依法成立，但不对其公司成员进行分红的公司。主要是在慈善、宗教、教育、文化、文学、公共服务等领域设立的公司。(2) 封闭法人，是指由符合法定的股东人数组成，发行除自持股票以外各种股票，并且其股票不得随意转让和上市发行的一种公司。其股东人数一般不得超过20人。(3) 教育法人，由《菲律宾公司法》的一般规定及特别法规范。(4) 外国法人，是指依外国法成立、组织或存在的公司。外国法人可以依照外国法取得政府机构的许可，而获得在菲律宾从事经营活动的营业执照。(5) 宗教法人，可以分为一人公司和宗教团体，且都遵循《菲律宾公司法》的一般条款规定，以关于非营利法人的一般条款为主。

---

① 参见共和国法案第8799号第5条第1款。

② 《菲律宾公司法》。

③ 参见《菲律宾公司法》第14条。

④ 参见《菲律宾公司法》第76～80条。

⑤ 参见《菲律宾公司法》第118～122条。

3. 合伙制度

《菲律宾公司法》及1949年《菲律宾民法典》中，均有关于菲律宾合伙制度的规定。菲律宾合伙制度除了一般的合伙制度外，还对有限合伙作了规定。民法典第九篇中专门规定了合伙制度。合伙人除了享有管理企业、共享利润的权利外，也应该履行出资、共负盈亏等义务。[①]合伙企业的解散分为自动解散和法定解散。企业解散后直到清算完成前，并没有结束。合伙企业需要进行清算的法定原因有：合伙协议的规定；无合伙协议的，退伙人无过错，或法人为最后一位合伙人且没有破产的，有权进行清算。[②] 此外，民法典第1839条对合伙企业结算后的财产分配问题作了相关规定。

关于有限合伙，《菲律宾民法典》第九篇第四章对有限合伙进行了规定，分别规定了有限合伙的定义、有限合伙的条件、有限合伙人的权利和义务以及有限合伙的注意事项。

三、市场公平竞争法

菲律宾关于维护市场公平竞争的法律主要包括：保护消费者权益的法律，如《菲律宾消费者法》[③]，以及反倾销、反补贴和保障措施方面的法律，即1999年《反倾销法》、1999年《反补贴法》《保障措施法》。

1. 保护消费者权益的法律

《菲律宾消费者法》于1992年通过，分为6部分，由173条组成。该法的内容包括了对消费者权益的保护以及消费产品（包括食品、药品、化妆品等）的质量安全。在菲律宾保护消费者权益的机构是全国消费者事务协会，该协会的职能是，协调消费者组织、执行与消费者有关的法律、宣传新的政策、法规及修改现行的政策法律等。[④]

2. 反倾销、反补贴和保障措施法

为了避免重复，关于反倾销、反补贴和保障措施法这一部分内容，将在第五节“国际贸易与投资法律”中作详细介绍。

四、菲律宾经济特区法

菲律宾为了创建、经营、管理和协调各经济特区的法律框架与机制，特设了菲律宾经济区（philippine economic zone authority，PEZA）并且制定了《1995年经济特区法》。[⑤] 该法分为6章共57条，主要内容包括：经济特区设立的目的；管理机构；经济特区内的经营；经济特区内的产业协调；国家政府和其他组织；其他规定。菲律宾一个特别经济区的组成部分有工业园区（industrial estates，简称IEs）、出口加工区（export processing zones，简称EPZs）、自由贸易区（free trade zones）、旅游休闲中心（tourist/recreational centers）。其中，出口加工区内的企业进口固定资产设备和原材料，允许免交关税和其他税，并免受其他进口限制。自由贸易区内的企业享受税收优惠待遇，并受较宽松的移民法规管辖。目前，菲律宾的经济特区有：南达沃省（Davao del Sur）、图巴蓝湾（Tubalan Cove）、马利塔（Malita）必要地区；北三宝颜省（Zamboanga del Norte）的迪波罗城-玛努干地带（Dipolog City-Manukan Corridor）必要地区；

---

① 参见1949年《菲律宾民法典》第1784～1808条。

② 参见1949年《菲律宾民法典》第1836条。

③ 参见共和国法案第7394号。

④ 参见共和国法案第7394号第153条。

⑤ 参见共和国法案第7916号。

南三宝颜省（Zamboanga del Sur）的皮托果自治市（Pitogo）必要地区等。[①] 菲律宾管理经济特区的机构为菲律宾经济区管理署（Philippine Economic Zone Authority，简称 PEZA），其是菲律宾贸工部的一个附属机构，其职能是根据《1995 年经济特区法》规定的原则和规定，运营、管理、维持和发展经济特区，对经济区内的企业以有效、分散的方式进行注册、规范和监督等。[②]

五、税法

菲律宾对于税收管理，制定了一部专门的税法，即《1997 年菲律宾国内税收法》。其先后的修正案有：2001 年共和国法案第 8761 号；2003 年共和国法案第 9010 号；2003 年共和国法案第 9224 号；2004 年共和国法案第 9238 号；2004 年共和国法案第 9243 号；2004 年共和国法案第 9294 号；2005 年共和国法案第 9334 号；2005 年共和国法案第 9337 号；2006 年共和国法案第 9361 号；2008 年共和国法案第 9504 号；2010 年共和国法案第 10001 号；2010 年共和国法案第 10021 号；2012 年共和国法案第 10026 号。《1997 年菲律宾国内税收法》分为 14 章共 292 条，其主要内容有：国家税务局及其职能；所得税；增值税；烟草产品的消费税；印花税等。菲律宾税收包括国家的和地方的税收。国家税收适用于国家的国内税收，由国家政府通过国内税收局征税。地方税收适用于那些由当地的政府征税的地方。

负责菲律宾全国税收的机构是国家税务局（Bureau of Internal Revenue，BIR），负责全国的税收的评估和征收工作，享有：解释税法权；裁决税案权；获取信息、传唤、检查、取得证词权、评估权和征管权；委派权。

所得税法对个人所得税、企业所得税、所得税计税期间和计税方法等都作出了规定。个人所得税税率分为公民和定居侨民的所得税税率，已婚的夫妇将分别计算纳税收入；偶然所得（Passive Income）税率；股票证券交易所得税率，10 万索比以下为 5%，超过 10 万索比的部分为 10%；转让不动产所得税率。企业所得税中，国内企业所得税税率一般为 35%。[③]

增值税的征收对象主要为任何从事交易、贸易，出售商品，兑换，出租商品、服务以及任何进口商品的人。

关于菲律宾投资活动中的税负问题，将在下节中给予介绍。

第五节　国际贸易与投资法律

一、菲律宾外贸法律制度

菲律宾是实行市场经济的国家，对国内工商业和对外贸易、国内投资和外国投资均实行统一的管理、施行统一的法律法规。该国自 1979 年加入关税与贸易总协定，1995 年又成为 WTO 的创始成员国后，WTO 的有关规定和原则成为菲律宾在国际贸易竞争中保护本国利益和解决贸易争端的法律依据。[④]

---

① 参见《1995 年经济特区法》第五部分。

② 参见《1995 年经济特区法》第十三部分。

③ 参见《1997 年菲律宾国内税收法》第二十七部分在共和国法案第 9337 号及第 10026 号中有修改。

④ 参见中华人民共和国驻菲律宾共和国大使馆经济商务参赞处网站：http://ph.mofcom.gov.cn/static/column/ddfg/waimao.html/1。

从目前来看，菲律宾涉及对外贸易和利用外资的法律主要包括以下三大类：

（一）公平贸易法律和法规（Fair Trade Laws）

该类法律法规的主要目的是维护国内市场的公平竞争和保护本国消费者的合法权益，主要包括有关在菲律宾市场上销售的商品标饰的规定（共和国法案第71号）、有关从事零售业的规定（共和国法案第1180号）、有关保护消费者权益的规定（共和国法案第7394号）、有关稳定生活必需品价格的规定（共和国法案第7581号）、有关推动外国投资商业的规定（共和国法案第7042号）以及违反上述规定的处罚办法。另外，菲律宾政府又颁布了放宽外国企业在菲投资零售业的规定即《菲律宾零售法》（共和国法案第8762号）和广泛提高对产品环保要求方面的法规（共和国法案第8749号）。

（二）根据WTO原则制定的国内贸易保护法规

该类法规的主要目的在于，依据WTO的有关原则最大限度地保护本国工业和市场免受外国商品的冲击。其主要包括《反倾销法》（共和国法案第8752号）、《反补贴法》（共和国法案第8751号）和《安全保障措施法》（共和国法案第8800号）。

（三）投资类法规

为了创造一个良好的投资环境，使菲律宾成为外商投资的理想地区，菲律宾政府陆续颁布了一系列吸引外国投资的法律法规，这其中主要包括：(1) 颁布于1991年的放开外商投资限制的《外国投资法》（共和国法案第8179号）及其修正案（共和国法案第7042号）；(2) 吸引外商投资于经济区的特别经济区法案，即《菲律宾经济特区法》（共和国法案第7916号）；(3)《投资租赁法》以及为出口提供投资优惠的《菲律宾出口促进法》（共和国法案第7844号）等法律法规。

二、菲律宾外贸管理部门及其主要职能①

（一）菲律宾贸工部（Department of Trade and Industry，简称DTI）

DTI是菲律宾负责管理和指导全国工商业发展、对外贸易和利用外资的主要政府部门，其主要职能是保护消费者权益、推动工商业的公平竞争、积极吸引外国投资和推动本国产品出口。菲律宾贸工部共设有20个业务司局和14个相关附属机构，同时还在全国16个地区中心和78个省会设立了由该部直接领导的地方办公室。

在该部下设机构中，涉及对外贸易管理的主要部门包括出口促进局（BETP—Bureau of Export Trade Promotion）、进口服务局（BIS—Bureau of Import Service）、国际贸易关系局（BITR-Bureau of International Trade Relations）、公平贸易和消费者保护局（BTRCP—Bureau of Trade Regulation and Consumer Protection）等；而涉及对外贸易促进的附属机构还包括外贸服务公司（FTSC—Foreign Trade Service Corporation）、服装和纺织品出口委员会（GTEB—Garments and Textile Export Board）、菲律宾外贸培训中心（PTTC—Philippines Trade Training Center）等。另外，该部下设的国家投资署（BOI—Board of Investment）是菲律宾负责管理外国投资的主要部门。

（二）菲律宾贸工部的主要职能

1. 贸易促进

(1) 协助本国出口企业解决市场准入问题；(2) 组织参加和举办国际展览会；(3) 协助本

① 参见中华人民共和国驻菲律宾共和国大使馆经济商务参赞处网站：http://ph.mofcom.gov.cn/static/column/ddfg/waimao.html/1。

国企业寻求贸易机会、提供出口市场建议；（4）协助本国企业进行新产品的设计、研发；（5）推动远洋运输业的发展；（6）设立专门机构促进本国主要产品的出口，如服装、纺织品、咖啡等。

2. 投资促进

（1）制定、颁布利用外资法律和定期修改投资优先发展计划；（2）为在自由贸易区和经济开发区的投资者提供优惠待遇；（3）为本国和外国投资者提供遍及全国的服务网络。

3. 提供培训服务

（1）为从事出口业务的人员进行整个贸易流程的培训；（2）对产品的生产者进行工业技巧等方面的培训。

4. 提供权益保护

（1）向本国消费者宣传有关公平贸易法规，指导他们在竞争中运用公平贸易法律保护自己的利益；（2）协助本国企业通过仲裁等手段解决国际贸易争端；（3）制定产品标准；（4）制定有关消费品的指导价格。

5. 负责有关业务的许可和登记注册

（1）投资项目的注册和所享受优惠待遇的批准；（2）贸易从业者的注册登记。

（三）菲律宾进出口贸易政策及外汇制度

1. 出口贸易政策

（1）出口鼓励政策。

出口商享有各种出口鼓励政策，包括简化出口手续和出口附加税免税。出口商可保留100%的出口外汇所得，并可自由用于任何目的。出口商还享有进口商品再出口的增值税退税待遇、外汇辅助和使用出口加工区的低成本设施。出口生产商可以寄售方式或利用退税计划免税进口生产出口商品所需原料。

所有菲律宾出口商均可获得出口融资，无须中央银行批准；出口商可向当地的商业银行申请信用证、购买合同或销售合同所需的外汇贷款。中央银行用担保商业合同的形式规定商业银行以低于国债券的利率向出口商贷款，向出口型企业利用当地原材料的劳动密集型的出口产品提供资金支持。

（2）出口商品管理。

菲政府鼓励出口创汇，除因国家利益和法律限制的某些商品外，绝大多数商品不受限制，自由出口。

出口商品分为三类：(a) 自由出口商品；(b) 限制出口商品（此类商品需政府主管部门批准或许可）；(c) 禁止出口商品（法律规定禁止出口的商品）。

2. 进口贸易政策

（1）进口商品管理。

菲律宾原则上允许所有商品进口，1957年《菲律宾关税与海关法》（共和国法案第1937号）对进口商品作了以下三类分类：

(a) 自由进口商品[①]：活的动物及动物产品；植物及蔬菜产品；动植物油、石油、石油产品及动植物油产品；精炼食用油、动植物固体油；粮食产品；酒、醋；烟草及烟草制品；矿产品；化工产品等20种商品。

(b) 限制进口商品：这类商品在进口时需事先获主管部门批准。商品目录每年由菲律宾对

① 参见《菲律宾关税与海关法》第一章第104条。

外贸易主管部门列出。

(c) 禁止进口商品（损害公共健康、国家安全、国际承诺和当地工业发展的商品）。

(2) 配额和许可证。

(a) 配额。目前，菲律宾大约有137种商品受到数量限制，其中的60种商品要求绝对的数量限制。

(b) 进口许可证。主要是针对农产品。有130多种产品需进口许可证，约占进口商品的4%。

(3) 强制性技术标准。

(a) 产品要求和技术。生产者或向菲律宾出口的商人应遵循菲进口商的要求，合同中要写明进口商品的规格。

(b) 环境保护和污染控制。进口商品要符合环保的要求和规定。

(c) 食品健康和安全规定。

(4) 标签和标志。

(a) 一般规定。进口商品必须有下列内容：注册商标名称、注册商标、注册公司名称、生产者或进口商的地址、商品的主要成分、净数量。

(b) 特别规定。对于有些商品政府主管部门可能有特别规定，例如，要求表明产品的其他特性等。

3. 外汇管理制度

(1) 进口贸易外汇管理。

所有进出口商品的支付方式均无须中央银行批准，商业银行可以下列方式出售外汇用于支付进口：信用证；付款交单；承兑交单；贸易账户；直接汇款。

(2) 出口贸易外汇管理。

在所有出口商品中，出口商均需向商业银行申领“出口报关单”。对出口可采取如下方式支付：许可的方式；其他许可方式；可兑换的外币。

(3) 外国投资外汇管理。

目前菲中央银行对外国贷款进行较为严格的控制和管理，但是对外国投资采取宽松的管理办法。

符合下列条件的外资，可批准在菲律宾的中央银行注册：(a) 符合菲律宾的现行法律；(b) 资产以下列形式转移到菲律宾：现金、授权银行证明外汇已汇入并兑换成菲币存入接受投资方的账户、其他形式的资产（包括机器和设备、原材料、供应品、零配件，以及投资企业运营所需的材料）。这些实物必须经由中央银行进行评估。

三、菲律宾投资法律制度

（一）菲律宾外国投资法律概况

1. 菲律宾有关外国投资的法律

(a) 宪法，即《1987年菲律宾共和国宪法》；(b) 其他法律中有关外国投资的规定，如《投资者租赁法》（共和国法案第7652号）、《菲律宾经济特区法》（共和国法案第7916号）、《菲律宾矿业法规》（共和国法案第7942号）、《金融公司法》（共和国法案第8556号）等；(c) 投资的基本法律，有《1987年菲律宾综合投资法典》（执行法令第226号）及其修改法、《1991年菲律宾外国投资法》（共和国法案第7042号）及其修改法；此外，还有在《1987年菲律宾综合投资法典》及《1991年菲律宾外国投资法》基础上制定的各项外国投资政策，如菲国家投资署每年公布的“投资优先计划”（IPP—Investment Zone Authority）、菲政府禁止外资进入或限定外资比例的行业清单（FINL—Foreign Investment Negative List）等。

2. 菲律宾投资管理部门及其职能

菲律宾投资管理部门主要有：投资署，菲律宾经济区管理署（Philippine Economic Zone Authority，PEZA），克拉克发展公司（Clark Development Corporation，CDC），苏比克湾市政局（Subic Bay Metropolitan Authority，SBMA），卡加延经济区管理局（Cagayan Economic Zone Authority，CEZA），三宝颜经济区管理局（Zamboanga Economic Zone Authority），公司伙伴关系中心（Public-Private Partnership Center，PPP）等。

(a) 投资署（BOI）。BOI是菲律宾贸工部的一个附属机构，是负责促进在菲投资工作的政府领导机关。BOI在促进投资方面占主导地位，并帮助本国投资者及外国投资者在经济活动中避免冒险和获得成功。BOI可以为试图在菲律宾进行商业活动的人提供一站式服务，包括：咨询、实施和善后服务；专业研究及投资信息；销售及促进；鼓励；支持政策。

(b) 菲律宾经济区管理局（PEZA）。PEZA是菲律宾贸工部的一个附属机构，是负责促进投资、扩大帮助、登记注册、准许和帮助经营活动的投资者在外向型制造业及对内的服务设施方面选择菲律宾总统宣布的作为菲律宾特殊经济区的任何地域的菲律宾政府机关。其任务是通过有效地管理经济区、有效地实施鼓励及最大限度地提供服务、集中促进投资和积极主动地发展经济活动，为投资者提供一个全球的、竞争的、可持续发展的商业环境。

（二）菲律宾投资基本法律介绍

1.《1987年菲律宾综合投资法典》

该法案包括6章，以及序言和一个“最后条款”。序言有两个部分：标题和政策宣言、投资委员会。第一章为投资优惠，包括：投资的首选地区；基本权利和担保；关于企业登记注册的优惠（这部分被共和国法案第7918号修改）；对欠发达地区投资企业的优惠；总则。第二章为无优惠的外商投资（这部分已经被《1991年菲律宾外国投资法》修改）。第三章为跨国公司在菲律宾设立区域或地区总部及区域营运总部的优惠，分为：关于区域或地区总部的批准（许可）；关于区域营运总部的批准（许可）；关于侨民的优惠；区域或地区总部及区域营运总部的优惠。第四章为对跨国公司设立区域性仓库，向亚洲—太平洋地区和其他外国市场供应备用零件、部件、半成品和原材料的优惠。第五章为特别投资居民签证。第六章为对于出口工业加工区企业的优惠。

以下是对于该法内容的简要介绍：

(1) 登记注册企业的形式。

登记注册的企业可以选择个体、合营企业、合作社、公司、法人实体以及其他现行菲律宾法律允许的组织。[①]

(2) 登记企业所需具备的资格。[②]

a. 申请人是自然人的，要求是菲律宾公民；

b. 申请人是合伙人或其他协会的，要求该组织是依据菲律宾法律组织成立的，且至少60%的资本由菲律宾公民拥有和控制；

---

① 参见《1987年菲律宾综合投资法典》第11条。

② 参见《1987年菲律宾综合投资法典》第32条。

c. 申请人是公司或合作社的，要求该公司是依据菲律宾法律组织设立的，且60%以上有表决权的净发股本由菲律宾公民拥有和持有，并且60%以上董事会成员为菲律宾公民。

(3) 企业登记注册的优惠。①

所有的登记企业在其从事的投资优先领域内得到以下优惠：所得税免税期；人工费的额外扣除；进口资本设备的税收抵免；国产资本设备的税收抵免。

(4) 无优惠的外商投资。

该部分内容已被《1991年菲律宾外国投资法》修改，关于该部分的内容详见《1991年菲律宾外国投资法》。

(5) 跨国公司在菲律宾设立区域或地区总部及区域营运总部的优惠。②

包括：区域或地区总部许可；区域营运总部许可；所得税优惠；跨国公司在菲律宾设立区域或地区总部应免除增值税；免除各种地方税、费用及杂费等。

2.《1991年菲律宾外国投资法》。

该法案共18部分，主要包括：法案名称；政策宣言；定义；管理范围；非菲律宾国民的登记注册；外商投资于出口企业中的规定；外商投资于国内市场企业；对菲律宾国民保留的投资领域的规定（拒绝外国投资的领域）；土生菲律宾人的投资权利；依照宪法第八节第12条有关本土出生公民的其他权利的规定；环境标准的规定；一贯的政府活动；实施规则及规章；行政制裁；过渡性条款；可分离性条款；效力规定。

(1) 非菲律宾国民的登记注册的相关内容。③

不需要事先的批准，没有被其他法律取消资格的非菲律宾国民，当向证券交易管理委员会（SEC）登记注册；或就独资公司而言，向贸工部下属的公平贸易和消费者保护局（BTRCP）登记注册之后，可以从事商业活动；或者按资本的100%的比例投资一家非菲律宾国内企业，除非现行法律或《1991年菲律宾外国投资法》规定禁止或限制非菲律宾国民参与投资该企业，但是现行法律或《1991年菲律宾外国投资法》规定的一个较小的比例除外。SEC及BTRCP根据具体情况对《1991年菲律宾外国投资法》规定之外的企业中外资的持股比例可以不强加任何限制，但是需满足下列条件：

a. 寻求享受《1987年菲律宾综合投资法典》规定的优惠的任何企业，必须向BOI申请登记注册，由BOI根据该法规定的评定标准，受理该登记注册申请。

b. 打算从事与一个现存的、他或者他的主要股东是其中的一个重要的伙伴的合资公司相同业务的非菲律宾国民，在向SEC申请登记注册时，必须披露事实，以及现有合资公司股东的姓名和地址。

c. 在《1991年菲律宾外国投资法》第15条规定的过渡期间，如果现有的合资企业，特别是其中的菲律宾股东，能够合理地证明他们有能力投资于对方申请人将要涉足的国内市场活动，则BOI可以不批准非菲律宾国民的登记注册申请。同样，对现有的合资企业，特别是其中的菲律宾股东，如果能够合理地证明他们有能力投资于对方申请人将要涉足的国内市场活动，BOI应在任何企业按照《1991年菲律宾外国投资法》的要求提出申请后15天内办理登记注册。

---

① 参见共和国法案第7918号第39条。

② 参见《1987年菲律宾综合投资法典》第3卷。

③ 参见该法第五部分。

(2) 外商投资于出口企业的规定。①

如果外商投资的产品和服务不在《1991年菲律宾外国投资法》第8条规定的外商投资限制目录中，目录A和目录B的出口企业，可以允许其最高持股100%。属于非菲律宾国民的出口企业应向BOI登记，并提交要求的确保出口企业持续遵守其出口要求的报告。BOI应视情况将没有达到出口比例要求的任何出口企业通知SEC、BTRCP等。

(3) 外商投资于国内市场企业。②

除了宪法、现行法律或《1991年菲律宾外国投资法》第8条规定的外商投资限制目录（根据共和国第8179号法案修改）禁止或限制外商投资的以外，非菲律宾国民最高可以持有国内市场企业100%的股份。

3. 菲律宾外国投资政策简介

菲律宾外国投资政策的主要依据是《1991年外国投资法》(E. O. 226) 和1991年共和国法案第7042号。在此基础上，BOI每年公布一个旨在鼓励国内外投资的“投资优先计划”，以特殊的优惠待遇单独管理各类经济区、出口加工区和保税区的国内外投资。

此外，菲政府另有禁止外资进入或限定外资比例的行业清单（Foreign Investment Negative List，FINL）。

(1) 菲律宾关于外资投资的限制。

a. 投资于限制外资股权的行业：

● 外资股权最高限于25%的行业：私营对外劳务输出公司；非地方政府出资的公共设施和维修合同（外国贷款或援助的招标项目除外）。

● 外资股权最高限于30%的行业：广告业。

● 外资股权最高限于40%的行业：自然资源勘探、开发和利用（如与菲政府签有资金和技术援助协议，外资可拥有100%股权）；私人土地所有权（仅限以公司股权形式拥有）；公共事业（水、电）管理和运行；教育机构的所有、设立和管理；从事水稻、玉米的种植和加工；为菲政府所有或控制的企业、公司、代理机构提供物资和商品的供货合同；要求公共设施特许权的BOT工程的经营和工程建设；深海商业捕捞等。

● 允许外资占60%比例的行业：SEC管理的金融公司；SEC管理的投资机构。

b. 禁止外资进入的行业：

● 大众传媒（音像录制除外）。

● 限制外国人进入的职业：工程师、医疗及相关行业、会计师、建筑师、犯罪学家、化学家、客户经纪人、环境规划、林业、地质业、室内设计、环境美化、律师、图书管理员、水手、轮机员、管道工、制糖技术员、社会工程、教育业、农业、渔业。

● 注册资本低于250万美元的零售企业。

● 合作社。

● 私人担保机构。

● 小型矿业开采。

● 菲律宾内海、领海或专属经济区的海洋资源开发与利用。

● 娱乐业的拥有、经营和管理。

● 核武器及生化、放射性武器的制造、维修、仓储及分销。

---

① 参见该法第六部分。

② 参见该法第七部分。

● 烟花炮仗及烟火器材。

(2) 外资企业享受的优惠待遇。①

a. 在菲律宾经济区管理署范围内投资的外国企业，享有以下优惠待遇：

● 4年免缴企业所得税，最长可延至8年。

● 所得税免缴期结束，可选择缴纳5%的“毛收入税”（Gross Income Tax），以代替国家（中央）和地方税。

● 进口资本货物（设备）、散件、配件、原材料、种畜或繁殖用基因物质，免征进口关税及其他税费。同类物品如在菲国内采购，可享受税收信贷（Tax Credit），即先按规定缴纳各项税费，待产品出口后再返还（包括进口关税部分的折算征收、返还）。

● 免缴码头税费和出口税费

● 给予外国投资者及其家属永久居留身份。

● 简化进口程序。

● 可聘用外籍雇员。

此外，是否给予《1991年外国投资法》规定的其他优惠待遇，由卡加延经济区管理局自行决定。

b. 在“投资优先计划”范围内投资的外国企业，享有以下优惠待遇：

● 免缴所得税：投资先锋领域，自注册之日起，6年免缴所得税；投资优先领域，自注册之日起，4年免缴所得税。具备以下条件之一者，上述两类投资的所得税免缴期分别可延长1年：按BOI规定的比例使用当地原料；符合BOI规定的资本设备与雇员比例；前3年每年外汇收入不低于50万美元。

无论何种情况，先锋企业免缴所得税不超过8年。经批准，企业扩展经营规模，从新的经营之日起，视其扩展规模，再延长3年。

● 企业注册之日起5年内，如符合BOI规定的资本设备与年雇员比例，新增雇员（包括熟练工与非熟练工）工资所得税减免50%。若企业位于经济欠发达区，减免75%。

● 免缴契约税。国家项目和地方项目一视同仁。该优惠同时给予外资出口导向企业。

● 农业项目自注册或商业运行之日起10年之内，繁殖用牲畜或遗传物品免征进口关税。使用非本国繁殖用牲畜或遗传物品，享受税收信贷。

● 简化海关手续，自由使用寄售设备/货物，出口型企业可使用保税仓库，非传统出口商品免征码头税和出口税。

● 注册之日起5年内，可聘用外籍监理、技术人员或顾问，期限可适当延长。外资所有的公司或相应机构的董事长、总经理和总会计师不受年限限制。

● 生产出口产品及其配件所需的原材料、零配件和半成品可享受税收信贷。

● 使用保税仓库、出口产品达70%以上的企业，进口零配件免缴各种税费。

● 如外方拥有多数股权，自企业登记注册起5年之内，可雇用高级外籍管理人员，包括董事长和总经理。外籍雇员可携带配偶和21岁以下的未婚子女。

经BOI登记注册、在非经济欠发达区投资的外国企业，无论是新建企业还是现有企业追加投资或扩大经营规模，除上述优惠待遇外，还可享有：自注册之日起，6年免缴所得税（同先锋企业）；企业批准运营后，其基础设备建设100%免缴所得；新增雇员（包括熟练工和非熟

① 参见中国驻菲律宾大使馆经济商务参赞处网站：http://ph.mofcom.gov.cn/aarticle/ddfg/tzzhch/200304/2003040008 1553.html。

练工）100%免缴所得；投资优先领域可拥有100%股权。

所谓先锋领域（Pioneer Areas），是指在“优先投资计划”的投资范围内，任何符合下列条件之一的行业，均有可能视为先锋领域。Ⅰ.在菲尚未有过的、已获商业推广的（制成品或原料的）生产、制造和加工业，但不得是单纯组装或包装项目；Ⅱ.使用某种设计、配方或组合、工艺、加工工序或系统生产菲尚未有过的原料或制成品，或是（使用上述设计、配方等）将某种生产要素、物资或原料转化成菲尚未有的原料或制成品。Ⅲ.从事菲农、林、矿产业的商业开发或经营，包括因地制宜的食品加工工业。Ⅳ.有关项目要符合菲农业政策导向，可由BOI单独规划，或与有关部级单位协商立项。Ⅴ.非常规燃料的生产，或使用非常规能源的工业设备的制造；或同类最终产品的生产、制造或加工过程中使用或转化使用了煤或其他非常规燃料，或在同一过程中使用或转化使用了相当比例的非当地原料。

(3) 菲律宾自然资源投资法律的有关特殊规定。

《菲律宾共和国宪法》规定：菲律宾所有自然资源归国家所有，任何勘探、开发和利用自然资源的活动都要受到国家的全面监督与控制。国家有权通过合作生产、合资和产品分享协议与菲律宾公民、菲方控股公司和社团（菲方至少占60%股份）共同开发矿产资源。宪法授权菲律宾总统可与外资公司签订融资和技术协定，勘探、开发和利用大型矿山、石油田和其他矿物油。只有菲律宾公民或菲方控股公司（菲方至少占60%股份）可以获得私有土地，外国人和外资公司可以通过租借协议租用私人土地，租期50年，每次可续延25年。除此之外，菲律宾制定了许多涉及自然资源的法律，例如，《公共土地法》《综合土地改革法》及涉及菲律宾土地投资的《投资者租赁法》（共和国法案第7652号）、《菲律宾水法》《菲律宾矿产法》《石油法》（共和国法案第387号）、《电力危机法》（共和国法案第7648号）、《植物多样性保护法》（共和国法案第9168号）等。此处仅选择对土地及矿产投资予以介绍。

a. 土地

在菲律宾《投资者租赁法》（共和国法案第7652号）中对外商租赁私有土地作了专门规定。该法案于1993年6月4日起实施，共有10条。其政策宣言是：为鼓励外国投资者，根据宪法的规定保护和发展菲律宾私人的祖传财产，国家准许将私人土地灵活、动态、长期地租赁给外国投资者从事工业、建筑业、机械化农业、工商业土地开发、旅游业。① 该法还对租赁合同的租赁期以及有关租赁财产的使用条件和限制等作出了规定。②

b. 矿产

《菲律宾矿业法》（共和国法案第7942号）于1995年颁布，共20章、116条。该法规定，菲律宾国家环境和自然资源部（Department of Environment and Natural Resources，DENR）作为主管部门，负责管理、开发和合理利用矿产资源，以及发布相应的法规。国家环境和自然资源部下属的地质矿业局（the Mines and Geosciences Bureau，MGB）直接负责矿区和矿产资源的管理、配置，进行地质、采矿的研究，以及矿山的地质勘探等工作；此外，还负责推荐矿山合同及承包商，以供部长批准，并监督承包商合同执行情况。地质矿业局设有地区办公室，负责授权事项的处理。③

该法对菲律宾矿山勘探和开采的许可，主要包括：勘探许可（PE）、矿产品分享协议（MPSA）、合作生产协议（CPA）、合资协议（JVA）、金融和技术援助（FTAA）、采石场许可

① 参见共和国法案第7652号第2部分.

② 参见共和国法案第7652号第三、四部分。

③ 参见共和国法案第7942号第八～十四部分。

(QP)、砂开采许可（SAG)、小型矿开采许可、矿产品加工许可、原矿运输许可。

该法第90条规定，承包商在采矿协议和FTAA下可享有《1987年菲律宾综合投资法典》中规定的各项财政和非财政鼓励政策（勘探许可只享有财政优惠)。按投资法典的规定，获得优惠鼓励的矿业企业必须在投资署注册。另外，该法第94条对承包商的投资担保也作出了规定。

(4) 菲律宾投资税负法律的有关特殊规定。

菲律宾税收包括国家的和地方的税收。国家税收由国家政府通过国内税收局征税，地方税收适用于那些由当地的政府征税的地方。《1997年税法》属于国家的税法。根据《1997年税法》第21条的规定，菲律宾国内税收的种类有：所得税；不动产和遗产税；增值税；其他比例税；消费税；印花税及其他。

外国人在菲律宾投资应承担的税收主要包括：增值税；其他比例税；消费税；所得税等。

a. 增值税：该法经该法修正案（共和国法案第9337号）修改后的第107条对进口商品的增值税作出了规定。

b. 其他比例税：该法第五章对其他比例税作出了相应规定。（注：该章在共和国第9337号法案中有修改)。

c. 消费税：该法第六章对消费税作了具体规定。

d. 所得税：该法第25条对非居民外侨个人所得税、第27条对国内企业所得税税率、第28条对外国公司所得税税率、第67条对境外征税、第70条对外国公司的申报等外国人在菲投资应承担的所得税作了具体规定。（注：第27条在共和国法案第9337号及第10026号中有修改；第28条在共和国法案第9337号中有修改)。

此外，关于免税及减税的相关规定有：该法第30条、第35条（共和国法案第9504号中有修改)、第109条等（第110～112条在共和国法案第9337号中有修改)。

(5) 菲律宾关税方面的规则。

在菲律宾，进出口贸易税收主要由1957年《关税与海关法》规定。该法第三章第100条规定："所有来自外国的商品包括曾经从菲律宾出口的商品再次进入菲律宾国境时都应缴纳关税。"

菲律宾关税分为：普通关税、特别关税和额定关税。[①]

● 普通关税：该税种是基于应纳税商品的价值。菲律宾《关税与海关法》第201条及对该条规定作出修改的菲律宾共和国第8181号法案第1条，对普通关税即进口商品的应税价值的确定因素作了具体规定。

● 特别关税：该税种是基于应纳税商品的重量。《关税与海关法》第202条对该税种作了具体规定。

第六节　司法制度与诉讼制度

菲律宾司法体系包括司法部和各级法院体系。菲律宾现行宪法规定，菲律宾的司法权由最高法院及各级地方法院行使。

---

① 参见陈云东、张晓辉：《菲律宾共和国经济贸易法律指南》，北京，中国法制出版社，2006。

一、司法制度

（一）法院体系

菲律宾的法院体系分为：最高法院、上诉法院、区法院、市级法院四个审级。此外还有穆斯林法院、税务上诉法院等一些专门法院。

1. 最高法院

最高法院是菲律宾最高司法机关，由1名首席大法官和14名陪审法官组成。他们都由总统任命，经委员会批准。最高法院法官在具备优秀能力的情况下可以一直任职，直到70岁或无能力继续任职时。在审理案件时，须由全体法官出庭，或酌情由3人、5人或7人组成分庭。其职能是为菲律宾法院的法官和审判员提供适时的、准确的、综合的审判指导。

2. 上诉法院

上诉法院主要负责对民事、刑事一审不服而上诉的案件，由1名首席上诉法官和49名法官组成，分为10个小组，每个小组5名法官。其职责在于：通过公证、快速处理案件来提高公众信任；提高法院官员及雇员的专业性和道德标准；为地方法官提供一个有助于正确地进行他们的司法工作的环境等。①

3. 穆斯林法院

穆斯林法院由最高法院负责监督和管理，其具体又可以分为穆斯林行政区法院和穆斯林巡回法院两种。其职责是执行宪法中关于“公共部门是代表公众的信任”这一规定，保证让公职官员和雇员在任何时候都向人民负责最高程度的责任、正直、忠诚和效率的服务，为实现这一目标快速地审判刑事和民事案件，涉及犯罪的公职官员和雇员包括那些受雇于国有或国家控制的企业的雇员。②

4. 税务上诉法院

税务上诉法院是一个专门的税务法院，其职责是：公正和快速地征收政府征收的税；适当的司法补救提供给纳税人，使其免受不合理或不公平的税收评估；退还税款以补偿过度或错误的征税等；适当地解释税收法规等。③

（二）司法部

菲律宾司法部主要包括秘书处、财政管理处、行政处、技术处、生产处、分理处、司法局、总检察长办公室等部门，其任务和职责是有效地、有效率地和公平地管理司法。

二、诉讼制度

（一）民事诉讼法

现行的菲律宾民事诉讼法又称为《法院规则》，于1997年7月1日生效，是根据1964年《菲律宾法院规则》第1～71条修订的④，其内容主要包括：民事诉讼的一般规定、一审程序、二审程序、最高法院审判程序等。

1. 民事诉讼的一般规定

---

① 参见上诉法院网站，http://ca.judiciary.gov.ph/index.php? action=profile2。

② 参见穆斯林法院网站，http://sb.judiciary.gov.ph/about.html。

③ 参见税务上诉法院网站，http://cta.judiciary.gov.ph/thecourt。

④ 1997 Rules of Civil Procedure as Amended (Rules 1-71，Rules of Court)，1997-07-01.

在1997年《法院规则》中，菲律宾的民事诉讼法一般包括：(1) 法院对民事案件的受理范围。(2) 分别从关于不动产、人两方面规定了法院的管辖，并规定有特别法规定或特别规则，在诉讼之前双方当事人以合法书面的形式排除了法院管辖的案件不能适用该规则。(3) 民事诉讼中的当事人，包括原告和被告、第三人、共同诉讼人；丈夫和妻子应该作为一个整体提起诉讼或被诉，未成年人及无民事行为能力人应在其父母、监护人的协助下参加诉讼。[①] (4) 诉状。(5) 期间。(6) 送达，包括法律文书的送达和传票的送达，法律文书的送达方式为亲自送达、邮寄送达、其他送达方式。亲自送达在完成实际送达时视为送达完成；邮寄送达的，采取平信邮寄的，在邮寄后的10天视为送达完成；采取挂号信邮寄送达的，在当事人收到邮件或当事人收到邮递员第一次通知后的5天视为送达完成。

2. 一审程序

当事人可以向法院提交诉讼请求书以寻求法院的救济。起诉书应写明诉讼所寻求的救济、依据和支持其诉讼请求。与案件有利害关系的第三人可以参加诉讼，并且第三人可以在法院作出最终判决前的任何时间参加正在进行的诉讼，只要将参加诉讼的诉状递交法院并送达原诉讼当事人即可。法院经过对诉讼请求的审查，认为其符合法定条件和形式的，应把该案件列入审理日程。法院应在开庭前至少5天通知当事人开庭的时间和地点，除非有最高法院的书面允许，法院无权每次将审判延期至1个月，并且延期审判最长不得超过3个月。

3. 二审程序

对自治市法院的上诉案件有管辖权的法院是对其有管辖权的地区法院。上诉的当事人，其名称将被改为上诉人和被上诉人。上诉人应在接到原法院的判决或最后命令之日起15日内上诉，如果需要上诉记录，上诉人应在接到原法院的判决或最后命令之日起15日内递交上诉通知和上诉记录，向原审法院递交。上诉法院在接到全部的一审法院移交的诉讼文书时，通知各当事人。上诉人在接到通知后15日内向上诉法院递交一份描述一审法院判决中出现的错误的备忘录，并将该备忘录的副件送达被上诉人。如果上诉人未在规定的时间内递交备忘录，将被视为撤回上诉。[②]

4. 再审（new trial or reconsideration）

在上诉期间，如果出现一下情形：(1) 由于一般的谨慎不能防范的错误或疏忽等原因法院作出的判决或最终命令侵害了当事人的权利；(2) 当事人发现了在审判时当事人无法发现并出示的证据，并且新发现的证据会改变案件的审判结果，则权利受到侵害的当事人可以要求法院不执行判决或最终命令，要求再审。除此之外，权利受到侵害的当事人也可以对其处罚太重、证据不足、判决违反等原因要求再审。[③] 法院应在当事人递交要求再审的申请书之日起30天内通过或否决再审申请书。

（二）商事仲裁法

菲律宾于2004年颁布了一部商事仲裁法律，即《2004年替代争议解决法》。[④] 该法分为8章，共56条，其主要内容有：一般规定、调解、其他解决方式、国际商事仲裁（international commercial arbitration）、国内仲裁等。

1. 国内仲裁

---

① 参见陈云东、张晓辉：《菲律宾共和国经济贸易法律指南》，304页，北京，中国法制出版社，2006。

② 参见菲律宾1997年《法院规则》规则40第7条。

③ 参见菲律宾1997年《法院规则》规则37第1条。

④ 参见共和国法案第9285号。

按照《2004年替代争议解决法》仲裁可以适用的范围包括：公民身份方面的纠纷；婚姻或合法分居的有效性；任何理由合法分居事宜；赡养费；法院的管辖权；遗产继承的预留份事项等。[①]

当事人双方可以自由确定仲裁员的人数，如未确定，仲裁员应为3名。除了自由确定仲裁员人数，当事人双方还可以自由地就仲裁庭进行仲裁所遵循的程序达成协议，如自由地协议选择仲裁地点，如未达成此协议，除非仲裁庭另有规定，仲裁地点就在马尼拉[②]；自由地协议选择仲裁过程中要使用的语言，如未达成此协议，国内仲裁中应使用英语或菲律宾语，仲裁庭确定仲裁过程中使用其他语言的除外。[③]

2. 国际商事仲裁

菲律宾国际商事仲裁主要依照1985年联合国国际贸易法委员会制定的《国际商事仲裁仲裁示范法》及《2004年替代争议解决法》第四章。按照示范法的规定，关于仲裁员人数，当事人双方可以自由确定仲裁员的人数，如未确定，仲裁员应为3名。[④] 此外，对于仲裁地点和仲裁过程中使用何种语言的规定，与国内仲裁相同。仲裁庭应允许申诉人撤回其申诉，除非应诉人对此表示反对并且仲裁庭承认彻底解决争议对他来说是有正当的利益的；当事人各方同意终止程序；仲裁庭认定仲裁程序在任何其他理由之下均无必要或不可能继续进行。[⑤]

---

① 参见1949年《菲律宾民法典》第2035条。

② 参见共和国法案第9285号第三十部分。

③ 参见共和国法案第9285号第三十一部分。

④ 参见《国际商事仲裁示范法》第三章第10条。

⑤ 参见《国际商事仲裁示范法》第32条。

第十章 印度尼西亚法律制度概论

印度尼西亚的法律体系总体上属于民法法系（大陆法系），主要由三个方面构成：一是习惯法、伊斯兰法和荷兰法三者融合而成的刑法体系，二是以习惯法和伊斯兰法为主的民法体系，三是以荷兰法为基础的商法体系。

习惯法是历史上逐步形成的，用于处理村民之间、村镇之间纠纷的传统行为规范。习惯法大多是不成文的，并且因地区不同而不同，实施起来具有不确定性和不可预知性。尽管习惯法在印度尼西亚法律制度中所占地地位不突出，但还是有一些习惯法原则通过立法被不断吸收到现代法律制度之中。

伊斯兰法用于处理穆斯林信徒之间的纠纷。

荷兰法则是荷兰殖民主义的产物。在荷兰直接统治地区，设立有欧洲法院、土著法院、普通法院；在非直接统治地区，设立有土著法院，土著法院仅管辖土著人，对欧洲人和东方人几乎没有管辖权。在荷兰商人和殖民者踏上印度尼西亚的土地以前，习惯法处于支配地位。在随后350年的殖民统治中，习惯法逐渐被殖民统治者的法律取代。具有强烈殖民色彩的法律给印度尼西亚的法律制度打上了深刻的烙印，例如，印度尼西亚的许多现行商法是以荷兰殖民统治时期的1847年商法典为蓝本而制定的。1945年8月17日宣布独立以后，印度尼西亚当局开始着手创立一套合乎印度尼西亚自己的法律与正义理念的法律制度。

印度尼西亚的现代法律体系具体包括：宪法、国家最高权力机关（人民协商会议）通过的决议、国家立法机关（人民代表会议）通过的法律、总统批准的法律、为实施国家立法机关通过的法律和总统批准的法律而由总统颁布的政府法规、实施宪法和政府法规的总统决定、地方法规以及实施政府法规的部门规章等。

为了明确各类立法主体制定的法律、法规和规章的效力关系，国家最高权力机关（人民协商会议）于2000年8月把各种立法形式的效力等级由高到低规定如下：(1) 1945年宪法；(2) 人民协商会议的决议；(3) 法律（经立法机关即国会制定）；(4) 具有临时法律性质的行政法规（在紧急情况由总统制定的代替法律的行政法规）；(5) 一般行政法规；(6) 总统令；(7) 地方性法规。

此外，在实践中，也还存在其他的立法形式，包括总统的指示、部长令和通知。

一项立法一旦通过，将在印度尼西亚共和国的国家公报上予以公布，相关的立法解释也会随之公布。

第一节 宪　法

《印度尼西亚共和国宪法》简称“1945年宪法”，规定：人民协商会议为最高权力机构。

总统是最高行政首脑和武装部队最高统帅，直接领导内阁，有权单独颁布政令和宣布国家紧急状态法令、对外宣战或媾和等。1999年人民协商会议大会选举出修宪委员会，对宪法的一些内容作出了修改，其中包括：将总统任期限制在2任之内，每任5年；减少总统权力、增加议会职能等。宪法规定建国五基（又称“潘查希拉”，即信仰神道、人道主义、民族主义、民主和社会公正）为立国基础。

印度尼西亚宪法序言强调了印尼独立运动的伟大胜利，印尼独立运动的斗争给印尼人民带来了国家独立——这个国家是一个独立的、统一的、自主的、公正和繁荣的国家；说明了人民主权的基础是：至高无上的神道，公正和文明的人道，印尼的统一、协商和代表制指导下的民主，以及关于印尼全体人民的社会公正之实现。

印度尼西亚宪法序言虽然只有357个字，但宪法文本总字数也才2 371个字，序言占全文的15.06%，位居全世界宪法的榜首。

印度尼西亚宪法第一章和第二章规定了印尼的体制与主权，规定：印尼是共和体制的单一国家。主权掌握在人民手中，并全部由人民协商会议行使。人民协商会议由国会议员以及各地区、各阶层的代表根据法律规定组成。人民协商会议至少每年在首都召开一次。人民协商会议的各项决议以多数票通过之。人民协商会议制定宪法和国家基本方针。

印度尼西亚宪法第三章规定了国家政府的权力。第四章到第七章分别规定了最高评议院、国家部门、地方政府和国会的权力。第八章规定了财政问题，规定：每年度财政预算（收入与支出）以法律规定之；如国会不通过政府所提出的财政预算，政府得实行上一年度的预算；国家所需的各项税收以法律为根据。第九章明确了司法权限，规定最高法院及其他司法机关根据法律行使司法权。第十章到第十四章分别规定了公民资格、宗教、国防、教育和社会福利等与公民权利相关的内容。第十五章为国旗与语言。第十六章规定，修改宪法至少要有人民协商会议2/3的成员参加，通过决议至少要有2/3的出席会议成员的同意。

2006年7月11日，印度尼西亚新的《国籍法》获得国会通过，从8月9日起正式生效。这是一个印度尼西亚宪法体系发展中的里程碑式的事件。

与荷兰殖民统治时期制定的《国籍法》相比，2006年《国籍法》取消了对华族和其他少数民族在种族、性别和婚姻方面的歧视性条款，规定，凡在印尼出生和未接受外国国籍的人均为印尼国民，所有种族和社群都享有同样的权利和尽相同的义务。它对印尼的民族和谐、社会稳定和经济发展具有重大而深远的历史和现实意义。

2006年《国籍法》规定，跨国婚姻所生子女18岁前可保留印尼国籍，18岁后可自行选择国籍。而根据旧的《国籍法》，印尼人一旦与外籍人结婚，便自动丧失印尼国籍。

2006年《国籍法》还赋予同外国人结婚的印尼妇女在决定其子女国籍问题时与男子同等的权利，她们的子女可以不像以前那样只能随父亲的国籍。

根据2006年《国籍法》，为国家服务并取得优异成绩的科学家、艺术家和体育运动员可以不经过归化程序而获得印尼国籍。

2006年《国籍法》摒除了对“本土人”和“非本土人”的区别对待，这标志着包括华族在内的印尼少数族群不会在国籍问题上受到种族歧视，这是印尼历史发展的一大进步。

第二节　刑事法律

印度尼西亚的刑法典自1918年开始生效，该法典基本继承了荷兰刑法典的思想。在1946

年，印度尼西亚革命政府又颁布了一系列的修正案。自1958年起，印度尼西亚刑法典正式在全国统一适用。从20世纪80年代开始，印尼政府开始起草制定一部新的刑法草案，由于争议过大，新的刑法典在1999年5月19日才正式颁布。2004年开始，印度尼西亚开始着手对刑法典与刑事诉讼法典进行修订。刑法的修订将对相关的犯罪加大刑罚，而刑事诉讼法会引入“恢复性司法”模式。

印度尼西亚的刑法典由3章构成：第一章对犯罪案件的术语及程序进行了定义，确定了具体的减轻刑事处罚的事由，相当于刑法总则。第二章和第三章分别确定了轻罪和重罪的种类，以及对各种类型的罪名的处罚及量刑。而对轻罪与重罪的分类基本上与西方国家的分类相同。值得注意的是，印度尼西亚相继又制定了几部单项的处置刑事案件的法律，最重要的包括打击经济犯罪、颠覆国家政权和打击腐败的刑事法律。

1992年之前，印度尼西亚刑法中对严重的重罪的刑罚包括死刑、有期徒刑、当地拘押和罚金，当时不允许没收个人全部财产。一般的犯罪和轻罪的刑罚包括剥夺具体的一些权利、没收个人财产及公告法庭的量刑。量刑的上限为法典的具体规定，但是法官可以根据案件的具体的情况自由裁量从轻量刑。虽然自1980年后印度尼西亚的法律界有人号召废除死刑，但是直至现在，印度尼西亚仍然保留死刑制度。

一、刑事审判一般程序

（一）逮捕

如果犯罪嫌疑人未能被“抓现行”，警方逮捕嫌疑人须持有书面授权，并需要将该授权的复印件送达嫌疑人的家人。

（二）刑事拘留

除非警察部门、检察官或者法官命令刑事拘留，否则应当在一天内释放被逮捕的犯罪嫌疑人。刑事拘留只对有可能被判处5年以上有期徒刑的犯罪嫌疑人及根据刑法第21条第4款(b)项应当承担刑事责任的犯罪嫌疑人实施，刑事拘留的最长期限为60日。

（三）侦查

侦查机关在开始侦查前，需要通知公诉机关。如果因为证据不足或者经过侦查未发现构成犯罪行为，侦查机关应当通知公诉机关和嫌疑人。

在侦查阶段，侦查人员有权传唤证人进行质询。

侦查终结后，侦查人员应当立刻将案件卷宗移送到公诉机关。如果公诉机关认为侦查尚未终结，可以将卷宗退回，并且指令补充侦查后，再一次移送公诉机关。

（四）起诉

对案件卷宗的审查结束后，公诉机关将决定案件是否符合起诉的要求。如果决定要提起公诉，检察官应当准备起诉书，并将诉讼材料移送到有管辖权的法院，同时需要向犯罪嫌疑人和证人签发参加庭审的传票。如果检察官决定终止起诉，则必须向犯罪嫌疑人、侦查机关和法院送达书面的决定。

（五）开庭前程序

开庭前程序主要是审查逮捕或者刑事拘留是否合法，以及确定审理案件的管辖法院。

（六）庭审程序

庭审开始后，首先由检察官宣读起诉书，然后法官会传唤被告和证人出庭作证和进行质证。主审法官主持整个庭审，检察官和律师可以在主审法官的同意下对证人进行发问。

质证结束后，由检察官提交指控，随后由被告提交辩护意见。检察官可以就辩护意见进行答复，被告也可以就检察官的指控进行答复。主审法官在征求合议庭其他法官的意见后作出最后的判决。

（七）判决

如果通过庭审，未能证明罪名成立，法庭将会宣告嫌疑人无罪；如证明嫌疑人的行为未构成犯罪的，法庭将撤销所有的指控。

如果法庭认为嫌疑人的行为已经构成犯罪，将会出具判决书。公诉机关会执行该判决书。

二、刑事上诉程序（一般救济）

一审法院作出判决，并向相关人员宣读后，认为权利受到侵害的当事人可以在 7 天内向相应的上诉法院提起刑事上诉，但以下情形不得提起上诉：(1) 以适用法律不当，作出无罪判决的；(2) 以适用法律不当，撤销所有指控的；(3) 以简易程序审理的案件。如案件本身简单、犯罪事实清楚的，可以采用独任法官的建议程序审理。

可以提起上诉的三种情形是：(1) 程序违法；(2) 一审出现明显错误；(3) 一审程序不完整。

高等法院受理并作出上诉判决后，认为权利受到侵害的当事人仍然可以向最高法院提起上诉。可以向最高法院提起上诉的事由有：(1) 法律规定未被适用或遵守的；(2) 判决与法律规定相冲突的；(3) 法院超出管辖权限的。

三、刑事特别法律救济程序

三审的判决（最高法院的判决）是最终判决，但是被判决的人或者其家庭成员可以通过最后的特别救济程序，请求最高法院对判决再审，除非该判决是判处无罪或者撤销指控的。最后的特别救济程序没有时限，但是只能申诉一次。

可以提请最后的特别救济程序的事项包括：(1) 出现新的证据或者情形。如果在作出判决的庭审中新的证据或者情形出现，该案罪名有可能无法成立，或者公诉人的起诉不被接受，或最终的刑罚可能会较轻。(2) 作出判决所依据的主要证据或者情形之间相互矛盾。(3) 判决书出现了明显的错误。(4) 对于在判决书中已经查明的犯罪事实，没有施行相应的刑罚的。

被起诉者的法律保护——聘请律师的权利

犯罪嫌疑人有权自侦查开始委托 1 名以上的律师为其提供法律服务，警方在逮捕嫌疑人后应当告知其从侦查到庭审阶段都有接受法律支持的权利。

嫌疑人未委托律师，但其罪名可能被判处死刑或处以 15 年以上有期徒刑的，该嫌疑人可以免费获得法律援助。如果嫌疑人有可能被处以 5 年以上有期徒刑，但因为贫困无法委托律师的，可以接受免费的法律援助。

自接受犯罪嫌疑人委托后，律师可以与犯罪嫌疑人接触，并有权参与、旁听警方的审讯。这保障了犯罪嫌疑人免受警方的不公平的审讯技巧。

四、证据规则

法庭只认可以下 5 种证据：(1) 证人证言；(2) 专家证言；(3) 书证；(4) 迹象；(5) 嫌疑人口供。

对证人证言，将需要与其他证人的证言以及其他形式的证据来最终确定该证言是否可以采信，并且，法官同时需要考虑其他因素来确定证人证言的可信程度。证人通常需要在宣读誓言后作证，但是，如果没有宣读誓词后所作的证言与其他在宣读誓词后所作的证言相互印证，那么这些没有宣读誓词后所作的证言依然可以采信。

迹象也作为一种证据，迹象可以是一种与其他事实相呼应的行为、事件或者境遇。迹象只能通过证人证言、嫌疑人口供或其他文件得到印证。

在确定罪名成立的证据时，法官必须依靠两个以上的证据才能最终定罪，即孤证不得定罪。

第三节　民商法

一、印度尼西亚民法典

印度尼西亚迄今仍然沿用1847年制定的民法典。该民法典吸收了荷兰成熟的立法经验和先进的民商法律制度，为印尼发展民商法律体系打下了良好的基础。

1847年《印度尼西亚民法典》非常庞杂，共4部分、1993条。第一部分为个人篇，第二部分为财产篇，第三部分为合同篇，第四部分为证据及规范篇。

二、印度尼西亚合同法律规范

（一）有效合同的条件

根据《印度尼西亚民法典》第1313条，合同指双方或多方之间形成的契约关系。合同不必遵循固定的格式，但是，为了保证合同有效，需要满足如下条件：

1. 合同各方的同意（自由意愿）

合同有效的第一要素就是合同各方的同意，也称为合意原则。这是《印度尼西亚民法典》第三部分“合同法”的基础之一。如果合同一方被胁迫、欺骗或由于理解错误而签订合同，则所签订的合同无效。

“胁迫”包括非法的精神威胁，所以对身体的威胁不构成“胁迫”，而且如果是合法的威胁，也不构成“胁迫”，如诉讼等。此外，对当事人的勒索以及不适当的引导，从而削弱其判断力的行为也会构成“胁迫”。

“理解错误”包括两种情形：第一种指对合同相对人的身份的错误理解，第二种指对合同标的物的错误理解。如果合同各方均未意识到“理解错误”情形的发生，那么合同不能被认定无效。

“欺骗”是指合同一方在签订合同前，采用明显的方式欺骗合同相对方，诱使之与其签订合同。如果没有“欺骗”行为，合同不可能促成签订。构成欺骗需要符合以下四种情形：（1）明显的行为（不包括如对缺陷的隐瞒等）；（2）在签订合同之前；（3）目的是促成合同相对方签订合同；（4）如果没有明显的行为，当事人不可能签订合同。如果上述四种情况存在，那么意味着当事人意思表示不真实。

2. 民事行为能力

合同有效的第二个要素是合同各方当事人具有适格的民事行为能力。在印度尼西亚，不满21周岁且未根据民法典第330条已经结婚的人是未成年人，没有民事行为能力。

3. 明确的标的物

合同有效的第三个要素是合同需要有明确的标的物，如果没有明确的标的物，那么根本无法确定合同各方的权利与义务。

4. 标的物合法

最后一个构成合同有效的要件是合同的标的物必须合法。这意味着签订合同的目的也必须符合法律的规定，如雇凶杀人的合同当然无效。

（二）合同的形式

当合同的各方达成一致，合同就已经成立了（《印度尼西亚民法典》第1313条）。实践中，合同的成立需要有合法的要约被接受，而要约与承诺可以是明示的，也可以是默示的。一般来说，合同不需要固定的格式，如书面合同或者经过登记。但是，印尼民法典作出了一些例外情况，如某些合同必须以书面形式或者必须经过公证才能生效，如抵押合同、专利许可合同等必须经过登记。

（三）合同的履行

生效的合同，除非合同各方一致同意终止执行，应当完全履行。根据“条约必守”原则，生效的合同不能随意解除。根据印度尼西亚合同法第1338条第3款的规定，法官可以依据合理与公平的原则监督合同的执行。而且，法官可以根据合同的“善意”解释，对合同的字面意思进行必要的解释与认定。

三、印度尼西亚知识产权法律法规

近年来，随着印度尼西亚不断融入世界经济，印尼积极与各国展开知识产权领域的合作，希望借鉴先进国家的经验，提升印尼在国际上的影响力。

印尼目前已是《海牙协定》《巴黎公约》《保护文学和艺术作品伯尔尼公约》（以下简称《伯尔尼公约》）《专利合作条约》《商标法条约》《世界知识产权组织版权条约》和《世界知识产权组织表演和录音制品条约》等公约或条约的缔约方，并积极参加世界知识产权组织、WTO、ASEAN、APEC等组织的知识产权论坛。

目前，印尼的知识产权法由工业产权框架构成，工业产权中包括商标、地理标识、原产地标识、专利、实用专利、外观设计、集成电路版图设计、商业机密和版权等，著作权包括著作权和邻接权。同时出于因应并保持商业、技术、工业等急速发展的国内现状，印尼近年对本国的知识产权法律、法规和政策进行了一系列的修改与完善。目前印尼现行的知识产权相关法律法规主要包括：（1）2001年《印度尼西亚共和国专利法》（NO. 14）；（2）2001年《印度尼西亚共和国商标法》（NO. 15）；（3）2002年《印度尼西亚共和国著作权法》（NO. 19）；（4）2000年《印度尼西亚共和国外观设计法》（NO. 31）；（5）2000年《印度尼西亚共和国集成电路布图设计法》（NO. 32）；（6）2000年《印度尼西亚共和国商业秘密法》（NO. 30）；（7）2000年《印度尼西亚共和国植物品种法》（NO. 29）；（8）1995年《印度尼西亚共和国反不正当竞争法》（NO. 15）。

1.《专利法》

现行的印尼《专利法》为2001年颁布的第14号法律，其中规定：专利申请应自申请之日起18个月内公开，公开时间为6个月，申请人提出审查请求之后36个月之内结案，不服驳回的可在3个月内提出复审请求。印尼《专利法》要求发明人在印尼实施新产品生产后方能申请专利，专利的保护期限为自申请日起20年，小专利（印尼无实用新型专利）的保护期限为自申请日起10年，两种专利均不得续展。现行专利法规定，涉及以下内容的发明不得授予专利权：（1）违反法律法规、宗教道德、公共秩序和伦理；（2）人和/或动物的检查治疗、治疗方法；(3) 科学和数学理论、方法以及除微生物外的活体生物；(4) 动植物培育过程中不可或缺的生物方法。

此外，印尼《专利法》还规定，在规定期限内不缴纳专利费用的，取消专利资格。有关专利的诉讼案件必须在案件提交之后的180个工作日之内结案。侵犯他人专利权者最高可处4年监禁及/或5亿印尼盾的罚金，侵犯小专利者最高可处2年监禁及/或2.5亿印尼盾的罚金。

2.《商标法》

印尼现行的《商标法》规定，商标应为由图画、名称、单词、文字、数字、颜色组成或合成的标记、徽章。非印尼语的商标必须同时提交印尼语的读音。商标申请提出之后的第十四日起至6个月为公示期，期间任何人均可提出异议。公示结束后9个月内结束实审。对不授权决定不服者可在3个月内提出复审请求。商标的保护期限为自申请日起10年，期满可以续展。注册后的商标如不使用的时间达到3年，将取消其商标的注册资格。此外，印尼商标法对原产地名称也给予保护。

印尼《商标法》就商标侵权及其处罚作了详细规定：如在相同产品、服务或制造领域使用与某注册商标整体类似或与某注册商标的构成要素部分类似的标志，最高可对侵权人处以5年监禁及/或10亿印尼盾的罚金；在同类注册商品上使用与他人地理标志实质类似的商标可处以最高4年及/或8亿印尼盾的罚金；使用可能欺骗或误导公众相关商品或服务来源的原产地名称标记者可处以最高4年的监禁及/或最高8亿印尼盾的罚金。

3.《著作权法》

印尼现行的《著作权法》是2002年通过的第19号法，于2003年6月29日开始生效。该法与旧法最大的不同之处在于，将“数据库”这一新兴事物涵盖于著作权保护范围之内，从新法实施之日起，数据库在印尼可以依照著作权法的规定受到法律保护。印尼《著作权法》对数据库的定义为：以任意形式编辑、任何可以由机器或计算机读取，但必须是经由智力创造行为加以选择与整理的数据形式。数据库必须具备独创性或创造性；这意味着仅仅是大量的数据集中在一起并不能受到法律保护。

此次的新法未将间接侵权、网络侵权和平行进口等著作权保护领域的重要事项列入。这意味着在印尼，不会追究间接侵权和网络侵权者的责任。另外，可以认为平行进口在印尼是合法行为。

印尼法律规定，非法复制或发行著作权产品者的最低监禁期为1个月，最长则为7年；罚金最低限为100万，上限为50亿印尼盾。此外，非法传播、展览侵权产品者的处罚为最高5年的监禁及/或5亿印尼盾的罚金。

4.《外观设计法》

目前印度尼西亚已加入多项有关外观设计保护的国际公约，包括《巴黎公约》《与贸易有关的知识产权协议》《海牙协定》《洛加诺协定》以及《伯尔尼公约》等。

与泰国等一些国家不同，印度尼西亚对外观设计单独立法保护，而不是将其作为《专利法》的一部分内容。印度尼西亚的外观设计保护法律法规主要包括：2000年第31号法律《外观设计法》(2000年12月20日颁布)、2005年第1号政府令《外观设计法实施细则》(2005年1月4日颁布) 以及有关批准《与贸易有关的知识产权协议》的1994年第7号法律。

一般认为，印尼的《外观设计法》非常简单并且存在很大程度的不公平。在印尼，外观设计专利的门槛相当低，一个产品只要在公开期内无异议提出，无须经过实质审查即可获得专利权。假如出现异议，只需将新产品与异议产品对照，或由申请人提出新的产品，即可授予专利权。外观设计的保护期为10年。

另一方面，印尼给予申请撤销某个外观设计的专利资格的期限是全世界最长的。印尼《外观设计法》规定，撤销外观设计专利权应由申请人向商业法庭提出诉讼，商业法庭必须在120天之内作出判决。如果对商业法庭的判决不服，可向最高法院提起上诉，最高法院必须在90天之内作出最终判决。这意味着在印尼撤销一项外观设计专利权的时间最长可达210天。

侵犯外观设计权利者的刑罚为最长4年的监禁及/或3亿印尼盾的罚金。

5.《集成电路布图设计法》

印尼的《集成电路布图设计法》于2000年生效，该法规定：布图设计必须具备独创性，且必须是设计人（或小组）自己的智力成果。布图必须具备能动性、电路中每一部分必须与总体相连以及设计目的明确等要素，且在设计当时和在布图设计人或集成电路制造商群体中不具有普遍性。布图设计不得违反现行法律、公共秩序与公共道德。该法规定，如果布图设计已经用于商业目的，提出申请之日不得晚于最初实施之后的两年。印尼对集成电路布图设计采取登记制，保护期限为10年。该法同时规定，如果是出于调查、研究、教育等非商业目的，在不侵犯布图设计权利人权益的前提下，他人可以使用该布图设计。当出现布图设计权利被撤销的情况时，若所有权人与他人签署了实施授权协定，被授权者有权继续自己的实施行为，直至双方协定中所约定的期限到期。集成电路布图设计权可通过继承、赠送、遗言、书面契约或其他不违反法律规定的行为获得。侵害他人集成电路布图设计权利者最高可判处3年监禁及/或3亿印尼盾的罚金。

6.《商业秘密法》

商业秘密指的是技术或商业领域具备相当的经济价值且未公开的相关信息。印尼《商业秘密法》保护的范围包括生产方法、加工方法、销售方法以及技术与行业领域中其他具备经济价值的、通过正当手法获得且无须向外界公开的信息。商业秘密的拥有者具有对权利的独占使用权、允许或禁止他人使用权或出于商业赢利的目的向他人透露商业秘密的权利。

商业秘密可以通过遗产继承、赠与、遗言、书面协定或法律所规定的其他方法获得。以违反现行法规的不正当手段窃取他人商业秘密，视为侵害他人的商业秘密权。但如果对营业秘密的使用是出于社会防卫、健康、安全的目的，则不视为侵权。此外，只是对他人利用商业秘密制造的产品加以研究进行再次生产的，也不视为侵权。侵犯他人的商业秘密权，最高可判处2年监禁及3亿印尼盾的罚金。

第四节　经济法

一、公司法

2007年，印度尼西亚颁布了《有限责任公司法》。该法第一章“总则”中界定了有限公司的含义：指的是一个由资金的集合构成，基于一项协议建立法人实体，以开展商业活动，其公司的法定资本划分为股份，并且满足本法及其实施细则的规定。该法第6条规定，公司可以在章程中明确其设立的有限期限或者无限期限。

第二章规定了公司设立、章程及其修订、公司登记和公告的程序。第三章“资本和股份”规定了公司注册的最低资本金等重要问题。第32条规定：公司注册资本金应不少于5 000万印尼盾。第33条规定：注册资本金中的25%必须被发行并全部实缴。在任何时候进一步发行股份以增加已发行资本金必须全部得到实缴。

第四章“工作规划、年度报告和利润分配”规定了财务规划、预算、股东大会的构成及议事规则。第 78 条规定：股东大会包括年度股东大会和其他股东大会。年度股东大会应在每个会计年度结束后 6 个月内举行。其他股东大会可以在其他任何时间点，主要基于公司利益的需要而召开。第 84 条规定，除非公司章程有其他规定，公司发行的每份股份应有 1 个投票权。

第 88 条规定：除非公司章程另有规定，在经过不少于公司有表决权全体股东 2/3 出席的股东大会上，有超过 2/3 股东同意之后可以对公司章程进行修改。除非公司章程另有规定，在第二次股东会议中，在经过不少于公司有表决权全体股东 3/5 出席的股东大会上，有超过 2/3 股东同意之后，其所作决议即为有效。除非公司章程另有规定，在经过不少于公司有表决权全体股东 3/4 出席的股东大会上，有超过 3/4 股东同意之后可以同意公司的兼并、收购、并购或分立、破产、存续期的延长、公司的清算。除非公司章程另有规定，在第二次股东会议中，在经过不少于公司有表决权全体股东 2/3 出席的股东大会上，有超过 3/4 股东同意之后，其所作决议即为有效。

第六章“董事会和监事会”详细规定了董事会和监事会的构成及议事规则，其中，董事会成员由股东大会任命。

第八章规定了公司合并、解散、接管和分离的程序与规则。

总体上，印度尼西亚的《有限责任公司法》综合了有限责任公司和股份有限公司的内容，内容具体且操作性较强。

二、印度尼西亚的汇率制度和外汇制度

（一）印度尼西亚的汇率制度

印度尼西亚实行有管理的浮动汇率制度，印度尼西亚中央银行（BI）在适当的时候进行干预以防止汇率过度波动。

（二）印度尼西亚的汇率管理

1. 汇率管理的目标

BI 致力于推动货币汇率由外汇市场的供求决定，使之有益于涉及贸易、投资和国际支付等的外汇流动。

2. 汇率管理的方式

为保持汇率的相对稳定，BI 会在汇率异常波动时在外汇市场开展冲销式的干预。

3. 汇率管理的决策和执行机构

根据 1999 年 5 月颁布的《外汇流动与汇率制度法》第三章第 5 条的规定及后附的说明，印度尼西亚的汇率制度由 BI 在认真、精确评估研究后向政府提出建议，由政府决定并以总统令的形式对外公布。BI 在汇率制度的框架内具体执行有关汇率政策，包括印尼盾的重估升值或贬值、公布每日汇率、决定干预区间、印尼盾的汇率走势及执行干预措施。

（三）印度尼西亚的外汇制度

1. 外汇管理的法律依据

印度尼西亚外汇管理的法律依据包括 1999 年 5 月颁布实施的《印度尼西亚银行法》《外汇流动与汇率制度法》以及 BI 随后出台的一系列外汇管理条例和通知。

2. 外汇管理的执行机构

BI 具体负责印度尼西亚的外汇管理工作，委派银行和非银行金融机构辅助开展有关工作。

3. 外汇管理的主要内容

根据《外汇流动与汇率制度法》第二章第2条、第3条的规定，印度尼西亚的居民可以自由拥有和使用外汇，BI有权要求外汇流动活动的参与方报告有关交易信息和数据，居民应当根据规定直接或通过第三方向BI提交信息和数据，内容至少包括交易的金额、类型、目的、参与双方情况等。

根据BI于1999年10月出台的《银行和非银行金融机构外汇流动监测条例》，银行和非银行金融机构应当完整、真实、及时地向BI报告其自身或客户开展的外汇交易信息和数据，具体包括月度交易报告和半年度头寸报告，需要在交易发生或半年度结束后的次月内完成。如果报告的数据信息不完整、不真实或有延误，将面临罚款、罚金甚至吊销经营执照等处罚。

根据BI于2002年4月出台的《非金融机构公司外汇支付监测条例》，总资产或年销售额不少于1 000亿印尼盾的公司应当完整、准确、及时地向BI报告未通过银行或非银行金融机构开展的外汇支付有关信息和数据，具体包括月度交易报告和半年度头寸报告，前者需要在交易发生后的次月内完成，后者需要在半年度结束后的3个月内完成。如果报告的数据信息不完整、不准确或有延误，将面临罚款、罚金甚至吊销执照等处罚。

三、印度尼西亚《矿产和煤炭矿业法》

2008年12月16日印度尼西亚人民代表会议通过了新的《矿产和煤炭矿业法》，2009年1月12日该法以2009年4号令的形式正式颁布。新法将取代施行了42年的1967年H号法（印度尼西亚原矿业法）。

新矿法共26章、175条，其主要内容包括以下几个方面。

1. 原则和目标

该法的基本原则是坚持管理上的公正、透明、实用和均衡发展，确保国家和民族的利益不受侵害，促进社会和环境的可持续发展。

矿产管理的目标是：保证矿业活动的成效和可持续性，保障国内矿产和能源资源的需求；提高矿业企业在国内外的竞争力；提高地方和国家来自矿业的收入；增加社会就业；保证法律的客观性。

2. 中央政府与地方政府在矿业管理上的权力划分

（1）中央政府的权限。

中央政府负责制定国家矿业政策；制定法律条例；制定国家标准及指南；制定矿产开发许可证颁发的相关规则；颁发普通矿业许可证（IUP）、特别矿业许可证（IUPK）；划定矿产潜力区；指导和帮助解决社区矛盾；对跨省和离海岸12英里以外的矿业活动进行监督管理；制定生产、销售、利用及环保的政策；制定提高社区参与和合作能力的政策；制定对矿产及煤炭生产征收国家非税收入的政策；监督和指导地方政府的矿业管理工作和地方政府地方矿业条例的制定工作；收集和管理全国的矿业信息，包括矿产资源储量、相关地质条件、开发情况，以及矿权区和国家矿产储备区的相关信息；对开采后的土地复垦活动进行指导；合理安排全国的矿产资源开发，使其均衡发展（编制全国矿产、煤炭资源平衡表）；发展与提高矿产经营活动的附加值；提高中央及地方各级政府经营管理矿产活动的能力。

（2）省政府的权限。

省政府管理矿产、煤炭开采的权限包括：制定地方法规；颁发普通矿业许可证（IUP）、民间矿业许可证（IPR）；指导和解决社区矛盾；监督跨县界及离岸4海里～12海里内的矿产开采经营活动；指导和帮助解决社区矛盾，监督县界及离岸4海里～12海里内直接影响环境的矿产开采经营活动；收集和管理省区矿产、煤炭资源及开采活动的信息和数据；编制省区矿产、煤炭资源平衡表；发展和提高省区矿产、煤炭经营的附加值；提高当地经济发展兼顾环境保护；根据权限协调本区矿区爆炸品批准并监督其使用；向部长及县/市长提供有关普查及勘探资料；向部长及县/市长提供生产、国内销售及出口的资料；指导和监督采后矿区的土地复垦工作；提高省县/市各级政府经营管理矿产活动的能力。

(3) 县/市政府的权限。

县/市政府负责其所辖地区内的矿业活动管理与监督工作，包括：相关条例的制定；民间矿业许可证的发放；监督县内及离岸4海里内的矿产开采经营活动；矛盾的调解；相关信息的收集、整理和加工；土地复垦的监督与指导；向部长及省长提供生产、国内销售及出口的资料等。

3. 含矿潜力区的划定

含矿潜力区是矿业活动基本限定区，由中央政府与地方政府协商并通过人民代表会议确定。

4. 矿业权的设置与管理

矿业权分3种：普通矿业许可证（IUP）、民间矿业许可证（IPR）、特别矿业许可证（IUPK）。

5. 权利和义务

普通矿业许可证和特别矿业许可证持有者在符合法律规定时有权利用因生产所需要的公共设施及便利；除了放射性矿产衍生物，在缴纳了相关勘探和开采税费后，普通矿业许可证和特别矿业许可证持有者有权拥有生产的矿产品；普通矿业许可证和特别矿业许可证印度尼西亚持有者不能将其转让给第三方，只有在进行了一定阶段勘探后，才可在印度尼西亚股票交易中心转让其所有权或股票，转让前需通知主管的部长、省长或县/市长。

矿业许可证持有者有以下义务：运用良好的开矿技术标准；按印度尼西亚会计制度管理财务；提高矿产品和煤炭的附加值；提高当地居民生活水平及地区经济发展；遵守环境负荷限度；执行行业卫生和安全标准；坚持矿产资源的可持续性利用原则；在申请矿产许可证的同时提交采后复垦及环保处理计划；缴纳矿区土地复垦及环保处理保证金，部长、省长或县/市长有权指定第三方使用该项保证金执行矿区采后的复垦及环保处理工作（更详细的矿区土地复垦及环保处理条例和保证金条例将由中央政府另作规定）；矿业许可证持有者开采的矿产品应当在国内进行加工和提炼，可以加工和提炼其他矿业许可证持有者开采出的矿产品；应当优先利用当地劳工、产品和服务；向部长、省长或县/市长按其权限呈交所有勘探及生产运营所得数据；矿业企业中的外资股权在其矿山投产5年后有义务向中央或地方政府或国有企业、地方企业、国内私营企业减持其股份，其细则将由中央政府另作规定。

此外在矿业服务方面，矿业许可证持有者有义务使用当地或国内的矿业服务公司，矿业服务业活动的范围包括：普查、勘探、可行性研究、矿区建筑、运输、环境、采后环保处理及土地复垦；安全和卫生，以及开采和冶炼领域的咨询、计划及设备测试等。矿业服务公司应当优先使用本地的承包商和本地劳工。矿业许可证持有者不得在其矿区使用其下属的矿业服务公司，除非得到部长允许。部长可在下列情况给以允许：在矿区没有类似的服务公司；没有相关服务业企业有兴趣提供服务。更详细的矿业服务条例由中央政府另作规定。

6. 国家和地方收入

矿业许可证持有者有义务缴纳属于国家和地方收入的各种税费，包括税收和非税收入。税收包括：根据税法规定的税收、进口税。非税收入包括：固定租金费、勘探费、权利金、信息补偿费。地方收入包括：地方税、地方补偿费（retributions）、其他法律规定的合法地方性收入。

矿业许可证持有者需要将其金属和煤炭生产企业4%的净利润交给印度尼西亚中央政府，将6%的净利润交给地方政府。地方政府的6%安排如下：省政府得1%。矿地所在县/市政府得25%，同一省内的其他县/市得2.5%。

7. 矿业活动中的土地使用

普通矿业许可证、民间矿业许可证和特别矿业许可证的权利不包括对矿区表面土地的权利；在法律规定禁止进行矿产活动的地点不能进行矿产经营活动，除非得到根据法律规定相关中央政府部门的批准。矿业许可证持有者需经土地所有者同意后才能开展其勘探活动。

矿业许可证持有者在矿产开采前先根据相关法律与土地所有者解决土地使用问题，可根据需求分阶段进行。在解决了土地方面的问题后可以依法颁发相应的土地权证。

8. 过渡条款

新矿法生效之前已有的矿产或煤炭工作合同继续有效至其有效期结束，但关于国家收入的条款例外，其目的是要提高国家的收入。上述矿业和煤炭工作合同中的条款最迟在新矿法生效1年后必须调整，以适应新的法律。已生产的工作合同持有者有义务在最迟5年后就其矿产品在国内进行冶炼加工。

其他内容还包括培训、监督、社会保护、行政制裁等。

第五节　国际贸易与投资法律

印度尼西亚的贸易投资相关法律法规较为健全，有《贸易法（修订）》《海关法》《外国投资法》《外国投资法（修正）》《公司法》等法规，此外，其他还有《关于股份份额的政府法规》《公共健康法》《精神药品法》《麻醉药品法》《环境保护法》《投资法（2007年新）》。《2007年关于有条件的封闭式和开放式投资行业的标准与条件的第76号总统决定》和《2007年关于有条件的封闭式和开放式行业名单的第77号总统决定》是重要的单行法规。

一、主要贸易政策

（一）贸易主管部门

印尼主管贸易的政府部门是贸易部，其职能包括制定外贸政策、参与外贸法规的制定、划分进出口产品管理类别、进口许可证的申请管理、指定进口商和分派配额等事务。

（二）贸易法规体系

印尼与贸易有关的法律主要包括《贸易法（修订）》《海关法》《建立世界贸易组织法》《产业法》等，与贸易相关的其他法律还有《国库法》《禁止垄断行为法》和《不正当贸易竞争法》等。

（三）贸易管理的相关规定

除少数商品受许可证、配额等限制外，印尼对大部分商品均实行放开经营。2007年年底，印尼贸易部宣布了进出口单一窗口制度，大大简化了管理程序。

1. 进口商品管理。印尼政府在实施进口管理时，主要采用配额和许可证两种形式。

2. 出口商品管理。印尼出口货物必须持有商业企业注册号/商业企业准字或由技术部根据有关法律签发的商业许可，以及企业注册证。印尼将出口货物分为4类：受管制的出口货物、受监视的出口货物、严禁出口的货物和免检出口货物。

（四）进出口检验检疫的相关规定

印尼要求所有进口食品必须注册，进口商必须向印尼药品食品管理局申请注册号，并由其进行检测。检测过程烦琐且费用昂贵，检测费用从5万印尼盾（约合6美元）到250万印尼盾（约合300美元）不等，每一件产品的检测费用在100万印尼盾（约合120美元）到1 000万印尼盾（约合1 200美元）之间。

（五）海关管理的相关规定

印尼关税制度的基本法律是1973年颁布的《海关法》。现行的进口关税税率由印尼财政部于1988年制定。自1988年起，财政部每年以部长令的方式发布一揽子“放松工业和经济管制”计划，其中包括对进口关税税率的调整。印尼进口产品的关税分为一般关税和优惠关税两种。印尼关税制度的执行机构是财政部下属的关税总局。

二、主要投资政策

（一）投资主管机构

印尼负责投资的管理部门为投资协调委员会（BKPM），委员会设主席一人，同时兼任投资部长。BKPM的职能是协助总统制定投资政策、办理投资批准许可、监督实施投资项目。

（二）投资法规

印尼涉及外国投资方面的法律目前是2005年颁布的第25号《投资法》，规范了国内外投资。新法特征是：(1) 外资在土地和建筑使用权限方面有了较大突破。如土地使用权由原来的35年延长到95年，建筑使用权由原来的50年延长到80年，而由地方政府批准的土地使用权最长可达70年。(2) 内、外资享有同样待遇及优惠政策。外国投资者可以自由汇回其资金，可申请两年的居留权并逐渐能转为永久居留权；还禁止政府将外国企业国有化以及对外国公司在犯有商业犯罪时重判。(3) 出台了新的优惠政策。其中财政优惠政策是在鼓励投资的领域和地区，在6年的期限内总共给予投资者在应税收入中扣除投资额的30%的税收折扣。(4) 对外资在各领域的投资股份限额作了详细明确的规定，对电信等几个涉及国家安全的重点领域的外资所有权进行限制，如外国投资对印尼固网和移动运营商的持股比例最高不得超过49%和65%。

（三）市场准入政策

印尼对投资采取市场准入政策，包括禁止内、外资进入的领域与只禁止外资进入的领域、外资与内资组建合资企业时才能进入的领域。

（四）内、外资企业的优惠政策

1. 税收优惠

所有由印尼投资协调委员会审批的企业，包括现有的外资企业和内资企业，如果以高于已安装生产能力的30%的规模扩展其项目来生产类似产品或增加其产品种类，印尼政府将会准予进口关税的减免和征收优惠。对以下情况，进口税可减至5%，对于进口税价目（BTBMT）中的进口税为5%以下的货物，则按进口税目表的规定征收：进口生产所需的资本货物如机械、仪器、零件、附件等，进口期限为2年，自同意减免税同意书签发日起算；进口生产期限为2年的产品所需的原材料和配件；免征首次在印尼进行的船舶注册契约或证明的有权转让费。

在其他税收政策方面，现提供的所得税优惠包括：（1）企业所得税税率为30%，可以在6年之内付清；（2）加速偿还和折旧；（3）在分红时，外资企业所缴纳的所得税税率是10%，或根据现行的有关避免双重征税协议，采用较低的税率缴税；（4）给予5年以上的亏损补偿期，但最多不超过10年。并且根据2008年1月《关于税收办法及其总则法的第三项变化的2007年第28号法规》规定，第一次逃税或漏税致使国家受损的将免予刑事责任，但将被处以数额为所逃税款两倍的行政罚款。

2. 产品出口优惠

对用于生产出口产品而进口的货物可退进口税，对于在国内购买用于生产出口产品的物资免增价税和奢侈品税，企业可自由选择在国内或国外购买生产所需要的原料。

3. 保税区

对于在保税区内设立的企业，有以下优惠措施：（1）对于进口生产过程中所需要的资本货物、设备以及原料可免进口税、所得税以及奢侈品的增值税；（2）允许企业将50%的最终出口产品通过正常的进口手续转移到国内市场，若是非最终出口产品，可100%转移到国内市场；（3）允许将一些边角料或废料销入印尼关境内，但含有生产所用材料的量不超过5%；（4）允许这些企业将自己的机器设备出借给保税区以外的或无出口加工地位分包商进行深加工，期限不超过2年；（5）如果这些企业将其产品从保税区或出口加工转口区交到这些区域以外的分包商或是这些区域内的其他公司进行深加工，则对其免征增值税和奢侈品销售税。

4. 综合经济发展区

为发展某些区域的经济建设，如印尼东部地区或者偏远地区，印尼政府已开辟几个综合经济发展区，在这些区域的投资者，可获以下优惠措施：给予30%的投资补助，加速折旧和摊提，“损结转”可延长10年，免征股息税。

第六节　司法制度与诉讼制度

一、诉讼制度

司法机构方面，设有地方法院、高等法院及最高法院。诉讼案件先经地方法院审理，最高法院为最终审法院并审查案件。地方法院具有对普通案件的初审管辖权。根据印度尼西亚的法律，地方法院根据案件的特殊性设立了一些专门法庭，如商事法庭、劳动法庭、人权法庭、贪污渎职案件法庭和儿童法庭等。另外设有商事法院处理破产方面案件；地方行政法院处理针对政府于行政法上的救济案件；2001年，印度尼西亚创设了宪法法院，专门处理法律合宪性、政党解散等；宗教法院负责伊斯兰教法的案件审理。

印尼的民事法律遵循了荷兰的传统，没有适用“遵循先例”原则。地方法院一般为一审法院，在印度尼西亚大约有250所地方法院，分别享有属地管辖权。对一审不服的案件可以上诉到高等法院，在印度尼西亚大约有20所高等法院（每个省和特区有一所高等法院）。高等宗教法院受理宗教法院的上诉案件。如果一审案件宗教组织在高等法院审理的，那么上诉法院就是在雅加达的最高法院。最高法院的法官由司法委员会选举产生，由国会任命。最高法院有60位法官，其中一位是大法官。

1998年，印度尼西亚设置了商事法院。开始时，商事法院主要处理破产和清算案件，后来，商事法院的管辖范围扩展到了其他商事领域。对商事法院的判决的二审直接由最高法院受理。此外，印度尼西亚还设置了国家行政法院，专门负责受理与行政法相关的案件。印度尼西亚还设置了军事高等法院，唯一的一所军事高等法院设在雅加达。当然，和宗教法院一样，军事法院都具有属人管辖的特点：军事法院只处理与现役军人有关的案件，而宗教法院仅处理伊斯兰教内部的家庭法律问题，如结婚、离婚、赡（扶）养等。

此外，印度尼西亚根据2003年第13号《雇佣法》和2004年第2号《解决劳动争议法》设立劳动争议法院。劳动争议法院是劳动争议和解、劳动争议仲裁等争议解决的替代解决方案。

二、仲裁制度

1999年8月，印度尼西亚颁布了第一部综合的《仲裁法》（1999年第30号法案），该法重视仲裁及替代争议解决的制度。

（一）仲裁的提起

根据《仲裁法》，任何人都可以将关于他可以自由处分的权利的争议提交仲裁；法院指定的人，以及根据民法典或商法典的规定，须经法院授权才能达成和解或出售商品的人，未经此种授权，不得以自己的能力将事情提交仲裁；任何人可以在事先达成协议，将以后可能会发生的争议提交仲裁。

就以下几种事项不得达成仲裁协议：取得赠与和遗产；关于住宿或衣物；离婚，法定分居或夫妻财产的分割；有关人的法律地位的争议，或有关依据法律，不允许通过和解解决的任何其他争议。违反以上规定的无效。

在争议发生后缔结的仲裁协议必须以书面作成，且由双方当事人签字；双方当事人不能签字时，仲裁协议应在公证人和证人前作成。

对于由法院指定的仲裁员，不得要求回避，但原因发生在仲裁员被指定以后的除外。对于由法院指定的，而又经当事人明示或暗示同意的仲裁员，除了由于发生在后一阶段的原因外，不得要求回避。要求回避的条件和要求法官回避的一样，对这些条件，由《仲裁法》第619条规定的法院依简易程序进行审查。

（二）仲裁的程序

仲裁员进行仲裁的程序，由双方当事人在一定期限内并以一定方式约定，如果没有约定，则由仲裁员指定。在规定的期限超过以后，仲裁员只能依据双方当事人的答辩及提交给他们的材料作出裁决。如当事人一方没有提交答辩书，仲裁员可依据当事人的请求，规定一个新的期限，或宣布他们的委托已经结束。任何由仲裁员作出的指令以及由他们作出的有关程序的安排，自仲裁员通知双方当事人之日起，都可执行而无须任何形式。

仲裁员如询问证人，而证人不出庭或拒绝宣誓或作证，有利害关系的一方当事人可以请求在其管辖区内进行询问的法院指定一位治安法官，由该法官询问证人。此时，期限将在询问证人之前中止。

（三）仲裁员的裁决

仲裁员应根据法律作出裁决，除非他们已经被授权如衡平法中的调解者那样去做。

裁决的内容应包括：（1）双方当事人的姓名和住所；（2）双方的有关争论点；（3）理由和决定。裁决应当注明作出裁决的时间、地点，并经各位仲裁员签字。

（四）对仲裁裁决的救济

如果争议标的金额超过500印尼盾，除了双方当事人明示放弃他们的上诉权外，根据《司法组织规则》第163条及司法政策，允许就仲裁裁决向最高法院提起上诉。即便是双方当事人同意，对仲裁裁决不得提起撤销或其他民事请求。

对仲裁裁决不能提起上诉，但在下列几种情况下可以请求撤销：(1) 裁决超出仲裁的范围。(2) 仲裁员委托无效或终止。(3) 裁决是在其他仲裁员缺席的情况下，由无权作出裁决的仲裁员作出的。(4) 裁决的事项并非当事人所提出的请求裁决的内容，超过实际请求。(5) 裁决中存在自相矛盾的决定。(6) 仲裁员没有就当事人提交的事项作出裁决。(7) 违反了不许违反的程序规定，但以明文规定仲裁员应遵守普通法院的诉讼程序为限。(8) 裁决所依据的文件，在作出裁决以后，被认为或宣告是虚假的。(9) 在裁决书作成之后，发现了一方当事人未交出的对裁决有决定性作用的文件。(10) 事后发现，裁决是依据在仲裁程序中的欺诈或虚假行为作出的。

撤销诉讼应向签署执行令的院长所属的地方法院提出。地方法院应就此诉讼作出判决，当事人可以依据法院的一般程序对判决提出上诉。

(五) 仲裁程序的终结

一方当事人死亡不能使仲裁条款与《仲裁法》第615条中的协议终止，也不使对仲裁员的委托失效。对于死亡当事人的继承人，期限应该中止，直到作出遗产目录与继承人作出决定的规定期限届满。

仲裁委托在下列情形下，应予终止：(1) 由双方当事人达成的期限届满或由双方当事人延长的期限届满；(2) 从仲裁员接受委托6个月后，没有另行约定的期限；(3) 双方当事人协议撤换仲裁员。

三、劳动关系协调和劳动争议处理

(一) 机构设置及职能

印尼协调劳动关系和处理劳动争议的机构主要有：劳工部门、工会组织、雇主协会和劳动争议处理委员会。

1. 劳工部门

劳工部门由国家劳工部，省、区、县劳工局组成，主要承担三项职责：一是就职前的社会服务，包括职业训练和职业介绍等；二是在职期间的社会服务，包括工业关系和工作条件、劳作健康和安全、提高生产、监督工作准则和解决劳动争议；三是停止工作后的社会服务，包括福利保险，如劳作事故保险、死亡津贴、老年津贴及退休、失业津贴等。印尼是以垂直领导为主的国家，省、区、县的劳工局负责人均由劳工部任免。

2. 工会组织

印尼在全国设一个总工会，纵向上另有13个行业工会。25人以上的企业，即可组织工会。在劳动关系协调和劳动争议处理中，工会代表工人利益通过集体谈判、签订集体协议、参加政府对劳动政策的制定/修改和参加劳动争议处理委员会来体现和发挥自己的作用。工会的活动是独立的。

3. 雇主协会

雇主协会是印尼企业经营者的唯一组织。目前，有八千多个企业参加协会。协会旨在维护雇主利益，帮助雇主改进生产经营活动，改善雇主与雇员的关系，并代表雇主利益参加协调劳动关系、处理劳动争议的劳动争议处理委员会，参加政府劳动政策的制定和修改工作。

4. 劳动争议处理委员会。

印尼国家、省设有劳动争议处理委员会，委员会由政府部门、工会和雇主协会三方代表组成，每方5个席位。政府部门的5个席位一般为劳工部门、工业部门、交通部门、农业部门、财政部门各派出1名代表。委员会成员任期两年。委员会设主席或副主席，由劳动部门的负责人担任。该委员会是专门处理劳动争议的机构。

（二）劳动关系的协调

印度尼西亚对协调劳动关系比较重视，提出了五项基本原则，建立了一系列的制度。

1. 协调劳动关系遵循的五项原则

印尼称之为“班查西拉的工业关系”，是遵循建国五项原则来发展良好的劳动关系。五项原则的大意是：（1）劳动者的劳动不仅是为个人生存，同时也是对上帝、对国家的贡献；（2）工人不仅是企业的劳动力，同时也是人，要从人道主义出发，尊重人格；（3）工人和资方不是对立的关系，而是平等的伙伴关系；（4）劳资双方解决分歧，要像兄弟一样协商解决，不要对抗；（5）工人与企业利益共享。

2. 企业内部协调劳动关系的制度

（1）印尼提倡在企业成立劳资协商机构。政府规定，企业工人人数在50人以下的，劳资双方各派代表人数至少为2人；企业工人人数在50人以上的，劳资双方各派代表人数至少为3人；劳资双方代表人数可以不对等。协商组织主要就企业经营、管理，工人权益等方面大事经常召开会议进行协商，其作用主要是：为劳资双方的协商创造良好的气氛；保护工人的利益；让工人了解公司的经营状况等大事，协调劳资关系。

（2）在有工会的企业，一般都实行集体谈判、集体协谈制度。集体谈判是由企业工会代表与企业经营者代表进行，目的是达成本企业的集体协议。集体协议的主要内容包括工人的工时、工资、劳资纪律、工种、岗位调整、保险福利、劳动关系当事人双方的一些责权利，以及发生争议后的处理程序规定等。协议主要依据国家的劳动法规、政策来制定，同时，在不违背国家劳动法规、政策的情况下，根据劳资双方的实际情况再制订一些为本企业所需要的条款。

（3）在没有工会的企业，主要是靠企业依法制定内部规章对劳动关系进行协调。企业规章制订后，也应报劳工部门工作条件与争议处理机构审批。

3. 企业外部协调劳动关系的制度

（1）建立了劳工监察制度。在劳工部，劳工监察的职能由产业关系与劳动标准总署承担。劳工监察的具体内容主要有三个方面：一是企业执行有关工作条件方面条例的情况；二是企业执行有关福利保障和工资保护方面条例的情况；三是企业执行有关工作环境和条件方面条例的情况。

（2）建立了较完善的劳动争议处理制度。印尼的劳动争议处理机构主要是劳工部门的产业关系机构和劳动争议处理委员会。

（3）对罢工事件作了专门处理规定。印尼1957年第22号法令第六章中规定：劳工有罢工的权利。这里所讲的罢工是指因工业纠纷引发的、劳工集体停止工作或拖延工作的行为，其目的是压制或支援其他行业、工种的劳工，迫使企业经营者接受劳工提出的有关劳动权利、义务方面的要求。还规定了申请罢工的手续：发生争议，劳资双方首先应谈判，谈判成功应有书面决议案，双方代表在上面签字；谈判破裂，劳工可有两项选择，即：向当地劳工局提出调解申请或者提出罢工计划。

第十一章 越南法律制度概论

越南的成文法律化进程最早可上溯到我国后汉马援平定安南之时。公元1042年，李太宗颁布《刑书》（三卷）。《刑书》是越南法制史上第一部成文的律书，对越南法律发展有极为重大的意义。之后的越南立法多集中在李朝（1009年—1225年）、陈朝（1009年—1413年）、黎朝（1428年—1804年）、阮朝（1802年—1945年）。

李朝的法律包括《刑书》《收捕盗贼令》《盗杀牛令》《争田地伤人》《殴人死令》《决狱不阿条制处分令》《自阉令》等，这些法律主要涉及法院、禁杀耕牛、时效等。

陈朝的法律包括《国朝刑律》《刑律书》《勾讼例》《徒罪法》《刑律诸格》《名例》《公文格式》《皇朝大典》等，这些法律主要涉及刑法、民法和土地制度等。

黎朝的法律包括《词讼律令》《围棋赌博律》《禁交通律》《律书》《皇朝官制》（六卷）等，这些法律主要涉及法院、诉讼手续、刑事总则、刑事分则、军事、民事等。

阮朝的法律包括《皇越律例》《大南典例撮要》《钦定大南会典事例》等，主要涉及法院、诉讼手续、刑事总则、刑事分则、民事等。

近年来，越南根据形势发展的需要着手建立新的法律秩序，逐步建立起完善的法律体系。1946年1月6日，举行全国普选，并产生越南第一届国会。1946年11月9日，越国会通过越南民主共和国第一部宪法。1959年12月31日越国会通过第二部宪法。1980年12月18日和1992年4月15日越国会先后通过了越南的第三部和第四部宪法。1953年至1959年制定《土地改革法》《国会选举法》《婚姻家庭法》《人身自由权、集会自由权法》。1962年制定《越南各级人民行政委员会组织法》。1981年至1987年通过《国会组织法》《部长会议组织法》《最高人民法院组织法》《最高人民检察院组织法》《刑法》。1987年至1992年通过《外国在越南投资法》《刑事诉讼法》《监察法》《国籍法》《继承法》等法律。1992年至1997年通过《越南民法典》《行政诉讼法》《破产法》《经济诉讼法》《劳动法》《劳动诉讼法》《承认执行外国仲裁、裁决法》《环境保护法》《矿产法》《国家财政法》《合作社法》《地方人民议会和地方人民政府组织法》《国防工程和军事区保护法》等。此外还逐步建立并完善了相关的商业法、信贷法、投资法、税收法、关税法、劳动法、土地法等。同时，越南还修改或补充了其他法律法规，例如关于组织结构、经济实体的经营等方面的法律法规。2003年越南对《民事诉讼法》《破产法》《土地法》进行修改，并于2005年实施。越南现有法律制度涉及宪法、民法、经济法、行政法、诉讼法等几乎所有的法律部门，初步形成了完备的法律体系。

第一节　宪　法

越南与中国同属于社会主义国家，实行人民民主专政，都颁行社会主义宪法。越南先后颁布了4部宪法。越南现行宪法为1992年4月15日越南八届国会第十一次会议上通过的现行宪法（以下简称为《宪法》），它对越南政治制度的性质和内容作了详细的规定。

越南现行宪法共12章、147条。第一章规定了越南社会主义共和国政治制度；第二章规定了经济制度；第三章规定了文化、教育、科学、工艺；第四章规定了保卫社会主义越南祖国；第五章规定了公民的基本权利和义务；第六章规定了国会；第七章规定了国家主席；第八章规定了政府；第九章规定了人民代表会议和人民委员会；第十章规定了人民法院和人民检察院；第十一章规定了国旗、国徽、国歌、首都、国庆日；第十二章规定了宪法的效力和修改宪法。《宪法》序言有640字，叙述了建国历史、宪法历史，并对宪法作了说明。

一、越南的政党制度

越南社会主义共和国实行一党制的政党制度，越南共产党是越南唯一的政党，是领导国家唯一的政党，是领导国家、社会的政治力量。越南的政党是20世纪20年代初在反对法国殖民主义的斗争中出现的。

越南共产党的组织系统按国家的各级行政系统组织组建，分为中央组织、地方组织和基层组织。党的最高领导机关是全国代表大会，党的全国代表大会由中央委员会召开，每5年举行一次，在特殊情况下，可以提前或延期，但时间不得超出1年。全国代表大会的基本任务是：审查和批准中央委员会的报告，决定对内外的路线、方针、政策和党的基本任务，决定或补充、修改党章和党纲，选举党的中央委员会。党的中央委员会是在全国代表大会休会期间党的最高领导机关，中央委员会的任务是：在全国代表大会休会期间领导党的全部工作；组织实施党的全国代表大会的各项决议；决定非常重要的关于党的建设工作、群众工作，对内、对外工作的问题，在国家机构、民选机关和具有全国性的人民团体中成立党组，并领导党组开展活动；决定和实施干部政策与干部管理，决定收纳党费和管理党的财政，等等。中央委员会全体会议选举产生政治局和中央委员会总书记。政治局是越南共产党领导班子的核心和决策机构，在中央委员会闭会期间，政治局代表中央委员会根据全国代表大会和中央委员会的各项决议，领导党的工作，同时向中央委员会报告。

越南共产党党章规定，越南共产党的根本组织制度是民主集中制，这一制度的基本内容包括：（1）党的各级领导机关均由民主选举产生。（2）党的最高领导机关是全国代表大会。在大会闭会期间，党的基层组织的最高领导机关是基层由同级代表大会选出的委员会。（3）党的各级领导机关实行集体领导原则。（4）党的各项会议的决议必须根据多数意见通过。（5）党的各项工作都必须根据每个问题的重要性交由有权限的党的机关解决。（6）党的决议必须无条件执行；党员服从组织，少数服从多数，下级组织服从上级组织，全党服从全国代表大会和中央委员会。

二、越南的政治制度

（一）国家性质

国家性质是指国家的阶级本质，也叫“国体”，是指社会各阶层在国家中的地位。越南《宪法》第2条规定：“越南社会主义共和国的国家是人民的、来自人民的和为人民的国家。一切国家权力属于人民，而其基础是工人阶级与农民阶级和知识阶层的联盟。”因此，越南的国家性质为社会主义共和国性质，越南的社会主义共和国是一个人民建立的、为了人民的人民民主国家，一切国家权力属于人民，而其国家政权的阶级基础是工人阶级与农民阶级和知识阶层的联盟；越南共产党是工人阶级的先锋队，是工人阶级、广大劳动人民和所有民族的权利和利益的忠实代表，是用马克思列宁主义、胡志明思想武装起来的党，是国家和社会的领导力量。

（二）政权组织形式

政权组织形式是统治阶级组织国家政权机关、行使国家权力的形式，也叫政体。越南的政权组织形式是人民议会制。《宪法》第83条规定，国会是越南社会主义共和国的最高权威、最高的人民代表机关。国会为唯一的享有立宪和立法权的机关，任期5年，通常每年举行两次例会。国会规定基本的国内和外交政策，规定全社会的经济、国防安全任务以及国家机关职责、社会关系与公民行为的基本原则。国会对全部国家行为行使最高监督权。国会常务委员会为国会的常设机关，由国会代表以普选制投票产生。国会、地方各级人民议会和其他国家机关按照民主集中制的原则进行活动。各级人民议会在同一级别的国家机关中居于最高地位，其他机关由它产生、受它监督、向它负责。

（三）选举制度

《宪法》第7条规定，对国会和人民议会的选举，按照全体平等、直接选举的原则以秘密投票的方式进行。当国会的代表或人民议会的代表不受人民的信任时，选举人或国会可以撤销国会代表的资格，选举人或人民议会可以撤销人民议会代表的资格。直接选举原则是越南选举制度的一大特色。所谓直接选举就是一切国家机构，从上到下，都直接由选民选出。这样一来，就保证了选举人和被选举人之间的密切联系和对被选举人的真正监督。

（四）国家结构形式

《宪法》规定，“越南社会主义共和国是一个独立、主权、统一和包括陆地、各海岛、领海和领空在内的领土完整的国家”。这表明越南是统一的多民族国家，国家结构形式是单一制。

越南的单一制国家结构形式是由越南长期统一的历史传统与民族大杂居和聚居的局面决定的。从历史上看，越南于公元968年建立了越南历史上第一个封建王朝——丁朝以后，虽历经朝代更替，一直是统一的国家。从民族分布看，按照1994年越南公布的数字，越南全国共有54个民族，越（京）族是越南的主体民族，占全国人口的89%，少数民族占11%，居住的地区占全国总面积的2/3以上。这种民族大杂居和聚居的局面决定了必须建立单一制国家。越南曾在1955年建立西北民族自治区，1956年建立了越北自治区，自治区内各省受中央政府和自治区的双重领导，这和我国的自治区作为省级行政单位受辖于中央不同。自治区建制在1980年宪法中被取消，所有地方行政机关的名称都改为“人民委员会”。1992年宪法维持了这一改动。自此，越南已不存在民族自治制度。

越南的行政区划即区域划分，是国家结构形式的一项重要内容。国家划分为省、中央直辖市；省划分为县、省辖市和自治区，中央直辖市划分为郡、县和自治区；县划分为乡和镇；省辖市和自治区相应地划分为坊和乡；郡划分为坊。各级人民议会和人民委员会。

三、越南的经济制度

《宪法》规定：在经济上，实行各尽所能、按劳分配的原则。按照越南社会主义的既定发展方向，在国家管理下的市场机制内发展多种成分的商品经济。国家实行生产资料所有制，国家经济制度的基础是全民所有制和劳动群众集体所有制。《宪法》第19条规定：国营经济在国民经济中起主导作用。土地、森林、河流与湖泊、水源、地下自然资源，领海、大陆架以及领空的资源，国家在经济、文化、社会生活、科技等不同部门和领域的企业和工程所投的资金和财产，以及国家在外事、国防方面所投的资金和财产，其他法律规定应当属于国家的财产，都属于全民所有。宪法还允许多种经济成分，即国营经济、集体经济、个体经济、私人资本主义经济和国家资本主义经济，长期并存；各种经济成分的生产经营单位在法律面前一律平等。国家将促进联营并发展有效益的集体经济。鼓励发展家庭经济。

四、公民的基本权利和义务

《宪法》规定：国家保障公民的一切权利，公民必须履行对国家和社会的义务。公民有就业、休息、学习、保健、住房及进行科学研究和文化创作的权利，享有符合社会主义和人民利益的权利和自由，具体而言，公民的基本权利包括政治权利和自由，人身人格权利，经济、社会、文化权利，特定人的权利几方面。

政治权利和自由包括：选举权和被选举权；言论、新闻、集会、结社和示威的自由；申诉、控告的权利。《宪法》规定，年满18周岁的公民有选举权，年满20周岁的公民有权被选入国会、地方人民议会。

人身权利包括：（1）生命权。（2）人身自由权。该权利指公民有人身自主权，有居住、行动的自由权，不受他人的支配或控制："公民有在国内自由往来和居住的权利，有依法出国和从国外返回的权利。"（3）人身安全权："除正在实施犯罪的情况以外，非经人民法院的决定或人民检察院的批准，任何人不受逮捕。进行逮捕和监禁必须符合法律规定。审讯中严禁一切形式的逼供和肉刑。在没有人民法院已经生效的判决之前，任何人不被视为有罪或应承担责任"。（4）住宅不受侵犯权。非经法律批准任何人不得对他人的住宅进行侵犯。（5）人格权。《宪法》规定"公民的名誉和人格权利受法律保护、不可侵犯"。（6）通信秘密自由权。"公民的书信、电话、电报的安全和秘密受法律保护。检查公民的书信、电话、电报必须由有管辖权的国家机关依法进行"。（7）宗教、信仰自由权。公民有信仰和不信仰某一种宗教的自由，但任何个人不得利用宗教违反国家法律和政策。

公民的基本义务有：忠诚于祖国、保卫祖国的义务；服兵役和参加国防建设的义务；保护国家的财产和公共利益的义务；遵守宪法、法律，保卫祖国的安全、社会的秩序和安宁，保守国家秘密，遵守社会公德等义务。

五、越南的国家机构

越南的国家机构体系由下列既独立又相互联系的国家机关组成：（1）国家权力机关，包括最高权力机关和地方各级权力机关，即国会和地方各级议会；（2）国家主席；（3）国家行政机关；（4）国家审判机关；（5）国家检察机关。

国会是最高国家权力机关，是具有立宪和立法权力的唯一机关，只有国会有权修改宪法，修改宪法必须得到国会代表总数2/3的通过才有效。国会有权制定内外政策，实施对国家全部活动的监督。

政府是国会的行政机关，是越南社会主义共和国的最高国家行政机关。政府统一管理国家的政治、经济、文化、社会、国防、安全和对外任务的实施；确保从中央到基层单位的国家机构的效力；保证宪法和法律的执行；发挥人民在建设和保卫祖国的事业中的当家做主的权利，确保稳定和提高人民的物质和文化生活水平。政府对国会负责，并向国家、国会常务委员会和国家主席作工作报告。

最高人民法院是国家的最高审判机关，向国务委员会负责并报告工作。

最高人民检察院处理检察事宜，院长由国家主席提名，再由国民大会议员选出，并直接对国民大会负责。

六、越南的国旗、国徽

越南社会主义共和国的国旗是金星红旗，国徽是红底，中间有一颗五角金星，周围有谷穗，下面是半个齿轮和“越南社会主义共和国”的字样。首都为河内。

第二节 刑事法律

现行越南刑法典是1985年6月27日由越南第七次全国代表大会第九次全体会议通过、1986年1月1日正式施行的，它是越南社会主义共和国自1945年成立以来颁行的第一部刑法典。1989年12月28日通过了《越南社会主义共和国刑法修改补充条款》。越南刑法除序言外，共2编、20章、280条。第一编“总则”包括基本原则、效力范围、犯罪、刑罚、司法措施、判刑、免刑、减刑、未成年人犯罪和军人犯罪。第二编“分则”包括危害国家安全罪，危害他人生命、健康、人格、名誉罪，侵害公民自由权利、民主权利的犯罪，侵害社会主义所有财产的犯罪，侵害婚姻家庭及未成年人的犯罪，侵害公民财产的犯罪，经济犯罪，危害公共安全的犯罪，渎职罪，妨碍司法活动罪，军人违反职责罪和破坏和平罪，危害人类罪，战争罪。

一、刑法总则

（一）刑法的基本原则

1. 罪刑法定原则。刑法规定“只有构成了刑法规定的犯罪的诸要素才承担刑事责任。刑罚由法院依法决定”。

2. 同犯罪分子作斗争和预防犯罪的责任归属原则。

（二）刑法的效力范围

于空间效力范围，以属地原则为主、以属人原则为补充，即凡是在越南社会主义共和国领域内实施的犯罪行为都适用本法，越南公民在越南境外犯罪的可选用本法，另外，享有外交特权或领事优先权、豁免权的外国人的刑事责任问题通过外交途径解决。

于时间效力问题，刑法第3条规定：“对于某行为，旧刑法规定为犯罪而新刑法未规定为犯罪的，不给予刑事处罚，如果案件正在侦查、起诉、审判的，必须终止，如果已经作出判决正在执行刑罚的，不再执行剩余刑罚；如果尚未执行或缓刑的，免于执行全部刑罚。”越南刑法在时间效力上采用了实事求是的态度，这点优于我国刑法的相关规定。

（三）犯罪

1. 犯罪概念及分类

犯罪是指具有刑事责任能力的人故意或过失侵犯国家的独立、主权和领土完整，危害国家政治制度和经济制度，危害公民生命、健康、名誉、人格、自由、财产及其他合法权益，危害社会主义法律秩序和其他秩序，给社会造成危害，触犯刑法，情节严重的行为。

刑法第8条第2款和第3款对犯罪进行了分类。根据刑法所规定的行为性质和社会危害性，犯罪分为轻微犯罪（法定最高刑为3年以下有期徒刑）、一般犯罪（法定最高刑为7年以下有期徒刑）、严重犯罪（法定最高刑为15年以下有期徒刑）和特别严重犯罪（法定最高刑为20年有期徒刑、终身监禁或死刑）4类，并在犯罪、刑事责任及刑罚三领域中作出了具体的规定。如刑法第17条第2款规定："严重犯罪及特别严重犯罪的犯罪预备必须承担刑事责任"。刑法还规定了"不告发罪"的刑事责任：如知道犯罪正在预备、实施或者已经完成而不告发者为罪犯的祖父母、父母、子女、孙子女、同胞兄弟姐妹、妻子、丈夫，只有当犯罪为危害国家安全罪或者特别严重犯罪才需要告发，等等。

2. 犯罪构成要件

犯罪构成有四个要件：

（1）犯罪客体，是为刑法保护而被犯罪行为侵害的社会秩序，具体为国家独立、主权和领土完整，国家政治制度和经济制度，公民生命、健康、名誉、人格、自由、财产及其他合法权益，社会主义法律秩序和其他秩序。

（2）犯罪的客观方面，是构成犯罪的诸多客观要件组合，包括危害行为、危害结果、动机、犯罪方式等，其中犯罪行为及方式是犯罪构成的必备要件。

（3）犯罪的主体，是指具有刑事责任能力的人。年满16周岁以上，且能正常辨认和控制自己行为的人，为完全刑事行为能力人，对任何犯罪行为都应承担刑事责任。14周岁以上未满16周岁或不能完全辨别或控制自己行为能力的人，为限制刑事行为能力人，仅对故意实施的严重犯罪行为承担责任；14周岁以下或正在患精神病或其他疾病而丧失辨别能力或控制自己行为能力的人，为无刑事行为能力人，实施了对社会具有危害性的行为，不负刑事责任。

酒醉后或饮用强烈刺激物后犯罪的人，应当负刑事责任。

（4）犯罪的主观方面，指犯罪主体对自己行为引起的危害结果所持的心理态度，包括犯罪故意和过失。

3. 排除犯罪性的行为

主要包括正当防卫和紧急避险。

（四）刑罚与裁量

1. 刑罚的种类

刑罚包括主刑和附加刑两种。主刑有咨告、罚款、监外改造（包括在部队劳教部门执行改造）、有期徒刑、无期徒刑、死刑6种。附加刑有注销户口、管制、剥夺政治权利、没收财产、罚款（不适用主刑时）5种。

非刑罚的惩罚方法是指人民法院采用的具有非刑法处理方法性质的司法措施，包括：没收与犯罪直接相关的财物，退赔财产、修理财产或赔偿损失，强制公开道歉和强制治疗。

2. 刑罚的裁量

（1）量刑情节

刑法把量刑情节规定在总则中，分则没有涉及，且量刑情节几乎为法定的量刑情节，没有酌定量刑情节。这种集中设置的方法适用起来非常方便，而法定量刑情节的适用更符合罪刑法定原则。

《越南刑法典》第46条、第48条分别规定了量刑的从轻、减轻情节和从重处罚情节，如犯罪中止、阻止犯罪结果的发生、防卫过当、避险过当等可以从轻减轻处罚，而有组织的犯罪、专业性犯罪、利用职权犯罪等则要从重处罚。

（2）累犯制度

累犯是在已经结案但未被取消案籍的情况下又故意犯罪或者犯严重、特别严重的罪行。累犯的构成要件为：1）因故意犯很严重、特别严重的罪行被结案，未被取消案籍又故意犯很严重、特别严重的罪行；2）已经是累犯，未被取消案籍又故意犯罪的。累犯要从重处罚。

(3) 数罪并罚制度

刑法第80条规定，在犯有数罪的情况下决定刑罚：当一次审理一人犯有数罪时，法院逐一决定每一罪的刑罚，然后按主刑和附加刑的不同规定决定综合刑罚。

二、刑法分则

（一）危害国家安全罪

采用列举方式，共29项具体罪名，其中包括背叛祖国罪、阴谋颠覆人民政府罪、间谍罪、资敌罪等。

（二）危害公民人身权利罪（危害他人生命、健康、人格、名誉罪）

包括17项具体罪名，根据直接客体的性质，可以分为以下三种类型：

1. 侵犯生命、健康类犯罪，包括杀人罪、超过正当防卫限度的杀人罪、执行公务时危害他人生命或健康的犯罪、过失导致他人死亡罪、逼死他人罪、鼓励或协助他人自杀罪、对处于生命危险情况下的故意不救罪、威胁杀人罪、故意伤害他人或危害他人健康罪、过失伤害他人罪、致人重伤或严重伤害他人健康罪、虐待罪。

2. 侵犯妇女性权利或妇女、儿童身心健康类犯罪，包括强奸罪、强迫性交罪、奸淫16周岁以下少女罪、拐卖妇女罪。

3. 侵犯人格、名誉类犯罪，包括侮辱罪、诬陷罪。

（三）侵害公民自由权利、民主权利罪

有9项具体罪名，根据客体性质可分为三种类型：

1. 侵犯公民人身自由类犯罪，包括非法拘禁罪，侵犯公民住宅罪，侵犯公民书信、电话、电报秘密或安全罪，侵犯公民集会、结社、信仰自由权利罪。

2. 侵犯公民民主权利类犯罪，包括侵犯公民选举罪，侵犯妇女平等权利罪，侵犯公民申诉、控告权利罪。

3. 侵犯公民经济权利类犯罪，包括非法强迫劳动者辞职罪，侵犯发明权、著作权、创造权罪。

（四）侵害社会主义所有财产罪、侵犯公民财产犯罪

是指侵犯社会主义国家所有的财产的犯罪，以及侵犯公民私有财产的犯罪。

（五）妨害婚姻家庭罪、侵害未成年人的犯罪

有6项具体罪名，主要包括：强迫结婚罪、妨碍结婚自由罪、违反一夫一妻制罪、早婚罪、乱伦罪，引诱、包庇未成年人犯罪罪，拐卖或偷换儿童罪。

（六）经济犯罪

有21项具体罪名，主要包括：投机倒把罪、走私罪、制造伪劣商品罪、非法经营罪、买卖违禁商品罪、偷漏税罪、故意违反国家经济管理规定造成严重后果罪。

（七）危害公共安全罪

有32项具体罪名，根据客体可分为三种类型：

1. 违反交通安全法规造成严重后果罪等12种犯罪属危害公共安全类罪。

2. 扰乱公共秩序罪等7种犯罪属扰乱公共秩序类罪。

3. 妨碍公务人员执行公务罪等13种犯罪属妨碍行政管理类犯罪。

（八）渎职罪

有10项具体罪名，主要包括：玩忽职守罪、执行公务时盗用职权罪或滥用职权罪、故意

泄密罪、过失泄密罪、弄虚作假罪、逃避责任罪、受贿罪、行贿罪、介绍贿赂罪、利用对职权者的影响牟利罪。

另外，对妨碍司法活动罪、军人违反职责罪予以专章规定。

第三节　民商法

一、民法

1995年10月28日，越南社会主义共和国国民大会根据1992年《宪法》第84条的规定，通过了《越南社会主义共和国民法典》（以下简称《越南民法典》），该法典于1996年7月1日生效。

现行的《越南民法典》共分为7编、838条，包括总则、财产和所有权、民事义务和民事合同、继承、土地使用权转让、知识产权、涉外民事关系。《越南民法典》是一部很有特色、较为先进的民法典。

（一）民法总论

1. 基本原则

民法的基本原则是民事行为的准则，《越南民法典》共列举了13条原则，主要概括为：(1) 尊重国家、公共利益和他人的合法利益的原则（第2条）；(2) 尊重善良风俗和传统的原则（第4条）；(3) 意思自治原则（第7条）；(4) 平等原则（第8条）；(5) 诚信原则（第9条）；(6) 和解原则（第11条）；(7) 适用习惯法和类推适用法律的原则。

2. 人身权

人身权规定了个人秘密权（第34条）、住所安全权（第42条）、信仰和宗教自由权（第43条）、迁徙自由权（第44条）、营业自由权（第46条），其中有很多权利在许多国家都规定于宪法之中，而《越南民法典》把它们规定在民法典之中，这是很先进的。《越南民法典》规定的其他人身权还有：生命、健康、身体安全保障权（其中包括了病人受医疗处置时的同意权），姓名权、姓名更改权、民族确定权、肖像权、名誉权、威信受保护权、结婚权、离婚权、夫妻平等权、家庭成员之间享有的相互关心权，确认父母、子女权，收养子女权和被收养权、国籍权、劳动权、创作自由权。可见，《越南民法典》规定的公民人身权非常广泛。

3. 法人

根据民法典的规定，法人可以分为国家机关法人、军事单位法人，政治机构、社会机构法人，经济组织和基金会。

4. 家和合作组

把“家庭户”作为民事主体的规定，体现了浓厚的东方传统色彩。家庭户是指其成员有共同财产，在使用土地过程中，在农、林、渔业生产中及法律规定的生产、经营领域中进行共同经营活动的民事关系主体。合作组（合伙）是指“由3人以上共同出资，共同劳动，以完成一定工作，共同享受利益，共同承担责任，在合伙合同的基础上成立并经乡、坊、镇人民政府确认的民事关系主体”。由此相见，在越南，合伙的条件为：(1) 合伙人数必须是3人以上；(2) 合伙人必须是年满18周岁的自然人，不包括法人；(3) 合伙人必须是具有完全民事行为能力的公民（第121条第1款）；(4) 合伙组织的成立须经基层人民政府的确认。

5. 民事交易

此处的民事交易即民事行为，关于民事行为的生效要件问题，《越南民法典》规定“交易形式符合法律规定”，依法律的形式确认民事交易的目的是“进行民事交易时希望获取的合法利益”，这体现了立法者对形式要件的注重，同时，民法典以概括加列举的方式对无效民事行为作出了规定。关于特别合同解释的问题，民法典规定，依各方进行交易时的真实意思和交易目的等标准对合同进行解释，其中公平解释原则的确立是《越南民法典》的一大特色。

6. 代理

越南的代理制度与我国的大致相同，但在《越南民法典》中，指定代理这一类型已被吸收于法定代理之中。

7. 期间和诉讼时效

《越南民法典》体现了“量化”的特色，对年、半年、年前、年中、年尾、一个月、半个月、月前、月中、月尾、周、一天、一小时及起始都等作了详细规定。

越南将时效分为取得民事权利时效、免除民事义务时效和诉讼时效三类，并分别作了不同的规定。

（二）财产与所有权

该篇共 7 章、113 条。第一章规定了通则；第二章规定了财产所有权的种类；第三章规定了所有权的内容；第四章规定了所有权的形式：所有权的形式包括全民所有权、集体所有权和私人所有权，此外还有三者混合的所有权，这些规定具有浓厚的旧体制色彩。第 205 条规定了全民所有权；第 206 条规定了全民所有权的国家行使；第 209 条规定了经营权。第五章规定了所有权的设立和终止；第六章规定了所有权的保护；第七章是关于所有权的其他规定，主要内容是所有人的义务，包括保护环境的义务、紧急情况下所有人的义务，这些规定都比较先进。这一部分的其他内容是关于相邻关系的，把相邻关系理解为所有人的义务，颇有新意又符合该制度的本意，换一个角度看，这种关系确实是所有人之义务的体现。

（三）民事债和民事合同

第一章的内容包括通则、民事责任、债的移转、债的担保（包括抵押、出质、定金、附带担保、交付保证金、保证、违约金等形式）、民事合同的一般规定等。第二章为普通民事合同，规定了买卖、赠与、借贷、互易、租赁、借用、服务、运送、加工承揽、保管、保险、悬赏、委任和有奖比赛等典型合同。第三章规定了无因管理。第四章规定了不当得利。第五章规定了非合同的赔偿责任，即侵权行为。

（四）继承法

该编规定了遗嘱继承和法定继承，对继承权的定义、主体、客体、内容、产生、变更、终止等作了系统的规定。

（五）土地使用权转让

该编主要是关于以合同和继承两种方式移转土地使用权的规定，新颖之处在于将土地使用权单独列为编。原因在于：第一，越南的土地全部为国家所有，个人不拥有土地所有权，只拥有土地使用权；第二，越南土地使用权产生的社会关系具有独特性；第三，为土地使用权的流转创造了法理基础；其四，保证民法典的布局更加严密。

（六）知识产权和技术转让

该编规定了著作权、工业产权和技术转让。

（七）涉外民事关系

该编是关于涉外民事关系中越南民事法律、国际条约、国际惯例和外国法的适用的相关规定。

二、商法

本部分主要介绍公司法和证券法。

（一）《公司法》

1. 公司概述

越南第八届国会第八次会议于1990年12月21日通过《越南社会主义共和国公司法》（以下简称《越南公司法》），该法于1991年4月15日实施。《越南公司法》共有6章、46条，其立法体例为章、节、条、款、项。该法从第一章到第六章的标题分别为总则，公司的成立、经营、解散、破产登记，责任有限公司，股份公司，违犯处理，最后条款。

（1）公司主体及形态。

公司法第1条规定，年满18周岁的越南公民，属于各种经济成分、社会团体具有法人资格的越南经济组织，根据本法的规定有权投资或参加成立责任有限公司和股份公司。实际上越南国家的公司为责任有限公司和股份公司两种形态。

（2）公司审批及程序。

《越南公司法》第14条第1款规定："成立公司之前，创办者必须向省、中央直辖市人民委员会或公司设立办公地点所在地相当一级行政单位递交成立公司申请书。"第14条第2款规定："申请书要附上公司的初步经营方案和条例草案。"第16条规定："人民委员会从接到申请书之日起60日内，必须发给或拒绝发给成立公司许可证，如果拒绝发给许可证必须说明理由。在申请人认为拒绝发给许可证是不妥当的情况下，有权向国家经济仲裁组织申诉。"因此，在越南，在向公司登记机关申请颁发营业执照之前，都要由人民委员会进行审批。

（3）设立公司登记。

关于公司的登记机关和登记事项，《越南公司法》第17条第1款规定："公司必须在省、中央直辖市经济仲裁组织或相当一级的行政单位进行经营登记。经营登记的内容有：成立公司的许可证、公司条例和公司交易地点证明书。"关于公司的申请登记期限，《越南公司法》第17条规定："责任有限公司的经营登记手续必须在领取成立公司许可证之日起180天办理。""股份公司的经营登记手续必须在领取成立公司许可证之日起一年内办理。"

从领取经营登记证明书之日起30天内，公司必须在地方和中央日报上连续5次登报说明如下各点：1）公司名称、类型、交易地点和经营目标、行业。2）公司创办人的姓名、地址。3）条例资金。4）领取成立公司许可证和经营登记证明书的日期，登记经营的号码。5）开始营业时间。因此，在越南，公司登记后还应登报公告。

（4）公司的组织机构。

1）股东（成员）大会。

股东大会是公司最高的决定机关，其权利包括：召开公司成立大会；办理各种成立手续；讨论和通过公司条例。大会要有公司条例资金至少3/4的股东代表参加，并按过半数以上的多数票表决。

大会于每年年底或者董事会、检查员认为必要的时候召开，以解决条例范围内公司经营活动的各项工作。为了让会议召开有成效，各种大会的召开方式、各个股东或代理人必须具有的条例资金、大会的决定通过方式等都要在公司条例中明确规定。

2）董事会。

董事会是公司的管理机关，有 3 至 12 名成员。除公司大会权限范围内的问题外，董事会可以以公司名义全权决定有关公司目的、权利的所有问题。董事会推选出一名成员担任董事长，如果公司章程没有另行规定，董事长可兼任公司经理（总经理）。董事长向公司大会承担在管理中出现的错误和违反条例纪律给公司造成损失的责任。董事会成员享受工资或报酬由公司大会决定。

3）检查员。

检查员是公司的监督管理机构，相当于我国的监事会。股东大会要选出两名检查员，其中一名检查员必须具有会计专业知识。

检查员有以下任务和权限：第一，在认为必要时，检查公司的会计账本、财产、各种财政年度总结表，以及召开大会。第二，向公司大会报告审查公司年度财政的情况。第三，报告公司所发生的财政特别事件和董事会在财政管理中的优、缺点。

检查员享受的报酬由公司大会决定，检查员向公司大会承担本人执行任务过程中给公司造成损失的责任。公司董事会成员、经理（总经理）及其妻子或丈夫不得担任公司的检查员。

4）经理。

公司法第 40 条第 2 款规定："经理（总经理）是公司日常经营活动的管理者，并向董事会承担执行所交给任务和权限的责任。"

（5）公司的解散。

在以下情况公司可以解散：1）公司条例中登记的活动期限结束。2）完成了既定目标。3）公司的目标不能再实现或公司营业不再有盈利。4）公司亏损占条例资金 3/4 或无法克服的困难。5）有占公司条例资金 2/3 的代表成员的正常要求。无论公司在哪种情况下解散都必须得到占公司条例资金 3/4 的代表成员的同意。人民委员会只有在公司申请解散的报告中所列的各种债务、合同清理完毕之日起 15 天以后没有出现申诉书，才能批准申请人的公司解散报告。公司的解散必须在报告书获得批准后才能开始。

（6）对公司违法的处理。

1）没有许可证而成立公司的、不进行经营登记的、不按许可证中所登记的行业经营的、成立公司时虚报集资资金的、虚报股票认购人数的、骗取他人购买股票的、没有许可证而发行新股票和债券的或者违反本法其他规定的任何人员，视其行为轻重程度给予行政处罚或依法追究刑事责任。

2）利用职务给禁止成立公司的个人、团体发给许可证的人员，不给已具备条件成立公司并进行了登记的个人、团体发放许可证和经营登记证的人员；为公司在银行或公司的固定资金出具假证明以及违反公司法其他规定的人员，视情节轻重给予纪律处分或依法追究刑事责任。

2. 责任有限公司

（1）概念。

责任有限公司是指各成员共同投资，共同分享利润和分担与投资资金相应的亏损，并且只负责本人投资范围内的公司债务的公司。

（2）公司成员权限。

公司成员具有以下权利：第一，享有与本人投资相应的公司的一部分财产所有权；第二，出席公司大会，参与大会职权范围内各种问题的讨论、表决，拥有与所投资金相应的表决票；

第三，享有利润分成的权利，承担与本人投资相应的亏损的义务；第四，占公司条例资金数额1/4以上的代表成员有权要求召开公司大会，检查和解决公司董事会或经理忽略的事务。公司董事会或经理从接到代表成员要求之日起30天内，必须召开公司大会。

(3) 出资的形式。

出资的形式可以是越南币、黄金、外币、实物财产或工业产权。以实物财产或工业产权作为投资资金的，必须经公司大会审查、同意、定价并载入公司条例，这类投资资金须在公司正式成立时全部交清。

(4) 公司条例。

相当于公司的章程，是在公司成立大会上通过的全体成员关于公司成立和活动的保证书。公司条例必须具有以下主要内容：第一，公司的形式、目标、名称、办公地点及活动期限；第二，公司创始人的姓名；第三，条例资金，其中要注明以实物或工业产权作为投资资金的价值；第四，每位成员对责任有限公司的出资份额；第五，公司大会的活动方式和公司通过的决定；第六，公司的管理和检查机构；第七，公司设立的各项基金及其定额；第八，决算方式和利润分配；第九，公司的合并、转换形式，解散和清理公司财产的方式。

(5) 公司的权利和义务。

责任有限公司的权利包括：第一，选择经营领域、行业、规模；第二，选择集资形式和方式；第三，选择客户，与客户直接交易、签订合同；第四，根据经营要求选用和雇用劳动力；第五，使用收入所得的外币；第六，决定使用剩余的收入；第七，在已登记的一切经营活动中享有自主权。

责任有限公司的义务包括：第一，按照许可证登记的领域、行业经营；第二，优先使用国内劳动力，按照劳动法的规定保障劳动者的权益，按照工会法尊重工会组织的权利；第三，按照所登记的标准保证商品质量；第四，遵守国家关于保护环境、历史、文化遗迹、名胜古迹的规定，维护社会秩序和安宁；第五，按照法律有关会计、统计的规定记载账目，并接受财政机关的检查；第六，依法纳税和履行其他义务；第七，从每年的利润中提取5%作为储备基金，直至相当于公司条例资金10%的数额；第八，相关规定。

3. 股份公司的法律规定

(1) 股份公司设立的一般条件。

股份公司设立必须具备以下条件：第一，在整个经营活动中，被称为公司股东的成员不少于7人。第二，公司条例资金平均分为若干个股份。每一股份的价值称为股票价。每个股东可以购买一份或多份股票。第三，发行的股票可记名或不记名。公司创立人和董事会成员的股票必须是记名的股票。第四，不记名的股票可以自由转让，记名的股票除公司法第39条的规定之外，还必须经过董事会同意方可。

(2) 特殊条件。

除了公司法第二章对公司成立和经营登记所规定的必要手续外，成立股份公司还应遵守以下规定：第一，公司各创始人要共同登记至少购买20%公司预定发行的股票。如各创始人不能登记购买完公司全部的股票，可以公开向他人集资。第二，在公开向他人集资中，领取了公司成立许可证的公司创立人要向颁发经营登记证明书的机关和经济仲裁组织递交公司条例草案文本和创立人的花名册以及他们的常住地址和职业。第三，他人集资要公开通报，使相关人员能了解公司的目标和发展前途。第四，登记购买股票必须以认购人或被委托购买者，以及至少一个公司创立人共同签字的票证作为确认。第五，公司创立人要把购买股票登记者所交纳的款项存入国内银行的账户，并附上购买者花名册和每人所交纳的现金数量。只有在公司领取经营登记证明或成立公司许可证之日起一年后，公司不能成立时方可取出这些款项。第六，公司创立人只能在以下情况下召开公司成立大会，以通过公司的条例和其他必要的手续：a. 预定发行的股票已全部登记购完；b. 股票购买者已交纳其登记购买股票数二分之一以上的现金，并保证交完余下的全部现金；c. 用来购买股票的实物、工业产权的财产已全部交齐。

从领取成立公司许可证之日起一年后，公司不能成立时，股票购买者有权要求公司创立人将已交现金退还给本人，创立人自接到要求之日起 30 天内把股票购买者的现金退还给本人，并承担与成立公司有关的一切费用。

（3）债券发行条件。

股份公司发行债券必须具备以下条件：第一，有需要大量资金的具体经营方案。第二，公司已营业至少两年，并证明公司的经营活动管理好、有成效。第三，有公司开户银行证明的公司剩余存款数额和公证机关证明的公司实物财产价值，足以保证预定贷款总额的结算。这一保证还可得到一家或多家银行的担保。第四，银行提供贷款保证和有关债券发行的结算。发行债券的许可证必须明确规定通过发行债券筹集的资金数额和债券利率及还本期限。每张债券上要注明序号、面值、以债券方式筹集的资金总额、利率和兑换期限。

（4）新股发行条件。

股份公司发行新股必须具备以下条件：第一，已全部收完前次发行的股票款项；第二，证明公司的经营活动得到了有效的管理；第三，银行同意提供贷款和有关股票发行的结算；第四，有公开集资的具体章程和计划，这一章程和计划能保证使所有的关心者了解公司的经营情况和财政情况及发展前途，用以作为他们决定购买股票的依据。发行新股票的许可证要明确规定再次集资的资金总额和发行的股票数量以及实施集资的期限。

（二）证券法

越南政府于 1998 年 7 月 11 日颁布关于证券与证券市场的 1998 年第 48 号决定，对于外商如何参加越南证券市场活动作出了相关的规定。同时，越南颁布关于建立证券交易中心第 127 号决定。这两个法律文书初步构成了越南证券市场建立及运行的法律框架。目前，越南正式上市的公司有 4 家：越南远程通信光缆制造厂（SACDM）、越南冷冻设备厂（REE）、海防纸业股份公司（HAPCD）和西员外运公司（TRANSIMEX）。

越南证券市场初期有 3 000 亿～5 000 亿越南盾价值的股票。越南的股市每周只交易 3 次——星期一、三、五，交易时间为上午 9 时至 11 时。每种股票的日涨跌幅度不能超过 50%。目前越南股票的买卖只能在胡志明市进行，尚未电脑联网，在河内、海防等北方城市还不能买卖股票。越南证券市场除了进行股票交易外，还承担发行国家债券任务，越南政府对证券市场给予优惠政策，政府总理于 2000 年 3 月 27 日作出了 39 号决定，对证券公司免征收一年的税，第二年减免 50%的税。

（1）证券发行的规则。

证券首次发行必须符合以下条件：1）法定资本至少 10 亿越南盾；2）发行组织必须在前两年中保持赢利记录；3）对募集资本的使用，发行组织必须有一个可行性计划；4）发行组织累计发行的股份或债券若低于 100 亿越南盾，其中 20%的份额应由公众持有；若高于 100 亿越南盾，至少 15%的份额应由公众持有；5）发行组织管理委员会必须有管理经验；6）创始成员应持有发行资本的 20%，并在 IPO 协议后 3 年内不得转让；7）股票的认购要求平均总值超过 10 亿越南盾；至于债券，除非发行组织是一家信用组织，否则，也要求予以认购；8）如债券上市，则发行组织必须满足投资者的要求，契约必须与广大债券持有者缔结等。

（2）外国组织、个人在越南参加购买、出售或经营证券的活动必须遵守越南法律。

1）投资与联营。

第一，外国组织、个人可以在越南证券市场购买、出售证券。外国证券经营组织在越南经营证券必须根据越南国家证券委员会签发的许可证的规定，与越南合作对象成立联营公司。

第二，越南政府总理规定外国组织、个人持有证券的比例和外国组织与越南合作对象联营的出资比例。

第三，外国投资基金对越南证券市场进行投资，必须经越南政府总理同意，由越南国家证券委员会签发许可证。

2）办事处。

外国证券经营组织在越南设立办事处必须获得越南国家证券委员会签发的许可证。

第四节　经济法

一、经济合同法

《越南经济合同法》由越南社会主义共和国部长会议于1989年9月25日通过，国家主席武志公于1989年9月29日签署公布并实施。

1. 概述

《越南经济合同法》规定：经济合同是合同各方就履行生产、商品交换、科学技术研究与应用和其他有经营目的的事项，以文件、贸易文书形式达成的协议。

经济合同的当事人主要是法人和依法注册经营的个人。经济合同的主要条款包括：（1）签订经济合同的年、月、日；合同各方的名称、地址、开户银行及账号；代表人、注册经营者本人的姓名；（2）经济合同对象已商定的数量、批量或折合价值；（3）产品、商品的质量、种类；（4）价格；（5）保修期；（6）验收、交接条件；（7）结算方式；（8）违反经济合同的责任；（9）经济合同的有效期限；（10）履行经济合同的保障措施；（11）其他商定。

在越南，签订经济合同的依据主要有：（1）国家计划定向、现行政策、制度和经济技术标准；（2）市场需求贸易伙伴的订货单、提货单；（3）本身的生产、经营发展可能性，经济活动职能；（4）合同对方的生产经营合法性和财产担保能力。

经济合同以文件、贸易文书形式签订，法律对部分类别合同另行规定的除外。

2. 经济合同无效及其法律后果

下列情形之一的，经济合同被视为全部无效：（1）经济合同的内容违反法律禁令；（2）经济合同的一方对合同规定的事项未按法律规定进行经营注册；（3）合同签订者权限不符或有欺骗行为。

经济合同全部无效是当然的、自始无效，具体理解为：（1）如果合同内容还未执行，各方不得准许执行；（2）如果合同内容已执行一部分，各方要停止继续执行合同并进行资产处理；（3）如果合同内容已执行完毕，各方要进行资产处理。上述（2）项和（3）项的资产处理应根据下列原则进行：（1）各方互相归还履行合同以来已收到对方的全部资产，如果该资产依法被没收，不能以实物归还的，则以现金归还；（2）不合法收入必须上缴国库；（3）各方承担一切损失。签订被视为全部无效的合同者和故意执行已被视为全部无效的合同者，根据违法情节轻重而给予纪律、行政处分或者追究刑事责任。

经济合同的部分内容违反法律禁令时，该合同视为部分无效，但不影响其余部分的内容。被视为部分无效的合同，合同各方要修改违法条款，恢复原来的权益，并依法另行处理。

经济合同全部无效或部分无效只能由经济仲裁机关作出决定，其他任何机关和个人无权作出决定。

3. 经济合同的履行规则

(1) 履行原则。各方应在相互合作、尊重相互利益的基础上，正确和充分履行在经济合同中所作的承诺。在履行经济合同的过程中，如一方遇到可能导致违反经济合同的困难，要立即向对方通报，同时要想方设法加以克服。接到通报的一方，要尽己所力，帮助对方克服困难，并尽力将可能造成的损失控制在最低限度。

(2) 履行主体。通常为合同权利人和义务人，有时也可以由第三人代为履行，但不得违反法律和当事人的约定。

(3) 履行标的质量标准。经济合同中有关产品、商品、工作质量的规定，要符合国家有关质量标准、技术标准（国家标准、部门标准），或符合标准、计量、质量主管部门对商品质量注册和商标注册规定的标准。对未进行质量标准注册的新产品、商品，或不能以具体质量标准体现的工作，要在经济合同中，对该产品、商品的质量或该项工作的技术要求作出明确规定。

(4) 保质期。签订经济合同时，要遵守国家现行的有关产品、商品保修期和保用期的规定。对国家尚未规定保修期、保用期的产品、商品和工作，各方有权商定保修期、保用期的范围、内容和期限，并在经济合同中明文规定。各方有权对不达质量标准和不达保用期的产品、商品处理等有关问题作出商定。

(5) 价格。各方对具体的价格进行商定，并在经济合同中作出规定。在履行经济合同过程中有权改变价格。对国家定价的产品、商品，经济合同中规定的价格要符合国家职能部门的定价。

(6) 履行时间、地点和方式。经济合同的有效期限由各方商定。各方有权就产品、商品的验收、交货日期、交货地点、交货方式作出商定；属经济合同对象的事项要符合实际条件，有利于各方利益。如各方无法就交货地点和方式达成一致意见，则交货点和方式应遵循法律对该类经济合同有关交货地点和方式的规定。如经济合同中各方未就交货地点作出商定，法律对该类合同亦未作规定的，则交货地点为交货、卖货方的主要仓库或交到订货、购货方的运输工具上。

(7) 结算方式。结算方式，由各方依法协商。为履行好经济合同，各方有权对奖励作出商定，有权将不违背法律的其他商定载入经济合同。违反经济合同的罚款由各方根据法律对该类合同规定的罚款额作出商定。如法律未作规定，各方有权就罚款额作出商定。

4. 经济合同的转让

经济合同一方将合同的全部或部分内容转让给第三方（另一法人或另一已进行经营注册的个人）时，要将继续履行经济合同的相关事项同时转给第三方，在转让前 30 天，转让方要以书面形式，向经济合同的对方通报需转让的经济合同内容和接受转让者的情况。接受转让者有履行所转让的经济合同的义务。如果接受转让者无力履行转让的经济合同，则要求转让方在接受转让前解除经济合同。在接到通知后 10 天内，经济合同另一方有权要求与转让方以书面解除经济合同。在该期限内，如无解除经济合同的要求，则经济合同的转让，被视为得到承认，需要继续履行。

5. 经济合同的终止

有下列情形之一，经济合同终止：(1) 合同执行完毕；(2) 合同有效期限已满并没有延长期限的协商；(3) 合同被停止执行或废除；(4) 根据经济法规定，合同不得继续执行的情形。

6. 违反合同的责任和无效合同的处理

(1) 各方应各自承担不执行合同或不正确执行合同所导致的直接财产责任。

(2) 违反合同方必须向对方交付违反合同的罚款，如有损失，必须根据以下规定赔偿损失：第一，罚款标准为该合同价值的2%～12%，部长会议对各类经济合同违反的罚款标准作具体规定；第二，赔偿损失费包括财产丢失、损坏价值，为阻止和限制违反合同所造成的损失费用、因违反合同而引起的由被违反方已付给第三方的罚款和损失赔偿费。

(3) 违反结算规定的一方必须受到违反合同的罚款，罚款额相当于法律规定的过期贷款利息。

(4) 当产品和工作质量不符合合同规定时，接收方有权拒收；如果接收，接收前接收方有权提出降价或加工的要求。因需要加工而不能按时履行合同的，违反合同方应接受罚款和赔偿因不按时履行合同而造成的损失。

(5) 质量保证期间，如果接收产品方发现质量问题，必须及时书面通知对方，以共同确认，确认期限不得超过15天，包括收到通报之日至形成备忘录的时间。对方在收到通报后15天内不予答复的，视为其已承认质量有问题，并承担相关责任。各方有权协商产品的降价或更换，如果接收产品方已与违反方协议处理了质量问题，那么接收方有权要求违反方支付处理费用，如果质量问题得不到解决或拖延解决而引起产品不能按合同要求使用，接收方有权要求对方进行处罚和赔偿损失。

质量保证期间必须遵守法律规定，如果因产品质量不符合合同要求而产生损失，违反方要赔偿对方相应的损失。当一方推迟履行合同时，对方有权拒绝接收货物，并有权要求违反方罚款和赔偿损失。如果合同内容的部分或全部提前执行，订货方有权不予接收。

(6) 一方不按合同规定同步完成生产任务，对方有权不接收产品，直到按规定同步完成为止。违反合同方应向对方赔偿不按期完成合同所造成的损失。

(7) 一方拒绝接收另一方按合同规定完成的产品，另一方有权要求对方处以违反合同的罚款，支付保管、运输费用、赔偿费以及因不接收产品而造成的其他损失。

(8) 一方不按法律规定而单方停止执行合同，另一方可以要求对方处以处罚并赔偿损失。

(9) 合同签订后，任何一方不履行合同，均可在法律规定的罚款范围内处以最重的罚款，并且赔偿另一方因不执行合同而造成的损失。

(10) 当发生违反合同时，被违反方有权向违反方索取罚金。接到违反罚金通知单之日起15天内，违反方必须向被违反方交付罚款，如果超过期限，违反方必须依法支付过期的利息。对于由于违反合同而造成的损失，被违反方有权提出赔偿损失的要求。接到赔偿要求通知后15天之内，如果违反方不答复或不承认这一要求，被违反方有权要求经济仲裁解决。索赔方有义务证明得知合同被违反后已采取各种必要措施减少损失。支付赔偿损失费的期限为30天，自承认赔偿损失或经济仲裁决定之日起，如果过期不付，违反方必须依法承担支付损失费之外的逾期利息。

7. 不可抗力条款

在以下场合违反合同方可以减轻或取消负全部资产责任：(1) 遇到天灾人祸和其他意想不到的客观障碍，并已采取一切必要的克服办法；(2) 执行国家权力机关的紧急令；(3) 因第三方对违反方违反合同，但第三方根据前两项规定不负资产责任；(4) 一方的合同违反是引起另一方合同违反的直接原因。

二、知识产权法

越南的知识产权保护始于1981年1月23日颁布的《关于技术革新、生产合理化和发明的规定》(The Regulations on Technical Innovation, Rationalization in Production, and on Inventions)。随后，越南政府又颁布了一系列有关商标（1982年）、著作权（1986年）、实用新型（1988年）和外观设计（1988年）的规定。在此期间，越南的知识产权保护具有行政手段的性质。

1989年1月28日颁布的《保护工业产权条例》(The Ordinance on Protection of Industrial Property Rights) 是越南知识产权保护的转折点。该条例奠定了保护发明、实用新型、外观设计和商标权利的基础，特别是承认了对专利权的专有权。1994年颁布的《著作权条例》(The Ordinance on Copyright) 承认了对著作权的保护。

越南知识产权保护最引人注目的变化是1995年10月28日通过、1996年7月1日生效的《越南民法典》(The Civil Code)。除了其他不同的民法方面和所有权方面的法律问题以外，《越南民法典》还对工业产权（包括发明、实用新型、外观设计、商标、原产地名称等）和著作权的有关内容进行了详细的规定。《越南民法典》的颁布，取代了1989年的《保护工业产权条例》和1994年的《著作权条例》。同时，越南政府还颁布了一系列与民法典有关的知识产权保护实施细则。从民法典及其实施细则的规定来看，越南在知识产权的法律保护方面进行了重大的调整，基本上是按照WTO的有关规定和其他知识产权国际保护公约的规定来进行的。

目前，越南是下述知识产权国际保护公约和条约的成员国：《成立世界知识产权组织公约》(1976年2月)、《巴黎公约》(1949年3月)、《商标国际注册马德里协定》(1949年3月) 以及《专利合作条约》(1993年3月)。越南虽然还没有加入《商标注册用商品与服务国际分类尼斯协定》和《国际专利分类斯特拉斯堡协定》，但它已经实施了这两个协定的相关内容。目前，越南正在考虑加入《伯尔尼公约》。作为东盟的成员国，越南批准了1996年的《东盟关于知识产权合作的框架协议》，该协议以遵守WTO的《与贸易有关的知识产权协议》作为东盟各国在知识产权领域合作的基础。

三、税法

（一）所得税法

《越南社会主义共和国所得税法》于1997年5月10日由越南第九届国会1997年第03号会通过，由1997年5月22日越南社会主义共和国主席第57号令公布，自1999年1月1日起施行，共8章、34条，目的是促进生产、经营的发展和动员将一部分所得上缴国库，确保生产、经营、劳务收入组织、个人之间，公平、合理地纳税。

1. 适用范围

凡是从事商品生产、经营、劳务所得的组织、个人都必须缴纳营业所得税。从事农业生产的家庭户、个人、合作组、合作社从种植、饲养、水产养殖产品所得的收入不属于缴纳营业所得税的范畴，政府规定的从事商品生产高收入的农民家庭户和个人除外。

2. 计税依据

计税依据为全年应税所得总额（包括主要、附带经营活动，经常性、临时性经营活动），应税所得额等于总营业收入额减去经营单位同期与应税所得有关的各项合法、合理经营支出加上其他所得款。用以计算应税所得额的总营业收入为已实现的、用作营业收入税和特别销售税计税依据的全部销售收入、加工费、服务费，其他所得包括银行利息与联营活动、出租财产、清理财产、转让财产所得和其他财政所得款。

3. 税率

单位、个人（小经营户、批发户除外）按全年应税所得额以固定税率缴纳所得税，其规定如下：(1) 电力、矿山开采、冶金、机械、基本化工、化肥、农药、建材、林产和水产开采加工、建筑、运输行业，税率为30%；(2) 轻工业、食品工业和其他生产行业，税率为40%；(3) 商业、饮食业及各类服务业，税率为50%。对私人经营户，如每月所得超过600万越南盾，除应按固定税率缴纳所得税外，还必须按国务委员会的规定缴纳补充所得税。

中、小经营户按承包营业收入的税率缴纳所得税，其规定如下：生产、建筑、运输行业，税率为1%；商业、饮食业、服务业，税率为2%。小经营户是指下述行业中有月平均计税营业收入的经营户：(1) 生产、商业行业月营业额在300万越南盾以下。(2) 饮食业月营业额在150万越南盾以下。(3) 生产加工、运输、建筑、服务业，月营业额在75万越南盾以下。

（二）进出口税法

《越南进出口税法》根据《宪法》第100条和《国会与国务委员会组织法》第34条于1991年12月26日通过，1992年1月4日国务委员会主席武志公签署并公布，目的是管理好进出口活动，扩大对外经济关系，提高进出口活动的效果，为发展和保护生产、指导国内消费作出贡献，同时也为国家财政创收作出贡献。

1. 适用范围

允许通过越南口岸、边境进出口的商品，包括从国内市场运入出口加工区和从出口加工区运到国内市场的商品，均为进出口征税对象。

2. 进出口的计税依据

进出口的计税依据为：在进出口商品申报表中登记的每一种商品的数量、计税价格和商品的税率。

3. 计税的定价依据

对于出口商品，为按合同在出口口岸的价格；对于进口商品，为按合同在进口口岸的价格，包括运输费和保险费。在按照其他方式或合同里登记的进出口商品价格低于口岸实际买卖价格时，计税价格由部长会议规定。用以确定计税价格的越南盾与外币之间的汇率是由越南国家银行在计税时间公布的购进汇率。

4. 进出口商品税率

进出口商品税率包括一般税率和优惠税率。一般税率是指税表中规定的税率。优惠税率是指对于和越南的贸易关系中各国签订优惠条款的进出口商品以及由部长会议决定的其他场合应用的税率。优惠税率可以规定得低些，但是与每种商品的一般税率相比不能低于50%。对每个国家每一种商品的具体优惠税率标准由部长会议决定。

5. 交税的时间规定

计算进出口税的时间是进出口商品申报登记的当天。从登记申报进出口商品之时起8小时内，收税机关将该纳税额正式通报纳税对象，纳税对象必须在下列规定的时间内交完税：第一，对于出口贸易的商品，从纳税对象接到收税机关的正式通报之日起15天内纳税；第二，对于进口贸易的商品，从纳税对象接到收税机关的正式通报之日起30天内纳税；第三，对于非贸易和边境小额进出口的商品，在出口或进口时应立即交清税款。

6. 法律责任

超过法律规定的纳税时间，迟一天交税，则纳税对象被罚迟交税额0.5%的罚款。当纳税对象迟交税的时间超过90天时，海关机关不能给纳税对象下一批货物办理进出口手续，商业和旅游部也不能发给进出口许可证，一直要等到纳税对象交足税。

纳税对象在纳税过程中如有偷、漏税行为，则按偷漏税部分的2倍～5倍罚款，纳税机关还有权采取其他处罚措施，对大量逃税或者已给予行政处理但仍然违反或者有其他严重犯罪行为的个人，要按照刑法规定追究刑事责任。

纳税对象对税务机关的处罚决定有不同意见时，必须先执行该处罚决定，同时有权向中央税务机关上诉；如果仍有不同意见，可向财政部长申诉，财政部长作出的决定是最终决定。

四、竞争法

（一）商品质量法

《越南社会主义共和国商品质量法》于1990年12月27日由越南社会主义共和国国务委员会主席武志功签署，自1991年7月1日起施行，共9章、36条，目的是加强国家管理效率，保障、提高商品质量，促进、发展经营，合理使用劳动和自然资源，保障安全、卫生，保护生态环境和消费者的权益，努力发展国际贸易合作。

1. 适用范围

在越南领土上进行经营活动的所有组织、个人都必须遵守，越南社会主义共和国签订或参加的国际条约有其他规定除外。越南部长会议代表国家对全国的商品质量实行统一管理。商品质量管理机关包括：商品质量国家管理机关、部门管理机关、基层管理机关。

2. 商品质量标准

商品质量标准是指对商品的包装、商标、运输、保管和有关商品质量的其他问题的规格、指标、试验方法所规定的技术文本和技术要求。“越南标准”由国家科学技术委员会主任根据标准一计量一度量总局局长的提议颁布。在一些领域中，部长会议主席可以根据国家科学技术委员主任的提议，将“越南标准”颁布权交给部长会议的其他机关。“越南标准”包括强制使用的和自愿使用的两种。经营组织和个人必须遵守强制标准，按照法律规定公布其商品质量标准，并有责任保证其商品符合公布标准。

3. 商品质量禁止行为

严禁下列行为：（1）属于强制性标准范围，但又没有证明书和符合越南标准标志的商品经营；（2）没有获得证明书和符合越南标准标志，但却在商品上盖印符合越南标准标志；(3)未获得证明书就公布、广告商品符合“越南标准”、商品质量保障系统符合“越南标准”和试验室得到公认。

4. 经营组织、个人的责任和消费者对商品质量的权利

生产组织、个人必须组织检查以保证出厂产品达到所登记或公布的质量标准；如实宣传产品质量，产品须贴商标，并在商标上注明产品的特点、用途和厂家对产品质量的责任。

销售组织、个人必须弄清自己销售的商品的产地和质量，如实宣传商品质量，引导顾客挑选、使用、保管商品，并对顾客承担直接商品质量的责任。

经营组织、个人必须交纳商品质量登记手续费、商品质量证明、商品质量保障系统和“公认试验室”符合“越南标准”的手续费，必须对每种商品公布质量保证期限、条件和形式，并有责任保证商品质量。

购买商品时消费者有权获得商品信息和挑选商品，要求质量保证；有权向经营组织、个人索取由于商品达不到质量标准而造成的损失赔偿。

5. 法律责任

凡不遵守强制性标准；不按照法律规定进行商品质量登记或不按所登记和公布的标准保证质量；违反符合“越南标准”证明规定的；制造假冒符合“越南标准”证明书和标志；利用职务、权限违背或阻碍商品质量法实施的组织和个人，视其轻重程度给予纪律处分、行政处罚或直至追究刑事责任。

（二）反倾销法

2004 年 4 月 29 日，越南社会主义共和国第十一届国会常务委员会通过了“关于对进口到越南的商品实施反倾销”的 2004 年第 20 号法令，即《越南反倾销法令》，目的在于有效遏制和限制出口到越南给越南国内生产行业造成威胁或者造成一定损失威胁的商品，通过法令保护企业的合法利益。反倾销法从认定出口到越南的商品的倾销行为，到调查出口到越南的商品构成倾销的职权、程序直至对出口到越南的商品采取反倾销措施等作出了规定。

1. 对进口到越南倾销商品的确定

（1）如果商品以低于越南法令规定的正常价格销售，原产国家或地区的商品被视为进口到越南时倾销。

（2）在正常贸易条件下，进口到越南商品的正常价格是出口国家或地区在其内地市场销售同类商品的可比价。

（3）出口国家或地区没有在其内地市场销售的同类商品，或在出口国家或地区有在其内地市场销售的同类商品，但其商品数量或价值却非常少的商品。

进口到越南的商品正常价格可按以下两种方法中的一种确定：第一，在正常贸易条件下，出口国家或地区的同类商品在第三国市场上销售的可比价；第二，在出口国家或地区或第三国市场上，对从生产到流通的每个环节进行考量，确定商品正常成本加上合理利润和其他合理费用。

2. 反倾销措施

对属于倾销的商品，可以采用以下措施予以限制和禁止：征收反倾销税；经越南有权批准采取反倾销措施部门同意，作出停止倾销的承诺。

3. 调查依据

反倾销调查只有在下列情形下才能展开：

（1）必须在越南国内产业的组织和个人提出采取反倾销措施申请后，才能开展，且提出申请、要求采取反倾销措施的组织和个人须被视为国内产业的代表：第一，由其生产或代表的商品数量或价值至少占国内产业同类商品总量或总额的 25%；第二，申请采取反倾销措施的国内生产者的商品数量或价值要大于反对采取反倾销错误的国内生产者的同类商品的商品数量或价值。

（2）贸易部部长在具有商品倾销对国内产业造成实质性损害或造成实质性损害威胁的明显证据时可以作出调查决定。

4. 反倾销调查的内容

（1）确定倾销到越南的商品和倾销幅度。

（2）在对下列内容研究的基础上确定给国内产业造成的实质性损害或实质性损害威胁：第一，倾销到越南商品的商品数量或价值与国内生产或销售同类商品的商品数量或价值相比，已经、正在或将要绝对或相对地实质性增加；第二，被采取反倾销措施的商品价格致使国内同类商品降价或可能制约了合理的涨价；第三，对国内产业或国内产业的形成造成负面影响。

(3) 进口到越南的商品倾销与对国内产业造成实质性损害或实质性损害威胁之间的关系。

5. 调查期限

自决定调查之日起，采取反倾销措施的调查期限不超过12个月。特殊情况下，贸易部部长可以决定延长调查期限，但不得超过6个月。

6. 裁定

裁定分为初步裁定和最终裁定两种。

初步裁定：自决定调查之日起90天内，调查机关依法公布调查过程中相关内容的初步裁定；特殊情况下，公布初步裁定的时间可以延长，但不得超过60天。初步裁定和形成初步裁定的各主要证据须以适当方式向调查相关各方通报。

最终裁定：调查过程结束时，调查机关要依法公布调查过程中相关内容的最终裁定。最终裁定及形成终裁定的主要证据须以适当方式向调查相关各方通报。

7. 征收反倾销税

在不能实施法律规定承诺的情况下，根据反倾销案件处理委员会的最终裁定和建议，贸易部部长可作出是否征收反倾销税的决定，调查机关以适当方式向调查过程中的相关各方通报决定。反倾销税税率不得超过最终裁定中的倾销幅度，自决定采取反倾销措施之日起，征收反倾销税的期限不得超过5年。在贸易部部长作出复审征收反倾销税决定的情况下，期限可以适当延长。

第五节　国际贸易与投资法律

一、国际贸易法律规定

越南进出口贸易有关的法律规定主要有：

(一) 在越南成立办事处、分公司的相关规定

外国经贸组织和个人要到越南开设常驻办事处或成立分公司必须把申请书寄给越南管理机构。成立办事处要经各省、市贸易厅批准，成立分公司要经越南贸易部批准。

申请书按越方管理机构规定的统一表格写成，共两份，正本一份用越语书写，副本一份用英语书写，总经理签字并盖章，内容包括：(1) 外方办事处或分公司的名称；(2) 外方办事处或分公司工作人员的数量，其中注明外国人数量、每个人的工作任务、在越选用人数、每个人的工作任务；(3) 驻越办事处或分公司的活动领域；(4) 申请驻越的时间是几年。附同申请书，外方企业必须出具公司或企业执照越文译版，由权威公证办事处签字盖章。外方公司已从业的时间规定最少是5年。外国企业开设办事处的手续费是100万越南盾。

(二) 出口报关手续

行李、外汇、贵重金属、宝石、印刷品、书籍资料、运输工具等在出入越南国境或取道越南转口第三国时均需办理海关手续。

进口产品必须在抵达关口后30天内办妥报关手续；出口产品，必须最迟于离境前8小时办理报关手续；出入境旅客的随身行李，必须于其抵达后或于其搭乘的交通工具经营单位结束为旅客办理离境手续前，办妥报关手续；过境转口产品，必须尽快于其首个抵达的关口或最后离境的关口办妥报关手续。海运货物，必须于抵达港口的港务单位通知撤回领航员后2小时内，或于离港前办妥报关手续；空运货物，必须于飞机抵达后立即办妥入境报关手续，或于航空公司结束办理旅客及货物离境手续前办妥报关手续；铁路、公路及河道运输产品，必须于抵达关口或首个过境关口或最后离境关口办妥报关手续；过境交通工具，必须于首个抵埠关口及最后离境关口办妥报关手续。

二、越南投资法

1987年12月国会通过《外国在越南投资法》，1990年6月国会对投资法进行修改，1992年12月国会对投资法进行第二次修改。1996年11月23日，国家主席黎德英签署并颁布第九届国会第十次会议于1996年11月12日通过的《越南外国投资法》；2000年6月通过《外国在越南投资法投资条款修改补充法》；2003年3月通过《外国在越南投资法——1996年投资法和2000年一些修改补充规定》；2003年4月通过《外国在越南投资法实施细则》。《外国投资法》共6章、68条，细则共14章、125条，包括了劳动、环保、鼓励措施等诸多方面。各项规定与中国的同类法律神似，但也有一些规定比较特别，如合作经营视为一种合同关系；除工业产权外，技术方案、工艺程序以及技术劳务也可以作为对合资企业的出资；政府承诺不征收外商财产资金和国有化外资企业，同时规定，如因越南法律变化导致外方利益受损，政府将采取有关的解决措施，包括赔偿、减税和更改投资活动目标；独资企业转让给越南企业，可减免纳税，等等。

（一）投资主体

下列主体可以在越南投资：

1. 越南企业。根据国家企业法成立的国有企业；根据合作社法成立的合作社；政治组织、社会组织下属的企业；根据企业法成立的有限责任公司、股份公司、合营公司及私人企业。

2. 具备政府所规定条件的医疗、教育培训、科学研究等单位。

3. 外国投资者（是指在越南投资的外国经济组织或个人）。

4. 外资企业（包括合资企业和外商独资企业）。

5. 定居国外的越南人。

6. 有权签订BOT、BTO及BT等合同的国家机关。

（二）投资领域和地区

越南政府鼓励外国投资者在以下的领域和地区进行投资：

（1）领域：生产出口商品领域；饲养、种植和农、林、水产加工领域；使用高工艺、现代技术、保护生态环境和研究和发展领域；使用密集劳动力、原料加工和有效使用越南自然资源的领域；基础设施建设和重要工业生产领域。

（2）地区：社会经济条件困难的地区；社会经济条件特别困难的地区。

根据各个时期的发展规划和发展方向，政府规定鼓励投资的地区，并颁布鼓励投资的项目和特别鼓励投资的项目清单、有条件投资的领域清单以及不予审批投资领域的清单。

对于危害国防、安全，损害文化、历史古迹或良好的风俗习惯和生态环境安全的领域或地区的外国投资项目，越南政府不予审批。

（三）投资形式

1. 企业形式

外国投资者投资的形式可以是以合作经营合同的形式进行的合作企业；联营企业或公司，总称为联营企业；外国独资企业。

（1）合作企业。合作经营是指双方或多方签订文件，以在越南从事投资、经营，而不成立新法人，并就各方责任和经营成果分配予以规定的企业。外方和越方可根据合作经营合同进行合作经营，如合作生产和产品分成或其他合作经营方式。经营对象、内容、各方的权利和义务、责任和双方关系，由双方达成协议并在合作经营合同中写明。

（2）联营企业。联营企业指依越南政府同外国政府签订的联营合同或协议由外方和越方在越南合作成立的企业。

（3）外国独资企业。外国独资企业是外国投资者所有的企业，由外国投资者在越南成立，自行管理并自行负责其经营效果。外国独资企业以有限责任公司形式成立，具有越南法人资格，自颁发投资许可证之日起成立并运行。"外资企业"包括联营企业和外国独资企业。

2. 出资方式及出资比例

合作企业的投资方式和比例由合同规定；联营企业中，外方在联营企业投入的法定资本可以是：第一，越币或外币；第二，根据土地法规定的土地使用权的价值；第三，各种资源、根据法律规定的水面和海面的使用权；第四，设备、机械、厂房和其他建筑工程；第五，工业所有权价值、技术秘诀、工艺规程和技术服务。各方所投入法定资本的形式具有法定情形时须报政府批准。

联营外商一方或各方的出资比例由联营各方商定，但不得低于联营企业法定资金的30%。根据投资项目的经营领域、技术、市场、经营效益及其他经济、社会效益，颁发投资许可证机关可考虑降低参与联营企业的外方对法定资金的出资比例，但不得低于20%。成立新联营企业者，外国投资者对法定资金的出资比例应保证达到上述条件。对于根据政府规定实施的重要项目，签订联营合同时，联营各方可商定越方对联营企业法定资金出资的增资比例。

联营企业的法定资金出资进度为：（1）法定资金可在成立联营企业时一次性投入，或按联营合同所商定的法定资金出资方式与进度投入。（2）联营各方不按所商定的进度出资，并无正当理由者，颁发投资许可证机关可撤销投资许可证。

越方以土地使用权价值作价投入法定资金事宜，由联营各方在省级人委会根据财政部公布的土地租金框架内决定的土地租金基础上商定。

3. 投资保障措施

（1）越南社会主义共和国保证外国投资者在越南投资受到公平和公正的对待。

（2）在越南投资过程中，外国投资者的资本和其他合法财产不会被以行政的手段征用或没收，外资企业不会被国有化。

越南社会主义共和国保护工业所有权，保证外国投资者在越南进行技术转让活动中的合法利益。

由于越南法律的变动而影响已获执照的外资企业和合作经营企业的各方的利益时，政府将采取适当的措施保护投资者的利益。

（3）在越南投资的外国投资者有权转到境外的收益有：商业经营所得利润；提供技术与劳务的报酬；经营过程中的外国贷款本金与利息；投资资本；其他合法的金钱与资产。

（4）在越南外资企业和合作经营企业工作的外国人，依法上缴收入所得税后，允许将自己的合法收入汇出境外。

（5）合作企业各方之间、联营企业各方之间或者外资企业与越南企业之间的任何争议应首先通过协商和调解的途径解决，协商、调解不成时提交越南仲裁机关或根据越南法律提交越南法院，各方可在合同中指定与其他约定相关的仲裁机关。

第六节　司法制度与诉讼制度

越南国家强调司法独立，中央及各级党委不干涉司法审判工作，禁止政府官员兼职国会代表；最高法院可审理党政高级领导腐败案件，越共中央完全不干预审判工作；实行《阳光法案》，国会代表和政府官员必须申报个人财产。

越南司法机关主要是人民法院、人民检察院。越南司法机关受越南共产党的领导，其任务为，在其职能范围内，保卫社会主义法制、保卫社会主义制度、保护国家和集体财产，保护公民的生命、财产、自由、荣誉和尊严，保卫人民作为主人的权利。

一、司法制度

（一）人民法院

1. 人民法院的机构设置

根据《宪法》和《人民法院组织法》的规定，越南的审判权由人民法院行使，人民法院包括最高人民法院、地方各级人民法院、军事法院和法律规定的其他法院。

（1）最高人民法院

最高人民法院是越南的最高审判机关，由国会产生，对国会负责并报告工作；在国会闭会期间，向国会常务委员会和国家主席报告工作，回答国会代表的质询。它负责监督各级人民法院的审判工作，指导各级人民法院统一适用法律，总结审判经验，向国会呈报法律预案并向国会常务委员会呈报法令预案。

（2）地方各级人民法院

包括省级人民法院、县级人民法院，均由同级人民议会产生，并对其负责和报告工作。

（3）军事法院

军事法院按军事区域设立于越南人民军队内部，包括中央军事法院、军区及同级军事法院、各地区军事法院，负责审理被告为现役军人的案件和法律规定的其他案件。

（4）特别法院

在特殊情况下，国会可以决定设立特别法院。在基层，可设立调解组，每组人数为3～7人，由基层人民议会根据人民团体的介绍选举产生，其工作受县级人民法院指导。调解组是群众性组织，不属于司法部门。调解组对争执双方当事人不能使用任何强制性办法，只能通过说服教育来帮助双方自愿解决争执和履行调解协议。

法院审判实行人民陪审员制度，实行集体讨论并按照多数作出判决。在审判过程中，法官和人民陪审员独立且只依法律行事。陪审员在法官的指导下，享有与法官相同的权力。

2. 审判工作的基本原则

（1）法律面前人人平等原则，即法院在审判活动中不分公民的性别、种族、信仰、宗教、社会地位和职业，适用法律一律平等。

（2）依法独立审判原则。在审判时，人民法院具有独立的审判权力，只服从于法律，不受其他机关和个人意志的干扰。

（3）公开审判原则。除法律另有规定外，如需进行秘密审判以保守国家秘密和保护民族风俗，其他案件法院应该进行公开审判。

(4) 集体审判原则。首先，法庭的组成人员都是单数，由3人或5人组成。对案件的全部问题，法庭必须逐个地进行表决，以多数通过的方式来决定。其次，最高人民法院设立的审判会议、审判委员会（审判会议的常设机构），省、中央直辖市人民法院设立的审判委员会等审判组织，在讨论案件和其他重大问题时所作出的决议，必须得到半数以上的委员表决赞成方能生效。

(5) 保障被告人辩护权原则。《宪法》规定："国家设立律师组织，在法律方面协助被告人和其他当事人。被告人可以聘请律师或邀请由人民团体介绍的公民为自己辩护；对于重大案件，法院要求被告人指定辩护律师。"

(6) 二级审判原则。诉讼当事人如果不服一审判决，可以向上一级法院提起上诉，上级法院应予复审。但在一些特殊情况下，最高人民法院有权进行初审，同时也有权进行终审。

（二）人民检察院

越南人民检察院负责提出公诉和监察司法活动。根据越南1992年《宪法》《人民检察院组织法》、2003年《刑事诉讼法典》和2005年《民事诉讼法典》，人民检察院有权力和责任监察调查机构的调查工作、人民法院的审裁工作、人民法院的判决执行事宜，被定罪者的羁留、扣押和再教育工作，以及检控罪犯的工作。人民检察院受理刑事和贪污投诉，并会就调查员、检察官、法官涉嫌违反司法程序进行调查。此外，人民检察院也负责保管刑事统计资料。

1. 人民检察院的机构设置

根据《宪法》和《人民检察院组织法》，人民检察院由最高人民检察院、省级人民检察院（64个）和地方人民检察院（670个）三级组成，最高人民检察院检察长由国家主席提名，再由国会议员选出，专门处理监察事务，预防和打击犯罪，并直接向国会负责，在国会休会期间，向国会常务委员会负责并报告工作。下级人民检察院的检察长、副检察长，由最高人民检察院总检察长任免，对地方的法律遵守情况向地方人民议会负责并报告工作，并应答复地方人民议会代表所提出的问题。

2. 人民检察院的职责

人民检察机关的职责是起诉和监督司法活动，承担检查监督和起诉的职能。

(1) 检查监督权：人民检察院负责检察政府下属各部委及同级机关和地方政权机关的法规、文件的合法性，检察国家机关、经济组织、社会团体和人民武装部队执行法律的情况，检察调查工作、审判工作和监禁、改造活动中遵守法律的情况。

(2) 公诉权：人民检察院在刑事诉讼法规定的范围内调查犯罪，行使公诉权以追究犯罪行为，保证法律得到严格一致的遵守。

二、诉讼制度

越南的诉讼立法主要集中在第八届和第九届国会期间，先后制定了《刑事诉讼法》《民事诉讼法》《行政诉讼法》《经济诉讼法》《劳动诉讼法》《民事案件执行法》《公民申诉、控告法》《承认执行外国仲裁、裁决法》等程序法，基本上建立了一个完备的程序制度体系。

（一）《刑事诉讼法》

越南现行《刑事诉讼法》除序言外共7篇、32章，计286条，主要对刑事案件的立案、侦查、公诉、审判、执行等活动程序和制度作出规定。

1. 刑事诉讼的基本原则

刑事诉讼的基本原则主要有：尊重和保护公民基本权利；法律面前人人平等；诉讼机关与

有关国家机关相互配合；无罪推定；公开审判等原则。

2. 诉讼机关、诉讼参与人

《刑事诉讼法》第27条规定：诉讼机关包括侦查机关、人民检察院、人民法院。诉讼参加人包括侦查人员、检察员、审判员、人民陪审员、书记员。诉讼参与人包括犯罪嫌疑人、被告人、辩护人、被拘留人、受害人、附带民事诉讼的原告人、诉讼中的第三人、证人、鉴定人、翻译人员等。

3. 证据

《刑事诉讼法》第48条规定：证据是由侦查机关、人民检察院、人民法院根据本法规定的程序收集，用来作为认定是否有犯罪行为、犯罪行为的实施者及正确解决本案的其他情节的一切事实。证据分为下列类型：物证、证人证言；被害人陈述、附带民事诉讼原告的陈述、附带民事诉讼被告的供述；鉴定结论；侦查、审判记录及其他有关材料。

4. 临时紧急措施

在刑事诉讼中，为及时制止犯罪，或有根据证明犯罪嫌疑人、被告人可能给侦查、公诉、审判带来困难，或有可能继续犯罪，或为保证判决执行，侦查机关、人民检察院可采取下列临时紧急措施，即强制措施：逮捕、拘留、收审、监视居住、取保候审、交押金或财产担保。

5. 立案与侦查

越南侦查权分别由公安机关、军队侦查机关和人民检察院分别独立行使。

6. 一审程序

一审程序主要规定了各级人民法院的权限、法庭诉讼程序的一般规定，庭审程序分为开庭、法庭调查、法庭辩论、评议和判决四个步骤。

7. 二审程序

二审程序是对一审尚未发生法律效力的判决和裁定进行重新审理。自判决之日起15日内为上诉和抗诉的期限，如为缺席审判，期限自判决书副本送达当事人或张贴之日起计算。二审判决包括：(1) 驳回上诉、抗诉，维持原判；(2) 直接改判；(3) 撤销一审判决，将案件材料发还一审人民法院以重新进行侦查或审判；(4) 撤销一审判决并终止案件。

8. 审判监督程序

审判监督程序是对已发生法律效力，但因在处理案件过程中违反法律而被抗诉的判决或裁定重新进行审理。

9. 执行程序

主要是对生效判决和裁定的执行，包括死刑的执行、徒刑和其他刑罚的执行、减刑或免刑、撤销判决、重新审理已发生法律效力的判决和裁定等内容。

10. 特别程序

刑事诉讼特别程序主要有两个：一个是对犯罪嫌疑人、被告人是未成年人案件的诉讼程序，另一个是采取强制治疗措施的程序。

(二)《民事诉讼法》

《越南社会主义共和国民事诉讼法》于1989年11月颁布，由总则、分则、附则三个部分构成，共15章、88条，附则只有1条。其制定的目的和宗旨在于：正确依法处理民事案件，维护越南社会主义国家、集体的利益，维护公民的合法权益。

1. 民事诉讼基本原则

民事诉讼基本原则是指导民事诉讼的准绳，民事诉讼围绕基本原则展开。具体原则有：(1) 保护合法权益的原则。公民、法人有依法要求人民法院维护自己合法权利的权利。(2) 处分原则。当事人具有对民事权利的处分权，原告有撤回起诉，更改起诉内容，与被告自行调解的权利。(3) 谁主张谁举证原则。当事人有提供证据的义务，人民法院有义务对证据进行审查，必要时可进一步收集证据。(4) 诉讼平等的原则。当事人在民事诉讼中享有平等的诉讼权利和义务。(5) 调解原则。人民法院在民事诉讼中有主持调解权。(6) 独立审判原则。在审判过程中，审判员、人民陪审员独立并依法行使审判权。(7) 使用本民族的语言与文字的原则。各民族有使用本民族的语言与文字的权利，必要时人民法院必须派出翻译人员。(8) 违法监督原则。公民、法人与其他组织对法院的违法活动有权建议上级法院进行审查，人民检察院对法院的执法情况有权行使监督权。

2. 民事诉讼中人民法院的受案范围

人民法院受理的民事案件包括：公民、法人或其他组织有关民事损害赔偿、婚姻、家庭纠纷、劳动纠纷；宣告失踪、宣告死亡案件；对选民名单提出申诉案件；有关户籍登记的申诉案件；新闻单位侵害他人名誉、人格提出申诉的案件；其他。

3. 人民法院管辖权

人民法院的管辖权包括：级别管辖、指定管辖和移送管辖、地域管辖。

(1) 级别管辖：县级人民法院审理普通民事纠纷的一审案件。省级人民法院审理的一审民事案件包括：涉外案件；有关工业所有权的纠纷；省级人民法院提审的案件。特殊情况下，最高人民法院根据一审程序（同时也是终审），把属下级人民法院权限的案件提审处理。

(2) 指定管辖和移送管辖：人民法院遇到不属于自己管辖的案件时可以移送有管辖权的法院管辖，管辖争议案件由上一级人民法院处理。

(3) 地域管辖：采用原告就被告的原则，法律另有规定的除外。案件原则上由被告人所在地或工作地的人民法院管辖；当事人也可以通过协商改变管辖权，由原告所在地法院管辖；不动产纠纷由不动产所在地的人民法院处理。在法律规定的情况下原告还可选择人民法院，如，被告人地址不详，赡养、抚养案件，生命健康侵权案件，等等。

4. 诉讼参与人

诉讼参与人包括：当事人，当事人的委托代理人，当事人的辩护人，其他诉讼参加人（包括人民检察院检察员、证人、鉴定人、翻译人员）。

5. 案件的起诉和受理

案件起诉的主体可以为当事人，共同诉讼由人民检察院起诉或由社会团体提起诉讼时，维护权利人可以原告人的身份参与诉讼。提起诉讼人必须提交立诉状，如果法律规定案件要先由其他机关处理，但当事人未向该机关提出要求或该机关尚未处理的，人民法院不予受理。人民法院在审判前可以进行调解调查工作，对相关证据进行前期审查。

6. 临时紧急措施

在处理案件过程中，人民法院可自行根据人民检察院、当事人的申请，采取措施，以暂时处理当事人的紧急申请或保护证据：(1) 强制一方当事人先行给付赡养费、扶养费、抚养费；(2) 将未成年人交给个人、机关或团体照顾；(3) 先行给付工资或劳动报酬；(4) 查封纠纷财产，避免财产被分散；(5) 禁止转移纠纷财产；(6) 允许收获和保管与纠纷有关的作物；(7) 禁止或强制当事人实施一定的行为。

7. 案件的调解、缺席判决、中止和终止

在处理民事案件过程中，人民法院可以支持当事人调解，调解采用自愿的原则，调解结案的，必须制作调解书，调解书签字后生效，签字前反悔的，人民法院应及时判决。被告人被两次合法传唤仍无正当理由缺席的，人民法院可以对案件进行缺席审判。出现法定情形时，法院可以中止或终止审理案件。

8. 一审程序

一审开庭时，下列人员必须到庭：双方当事人、当事人的代理人、证人、翻译人员。如为人民检察院、社会团体提起的共同诉讼，检察员、社会团体的代表人必须出庭。出现法定情形时，可以延期审理。开庭步骤有：开庭、法庭调查、法庭辩论，当事人对证据评议发表意见，法庭评议、宣判。判决前起诉人撤销起诉或双方当事人自行达成协议的，法院可以终止案件的审理。对于有关赡养费、扶养费、生命健康损失赔偿、偿还劳动报酬、禁止或强制采取某一行为所作出的裁定，法庭可决定立即执行。

9. 二审程序

当事人、人民检察院不服一审的判决和裁定，可以向上一级法院提出上诉、抗诉，当事人不服判决的上诉期限为15天，同级人民检察院的抗诉期限为15天，上一级人民检察院的抗诉期限为30天，从判决书送达当事人或当事人居住地（乡、坊、镇人民政府机关）张贴之日起计算；特殊情况下可以中止，在障碍消除后的15天内行使上诉、抗诉权。在二审审理前，人民法院有权采取临时紧急措施，进行调解，自行或委托其他人民法院进行补充调查，中止或终止案件。二审法院对上诉案件可以开庭审理，在法定情形下也可以不开庭作出裁决。二审判决为终审判决，具有执行效力。

10. 审判监督程序

对人民法院已发生法律效力的判决、裁定不服的可以提起审判监督程序，提起的主体只能是：(1) 最高人民法院院长、最高人民检察院检察长、有权对各级人民法院的判决、裁定提出抗诉；(2) 最高人民法院副院长、最高人民检察院副检察长、有权对下级人民法院的判决、裁定提出抗诉；(3) 省级人民法院院长、省级人民检察院检察长、有权对下级人民法院的判决、裁定提出抗诉。

审判监督法庭对全案进行审查，不受抗诉内容限制。自接到抗诉书之日起6个月内，审判监督必须开庭，不公开审理。在法庭上，由法庭的一名成员陈述案件和抗诉内容，如法院已传唤诉讼参与人，上述诉讼参与人在检察员发表抗诉意见前陈述自己的意见，法庭评议并作出判决、裁定。

11. 再审程序

如果发现案件确有错误可以提起再审程序，有权依照再审程序提出抗诉的人为：(1) 最高人民法院院长、最高人民检察院检察长，有权对各级人民法院已发生法律效力的判决、裁定提出抗诉；(2) 省级人民法院院长、省级人民检察院检察长，有权对县级人民法院已发生法律效力的判决、裁定提出抗诉。法院可依法作出维持、撤销或终止判决或裁定的处理。

12. 涉外案件的审理

外国人、外国法人的民事诉讼案件适用越南社会主义共和国法律，享有外交豁免权的人的案件通过外交途径处理，本人同意在越南法院参加诉讼的除外。

司法协助：越南法院与外国法院之间的司法委托按平等互利的原则和所参加的国际条约与协议办理，在不侵犯越南社会主义共和国的国家主权和国家安全的情况下，外国法院提出要求，越南法院可以接受外国法院的司法委托。

（三）《行政诉讼法》

越南的行政诉讼法于1996年5月颁布，其共有11章，主要内容包括：

1. 法院对行政案件的管辖权限

法院对行政案件的管辖权限包括：

（1）对行政违法处罚决定的起诉案件，对强制拆除住宅、工程、坚固建筑等违法建筑工程的决定的起诉案件；

（2）对被处以在乡、坊、镇教育，送入教养学校、送入教育机构、送入医疗机构、行政管理等形式的决定的起诉案件；

（3）对强迫辞职决定的起诉案件，军队内的强迫辞职决定是按劳动法的规定作出的淘汰决定的除外；

（4）对行政决定和基本建设领域、生产经营活动领域、土地管理领域内颁发或收回许可证的行政行为的起诉案件；

（5）对征购财产决定或没收财产决定的起诉案件；

（6）对征收税决定的起诉案件；

（7）对征收费用、例费决定的起诉案件；

（8）对依照法律规定作出的其他决定或其他行政行为的起诉案件。

2. 诉讼参加人

诉讼参加人包括审判员、人民陪审员、检察员、法院书记员。诉讼参与人包括当事人、当事人委托的代理人、当事人的合法权益保护人、证人、鉴定人、翻译人员。

3. 审级

案件由一审法院依法作出判决、裁定，对一审法院作出的判决、中止审理案件或终止案件的决定，当事人或当事人的代理人有权抗告，同级人民检察院有权抗诉，或要求上级法院复审，抗告的期限为10日，自法院宣告判决或作出决定之日起计算。二审程序可依据事实和法律作出维持或撤销一审判决和裁定的处理。

（四）《申诉、控告法》

1991年8月1日起施行，主要内容包括第一章“总则”、第二章“申诉及申诉的解决”、第三章“控告及控告的解决”、第四章“国家对解决申诉、控告的管理”、第五章“奖励与处罚”、第六章“附则”。

（五）《劳动诉讼法》

越南的《劳动诉讼法》于1996年7月1日起施行，目的是解决各类劳动纠纷案件，其主要内容包括：

1. 法院管辖权

法院对下列劳动案件有审判管辖权：

（1）劳动者与劳动使用者之间在工作、收入或其他条件等方面的权益所发生的个人劳动争议，履行劳动合同中产生的争议，在学艺过程中产生的经省辖市、县、郡、市、县级劳动机关的基层调解委员会或劳动调解员调解无效的争议。下列可不经基层调解组织调解的各种个人劳动争议除外：1）因按淘汰形式给予劳动纪律处分或单方终止劳动合同引起的争议；2）因对劳动使用人给予损害赔偿而引起的争议。

（2）劳动集体与劳动使用人之间涉及工作、工钱、收入和其他劳动条件的权利、利益的争议；关于履行集体劳动协议的争议；工会的成立、加入工会、工会活动等方面的权利，经省、中央直辖市劳动仲裁委员会解决，但劳动集体或劳动使用者不同意劳动仲裁委员会的决定时。

2. 案件的起诉、受理及诉讼时效

（1）自纠纷发生之日起1年内、自基层调解委员会或县级劳动机关调解员对因辞退、单方终止劳动合同或向劳动使用人赔偿损失而引起的纠纷调解无效之日起半年内；

（2）自基层调解委员会或县级劳动机关调解员对其他公民劳动纠纷调解无效之日起半

年内；

(3) 劳动集体、劳动使用人对省级劳动仲裁委员会对集体劳动纠纷作出的仲裁决定不服时，自决定作出之日起3个月内。

案件由一审法院依法作出判决、裁定，对一审判决、裁定不服的，可以向上一级法院提起二审程序，由法院依法作出判决或裁定。

(六)《商务仲裁法》

越南国会常务委员会于2003年2月24日审议通过了《商务仲裁法》，该法于2003年7月1日起正式生效。

根据该法的规定，仲裁是针对组织和个人在从事商品买卖、代理、租赁、采购、建设、咨询、投资、金融、保险、联营、运输及法令规定的其他商业方式过程中所产生经济纠纷的解决方式。仲裁机构受理案件需要争议各方协商一致达成仲裁协议，申请仲裁的各方可以自行选定仲裁中心或仲裁员进行裁决。

仲裁机构为非官方组织，可秘密进行审理，可进行缺席判决，即当受理仲裁委员会或仲裁员已掌握充分证据并取得纠纷各方的同意时，可在各当事人缺席的情况下审理其纠纷。

仲裁实行一裁终局制度，如一方不服仲裁裁决，可要求法院审查，若法院认为仲裁裁决合法，即刻由法院执行。如果经仲裁合法裁决的败诉方不执行其义务，越南政府机关及省级民事案件执行机关将使用公权力强制执行。

第十二章
老挝法律制度概论

老挝法律的起源和发展主要受制于三方面的因素：长期的法国殖民统治所留下来的大陆法系的烙印以及老挝传统与习惯的影响；1975 年以后苏联社会主义模式社会意识形态的影响；20 世纪 80 年代中期以后，中国、越南等邻国的社会主义经济和法制建设的影响。[①] 近年来，随着中国-东盟自由贸易区的建成，自贸区经贸法律机制对老挝国内经济法律的影响逐步显现。2012 年 10 月 26 日，老挝正式成为了 WTO 成员，为了达到 WTO 对其成员相应的开放标准，符合开放规则的运行，老挝开始实施了一系列贸易政策、投资政策，对政府采购、知识产权、劳动保护等方面的法律进行修订。这些法律的修订一方面体现了老挝独特的法律文化，另一方面也体现了老挝融入东盟自贸区、融入世界经济的努力。因此，对老挝最新修订和制定的法律的学习是本章的重点和难点。

第一节　宪　　法

1991 年 8 月，老挝最高人民会议第二届六次会议通过了老挝人民民主共和国第一部宪法。2003 年 5 月 6 日对其进行了第一次的修改。该宪法分为 10 章共 80 条，对老挝的政治制度、经济社会制度、公民的权利与义务、国家机构的组成及运转进行了规定。其主要内容如下：

一、政治制度

老挝人民民主共和国是一个多民族的人民民主国家，一切权力来源于人民，人民行使当家做主的权利。老挝人民革命党是其核心的领导力量。国民大会是人民的代表机关，国民大会的成员由人民通过普遍、平等、直接、秘密的选举产生。

国家实行民族平等的原则，并动员一切力量提高各民族经济社会发展水平。国家尊重和保护佛教和其他宗教信仰者的合法活动，并鼓励所有教徒参加对国家和人民有益的活动。

老挝执行和平、独立、友谊和合作的外交政策，在和平共处，尊重别国的独立、主权和领土，互不干涉内政，平等互利的基础上发展和促进与所有国家的关系和合作。

二、经济社会制度

老挝是一种多种经济成分并存的经济制度。国家保护和促进国家、集体和个体经济的发展，保护和促进国内、国外投资者的私人所有权。所有的所有制形式在法律上都是平等的。

---

① 参见申华林：《东盟国家法律概论》，南宁，广西民族出版社，2004。

经济管理实行国家调节下的市场经济体制，在实行中央统一、集中管理的前提下向地方进行合理分权。

三、公民的权利和义务

老挝公民，无论性别、社会地位、教育水平、信仰和种族，在法律面前一律平等。除精神病人和被法院剥夺选举权与被选举权的人外，年满18周岁以上的老挝公民拥有选举权，年满21周岁的老挝公民拥有被选举权。

四、国民大会

国民大会是立法机关，有权决定国家的根本大事，是检查和监督行政机关、司法机关工作的机构。

国民大会的职责是：建立、批准和修改宪法；讨论、批准、修改或废除法律；决定、改变或废除税收及关税；讨论和批准国家的经济社会发展战略计划及财政预算；根据国民大会常务委员会的建议选举或撤销国家主席和副主席的职务；根据国家主席的建议讨论和批准政府成员的任命或免职；根据国民大会常务委员会的建议选举或撤销最高人民法院院长和总检察长；根据总理的建议批准部、部级机构、省和市的建立或撤销，决定省和市行政的边界；决定大赦，根据国际法的规定决定批准或废除与外国的条约和协议；决定战争或和平事务；监督宪法和法律的遵守；行使法律规定的其他权利和责任。

国家主席应在30日内颁布国民大会通过的任何法律。在此期间，国家主席有权请求国民大会重新考虑有关法律的通过。如果国民大会确认其先前的决定，国家主席必须在15日内颁布相应的法律。

五、国家主席

国家主席是国家元首，是老挝人民在国内和国外的代表。国家主席的职权如下：颁布已获国民大会通过的宪法和法律；根据国民大会的建议发布命令；任命或解除总理和政府成员的职务，但必须呈请国民大会批准；根据总理的建议任命、调动和解除省长和市长的职务；根据总理的建议对国防和安全力量的将官进行晋升和降级；是人民武装力量的总司令；需要时主持政府的会议；决定授予国家金质奖章、荣誉命令、奖章和国家最高荣誉称号等；批准赦免；命令全面或部分军事征召，宣布国家的全部或任何一部分地区的紧急状态；批准或废除与外国签订的条约与协议；任命或召回老挝的全权代表，接受外国政府派驻老挝的全权代表；行使法律规定的其他权利和义务。

国家主席的任期为5年，由国民大会选举产生，须获得参加会议代表的2/3的票数。国家副主席协助主席工作，并在国家主席缺席时代表国家主席行使职权。国家副主席由国民大会选举产生，须获得参加会议代表的2/3以上的票数。

六、政府

政府是国家的行政机关，负责管理国家各方面的事务。政府的职权如下：执行宪法和法律、国民大会的决议以及国家主席的法令；向国民大会提交法律草案，向国家主席提交法令草案；制定经济社会发展的战略计划和年度财政预算，并提交给国民大会进行讨论和批准；发布与国家管理事务有关的决定和命令；组织、指导和控制所有政府部门与地方行政机关的活动；组织和控制国防与安全力量的活动；签署与外国签订的条约和协议，并指导实施；中止或撤销各部委、相当于部的机构、政府的附属机构以及地方政府与法律相违背的决定和命令；行使法律规定的其他权利和义务。

政府由总理、副总理、部长及委员会主任组成。政府的任期为5年。

总理由国家主席根据国民大会的批准进行任命。总理是政府的首脑。

国民大会常务委员会或国民大会至少四分之一的成员可以对政府提出不信任案。在国民大会通过对政府不信任案后的24小时之内，国家主席可以要求国民大会重新审议其决定。重新审议必须在第一次审议后48小时之内进行。如果仍旧对政府表示不信任，政府就必须辞职。

七、地方政府

老挝的行政区划分为省、市、区和村。

第二节　刑事法律

《老挝刑法典》于1975年2月2日颁布，此后多次修订。《老挝刑法典》共179条，共分总则8章以及分则10章。

一、《老挝刑法典》总则

第一章总概共两条，确定了《老挝刑法典》的功能与目标，以及明确了“非经法院判决，人人无罪”的基本刑法责任。

第二章为第3～5条，确定了《老挝刑法典》的域内管辖权与域外管辖权，以及刑法的生效。第5条规定，如新刑法相对于旧法对某一犯罪行为处以较轻刑罚或免除刑罚的，则新刑法具有追溯力；但如果新刑法相对于旧法对某一犯罪行为处以较重刑罚的，则新刑法无追溯力。

第三章对犯罪和罪犯的相关问题进行了概念的界定。第7条明确犯罪的构成由主体、客体、主观方面和客观方面四个要素构成。该条规定个人承担刑事责任的年龄为15岁。

第8条界定了“一般性违法”“严重违法”和“犯罪”三个概念。其中“一般性违法”指应当受到警告或罚金处罚的违法行为；“严重违法”指受到“再教育”处罚，但未被剥夺人身自由权的违法行为，以及被判处3个月以上10年以下刑罚的违法行为；“犯罪”指判处5年以上到死刑刑罚的违法行为。

第12条界定了累犯的概念，第13条到第15条分别介绍了犯罪的预备、犯罪的未遂和自愿放弃犯罪这三种概念。

第四章为免除刑罚的事由，分别为：(1) 受胁迫或威胁；(2) 正当防卫；(3) 紧急避险；(4) 法定职务需要；(5) 执行命令；(6) 体育运动；(7) 特殊案情中受害者撤诉；(8) 超过追诉期的案件。

第五章“刑罚”规定刑罚的目的不仅在于惩罚犯罪，而且为了再教育犯罪分子。第28条规定刑罚的类型包括4种主刑和5种附加刑。主刑包括 (1) 法庭警告；(2) 不剥夺自由的再教育；(3) 剥夺自由；(4) 死刑。5种附加刑包括 (1) 罚金（在某些情形下，罚金可作为主刑）；(2) 没收物品（与犯罪相关的）；(3) 没收财产；(4) 剥夺选举权；(5) 在家服刑。

其中，不剥夺自由的再教育判处犯罪分子在其居住地或工作地劳动，根据法院的判决，其工作期间5%～20%的收入将由国家征收。不剥夺自由的再教育处罚的期限不超过一年。剥夺自由包括3个月以上、20年以下的有期徒刑，以及无期徒刑。对18周岁以下以及犯罪时怀孕的妇女不适用无期徒刑和死刑。

第六章对刑罚进行了明确的规范，界定了构成犯罪的最低标准，如第39条规定，财产类犯罪中对“严重”“比较严重”和“特别严重”的界定标准分别为“50万基普～2 000万基普”“2 000万基普～5 000万基普”及“超过5 000万基普”。第40条规定了减轻刑罚的10种情形及加重刑罚的12种类型。

第七章规定了不执行刑罚的几种类型：（1）罪犯死亡；（2）法院判决的执行期限期满；（3）对罪犯的特赦。法院判决的执行期限根据“一般违反”“严重违法”和“犯罪”三种类型分别规定了1年、7年和15年三个执行期限。第52条规定了假释的条件。

第八章规定了对未成年人（15周岁以下）、精神病人、酗酒成瘾和吸毒成瘾犯罪人员可以采取的再教育等具体措施。

二、《老挝刑法典》分则

分则共10章，分别规定了侵害国家安全和社会秩序罪，侵害公民生命、健康和尊严罪，侵害民事权利和自由罪、侵害国家和集体财产罪、侵害个人财产罪，侵害婚姻、家庭关系和习惯罪，经济类犯罪、干涉行政管理和司法独立罪以及其他具体罪名。

值得一提的是，2005年《刑法典修正案》分则第十章还增加了种族歧视罪和歧视妇女罪。第176条规定，任何人以种族原因拒绝或阻挠其他人加入或进入活动或组织，或以种族原因歧视他人，应处以1年以上3年以下的有期徒刑，并罚100万基普到300万基普的罚金。第177条规定，任何人歧视妇女，或因为歧视妇女而阻止妇女参与政治、经济、社会文化或家庭活动的，应处以1年以上3年以下的有期徒刑，并罚100万基普到300万基普的罚金。通过刑法的严格规定，老挝提高了人权保护的力度。

第三节　民商法

一、民事法律

（一）合同法

1990年老挝《合同法》生效，为促进老挝商品交易，促进社会公平、社会法律意识的培养打下了良好的基础。

《合同法》共分总则和分则共两大部分，其中，总则规定了合同的生效要件、合同的内容、要约与承诺、无效合同、合同的履行、合同的履约担保、合同修订、终止及争端解决等内容。分则共10章，规定了各种常见合同的类型及特殊规范。这些常见合同包括买卖合同、典当合同、借贷合同、租赁合同、抵押合同、委托合同、服务合同、建筑合同、运输合同和合伙合同。

（二）家庭法

1990年《家庭法》规定，夫妻财产分为固有财产和婚后取得财产。固有财产是丈夫或妻子所有的共同财产的财产部分，或由配偶一方特别集成的财产。夫妻在婚姻关系持续期间所取得的财产是婚后财产。对共有财产进行分配时，只能对婚后取得财产进行分配。夫妻如果离婚，对离婚负有责任的一方只能取得婚后财产的一小部分。

1990 年《继承法》规定，直系继承人（配偶、子女、养子女、继子女）有权继承财产。如果既没有配偶，又没有子女的话，法律有权决定财产的继承人。《继承法》对耕地、森林及农场等财产的继承规定了特别的分配原则，并对遗嘱继承进行了规定。

（三）土地法

为了规范对土地的管理工作，老挝于 1997 年 4 月 2 日颁布了《土地法》，其主要内容如下：

1. 土地管理的基本原则

土地是国家的主要资源，属于整个社会所有，由国家进行统一、协调的管理。国家保护土地使用权人的合法利益，如使用权、收益权、转让权和继承权等。所有的个人和组织、企业在使用土地的时候必须遵守环境保护的原则。

2. 土地的管理

国家对全国的土地进行统一、协调的管理，具体负责的部门是农业与林业部，工业与手工业部，交通、运输、邮政与建设部，信息与文化部，国防部，内政部。同时，财政部根据国家的经济社会发展计划，负责通过土地登记、土地使用权证书、土地租赁等方式对土地进行集中管理。

国家对土地进行分类管理。老挝将土地分为农业用地、林业用地、建设用地、工业用地、交通用地、文化用地、国防和维护和平用地以及水源地。国家严格控制用地性质的改变，分别由老挝政府的具体职能部门进行日常管理工作。①

土地的使用权限最长为 30 年，可以根据具体的情况进行延长。而公民之间相互租赁土地的使用权限不能超过 20 年，经有关部门批准后，可以延长。土地实际使用时间的确定应根据使用的具体情况和性质来定。

3. 土地的登记

土地登记是个人和组织取得土地合法使用权的证明。土地登记分为两种：一种是国家出于管理的需要而进行的系统性土地登记，另一种是应个人和组织的请求所进行的登记。该法对土地登记的有关程序进行了具体的规定。老挝土地法对申请材料、程序和审查机关作了规定。

值得一提的是，老挝土地法对于出具具有证明物权效力的土地证影印件（土地替代证）作了特别规定，引入了司法除权判决程序来保证土地证的真实性和公信力，即土地登记机关在其土地登记簿上所作的各种登记，具有使社会公众信其正确的法律效力。当土地证遗失或被损坏时，驻省、市或特区土地办公室向已申请的个人或组织出具土地证影印件。如果该遗失或损坏的土地证未能留下有关能够作为证据的痕迹，在出具该土地证影印件前，必须事先拥有土地所在地当地人民法院的判决书。②

4. 土地使用者的权利和义务

（1）土地使用人的权利，具体包括：1）土地保障权，是指政府授权某一个人或组织保护土地的权利，以便在一定的目标内使用。2）土地使用权，是指按政府分配计划列入某一目标内的土地使用权，以便满足获得该土地使用权的人的需要。3）获得来源于土地的收益，是指对本人获得该使用权的土地的收益的征收权，如来源于出租、来源于拿去作股或把已开发的土

① 参见申华林：《东盟国家法律概论》，南宁，广西民族出版社，2004。

② 参见陈志波、陈颖：《老挝土地法律制度研究》，载《云南大学学报法学版》，2005（2）。

地拿去担保。4）土地使用权的转让权，是指把有关土地使用权交给他人使用和指导的权利。5）土地出租权，指政府允许老挝公民出租土地，但最高不得超过30年，可视情节续租。至于老挝公民之间将开发了的土地使用权出租，最高不得超过20年，并经土地所在地的政府同意，可以视情况续租。土地出租实际期限应根据产业将使用该土地的特性和规模来规定。6）土地使用权的继承权。

（2）土地使用人的义务。物权法理论认为，用益权人主要负有两方面的义务：一是支付土地使用费；二是不得改变或损坏物的本质和不得损害物的所有人的利益。老挝土地法规定，土地使用人的义务包括：第一，要按目标正确使用土地；第二，不对土质造成损失，不对环境和社会造成不良影响；第三，不违背他人的权利和利益；第四，按照法律规定，执行认可的现实状态；第五，按规定的时间履行下列有关土地纳税义务：土地税、来源于转让的税收、出租所得税、遗产继承税、名称转让手续费、土地使用司法登记手续费、其他有关的土地手续费。从土地税收的理论和实践来看，老挝土地法规定的土地使用人的纳税义务中，土地税遗产继承税属于财产税性质的土地税；出租所得税属于所得税性质的土地收益税；来源于转让的税收属于不动产转移增值税。土地税的作用在于保障国家财政收入，抑制土地投机，促进土地资源合理利用，引导土地利用方向和调节土地收益分配。①

5. 外国人（包括无国籍人）租赁土地的权利和义务

外国的个人或组织由于需要可以在老挝租赁土地，租赁的时间根据具体的情况确定。

外国人向国家租赁土地的时间最长为30年，可以根据情况延长。

外国人向老挝公民租赁土地的时间最长为20年，经有关部门批准后可以延长。外国人到老挝进行投资的，根据投资的特点、规模及项目的条件确定土地租赁的时间，但最长不能超过50年，根据政府的决定可以延长。在经济特区内，土地租赁的时间最长可以为70年，根据国民大会的决定可以延长。

租用土地面积超过1万公顷的，必须经国民大会批准。外国使馆或国际组织租赁的时间最长不得超过90年。

外国人租赁土地的义务包括：根据土地的用途使用土地；不得对土地的质量造成损害，不能对自然环境和社会环境造成负面影响；不能侵害他人的权利和利益；遵守有关不动产的法律规定；缴纳租金和其他有关费用；遵守其他有关土地的规定。

二、商法典

1994年7月18日，老挝国会通过了其历史上的第一部统一的《商法典》，其主要内容分述如下：

（一）总则

总则部分共8条，对《商法典》的立法宗旨、原则及适用范围进行了规定。《商法典》旨在通过市场经济的方式促进经济的发展，本国及外国商人投资经商的权利和利益受老挝法律的保护，所有类型及组织形式的企业根据法律的要求开展公平竞争，但各类企业均须：（1）维护工人的权利和利益；（2）保护环境；（3）履行对国家的义务；（4）在授权的范围内开展经营活动；（5）执行会计法规；（6）按照银行的规定付款。

居住在老挝的老挝公民、外国人、无国籍人以及移居外国的老挝人均有权按照老挝的法律

① 参见陈志波、陈颖：《老挝土地法律制度研究》，载《云南大学学报法学版》，2005（2）。

从事或参与企业的经营活动。

规定了老挝的4种企业类型：私人企业、国有企业、集体企业与合营企业。合营企业又可分为国有企业与本国人或外国人的合营企业、私人企业与本国或外国人的合营企业。企业的组织形式有两种：独资企业与公司。

《商法典》只适用于注册资本在100万基普以上的企业。

总则还规定了商人、经营活动条件与商业单据：

（1）商人。

商人是以从事经营活动为业的人，包括中间人（掮客）、经纪人。

下述个人不能从事经营活动：1）年龄未满18周岁者；2）丧失劳动能力者；3）法庭裁定禁止从事经营活动者；4）公务员（有特别授权者除外）。

（2）经营活动条件

根据《商法典》，严禁从事违反法律法规的经营活动。同时，国家严密控制某些与国家安全、经济或社会密切相关的重要行业，包括石油、食品、电力、药品、电信、酒类、木材与矿产品、烟草、采矿。此外，国家还将定期决定受控制的行业，政府将另外决定只有老挝人民才能从事的行业和部门。

（3）商业单据

商业单据是根据金融机构法规调整支付关系可以兑换的信用买卖契约，主要包括本票、存单、托收汇票、支票等。

（二）经营活动的组织形式

1. 企业的成立与注册

欲成立企业须向商业主管部门提交成立和注册企业的申请书，有关部门将另行决定成立和注册企业的申请程序。收到申请以后，商业主管部门和其他的有关部门须迅速地对申请进行研究，并在收到申请书之日起60日内予以答复。企业只有在适当注册后才被认为是合法成立的。

企业注册以后，须向财政部门进行税务登记。税务登记就是按照财政法律法规对企业每年履行纳税义务进行监督。

企业成立被批准以后，企业须按照有关规定设立标识。批准之日起的1年内，如果企业未能从事经营活动，其企业许可证将失去法律效力。

2. 公司通则

（1）公司的定义及类型

公司是至少两个人或法人为着共同从事经营活动和分享纯利润之目的，按照合同运用其财产、资本和劳力所从事的经营实体，包括三种形式：合伙公司、有限责任公司和上市公司。

公司的资本来自于投资人和股东的缴款。公司的资本包括固定资产和周转资金。有限责任公司、独资有限责任公司与上市公司须提取纯利润5%～10%作为备用金。

（2）投资人与股东的权利和义务

主要包括根据公司的章程参与公司的运作、熟悉公司运作的相关情况、参加会议及投票、获取分红、向公司注人资本及适时缴纳股份及依公司的形式承担公司的债务等方面。

（3）公司章程及法人资格

与独资企业不同，公司并不是代表其所有者经营，而是按照法人的形式进行运作。公司从其注册之日起具有法人的地位。

公司的法人地位包括公司的名称以明确表明公司的类型、公司总部所在地、公司的财产、公司行使其权利和承担其义务的法人身份以及像自然人般作为法律诉讼的原告和被告。

所有的公司均须在书面的章程中载明下述内容：共同投资者的姓名、职业、国籍和地址；公司的名称、宗旨、有效期和公司总部所在地；公司的组织机构图及管理制度；红利的分配与亏损的承担；会议及投票程序；解散与清算；纠纷的解决。

在公司经营的过程中，会根据经济的发展情况作某些变动，如修改公司的章程、增加或减少注册资本、合并或分立、改变公司的形式和公司的宗旨。所有上述变动均须征得投资人和股东大会的同意，并向企业注册部门通知备案，告知共同投资人、股东和公众。对公司的变动须在发生变动后1年内进行。

（4）公司资本的增加

公司资本的增加须通过下述途径进行：使用备用金提高现有股票的价值、增加股票的数量、债权人成为股东。

在增加股票数量的时候，公司的共同投资人和股东比其他人享有优先权。

只有公营公司才可以从公共市场募集资金和发行债券。

公司资本的减少可以通过减少每股股票的价值进行。

（5）公司的合并、分立和解散

公司的合并可以通过两种方式进行：两个或更多的公司合并成一家新公司；两个或更多的公司合并成其中一家公司。合并可以在相同或者不同类型的公司之间进行。

公司的分离就是分成几家相同或不同类型的公司。

公司解散就是公司完全停止运营活动。公司可在一个确定的日期或之前解散，公司的解散须告知有关当局、共同的投资人、股东、债权人与公众。公司可由于下述原因解散：公司章程确定的经营期限届满；公司的目标已经实现；公司经营期限期满之前被投资人和股东终止；无法按照公司的宗旨进行经营活动；由于公司亏损无法经营活动；公司合同取消；法院判令解散和破产等。

3. 私人企业

私人企业是个人或法人为追求利润之目的而建立起来的营业单位。私人企业的建立可采取独资企业和公司两种形式。

（1）独资企业

独资企业是由个人建立并独自对公司全部债务承担责任的营业单位，其最低注册资本为100万基普。独资企业代表其所有者进行运作。

独资企业可以其所有者的名字、从事的行业或其他方式命名，企业的文件中须表明“独资企业”的性质。

独资企业的所有者负责管理企业的活动或委派他人代表其管理企业，但企业的所有者必须对企业的活动负责。企业的所有者可以独自处理其所得利润和决定其他事项。

（2）合伙公司

合伙公司是建立在共同投资人彼此信任基础之上的公司。合伙公司的共同投资人对公司的全部债务承担无限责任。

合伙公司可以使用其中一个投资人或几个投资人的名字或以其他方式命名，但必须包括“合伙公司”几个字在内。

合伙公司的资本由共同投资人出资。出资可采取现金、实物、劳力或知识产权的方式。采取非现金方式出资的，须确定其现金价值。

(3) 有限责任公司

有限责任公司是两个或两个以上的创始股东将公司的资本分成同等价值的股份而创立的公司。有限责任公司的股东不能超过20人，股东以其股票的份额对公司的债务承担责任。

有限责任公司的股票可以现金或实物的方式支付。以实物支付的股票须在公司建立时登记入册，并经股票认购控制委员会或公司的有关机构评估。以现金支付的股票在公司建立时须至少支付股票价值的50%，其余部分在公司注册之后两年内缴清。

有限责任公司的股票可以转让给公司内部或外部的人。将股票转让给公司外部的人，须获得至少代表公司资本2/3的大多数股东同意。有限责任公司的股份证书是不可以转让的。有限责任公司的名称可以与其从事的行业目的有关，但必须包含“有限责任公司”的字在内。

除某些行业政府有特别要求外，有限责任公司的最低注册资本不得少于500万基普。

最低注册资本为1亿基普的有限责任公司必须聘请一位审计师。审计师由股东大会聘任，从在注册会计师管理机构注册的会计师当中产生。审计师的任期为3年，可以连选连任，其职责如下：核查账户，保证会计文件及凭证的准确性；向年度大会提交报告并于大会召开前15天向股东提供摘要报告；有权要求所有部门提供有关文件。审计师的薪酬由股东大会决议。在履行有关职责的时候，审计师必须遵守法律，恪守审计师的职业道德规范。审计师履行职责必须坚持独立的原则，只有法院的裁决或有关的注册会计师管理机构才有权解雇审计师。

股东享有或履行下述权利和义务：根据其股份份额享有分红；获悉与公司经营有关的不同事项；年度大会召开前15天获取有关文件；就公司的管理向经理提出问题和书面建议；参加股东大会并根据一股一票原则进行投票；代表公司股本1/2的股东有权要求召开股东会议；股东无权撤回股份，只能进行转让；股东必须按时支付股金；股东对公司责任的承担以其未偿付股份为限。股东大会每年至少召开一次，此外，还根据公司业务的需要召开股东大会。

只有代表超过半数以上的股东和代理人出席时，才能召开股东大会。股东大会由经理召集，并最迟在大会召开前15天告知大会的议程。此外，会议还可以由下述人召集：审计师；至少代表公司资本1/2的股东；应股东的请求由法院任命的人；公司面临困难时由法院任命的临时经理；清算人。

股东大会的决议有代表超过半数以上公司资本的股东的同意即可生效，但修改公司章程和批准新股东的加入等事项须有代表2/3公司资本股东的同意。

股东大会的职权是：任命或解雇经理；批准公司头年及来年的活动；任命审计师；批准年终决算表；批准公司分红。

股东大会可以修改公司章程，但必须获得至少代表公司资本2/3票数的同意。

(4) 独资有限责任公司

独资有限责任公司是由单个人建立的经营单位，其最低注册资本为500万基普。个人以公司的注册资本限额对公司债务承担责任。

独资有限责任公司的投资人可以是自然人，也可以是法人。如果独资有限责任公司的单个股东是自然人，则无权再投资独资有限责任公司。独资有限责任公司的经理可以是股东或第三人，如果股东是法人，则经理必须是第三人。

如果经理由股东担任，则有权从事公司的所有经营活动和决定公司的所有事项。如果经理不是由股东担任，则在对公司的重大事项决定之前必须按照公司的章程事先获得股东的批准，经理的决定应按照公司的章程登记在案。

独资有限责任公司的股东可以授权第三人从事公司的全部或部分经营活动。

除公司章程另有规定外，独资有限责任公司的股东去世后，公司仍可由几个继承人当中的一个继续经营。如果有两个或两个以上的继承人经营，则独资有限责任公司应转变成一般有限责任公司。

对独资有限责任公司的解散，只有在没有任何继承人的情况下才能进行。

除例外规则以外，独资有限责任公司的建立和经营活动必须遵守一般有限责任公司的相应规定与原则。

（5）上市公司

上市公司是至少7名发起股东之间发起同等价值股票而创立的公司，公司的发起股东以其未偿付的股票对公司的债务承担责任。上市公司的股东必须是商人。

除某些行业政府有更高要求外，上市公司的最低注册资本为5 000万基普。上市公司的股票可以现金或实物的方式支付。以现金支付的股票须在公司创立之日至少支付认购股票价值的25%，剩余部分在公司注册成立之后3年之内缴清。以实物支付股票须经股票认购控制委员会或公司成立大会评估，实物须在认购股票当日交付。公司每股股票的价值不得超过1万基普。

上市公司的资本除了股东认缴的资本以外，还可以通过向公众募集或销售债券的方式来筹集。只有在财产登记以后公司才能使用这些资本。上市公司的股票可以转让。上市公司的股票可以转让给公司内外的人员。股票转让给公司外部人员的时候，需在转让后的7日内通知执行委员会。

4. 国有企业

国有企业是由国家独资或与其他企业合资而设立的企业；在与其他企业合资的情况下，国家所占的股权不得低于51%。国有企业或国家只能获得两种公司类型的股票：有限责任公司和上市公司。

国家可按下述方式取得股权：国家投资100%的企业是国有企业；国家与其他类型企业合资，投资51%但少于100%的企业是国有合营企业；国家与其他部门合作但投资少于50%的企业是国有合资企业。

（1）国有企业

国有企业对其债务负全责。除了国家资产外，国有企业还可通过下述方式增加其资本：根据法律法规从当地银行和外国银行或其他的金融机构贷款；募集公众资金，如征得政府批准销售债券。

国家是国有企业资本的所有者，财政部长代表国家：建议设立或解散国有企业；决定国有企业的目标和宗旨；任命和解雇执行委员会的主席、副主席、成员或经理；建议转让国有企业或出售国有企业的资产。

在总理的批准之下，财政部配合其他相关部门批准国有企业的建立，此后该国有企业向商业主管部门注册和向财政部门进行税务注册。国有企业的建立须遵守本法和其他相关部门的规定所确立的条件和资本标准。

（2）国有合营企业

国有合营企业是由国家与另一类型企业共同出资创办的经济实体，其中国家所占股份高于51%但低于100%。国有合营企业的股东以其未偿付的股票对公司的债务承担责任。国有合营企业的股票按照有关上市公司的规定可以现金或实物支付。

除下述情况外，国有合营企业的经营和管理按照上市公司的规定进行：国有股的转让由政府决定，而私人股份的转让遵照上市公司的有关规定执行；国有合营企业的股票可以转让；国有合营企业执行委员会的成员按照企业资本的比例组成，其中主席由财政部长征得相关部门的同意进行任命，一名代表私人部门的副主席经有关私人企业的提议由财政部长核准，职工代表由财政部长任命；执行委员会的决议由参加会议的股东以多数票予以通过；票数相等时，主席的投票具有决定权；执行委员会根据股东大会的提名任命或解雇经理；股东大会根据经理的提名任命或解雇副经理。

（3）国有合资企业

国有合资企业是由国家与其他类型的企业合资建立但国家控股少于50%的企业。国家只能与有限责任公司和上市公司建立合资企业，其组织形式、管理和经营活动的开展须遵守国家所签订的有限责任公司或上市公司的章程。

5. 集体企业

集体企业是至少两个家庭的集体出于盈利目的而建立起来的经济实体。集体企业是按照商业合作社的形式来从事经营活动。

商业合作社是农民、手工艺者和小商人为盈利之目的而将他们的资金和劳力结合起来从事生产、提供服务和进行贸易而建立起来的集体组织。

商业合作社的资本是不确定的，可以随时进行变动。如果商业合作社的家庭成员少于20户，其组织、管理、经营和决策程序须按照有关有限责任公司的规定执行。但是，如果有20户以上的家庭成员，其管理和决策程序须遵照有关上市公司的规定。

三、知识产权法

老挝于1995年加入世界知识产权组织，1998年成为《巴黎公约》的成员国。

为了尽早加入WTO，老挝在1995年开始施行《商标法》，2002年1月颁布了《专利、小专利和工业设计保护法令》，2002年3月颁布了《注册商标条例》，2003年2月颁布了《专利、小专利和工业设计保护实施条例》，在2007年修订了《知识产权法》，2009年施行《出版法》，由此初步形成了较完整的知识产权法律体系。

2008年4月14日，《老挝知识产权法》正式生效。该法系统、全面地对专利（发明）、厂商名称、商标、地理标志、实用新型、工业品外观设计、替代性争议解决、未披露的信息（商业秘密）、植物品种保护、版权与相关权利（邻接权）、集成电路布图设计等知识产权的保护进行了规范。该法的生效为老挝政府确认、保护知识产权权利人的利益，确认知识产权的登记和管理程序提供了法律依据。

根据《老挝知识产权法》，知识产权由工业产权、植物种类和版权及相关权利三大类构成。其中，工业产权包括专利、小专利、工业设计、商标、集成电路、地理标志、商业秘密；植物种类有一般国内植物种类和野生植物种类、地方植物种类和新植物种类三种；版权及相关权利有艺术品、文学作品及包括计算机程序在内的作者的著作权及相关权利。

《老挝知识产权法》第17条规定了申请“知名商标”的条件，并给予“知名商标”更为严格的保护。

第四节　经济法

一、金融法

（一）会计法

1990年12月24日老挝国家主席签发第10号关于颁布实施会计法的主席令，根据该法第

2条，各个独立的经营单位必须将各类明细账目计入自己的会计账目，并在审核后，提供各种必要的标准数据，以保障国家、经营单位、股东、与经营单位有关的商人、劳务人员的利益。

（二）银行法及金融机构管理法律法规

老挝《商业银行与金融机构管理和运作法》和《商业银行法》是目前老挝规范银行及金融机构活动的主要法律。

1.《商业银行与金融机构管理和运作法》的主要内容

商业银行是从事银行业务的企业，主要包括3种类型：发展银行、商业银行和特别商业银行。商业银行的形式可以采取国家所有、合资企业、外国所有和与外国人合资的企业等。

金融机构从事的业务与银行的类似，如通过向公众发行股票筹集资金、以不同方式贷款、从事外汇业务、提供租赁金融或购买金融服务、作为中介人为大型投资项目融资、向银行和其他金融机构投资，等等。金融机构的主要类型有国家公债和养老基金、保险公司、信贷公司和信用合作社等。

2.《商业银行法》

2007年1月《商业银行法》正式施行，该法的施行为吸引外资进入老挝银行业提供了法律的保障，也未保障储户利益提供了法律的依据。

（1）商业银行的设立与组织构架。

老挝银行（中央银行）是批准设立商业银行或外国银行老挝分支机构的主管部门，负责颁发开设商业银行许可证书。

注册商业银行的最低注册资本金是1 000亿基普；外国银行老挝分支机构的最低注册资本金是500亿基普。政府有权随时调整最低注册资本金。

商业银行的组织构架包括股东会、董事会、董事会委员会、总经理、总经济师、经理。

（2）商业银行的运作。

该法要求各商业银行严格遵守老挝法律的要求，保证足够的流动资金，并制定严格的内部制度保障储户利益与商业运作。

同时，各商业银行应当采取一切方法防治洗钱的发生。此外，商业银行禁止从事以下行为：1）凭借自己掌控资金、资本或外币兑换的地位，以自身身份或与其他人联合与第三方签订协议、形成交易或操作；2）在交易中不正当操作系统或设备，为自身或第三方谋取不正当利益；3）安排或要求任何人或组织在不合法的条件下接受银行或其附属机构的服务；4）从商业银行附属机构购买附属机构的资产或不记名有价证券；5）为附属机构提供增加信用或延长信用等级操作，以换取不记名有价证券。

（3）监督和监管。

老挝银行定期对各商业银行的经营行为进行监管，商业银行每年都需要向老挝银行提交自检报告，并支付年度审验费用。

（4）重组和破产。

如商业银行资不抵债，其债权人可以申请该商业银行破产。

破产资产的处理顺序为：1）清算费用；2）返回储户资金；3）员工工资；4）与国家的非契约性债务；5）有抵押债务；6）无抵押债务；7）返还股东股本金。

二、税法

1995年1月，《老挝税法》开始生效，此后多次修订。目前生效的《老挝税法》及其实施细则于2005年正式生效。为了符合加入WTO的条件，2007年开始老挝开始采用增值税制。

税法适用于个人、法人、组织以及在老挝进行永久或暂时经营和谋生的外国人、在老挝有住所和经营场所而到国外进行有利润收入活动的老挝人。

老挝税收分为间接税和直接税两类，间接税包括营业税和消费税，直接税包括利润税、个人所得税、最低税和各种手续费与服务费。

凡从事进口、销售、生产及提供相关服务的企业，须缴纳：

1. 营业税

依据不同的经营范围，按5%～10%征收。税法第13条规定了27类免征经营税的情形。

2. 消费税

消费税规定在税法第23～29条，主要规定对部分高档消费品征收消费税，如燃油类税率为5%～25%；酒类或含酒精饮料税率为50%～70%；汽水等保健饮料税率为10%～30%；烟、雪茄税率为55%；轿车税率为60%～90%等。

3. 利润税

对法人经营，按其纯利的35%征税；对个体经营，依其收入多少按纯利的10%～45%征收；对外国企业，按照老挝投资法的有关规定执行（享受免税期后须按纯利的20%纳税）。

4. 最低税

在老挝国内的各项生产经营，将按年度总收入（不含营业税）的0.25%缴纳；商业和服务行业的经营，包括自由职业者，将按年度总收入（不含利润税）的1%缴纳。

5. 个人所得税

工资税属个人所得税中的一项，每一个在老挝进行经营活动、劳务的人，都要依法按5%～25%纳税。按照税法第57条的规定，在计征工资所得税之前必须先扣除收入中的免税收入。

2007年，老挝颁布了《增值税法》。购买货物或享受服务的消费者将承担增值税，销售者或者提供服务者需在所售商品或提供服务的价格中增加增值税部分，销售后将所收取的增值税缴纳到国家财税部门。

三、劳动法和社会保障法

老挝政府于1993年成立了劳动和社会福利部，下设主管劳务的劳动司，并颁布、实施了劳动法和最低工资法令等法律法规。

1994年3月14日，老挝颁布了《劳动法》(2006年进行了修订)，该法从合同的缔结到终止、工作时间、工作报酬、社会保障、劳动保护、雇佣女性劳动者和雇佣14周岁到18周岁劳动者、劳动争议的调解等都作了明确的规定。

第五节　国际贸易与投资法律

1988年4月，老挝政府首次颁布《老挝人民民主共和国促进和管理外国在老挝投资法》(以下简称《老挝投资法》)，1994年4月、2003和2005年，又对该法进行了多次修改。2001年3月《促进和管理外国在老挝投资法实施细则》出台，保证了投资优惠政策的具体落实。

一、老挝投资管理机构和外资投资相关程序

（一）老挝外国投资管理机构

老挝设有中央一级的外国投资管理委员会，该委员会由总理、副总理等人组成，体现了对引进外资的高度重视。具体管理投资的常设机构是国内国外投资管理局，隶属老挝国家计划与合作委员会，下设外国投资管理促进处、项目评估处等机构。老挝还设有国内外投资促进管理局（DDFI）。DDFI主要负责评估投资申请，并与老挝有关部委合作。该部门也负责监控国内投资委员会（CIC）认可的投资项目，并向国内外投资者提供信息。

（二）外资在老挝的投资领域

老挝实行全方位引进外资政策。《老挝投资法》第2条规定：外国投资者可以在各经济领域进行生产性和贸易性投资，如农林业、加工制造业、能源矿产业、手工业、交通通信业、建筑业、旅游业、商业、服务业及其他行业。《促进和管理外国在老挝投资法实施细则》重申了投资领域和项目可以涉及农林业、种植和加工业、畜牧业、养殖业及其产品的加工、水利建设、其他产业，为农林服务和生产加工农林产品的机器、设备、车辆、工具等的制造业，交通运输和建筑业、服务业和旅游业等行业。

（三）外资投资程序及有关手续

外资在老挝的投资程序不断法律化，审批程序也不断简化。2002年2月，根据1994年《老挝投资法》和2001年《促进和管理外国在老挝投资法实施细则》，通过了《关于外国投资项目在老挝审批程序的规定》（投资委第013号）。投资者可按在国内国外投资管理局（以下简称投资局）的外国投资管理促进处无偿获取投资申请格式、文件卷宗提供的方法介绍和有关在老挝的各项投资数据等。外国投资申请文件卷宗须向外国投资管理促进处呈递，无须交纳手续费。投资申请文件卷宗齐全、准确后，外国投资管理促进处须向投资者出具接收上述文件的证明，时间不超过3个工作日。

不同的投资项目有不同的程序规定。比如，列入附件一1的投资项目（主要是外国投资鼓励项目）审批，如果投资额在100万美元以下，投资局提交由有关部门（视情况而定）参加的外国投资管理委员会（以下简称投资委）会议通过，在接到投资申请文件卷宗的3个工作日内审批或否决；金额在100万至500万美元之间，投资局在3个工作日内，呈送复印件征求有关部委和地方政府意见。有关部委和地方应根据本部委和地方所担负的职责提出研究意见，并在20个工作日内书面答复投资局；如果在上述规定的时间内不予答复，可视作有关部委和地方同意。金额在500万至1 000万美元之间的项目，投资局在3个工作日内，呈送复印件征求有关部委和地方意见，有关部委和地方应按照本部委和地方所担负的职责提出研究意见，并在20个工作日内书面答复投资局；如果在上述规定的时间内不予答复，可视作有关部委和地方同意。

对于列入附件一2的投资项目（主要是有条件开放项目）审批，投资局在3个工作日内，呈送复印件征求有关部委和地方意见。有关部委和地方应按照本部委和地方政府所担负的职责提出研究意见，并在20个工作日内书面答复投资局；如果在上述规定的工作日内不予答复，可视作有关部委和地方同意。投资局在审议时可直接以有关部委的技术意见为准，然后提交投资委会议通过，在收到投资申请文件卷宗后的60个工作日内予以审批或否决。

对于审批合格的项目，由投资委颁发投资许可证。许可证颁发后，投资局须在3个工作日内书面通知投资者。如果在60天内3次通知投资者，投资者仍不领取许可证或不书面答复投

资局，投资委可视作上述批复失效或主观上已被取消投资许可证。

二、外资在老挝的投资优惠

（一）外资在老挝的投资形式

外国在老挝的投资形式多样，投资者可以在法律规定范围内自由选择。《老挝投资法》第3条规定，外国投资者可以通过合作企业、合资企业、外资独营企业等方式在老挝人民民主共和国投资。对投资企业权利实行有效保护。该法第5条规定，合资企业是外国和国内投资者联合创办、拥有并经营的企业。合资企业的组织管理和活动以及参与这种经营的双方之间的关系通过合资企业章程和双方之间的合同加以管理。合资企业在服从老挝法律和法规的前提下，享有法人资格。保障外国投资者的投资和产权。

该法第1条规定，国家不得利用行政管理手段征用、没收外国投资者的资本和财产或使其国有化。第3条规定：外国投资者在老挝的投资和财产充分受到老挝的法律保护，国家不征用、不占有和收归国家所有；在特殊情况下，根据社会公共利益的需要可以征收，国家将尽快给予相应合理的补偿。

（二）鼓励外国投资的措施

老挝政府采用多种方法鼓励外国投资，为投资者的各种必要的活动提供方便。《老挝投资法》第1条第1款授权并鼓励外国组织和公民，包括海外老挝人（都属于外国投资者），在平等互利和遵守老挝法律的基础上对老挝投资。投资者有对在经营范围内所有的项目进行投资的权利；有与老挝的外国大项目承包人或较大公司合资的权利。老挝政府对产品的定价和生产配额不作规定，对投资活动不作无理的干预。政府按国际规定收取外资企业利润税、进口关税和享受出口优惠。投资者在老挝的各种投资及其财产受老挝法律和宪法的完全保护，不得侵犯和收归国有。出于公共利益或应急挪用时，要作全部的赔偿，包括其投资效益。外商有将投资中的各种收入和投资本金送出国的权利。

外资在老挝境内租用土地并可转让土地使用权。外国投资者对土地的改造和地面上的可移动、不可移动的财产拥有所有权并可转让。在用人方面，外资企业在各项投资项目中有权录用外国技术人员和专家；老挝政府为外国投资者及其陪同人员出入境以及在老挝境内各地工作、旅差提供方便。

（三）外国投资的税收优惠

税收法律政策是投资双方都极为关注的，它直接关系到双方的利益分享。按照《老挝投资法》第21条，在享有特殊优惠条件、受到投资鼓励的领域或部门活动的合作企业、合资企业和外资独营企业均应缴纳利润税，税率为纯利润的20%至30%；在诸如贸易、旅馆和其他服务性行业，税率为纯利润的35%以上。但是，老挝实行的是比上述条款更为优惠的税收政策。

老挝政府对投资者的税收优惠主要是减免利润所得税及进口生产原料、设备和交通工具的关税。《老挝投资法》第28条规定，在某些情况下，国家可向外国投资者提供免税、减税和其他的优惠。

（1）关于免税的规定：为了鼓励外商来老挝投资，免征国家鼓励项目的税收2年～4年。外商在老挝建立独资企业、合资企业，国家在企业开办后的前5年不向外资企业征税。

《老挝投资法》第22条规定：老挝政府同意对合资企业和外资独营企业从开始获利的年度起的2年至4年内免征利润税。如果外国投资者决定将其利润用于在老挝的再投资，海关当局将免征其用于再投资的利润的所有税金；如利润用于扩大投资3年以上的，国家不征收或退还

（若已纳税）扩大投资部分的利润税。

(2) 减征方面的规定：国家鼓励项目征收利润税的税率为20%；征收机器设备进口税的税率为1%；征收个人所得税（全部所得的）的税率为10%；对用于投资项目的物资、机器、设备等实行减免税。

《老挝投资法》第22条规定，外商在老挝建立独资企业、合资企业，并在首次免税期后，根据企业投资的行业或部门、投资规模、出口量、活动期限等因素，在以后的两年内减少50%的利润税。对于在规定的税金豁免期限内未能盈利的企业，其赤字可以移到下一征税年度内并从该企业利润中扣除，也可以在一定期间内（不超过5年）分期偿付。

老挝投资委也有给予税收优惠的权力。如果产品出口率达70%以上，或者采用国内原料达70%以上；或者在自然、社会和经济条件差的地区投资，投资委即可根据不同情况决定减征2年～5年的利润税。还有，联营或独资企业在开始盈利的前2年～4年内可免交利润税，在“某些情况”下，盈利后的两年要减让50%的利润税。

(3) 在关税方面，外国投资者需缴纳进口关税。老挝进口关税税率最高为40%，主要适用于农产品、高档消费品和小汽车等；最低为5%。但是规定了许多关税优惠，比如，对于给经济发展带来突出贡献以及位于边远地区的投资项目给予降低关税待遇；在批准的时间内，外国投资企业进口原材料和设备适用优惠关税，税率为1%；对来料加工使用的原料、半成品及出口产品，免进口关税和产品出口税。老挝于1997年加入东盟。按东盟自由贸易区的要求，东盟主要国家于2003年将关税降到0～5%水平。在成员国间，这一目标早已实现。

（四）其他方面的优惠法律政策

除上述优惠外，老挝对外国投资还有其他优惠。《老挝投资法》规定，政府不干涉外资企业事务；允许外资企业汇出所获利润；在原料进口和产品出口方面，“三资企业”有权进口生产所需的机器、材料、运输车辆、零部件、动力和原材料；拥有直接出口权，也可以委托老挝贸易公司或外国代理商进行出口贸易。

老挝工人工资较低。老挝政府采取了系列措施来保障老挝工人工资，但效果不是很好。老挝于1993年1月成立了劳动和社会福利部，并颁布、实施了《劳动法》和《最低工资法令》等法律法规。老挝总理府于1997年10月3日颁布了最低工资的法令，规定非技术性普通工人每月的最低工资为36 400基普，或每人每天1 400基普。但上述最低工资规定难以实行，现行普通工人月工资在20美元～30美元。

外资企业如果聘用老挝工人，也按照这一水平支付。在老挝，货币可以自由兑换。根据《老挝人民民主共和国关于货币和贵重物品管理法规》，外国投资可以通过设在老挝的银行把自己的合法收入汇回自己的国家或第三国。在招聘劳务人员时，提倡优先招聘老挝公民。如果专业特殊，可自由雇用国外劳力；也可直接招聘外国工人。在居住和进出境方面，给外国投资者及外国劳务人员提供方便，包括有关人员家属的出入境签证。

三、矿产方面的投资立法

在老挝的投资立法中，最为特色的是矿产方面的立法。老挝的矿产资源丰富，分布广泛，并具有很大的开发价值。老挝已经发现各类金属矿床矿点及矿化点近450处，其中，铜矿68处，金、银矿155处，铅、锌、锑矿91处，铁、锰、铬矿56处，铝土矿5处，钨、锡、钼矿69处。[1]

---

① 参见漆思剑、蒋红彬：《老挝外国投资法研究》，载《河北法学》，2009 (10)。

老挝虽然矿产丰富，但勘查与开发程度很低，吸引了大量投资商。如何规范矿业投资市场也成为老挝急待解决的问题。

老挝成立了专门管理机构。能源矿产部是老挝矿业管理的主管部门，也是全国矿业的管理实体和促进国内外矿业投资的机构。该部下属的地质矿产局承担国家地质调查方面的多项职能，包括地质和矿业数据采集，就矿业政策和法规向政府提供咨询。

外国投资者进行矿业投资时须按照《老挝投资法》《矿产法》和有关政策规定办理投资项目申请报批手续，并获政府有关部门批准、颁发相关许可证后，方可开展活动。矿业公司的投资许可证（营业执照），根据投资项目的种类和投资额大小由省计划投资厅审批，或由投资局受理而由国家计划和合作委员会审批。矿产考察许可证、矿产勘探许可证、矿产开采许可证、矿产加工许可证由地质矿产局受理，经能源矿产部审批。申请上述许可证需提交项目申请书、考察（勘探、开采）方案、国家主管部门批准的勘探结果报告、可行性研究报告、环保标准报告、外商投资许可证副本等文件。

目前，老挝矿产方面的法律不断完善。1997 年 5 月 31 日颁布、施行《矿产法》，之后相继颁布了《老挝鼓励外国投资法》和《矿产投资标准条例》。同时，还有不少鼓励政策。比如，老挝政府制定关税、税收方面的政策和规章，通过提供信息、服务及便利等，鼓励外国组织和个人投资矿业领域，进行普查、勘探、开采和加工生产等经营活动，并保护其合法权益。不断完善的政策和法律，不仅是对本国矿产资源的一种保护，也是对投资者权益的保护。越来越多的投资商正涌入老挝“淘金”，给老挝的经济注入了一股新活力。

四、外国投资纠纷解决机制

老挝投资纠纷的解决方式不断规范化和法制化，受到国内法、东盟合作条约和 WTO 规则三方面的规范。由于国际经济往来不断增多，其他国家的法律也影响了老挝的纠纷解决机制的发展。目前，其投资纠纷解决方式主要包括协商、调解、仲裁、诉讼等。

在国内法方面，《老挝投资法》第 26 条规定，各方之间的争论应首先通过共同协商和调解解决；在双方仍有异议的情况下，可委托老挝有关的经济仲裁委员会或双方一致同意的任何其他经济仲裁委员会加以仲裁。《促进和管理外国在老挝投资法实施细则》第 3 条第 4 款规定，投资纠纷可以通过诉讼方式解决。

近年来，随着中国—东盟自由贸易区的建成，自贸区经贸法律机制对老挝国内经济法律的影响逐步显现。2009 年《争端解决机制协议》签署，为老挝解决国际贸易争端提供了重要的途径。2012 年 10 月 26 日，老挝正式成为了 WTO 成员。WTO 协定设立了专门的争议解决机构（简称 DSB），以切实保障争端机制作用的发挥。WTO 争端解决机制仅适用于 WTO 各成员之间由于执行 WTO 协定而产生的争议。

第六节　司法制度与诉讼制度

一、审判制度

（一）法院的设置和组成

法院是国家的司法机关，由最高人民法院，省、市、区人民法院以及军事法院组成。

最高人民法院是国家的最高司法机关。最高人民法院对地方人民法院和军事法院的裁决进行再审。最高人民法院副院长和各级人民法院的法官由国民大会常务委员会进行任命或免职。军事法院的人事关系归属国防部，其司法事务则由最高人民法院领导。

（二）管辖

在老挝，只有法院有权严格按照法律的规定审理案件。

区人民法院审理一审案件，主要包括不超过50万基普且不为其他法院管辖的民事案件、刑期不低于2年且不属于其他法院管辖的刑事案件。

省/市人民法院的专门法庭审理不属于区人民法院或其他法院管辖的一审案件，受理就区人民法院的判决提起的上诉案件。

最高人民法院的专门法庭审理重要的案件或地方人民法院难以审理的一审案件，受理就省/市人民法院作为一审法院作出的判决而提起的上诉案件。

最后，在监督层面，最高人民法院的专门法庭审议省/市人民法院或军事法院作出的终审判决，最高人民法院的院长委员会审议最高人民法院专门法庭作出的终审判决。

（三）法官的任命

最高人民法院的院长由国民大会根据国民大会常务委员会的提名予以任命或解职。最高人民法院的副院长和法官由国民大会常务委员会根据最高人民法院院长的提名予以任命或解职。

国民大会常务委员会任命或解除军事法院院长的职务。

（四）法院判决的执行

法院的刑事判决和民事判决分别由不同的行政部门来执行。民事判决的执行由司法部负责，而公安部则负责刑事判决的执行。同时，司法部还负责行政强制执行工作。

二、检察制度

（一）检察院的设置和组成

老挝的检察院体制由下述检察机关组成：最高检察院、省/市检察院、区检察院及军事检察院。

最高检察院由总检察长、副总检察长、侦查员和其他行政管理事务职员组成。

省/市检察院由检察官、助理检察官和公务员调查官组成。区检察院由检察官和助理检察官组成，也可以配有公务员调查官。

军事检察院由最高军事检察院、军区军事检察院、团级军事检察院、省/市特区军事检察院、营级军事检察院组成。

（二）职能

检察院的职能包括：监督和检查所有政府部、委、局、企业、其他国家和公共机构、地方行政管理部门、公务员和公民遵守法律的情况；监督和检查、调查审问机构遵守法律的情况；监督和检查法院案件的审理和判决是否符合法律的规定；监督和检查有权拘留、关押和剥夺个人自由的机构执行法律的情况以及其他法院执行措施；对犯罪和全体违反法律的行为提起公诉；与其他国家机构和公共组织合作，确保对所有刑事案件的调查和审理能够完全、彻底和公正地进行，并采取措施预防犯罪；确保触犯法律者根据法律的规定得到处罚，避免无辜的人受到处罚；根据法律的规定，对于在其管辖范围之内的任何案件的部分或全部进行调查和审问。

军事检察院是老挝军队的一个组织。军事检察院的职责是检查和监督老挝军队法律的执行，教育军官和其他士兵遵守法律和军队的规定以及其他社会传统。军事检察院具有广泛的监督和检查职责，具体包括：监督和检查、调查审问机构遵守法律的情况；监督和检查法院审理案件遵守法律和执行军事法院判决的情况；监督和检查有权拘留、关押和剥夺个人自由的机构执行法律的情况以及其他军事法院的执行措施。

（三）检察官的任命

最高检察院总检察长由国民大会根据国民大会常务委员会的提议予以任命或解职，副总检察长由国民大会常务委员会根据总检察长的提名予以任命或解职。

省、市、区检察院和军事检察院检察官由总检察长进行任命或解职，这些检察官对总检察长负责并报告工作。

最高军事检察院总检察长由国民大会常务委员会根据最高检察院总检察长的提名予以任命或解职。根据最高军事检察院总检察长的提名，由最高检察院的总检察长任命或解除最高军事检察院副总检察长的职务。

三、刑事诉讼程序

老挝《刑事诉讼法》颁布于2005年，该法的颁布对于合法裁判刑事案件，制裁和阻止犯罪，以及保护公民生命、财产安全及保障人权提供了完善的法律制度保障。

根据该法，任何人未经法院审判，都不得认定犯罪。法官有独立审理案件的权力。除非涉及15周岁以上、18周岁以下未成年人犯罪，或者根据习俗不宜公开审理的案件，所有的案件都要进行公开审理。

老挝《刑事诉讼法》对证据进行了规定，证据分为三类：（1）实物证据；（2）文件证据；（3）人证。

刑事案件审理由三方参与：（1）调查机构；（2）检察机构；（3）法院。

其中，调查机构可以根据不同的案件由以下人员构成：（1）警察；（2）军官；（3）海关官员；（4）森林管理员；（5）其他法律授权的相关部门工作人员。调查人员可以接受和记录相关投诉与违法案件，如遇到刑事案件需立刻与检察官联系。可以自行对违法案件展开调查，并将调查结论复制给检察机关。可以根据法律授权自行采取强制措施，并将情况上报给检察机关。如果不服检察机关作出的决定，可以向上级检察机关提出上诉。

如检察机关指令调查机关展开调查，调查机关应当在60日内完成调查并向检察机关提交调查结论。如因特殊原因，需要延长调查时间的，经检察机关批准，可以再延长两个月的调查期限。

调查的方式可以包括陈述、质询、检查案件发生地、尸检，搜查房屋、车辆或人员，查封或扣押财产、重演案发情况、鉴定。

案件审理期间可以采取的强制措施包括：拘传、羁押、逮捕、短期羁押等。

刑事案件采用两审制，如嫌疑人对一审判决不服的，可向上一级法院提出上诉。但如果存在如下几种情况，终审判决依然可能被推翻，案件有可能被重审：（1）证人作伪证、专家提供虚假意见、翻译错误或证据存在问题，从而导致事实认定错误；（2）法官、检察官、调查人员或者询问官存在偏见，导致判决错误；（3）其他原因导致无罪的人被判有罪，而这些原因是原审时法官没有掌握的。

根据《刑事诉讼法》，老挝将为与其签订了司法互助协议的国家提供国际司法协助。

四、民事诉讼程序

老挝《民事诉讼法》颁布并生效于2005年。

公民、组织或公司为保护其合法权益提起诉讼，应当按规定向法院提交起诉状，并载明其主张的事项。

法院行使独立审判权，对民事案件的审理采用合议庭审理的方式进行，合议庭由3名法官组成，其中一名为主审法官。案件最终的判决需要有多数合议庭法官同意才能签署，但合议庭的合议过程是保密的。

在民事诉讼的证据规则上，老挝实行“谁主张谁举证”的原则，即原告有义务收集并向法庭提供与案件相关并能支持其主张的证据。被告如有抗辩，需向法庭提供与案件相关并能支持其抗辩的证据。如法庭认为必要，可以自行收集证据。

民事诉讼的参加人主要有原、被告，第三人、证人、专家、翻译、律师或监护人、检察官。

在民事诉讼中，检察官主要监督和检查法院审判的公正和合法性。此外，如果是涉及国家利益的民事案件，或者代表没有民事行为能力且无法定监护人的精神病人或未成年人，检察官将以原告的身份参加民事诉讼。

民事案件采用两审终审制。如果有新的证据证明证人证言不准确、专家报告不全面等情况致使未能查清事实的，或出现程序违法，检察机关或者当事人可以申请对案件进行再审。

参考书目

1. 沈安波主编. 缅甸联邦经济贸易法律选编. 北京：中国法制出版社，2006
2. 沈安波主编. 缅甸联邦经济贸易法律指南. 北京：中国法制出版社，2006
3. 申华林主编. 东盟国家法律概论. 南宁：广西民族出版社，2004
4. 米良主编. 缅甸公司法. 昆明：云南大学出版社，2009
5. 蔡磊主编. 新加坡共和国经济贸易法律之南. 北京：中国法律出版社，2006
6. 刘涛，柯良栋. 新加坡刑法. 北京：北京大学出版社，2006
7. 申华林主编. 东盟国家法律概论. 南宁：广西民族出版社，2004
8. 陶晴，安树昆主编. 文莱达鲁萨兰国经济贸易法律选编. 北京：中国法制出版社，2006
9. 陶晴，安树昆主编. 文莱达鲁萨兰国经济贸易法律指南. 北京：中国法制出版社，2006
10. 申华林主编. 东盟国家法律概论. 南宁：广西民族出版社，2004

图书在版编目（CIP）数据

东南亚法律制度概论/张树兴主编. —北京：中国人民大学出版社，2015.4
高等院校法学专业系列教材
ISBN 978-7-300-21079-7

Ⅰ.①东… Ⅱ.①张… Ⅲ.①法律-东南亚-高等学校-教材 Ⅳ.①D933

中国版本图书馆 CIP 数据核字（2015）第 070812 号

高等院校法学专业系列教材
东南亚法律制度概论
主编 张树兴
Dongnanya Falü Zhidu Gailun

出版发行	中国人民大学出版社		
社 址	北京中关村大街 31 号	**邮政编码**	100080
电 话	010－62511242（总编室）		010－62511770（质管部）
	010－82501766（邮购部）		010－62514148（门市部）
	010－62511173（发行公司）		010－62515275（盗版举报）
网 址	http://www.crup.com.cn		
经 销	新华书店		
印 刷	固安县铭成印刷有限公司		
开 本	787 mm×1092 mm 1/16	**版 次**	2015 年 5 月第 1 版
印 张	17.75 插页 1	**印 次**	2025 年 8 月第 2 次印刷
字 数	467 000	**定 价**	45.00 元